Jens Clauß, Michael Kuchel, Kerstin Schröder
unter Mitarbeit von Klaus Kurmies

# Wirtschaft/Politik

## Schleswig-Holstein

1. Auflage

Bestellnummer 59900

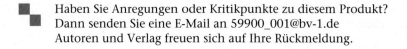 Haben Sie Anregungen oder Kritikpunkte zu diesem Produkt?
Dann senden Sie eine E-Mail an 59900_001@bv-1.de
Autoren und Verlag freuen sich auf Ihre Rückmeldung.

Die in diesem Werk aufgeführten Internetadressen sind auf dem Stand der Drucklegung 2010. Die ständige Aktualität der Adressen kann von Seiten des Verlages nicht gewährleistet werden. Darüber hinaus übernimmt der Verlag keine Verantwortung für die Inhalte dieser Seiten.

**www.bildungsverlag1.de**

Bildungsverlag EINS GmbH
Sieglarer Straße 2, 53842 Troisdorf

ISBN 978-3-427-**59900**-5

© Copyright 2010: Bildungsverlag EINS GmbH, Troisdorf
Das Werk und seine Teile sind urheberrechtlich geschützt. Jede Nutzung in anderen als den gesetzlich zugelassenen Fällen bedarf der vorherigen schriftlichen Einwilligung des Verlages.
Hinweis zu § 52a UrhG: Weder das Werk noch seine Teile dürfen ohne eine solche Einwilligung eingescannt und in ein Netzwerk eingestellt werden. Dies gilt auch für Intranets von Schulen und sonstigen Bildungseinrichtungen.

# Das Buch stellt sich vor –
# damit Sie optimal mit ihm arbeiten können

Der Inhalt des Lehrplans „Wirtschaft/Politik" von Schleswig-Holstein steht im Mittelpunkt dieses Buches, welches Autoren und Verlag entwickelt haben.

Die Texte der einzelnen Kapitel bieten einen motivierenden Einstieg in das Thema und geben einen guten inhaltlichen Überblick. Um ein handlungsorientiertes Arbeiten zu erlauben, werden häufig Internetadressen angegeben. Damit wird auch der Aktualität Rechnung getragen. Das Buch ermöglicht – entsprechend Ihren Vorkenntnissen –, Schwerpunkte zu setzen und Themen vertiefend zu behandeln. Aber es möchte nicht nur Inhalte und Zusammenhänge vermitteln, sondern auch ein eigenständiges Urteilsvermögen formen und fördern.

Begleitend zum Text finden Sie am Seitenrand Hinweise zu

- nummerierten Materialien M: Sie orientieren sich inhaltlich direkt am Kapitel und erläutern dieses durch Beispiele und Schwerpunktsetzungen. Texte, Statistiken und Karikaturen aus Zeitungen, Büchern und Internetseiten werden hier eingesetzt. So wird das jeweilige Thema von vielen Seiten beleuchtet. Die Fragen im Materialienteil beziehen sich teilweise nicht nur auf die Materialien sondern auf den Informationstext.
- Arbeitsvorschläge A: Sie bieten Gelegenheit, handlungsorientiert zu arbeiten: Gelerntes kann praktisch angewandt werden.
- Vertiefungen V: Die Aufgaben zur Vertiefung haben ein unterschiedliches Niveau. Sie dienen vor allem der Diskussion, d. h. der themenbezogenen politischen und historischen Auseinandersetzung.

Materialien, Arbeitsvorschlag und Vertiefung stehen jeweils am Ende eines Kapitels.

Es liegt in der Hand des Benutzers zu entscheiden, ob sie sofort beim Lesen bearbeitet werden oder erst nachdem der jeweilige Informationstext komplett durchgelesen worden ist.

Zum methodengerechten Einsatz stehen der Lehrkraft vielfältige Anregungen im Unterrichtsbegleitmaterial (CD-ROM 59901) zur Verfügung.

Um die Lesbarkeit der Texte zu verbessern, wird auf die Verwendung von maskulinen bzw. femininen Formen verzichtet, sodass in der Regel nur Gattungsbegriffe verwendet wurden.

# Inhaltsverzeichnis

| 1 | Schleswig-Holstein | 5 |
|---|---|---|

| 2 | Einstieg in die Berufs- und Arbeitswelt | 22 |
|---|---|---|
| 2.1 | Neu im Beruf: Aller Anfang ist schwer | 23 |
| 2.2 | Arbeit – Familie – Freizeit: Wofür leben wir? | 34 |
| 2.3 | Die industrielle Revolution: Maschinen und weltweiter Handel verändern Produktion und Gesellschaft | 45 |
| 2.4 | Strukturwandel: Neue Techniken ändern das Leben | 62 |

| 3 | Der Mensch als Teil der Umwelt | 71 |
|---|---|---|
| 3.1 | Wir produzieren und konsumieren | 72 |
| 3.2 | Unsere Arbeit wirkt sich auf Natur und Umwelt aus | 83 |
| 3.3 | Auf dem Weg zur dritten industriellen Revolution | 94 |

| 4 | Unser Weg in die Gegenwart | 105 |
|---|---|---|
| 4.1 | Der lange Weg zur Freiheit für alle | 106 |
| 4.2 | Die Weimarer Republik | 117 |
| 4.3 | Nationalsozialismus | 129 |
| 4.4 | Kalter Krieg | 147 |
| 4.5 | Die Auflösung des Ost-West-Konfliktes | 161 |

| 5 | Leben und Mitwirken im demokratischen Staat | 173 |
|---|---|---|
| 5.1 | Demokratie lebt vom Mitmachen | 174 |
| 5.2 | Demokratie muss organisiert werden: Staatsorgane in der Bundesrepublik Deutschland und in der Europäischen Union | 195 |
| 5.3 | Recht in der Gesellschaft | 218 |
| 5.4 | Der Sozialstaat ermöglicht die Demokratie | 234 |

| 6 | Sich einsetzen für eine friedliche Welt | 248 |
|---|---|---|
| 6.1 | Konflikte und Kriege | 249 |
| 6.2 | Voraussetzungen für ein friedliches Zusammenleben | 263 |
| 6.3 | Organisationen, deren Ziel ein friedliches Zusammenleben ist | 276 |
| 6.4 | Veränderungen der Welt durch Globalisierung – Konfliktpotenzial oder Möglichkeit für dauerhaften Frieden? | 290 |

| 7 | Wirtschaft | 306 |
|---|---|---|
| 7.1 | Grundsätze der sozialen Marktwirtschaft | 307 |
| 7.2 | Wirtschaftspolitik | 322 |

| Sachwortverzeichnis | 335 |
|---|---|
| Bildquellenverzeichnis | 340 |

# 1 Schleswig-Holstein

# Wie Schleswig-Holstein entstand und sich entwickelte

### Die Germanen
Etwa 500 v. Chr. siedelten in Norddeutschland, Dänemark und dem südlichen Norwegen und Schweden Stämme mit einer gemeinsamen Sprache, die Germanen. Bis etwa 100 n. Chr. breiteten sie sich weiter aus: im Westen bis zur Mündung des Rheins, im Osten bis zur Weichsel. Im Süden erreichten die Ackerbau treibenden Germanen die Donau aber nicht.

Von den Germanen wissen wir nicht viel. Da sie die Schrift nicht beherrschten, stammt unser Wissen über sie zum großen Teil von den Römern, die zu ihrer Kaiserzeit einen Teil Germaniens besetzt hatten. Die Römer nannten in ihrer Sprache – dem Latein – das linksrheinische Gebiet „**Gallia**", das rechtsrheinische „**Germania**". Die Grenze des germanischen Gebietes war also der Rhein.

Die vielen germanischen Stämme achteten auf ihre Selbstständigkeit. Es gab keinen von allen anerkannten König oder Kaiser. Einige Stämme erkannten die römische Besatzung an, andere lehnten sich gegen sie auf.

*Runenstein in Haithabu*

Viele Germanen waren freiheitsbewusste Bauernkrieger. Die waffenfähigen Männer eines Gebietes bildeten das „**Thing**". Auf dieser Versammlung wurde von ihnen Recht gesprochen und die Politik bestimmt.

In der römischen Armee kämpfte **Hermann der Cherusker** – von den Römern „Arminius" genannt. Er entstammte dem germanischen Stamm der Cherusker, die am Rhein siedelten. Er wollte nicht gegen seinen eigenen Stamm Krieg führen. Deshalb wechselte dieser erfahrene Soldat die Seiten. Es gelang ihm, einige germanische Stämme für einen Aufstand gegen die Römer zu gewinnen. Unter seiner militärischen Führung schlugen sie im Jahre 9 n. Chr. im Teutoburger Wald ein römisches Heer unter Varus. Nach neuerer Forschung fand diese wichtige Schlacht u. U. in der Nähe von Osnabrück statt.

### Schleswig-Holstein – Land vieler Völker und Kulturen
Als in Nordeuropa die Temperaturen um durchschnittlich zwei bis drei Grad sanken, verschob sich der lebenswichtige Getreideanbau um viele Kilometer nach Süden. Deshalb verließen im 4. und 5. Jahrhundert viele Germanen im Süden und Westen der Ostsee ihr Land. Sie eroberten England. Die **Angeln**, ein im heutigen Schleswig-Holstein siedelnder Volksstamm, gaben dabei England seinen Namen. Da England neben den Angeln auch von vielen **Sachsen** erobert worden war, werden die englischsprachigen Länder Großbritannien und USA noch heute „angelsächsische Länder" genannt. Unter dem Ansturm germanischer Völker zerbrach das Römische Reich, als Oströmisches Reich

blieb es noch länger bestehen. Da nur wenige Germanen in ihrer Heimat geblieben waren, war viel Land herrenlos geworden. Es wurde von slawischen Völkern besiedelt, die viele Befestigungsanlagen zu ihrem Schutz bauten. Ein breiter menschenleerer Raum trennte im 8. Jahrhundert Slawen und Germanen: der **Limes Saxoniae** (etwa die Linie Kiel – Bad Segeberg – Bad Oldesloe – Lauenburg).

### Haithabu – Handelsort der Wikinger
Nördlich der Eider wohnten in Schleswig-Holstein die Dänen, im Süden die zum fränkischen Reich Karls des Großen gehörenden Sachsen. Zum Schutz gegen den slawischen Stamm der Obotriten und die Ausdehnungsbestrebungen des Fränkischen Reiches hatten die Dänen schon im 8. Jahrhundert begonnen, das **Danewerk** zu errichten. Diese

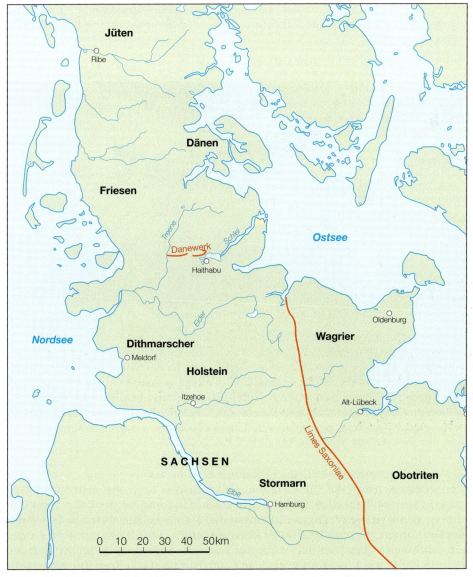

*Schleswig-Holstein im 9. Jahrhundert*

große Befestigungsanlage verband die Treene und die Schlei und wurde immer weiter ausgebaut. Dadurch geschützt war auch Haithabu, aus dem sich später Schleswig entwickelte. In Haithabu – etwa 780 bis 1066 – versammelte der dänische König seine Mannen. Heer und Flotte wurden hier zusammengestellt.

Da zwischen Treene und Schlei die Kaufleute auf der kürzesten Landverbindung von der Ost- in die Nordsee und umgekehrt gelangen konnten und auch der Handel von Mitteleuropa nach Skandinavien diesen Ort berührte, blühte Haithabu zum zentralen Handelsplatz Nordeuropas auf. Dies war aber nur möglich, weil es unter dem Schutz des Dänenkönigs und seines Danewerks stand. Handel trieben hier hauptsächlich die **Normannen** (Männer aus dem Norden), auch **Wikinger** genannt. Die Normannen waren aber nicht nur friedliche, erfolgreiche Kaufleute, sondern auch Seeräuber und Eroberer. Haithabu bestand vom 8. bis 11. Jahrhundert. Es war in seiner Zeit – insbesondere im 9. und 10. Jahrhundert ein bedeutender Handelsort im Norden Europas und somit der Vorgänger Lübecks.

Weitere Informationen siehe: www.schloss-gottorf.de

*Das Nydamschiff um 400 n. Chr., mit ihm fuhren die Wikinger über die Meere. Es wurde im Moor Nydam im Süden Dänemarks auf dem Festland in Höhe der Insel Alsen gefunden.*

### Friesen und Dithmarscher – über ihnen war nur der Himmel

An der Nordsee konnten die Friesen und die Dithmarscher lange ihre Selbstständigkeit bewahren. Die wohlhabenden Friesen trieben Fischfang und fingen sogar Wale. Die nordfriesischen Walfänger jagten auch Robben und Walrosse. Die Fahrten in die Gewässer um Grönland und Spitzbergen waren lebensgefährlich. Sie lohnten sich aber. Anfang des 18. Jahrhunderts brachten über 3.000 nordfriesische Seeleute vornehmlich von den Inseln und Halligen den begehrten Speck an Land. Hieraus wurde Tran für Lampen, für das Essen und für die Seifenherstellung gewonnen.

*Walfängerhaus aus Nordfriesland*

*Walfang mit der Harpunenkanone*

Weitere Informationen siehe: www.freilichtmuseum-sh.de

Die **Dithmarscher Bauerngeschlechter** waren reich und stolz. Wie auf der Insel Fehmarn duldeten sie keine Herrschaft (Adel) über sich und verwalteten ihre Bauernrepublik selbst. Im Jahre 1500 schlugen die Dithmarscher Bauern sogar das Heer des dänischen Königs. So stark war ihr Freiheitswille.

Ein Heer des dänischen Königs Johann und seines Bruders Friedrich von Holstein war über Albersdorf in Dithmarschen eingefallen, hatte Meldorf erreicht und dort ein Blutbad angerichtet. Trotz einsetzenden Tau- und Regenwetters gab König Johann den Befehl zum Weitermarsch durch das Tiefland nach Norden. Dem dänischen Heer in Stärke von 12.000 Mann standen die Dithmarscher mit ca. 6.000 bis 7.000 gegenüber. (Waffendienst musste jeder Dithmarscher vom 14. Lebensjahr an bis ins Greisenalter leisten.) Die Dithmarscher öffneten die Deichsiele und besiegten die auf dem Weg nach Hemmingstedt von der Flut eingeschlossenen Feinde am 17.02.1500 vernichtend (s. Karte S. 10).

Weitere Informationen siehe: www.natourcentrum-lunden.de, www.geschichte-s-h.de, www.museum-albersdorf.de, www.landesmuseum-dithmarschen.de/museum

*Sühnestein für Peter Swyn, 1480–1537 in Lehe, auf dem Geschlechterfriedhof in Lunden*

Der heute im Hochdeutschen gebräuchliche Spruch „Das weiß kein Schwein" wird auf Peter Swyn bzw. das Geschlecht der Swynen zurückgeführt. Da man ihm (und den Swynen) ein besonderes Maß an Bildung nachsagte, entstand er aus dem niederdeutschen Spruch „Dat weet keen Swyn" in dem Sinne, dass, wenn die Tatsache auch einem gebildeten Mann wie Peter Swyn nicht geläufig sei, es folglich niemand wissen könne.

*Der Zug des dänischen Heeres unter König Johann nach Hemmingstedt im Jahre 1500*

### Dänen, Sachsen und Slawen

Südlich der Eider lebten die Holsten und Stormarner. Beide Namen sind heute noch bekannt. Im Jahre 1111 machte Herzog Lothar von Sachsen Adolf von Schauenburg zum Grafen von Holstein und Stormarn. In dieser Zeit begann die deutsche **Ostsiedlung**: Viele Menschen aus dem Westen und Süden Deutschlands kolonisierten das Land. Der Limes Saxoniae verschwand und die slawischen Stämme der Obotriten und Polaben wurden nach Osten getrieben oder blieben auch im Land. Die Inbesitznahme des Landes war oft mit der Christianisierung seiner Bewohner verbunden. Nicht immer ging es dabei gewaltfrei zu.

Anfang des 13. Jahrhunderts eroberten die Dänen ganz Holstein, sogar die befestigten Städte Lübeck und Hamburg. In der Schlacht bei Bornhöved wurden sie aber 1227 geschlagen, mussten ihre Großmachtpläne begraben und zogen sich wieder nach Norden hinter die Eider zurück.

### Lübeck – wirtschaftliche Großmacht im Norden Europas

Als sich im Reich die Herzöge gegen die königliche Zentralgewalt durchsetzten und immer mehr Rechte vom König erhielten, gab es viele Zentren politischer Macht. Deshalb konnte sich kein einheitliches Recht durchsetzen. Auch Steuern, Maße und Münzen wa-

*Schleswig-Holstein im Mittelalter*

ren höchst unterschiedlich. Bei den Auseinandersetzungen des Königs mit den aufstrebenden Landesherren sahen Dritte lachend zu und freuten sich: die **Städte**. So konnte z. B. das 1143 gegründete Lübeck zu einem blühenden Handelsort werden. Der von Lübeck angeführte Städtebund – die **Hanse** – sorgte im Ostseeraum für den Schutz seiner

Kaufleute. Die Voraussetzung für eine blühende Wirtschaft, ein von allen Beteiligten anerkanntes Recht, wurde von Lübeck durchgesetzt. Die hansischen Kaufleute beherrschten den Austausch von Waren wie Getreide, Holz, Pelze, Tuche, Salz, Hering, Wein und Bier auf Ost- und Nordsee, z. T. auch auf dem Atlantik (Portugalfahrt). Auch Städte im Binnenland wie Köln und Erfurt schlossen sich der Hanse an. Der Höhepunkt ihrer Macht war 1370 erreicht: Der Städtebund schlug das Königreich Dänemark und war mächtiger als so mancher große Staat. Noch heute künden sieben stolze Türme gotischer Kirchen in der von der UNESCO zum Weltkulturerbe erhobenen Altstadt von mittelalterlichem Reichtum und der Macht Lübecks, der einstigen Königin der Hanse.

*Das Holstentor in Lübeck*

### Das dänische Schleswig und das deutsche Holstein erhalten denselben Landesherrn

Das Geschlecht der Schauenburger hatte seit 1111 den Grafen von Holstein gestellt. Als es ausstarb, wählten im Jahr 1460 Vertreter des Adels aus Schleswig und Holstein gemeinsam in Ripen den dänischen König zum Herzog von Schleswig und Grafen (ab 1474 auch Herzog) von Holstein. 1462 tagte zum ersten Mal der gemeinsame **Landtag der schleswig-holsteinischen Stände** an der Levensau bei Kiel. So blieb Schleswig dänisch, Holstein deutsch und der dänische König wurde als Herzog von Holstein auch ein deutscher Fürst. Dies ist recht schwer zu verstehen. In Ripen hatte der dänische König Christian I. 1460 den Schleswigern und Holsteinern versprochen: „Unde dat se bliven ewich tosamende ungedelt." Wenn auch die Einheit des Landes gewahrt blieb, entstanden durch Erbteilungen unterschiedliche Verwaltungsgebiete.

Schleswig war vom 13. Jahrhundert an Bischofssitz, später auch die Stadt der **Gottorfer Herzöge**. Diese Nebenlinie des dänischen Königshauses war an der Regierung des Landes beteiligt. Landesmuseen und hohe Gerichte sind heute noch Zeichen der ehemals großen Bedeutung dieser Stadt.

*Schloss Gottorf*

## Flensburger Handel und Kieler Umschlag

Bedeutende Handelshäuser waren mit großem Erfolg, insbesondere im 17. Jahrhundert, in Flensburg tätig. Unter Umgehung des Handelsplatzes Hamburg wurden die Waren verschiedenster Art vorzugsweise direkt von den Herstellern und von Messen bezogen und über Läger in Norwegen, Schweden und Dänemark verkauft. Noch heute ist Rum aus Flensburg über die Landesgrenzen bekannt.

In Kiel fand vom 6. bis 14. Januar eines jeden Jahres der Umschlag statt. Viele Unternehmer – auch adlige Gutsbesitzer – kamen zusammen. Sie beglichen ihre Schulden, legten Kapital an oder liehen sich Geld. Dem folgte ein 14-tägiger Jahrmarkt. Da Kiel zentral gelegen war, feierte der schleswig-holsteinische Adel auch gern seine Feste dort.

*Nordertor in Flensburg*

## Der Adel war nicht nur Gutsherr

Besonders im alten Kolonisationsgebiet des östlichen Holsteins ist das Land reich an Herrenhäusern und Schlössern. Hier pflegte der Adel seinen aufwendigen Lebensstil, den die leibeigenen Bauern durch ihre Abgaben finanzieren mussten. Ihrem Gutsherrn hatten sie darüber hinaus zahlreiche Dienste zu leisten. Dieser war oft auch noch als Unternehmer und Händler erfolgreich. So wurden Getreide und Vieh in großen Mengen verkauft. Das Vieh wurde auf dem Ochsenweg auf den großen Ochsenmarkt nach Wedel gebracht.

## Schleswig-Holstein und Deutschland

Wie in anderen Teilen Europas entwickelte sich auch in Schleswig-Holstein Anfang des 19. Jahrhunderts ein starkes Nationalgefühl. Dies führte zu Konflikten zwischen Dänen und Deutschen.

Insbesondere im Herzogtum Schleswig lebten Dänen und Deutsche oft Dorf an Dorf und Haus an Haus nebeneinander. 1848 kam es zu Unruhen. Der **Londoner Vertrag von 1852** bestätigte noch einmal die gemeinsame Regierung der beiden Herzogtümer durch den dänischen König in Kopenhagen. Als Dänemark aber versuchte, entgegen dem Londoner Vertrag das Herzogtum Schleswig stärker in das Königreich einzubinden, kam es zum Krieg. Auf Beschluss des Deutschen Bundes marschierten Preußen und Österreich 1864 ein und schlugen Dänemark bei der **Schlacht um die Düppeler Schanzen**.

Die Sieger teilten sich das Land. Schleswig sollte von Preußen, Holstein von Österreich verwaltet werden. Doch 1866 kam es zwischen ihnen zum Krieg. Grund dafür war zwar der Streit um die Verwaltung Schleswig-Holsteins, aber auch der Kampf um die Vorherrschaft in Deutschland. Preußen gewann den Krieg und verleibte sich das Land als preußische Provinz Schleswig-Holstein ein – sehr zum Unwillen vieler Dänen, die in Nordschleswig die Mehrheit stellten. Die Preußen bestimmten Schleswig zum Regierungssitz. In Kiel residierte der Oberpräsident. Kiel wurde auch zum Marinehafen ausgebaut und durch den Kanal mit der Nordsee verbunden. 1876 wurde auch das Herzogtum Lauenburg in die preußische Provinz Schleswig-Holstein eingegliedert.

Nach dem Ersten Weltkrieg wurde über die nationale Zugehörigkeit im Landesteil Schleswig abgestimmt. In der nördlichen Abstimmungszone entschied man sich für Dänemark und in der südlichen für Deutschland. Diese Grenzziehung bei Flensburg gilt heute noch.

1937 im **Groß-Hamburg-Gesetz** kamen Altona und Wandsbek zu Hamburg, die bis dahin Freie Hansestadt Lübeck und das Eutinische Gebiet zu Schleswig-Holstein. Nach dem

*Schleswig-Holstein 1867–1937*

Zweiten Weltkrieg fand am 20.04.1947 unter der englischen Besatzungsmacht eine freie Landtagswahl statt. In der neuen Demokratie lebten und leben Deutsche und Dänen heute im Grenzgebiet friedlich zusammen. Sie sind wieder gute Nachbarn geworden.

### Schleswig-Holstein heute

Im Bundesland Schleswig-Holstein leben heute etwa 2,8 Millionen Einwohner. Unser Bundesland ist das nördlichste, das Land zwischen den Meeren. Hier an der Waterkant wird gern Urlaub gemacht. Und nicht nur an Nord- und Ostsee, sondern auch im Binnenland. Fremdenverkehr und Landwirtschaft prägen Schleswig-Holstein stärker als andere Bundesländer.

Schwerpunkte der wirtschaftlichen Entwicklung im Sinne der Landesplanung waren die **KERN-Region** (Kiel – Eckernförde – Rendsburg – Neumünster) und der „**Speckgürtel**" um Hamburg. Die Landkreise des Speckgürtels (Pinneberg, Segeberg, Stormarn und Lauenburg) profitieren dabei von der wirtschaftlichen Kraft Hamburgs.

Wie früher zur Zeit Haithabus und der Hanse erfüllt heute Schleswig-Holstein eine wichtige Funktion: **Brücke zu sein nach Skandinavien und ins Baltikum**. In Lübeck und Kiel ist dies täglich zu beobachten. Große Fährschiffe bringen Passagiere und Waren nach Dänemark, Norwegen, Schweden, Finnland, Estland, Lettland und Litauen. Und Deutschland und Skandinavien wachsen weiter zusammen: Die deutsche Insel Fehmarn und die dänische Insel Lolland werden verbunden. Eine Brücke über den Belt mit vierspuriger Straße und Eisenbahntrasse wird gebaut, dazu gehört die Hinterlandanbindung mit Autobahnbau und Elektrifizierung der Eisenbahn. So werden an der Achse Hamburg – Kopenhagen neue Verkehre und Gewerbegebiete und somit neue Arbeitsplätze entstehen können.

### Das Landeswappen

Das Wappen Schleswig-Holsteins, das seit dem 14. Jahrhundert geführt wird, zeigt auf gepaltenem Schild nebeneinander die Wappen von Schleswig und Holstein und symbolisiert damit die Vereinigung der beiden Landesteile zu einem einheitlichen Staatswesen.

Das Wappen Schleswigs zeigt zwei blaue schreitende Löwen auf goldenem Grund – einen Löwen weniger als das ähnlich gestaltete dänische Staatswappen. Die ursprüngliche Verbindung mit Dänemark und die Unterordnung unter das Königreich kommen auf diese Weise zum Ausdruck (sog. „Minderwappen"). Das holsteinische Wappen geht auf die gräfliche Dynastie der Schauenburger zurück, die von 1111 bis 1459 die Landesherren der Grafschaft Holstein waren. Das Wappen zeigt auf rotem Grund ein silbernes, dreizehnfach gezacktes „Nesselblatt", das aus einer Schildrandverzierung hervorgegangen ist.

### Die Landesflagge

Die seit 1844 gezeigte, nach Gründung des Landes Schleswig-Holstein zur Landesflagge erhobene schleswig-holsteinische Fahne ist aus den Farben des Landeswappens abgeleitet und symbolisiert ein eigenständiges Schleswig-Holstein in einem freien, geeinten Deutschland.

## Das Schleswig-Holstein-Lied

1. Schles-wig-Hol-stein, meer-um-schlun-gen, deut-scher Sit-te ho-he Wacht, wah-re treu, was schwer er-run-gen, bis ein schön-'rer Mor-gen tagt! Schles-wig-Hol-stein, stamm-ver-wandt, wan-ke nicht, mein Va-ter-land! nicht, mein Va-ter-land!

2. Strophe
Ob auch wild die Brandung tose,
Flut auf Flut von Bai zu Bai:
O, lass blühn in deinem Schoße,
Deutsche Tugend, deutsche Treu'!
Schleswig-Holstein, stammverwandt,
Bleibe treu, mein Vaterland!

3. Strophe
Teures Land, du Doppeleiche,
Unter einer Krone Dach,
Stehe fest, und nimmer weiche,
Wie der Feind auch dräuen mag!
Schleswig-Holstein, stammverwandt,
Wanke nicht, mein Vaterland!

Schleswig-Holstein heute

## Schleswig-Holsteinischer Landtag

Das Landesparlament an der Förde in Kiel (s. auch S. 173 u. S. 177) hat die Aufgabe der Landesgesetzgebung, der Festlegung der Einnahmen und Ausgaben des Bundeslandes Schleswig-Holstein, der Wahl des Ministerpräsidenten und vieles mehr.

Bei der Landtagswahl am 27.09.2009 sind die Parlamentarier neu gewählt worden. In 40 Wahlkreisen sind mit der Erststimme die Kandidaten gewählt worden, die die meisten Stimmen auf sich vereinigen konnten. Nach dem Verhältniswahlrecht wurden dann mittels des Zählverfahrens d'Hondt 29 weitere Sitze vergeben (s. S. 189). Da die CDU 34 Wahlkreise gewonnen hat, ihr aber nur 23 Sitze nach dem Verhältniswahlrecht zustanden, errang sie 11 Überhangmandate. Nach einem komplizierten Verfahren wurden diese Überhangmandate zum großen Teil ausgeglichen, sodass der Landtag nicht 69 Mitglieder hat, sondern 95.

### Wahlergebnis der Landtagswahl vom 27.09.2009

Wahlberechtigt: 2.224.100    gewählt haben: 1.636.373    Wahlbeteiligung: 73,6%

| Parteien | Zweit-stimmen | Anteil in % | Sitze im Landtag (Abgeordnete) | | | | |
|---|---|---|---|---|---|---|---|
| | | | in den Wahlkreisen direkt gewonnen | durch die Zweitstimmen errungen | Überhangmandate | + Ausgleichsmandate | gesamt |
| CDU/CSU | 505.612 | 31,5 | 34 | 23 | 11 | 0 | 34 |
| SPD | 407.643 | 25,4 | 6 | 19 | | 6 | 25 |
| FDP | 239.338 | 14,9 | 0 | 11 | | 4 | 15 |
| B90/Grüne | 199.367 | 12,4 | 0 | 9 | | 3 | 12 |
| Linke | 95.732 | 6,0 | 0 | 4 | | 1 | 5 |
| SSW | 69.703 | 4,3 | 0 | 3 | | 1 | 4 |
| andere | 85.979 | 5,5 | 0 | 0 | | 0 | 0 |
| gesamt | 1.603.374 | | 40 | 69 | 11 | 15 | 95 |

**Überhangmandate** entstehen, wenn eine Partei mehr Direktmandate gewinnt, als ihr nach dem Anteil der Zweitstimmen zustehen.

Nach der Landtagswahl haben CDU und FDP eine Regierungskoalition gebildet und Peter Harry Carstensen zum Ministerpräsidenten gewählt. Die Mitglieder der Landesregierung sind:

| Ministerpräsident | Peter Harry Carstensen | (CDU) |
|---|---|---|
| Minister für Arbeit, Soziales und Gesundheit, stellvertretender Ministerpräsident | Dr. Heiner Garg | (FDP) |
| Minister für Justiz, Gleichstellung und Integration | Emil Schmalfuß | (parteilos, von der FDP nominiert) |
| Minister für Bildung und Kultur | Dr. Ekkehard Klug | (CDU) |
| Innenminister | Klaus Schlie | (CDU) |
| Ministerin für Landwirtschaft, Umwelt und ländliche Räume | Dr. Juliane Rumpf | (CDU) |
| Finanzminister | Rainer Wiegard | (CDU) |
| Minister für Wissenschaft, Wirtschaft und Verkehr | Jost de Jager | (CDU) |

## Arbeitsvorschlag

### Erarbeiten Sie sich eine Karte von Schleswig-Holstein

Legen Sie ein Blatt Transparentpapier auf eine Karte Schleswig-Holsteins. Zeichnen Sie die heutigen Grenzen Schleswig-Holsteins nach. Tragen Sie dann in Ihre Karte die in diesem Kapitel über die Geschichte Schleswig-Holsteins erwähnten Städte, Flüsse, Befestigungsanlagen und Ähnliches ein. Nicht alles, was heute wichtig ist, wurde erwähnt. Vervollständigen Sie die Karte. Tragen Sie auch den Ort ein, in dem Sie leben.

*Überlegen Sie dabei:*
1. Wo befand sich um 800 die Grenze Deutschlands in Schleswig-Holstein nach Norden und Osten? Sehen Sie sich hierzu die Karte auf Seite 7 an.
2. Wann wurde das östliche Holstein christianisiert?
3. Erklären Sie die territorialen Veränderungen zwischen Dänemark und Deutschland 1864 und 1920. Wie kam es zu den jeweils neuen Grenzen? Sehen Sie sich hierzu die Seite 14 an.

Gehen Sie in Ihre Buchhandlung oder Bibliothek, in Ihr Heimatmuseum, zu Ihrem Geschichtsverein oder Ähnlichem. Sammeln Sie Material zur Geschichte Ihres Ortes. Schreiben Sie eine kurze Geschichte. Den Schwerpunkt Ihrer Arbeit können Sie selbst bilden, z. B. Bauernbefreiung, Industrialisierung, Nationalsozialismus, Entstehung und Entwicklung des Fremdenverkehrs, neue Technikzentren, große Umweltschutzmaßnahmen wie Renaturierung von Seen und Flüssen usw.

## Zur Vertiefung

### Monokulturelle oder multikulturelle Gesellschaft

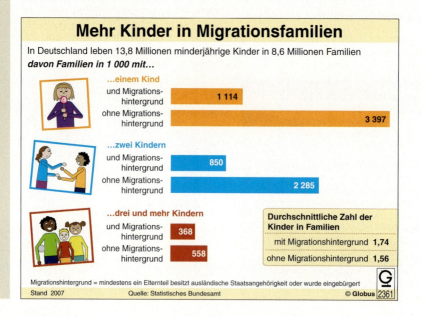

## Ein Streifzug durch den Alltag

[...] Deutschland ist und war ein Schmelztiegel der Völker. Kelten und Germanen mischten sich mit steinzeitlichen Ureinwohnern, zogen nach Süden, Osten und Westen. Links des deutschen Rheins lag damals das Römische Reich mit seinen Legionären aus Nordafrika, Spanien und Kleinasien, die sich, mit einem Stück Land versorgt, dort niederließen. Der Kölner Karneval, Inbegriff deutschen Frohsinns, geht auf den ägyptischen Isis-Kult zurück. Östlich der Elbe rückten die Reitervölker an. Hunnen und Mongolen. Die Germanen wiederum drangen nach Osten vor, vermischten sich mit Slawen. Kreuzzüge und Eroberungskriege brachten immer wieder Gefangene ins Land.

Erst im 9. Jahrhundert fanden die deutschen Fürsten zu einer gemeinsamen Amtssprache: Latein. Die Preußenkönige sprachen im 18. Jahrhundert Französisch. Wie selbstverständlich zählten zu ihren Untertanen auch die Polen, Schotten. Juden und Hugenotten entwickelten Handwerk und Handel. Portugiesen durchsetzten die großen Kaufmannsfamilien der Deutschen Hanse. Nicht einmal der deutsche Dichterfürst Johann Wolfgang von Goethe hatte rein deutschen Saft in seinen Adern. Sein Geschlecht geht auf einen aus der Türkei verschleppten Oberst zurück. 844 Jahre lebten die Deutschen in einem Heiligen Römischen Reich, fünf Jahrzehnte in einem Deutschen Bund, sechs Jahrzehnte in einem Deutschen Reich, vierzig Jahre in zwei deutschen Staaten einer Nation. [...]

Quelle: Frank Drieschner, Kuno Kruse und Ulrich Stock: Das Deutsche und das Fremde, in: Die Zeit, 01.11.1991

## Staatsangehörigkeit ausländischer Kinder in Deutschland

### Auf dem Ausländeramt in Hamburg

Sachbearbeiter: *Wo kommen Sie her?*
Konstantinidos Avrakis, 19 J.:
*Aus Bergedorf.*
SB.: *Ich meine, wo sind Sie geboren?*
K. S.: *In Brunsbüttel!*

Nach: Django Asül, Kabarettist

Quelle: Landeszentrale für politische Bildung und Ausländerbeauftragte der Freien und Hansestadt Hamburg (Hrsg.): „Ich bin jetzt auch deutsch", Handreichung für Lehrerinnen und Lehrer zum neuen Staatsbürgerschaftsrecht, Hamburg 2001, Zugriff am 17.08.2009 unter: http://www.hamburg.de/contentblog/72126/data/kuno-rinke-ich-bin-jetzt-auch-deutsch-handreichung-fuer-lehrerinnen-und-lehrer-zum-neuen-staatsangehoerigkeitsrecht-lzpb-und-auslaenderbeauftragte-der-fhh-hamburg-2001.pdf

### Frage und Antwort in der Stuttgarter Fußgängerzone

*Gell, Sie sind a Ausländer?*
*Noi, i bin a Türk!*

Heiner Geißler, CDU, erzählt dies in einer Talkshow über ein Gespräch des ehemaligen Stuttgarter Oberbürgermeisters Manfred Rommel, CDU.

Kinder erwerben mit der Geburt die Staatsangehörigkeit ihrer Eltern. Seit dem 1. Januar 2000 erwerben Kinder ausländischer Eltern automatisch auch die deutsche Staatsangehörigkeit. Dies aber nur, wenn zumindest ein Elternteil seit acht Jahren seinen rechtmäßigen Aufenthalt in Deutschland hat. Mit 18 Jahren werden sie aufgefordert, sich für eine Staatsangehörigkeit zu entscheiden, dies nennt man „Optionsrecht". Haben sie sich entschieden, Deutscher zu sein, müssen sie bis zur Vollendung des 23. Lebensjahres den Verlust der anderen Staatsangehörigkeit herbeigeführt haben. Tun sie das nicht, verlieren sie die deutsche Staatsbürgerschaft. Entscheiden sie sich für die ausländische Staatsangehörigkeit, verlieren sie automatisch die deutsche. In Ausnahmefällen ist es auch möglich, auf Antrag beide Staatsangehörigkeiten zu erhalten.

Mono bedeutet eins, multi bedeutet viele. Bilden Sie in Ihrer Klasse Gruppen und diskutieren Sie folgende Fragen:

*Zum ersten Text:*
1. Gab es früher monokulturelle oder multikulturelle Gesellschaften?
2. Beschreiben Sie, wie sich die deutsche Gesellschaft entwickelt hat.

*Zum zweiten Text:*
1. Unter welcher Voraussetzung erwerben ausländische Kinder die deutsche Staatsangehörigkeit durch Geburt?
2. Ist es zumutbar, sich bis zum 23. Lebensjahr für eine Staatsangehörigkeit entscheiden zu müssen?

Lösen Sie den nachstehenden Einbürgerungstest. Unter www.schleswig-holstein.de/, www.einbürgerungstesteinmaleins.de/schleswig_holstein finden Sie weitere Informationen und Fragen.

## Auszug aus dem Einbürgerungstest für Schleswig-Holstein

| | |
|---|---|
| 1. Welches Wappen gehört zum Bundesland Schleswig-Holstein? | ☐ 1 <br> ☐ 2 <br> ☐ 3 <br> ☐ 4 |
| 2. Welches ist ein Landkreis in Schleswig-Holstein? | ☐ Ammerland <br> ☐ Demmin <br> ☐ Nordfriesland <br> ☐ Rhein-Sieg-Kreis |
| 3. Für wie viele Jahre wird der Landtag in Schleswig-Holstein gewählt? | ☐ 3 <br> ☐ 4 <br> ☐ 5 <br> ☐ 6 |
| 4. Ab welchem Alter darf man in Schleswig-Holstein bei Kommunalwahlen wählen? | ☐ 14 <br> ☐ 16 <br> ☐ 18 <br> ☐ 20 |

1 Schleswig-Holstein 21

| | |
|---|---|
| 5. Welche Farben hat die Landesflagge von Schleswig-Holstein? | ☐ weiß-blau<br>☐ blau-weiß-rot<br>☐ weiß-rot<br>☐ grün-weiß-rot |
| 6. Wo können Sie sich in Schleswig-Holstein über politische Themen informieren? | ☐ bei der Verbraucherzentrale<br>☐ beim Ordnungsamt der Gemeinde<br>☐ bei der Landeszentrale für politische Bildung<br>☐ bei den Kirchen |
| 7. Die Landeshauptstadt von Schleswig-Holstein heißt … | ☐ Husum.<br>☐ Flensburg.<br>☐ Lübeck.<br>☐ Kiel. |
| 8. Wie nennt man den Regierungschef/die Regierungschefin in Schleswig-Holstein? | ☐ Erster Minister / Erste Ministerin<br>☐ Premierminister / Premierministerin<br>☐ Bürgermeister / Bürgermeisterin<br>☐ Ministerpräsident / Ministerpräsidentin |
| 9. Welches Bundesland ist Schleswig-Holstein? | |
| 10. Welchen Minister/welche Ministerin hat Schleswig-Holstein nicht? | ☐ Justizminister / Justizministerin<br>☐ Außenminister / Außenministerin<br>☐ Finanzminister / Finanzministerin<br>☐ Innenminister / Innenministerin |

*Focus Online (Hg.): Einbürgerungstest – Was wissen Sie über Schleswig-Holstein?, Zugriff am 04.02.2010 unter: http://www.focus.de/politik/deutschland/einbuergerungstest/einbuergerungstest-was-wissen-sie-ueber-schleswig-holstein_aid_317021.html*

# 2 Einstieg in die Berufs- und Arbeitswelt

## 2.1 Neu im Beruf: Aller Anfang ist schwer

**Dumme Fragen gibt es nicht ...**

Wer neu ist im Betrieb, muss vieles lernen.
Wer lernen will, muss fragen.
Dumm ist nicht, wer fragt;
dumm ist, wer nicht fragt.
Viel hängt allerdings davon ab,
wen und wie man fragt.

*„Guten Tag, ich bin der Neue!"*

## Sozialisation: Mensch werden durch Arbeit?

Mit dem Start in den Beruf beginnt einer neuer Teil der „Sozialisation". „Sozialisation" ist ein Begriff, den die Gesellschaftswissenschaftler – die Soziologen – verwenden. Gemeint ist damit ganz allgemein die **Eingliederung in die Gesellschaft**.

M 1–4
*Soziologische Grundbegriffe*

Diese Eingliederung ist ein lebenslanger Prozess. Er beginnt – für die meisten Menschen auch heute noch – in der **Familie**. Hier werden dem Kind die wichtigsten Regeln vermittelt, ohne die es in der Gesellschaft nicht bestehen kann. Als zweiter Abschnitt folgt die **Schule**. In vielen Jahren, manchmal unter großen Anstrengungen und Mühen, werden hier die Voraussetzungen erworben für den Start in eine bestimmte berufliche Position.

In der **Ausbildung** wird die berufliche „Rolle" erlernt. So werden die Auszubildenden in die Arbeitsgesellschaft eingeführt. Die Sozialisation am **Arbeitsplatz** ist sehr intensiv, am Anfang oft mit Zwang verbunden, den man allmählich immer weniger spürt, weil man in dieses System der Gesellschaft hineinwächst.

Nach Abschluss der Ausbildung und einigen Jahren Arbeit im Beruf gehört man dazu. Die berufliche Rolle mit all ihren Normen ist zur zweiten Natur des Menschen geworden. Weil das so ist, behaupten einige Wissenschaftler: Der Beruf prägt viel mehr als Familie und Schule; durch die Arbeit erhält der Mensch die entscheidende Prägung fürs Leben.

M 5–7
*Arbeitstugenden*

### Rollenerwartungen: Auszubildende
Mit dem Eintritt in das Berufsleben haben Sie eine neue Position besetzt. Die berufliche Rolle ist für Sie neu. Sie ist zurzeit die wichtigste Rolle in Ihrem Leben. Das wird sie noch lange bleiben. Sie sind zwar immer noch „Kind" Ihrer Eltern, „Freundin" oder „Freund", aber vor allem sind Sie jetzt „Auszubildende" bzw. „Auszubildender".

*Auszubildende*

Alle bisher erlernten und gelebten Rollen erscheinen damit in einem anderen Licht, sie erhalten einen anderen Stellenwert. Auch die sozialen Gruppen, zu denen Sie zum Teil auch jetzt noch gehören, die Familie, der Verein, Ihr Freundeskreis, müssen von Ihnen neu bewertet werden. Sie sehen ab jetzt und für lange Zeit vieles aus dem Blickwinkel Ihrer beruflichen Rolle. Das Erstaunliche daran ist, dass die meisten anderen dafür Verständnis haben, auch wenn sie dabei selbst ihre Ansprüche an Sie zurückstecken müssen. Ja, „die anderen" erwarten von Ihnen geradezu, dass Sie in Ihrem Leben andere Schwerpunkte setzen. Einige Rollenerwartungen sind schriftlich und sogar als Gesetz niedergeschrieben. Die wichtigsten finden Sie in § 13 des **Berufsbildungsgesetzes** „Pflichten des Auszubildenden". Dieser Paragraf ist auch als „Kleingedrucktes" auf jedem Ausbildungsvertrag nachzulesen.

### Die soziale Rolle als Berufsschüler

Ihre soziale Rolle als Berufsschüler ist zum Teil schriftlich in der **Schulordnung** festgelegt. Bei der Formulierung hat die SV (Schülervertretung) mitgewirkt. Schließlich ist die Schulordnung von der Schulkonferenz beschlossen worden. Der wesentliche Teil der Rollenerwartungen wird jedoch mündlich weitergegeben. Er steckt in den Köpfen der beteiligten Menschen.

### Das duale System der Berufsausbildung in Deutschland und seine Stellung in Europa

Im Mittelalter bis in die Zeit der Industrialisierung ging derjenige, der einen Beruf erlernen wollte, zum Meister in die Lehre. Das waren nur wenige, denn die Lehrstellen waren knapp und die Voraussetzungen, die Position eines Lehrlings zu besetzen, waren zum Teil ganz andere als heute: **Mädchen** z. B. konnten damals nicht Lehrling werden. Die Eltern mussten dem Meister „Lehrgeld" zahlen.

Dafür gaben sie ihren Jungen in die volle Obhut der Familie des Meisters. Hier lernte der Lehrling alles, vor allem die Praxis und ein wenig Theorie, soweit der Meister selbst Bescheid wusste und sie für wichtig hielt. In die Schule musste der Lehrling nicht. Berufsschulen gab es noch nicht.

**M 8** Duales System
**M 9** Berufsschule

Der **Meister** war allein verantwortlich für die berufliche Sozialisation. Die heutige Berufsausbildung wird in Deutschland an **zwei Lernorten** vollzogen: zum einen im Betrieb und zum anderen in der Berufsschule. Im Betrieb erfolgt verstärkt die praktische Ausbildung, in der Schule wird stärker die Theorie vermittelt.

**M 10–12** Duale Ausbildung

Im Jahre 2008 gab es in Deutschland etwa 1.600.000 Auszubildende. Die duale Ausbildung ist aus Sicht der Beteiligten ein **Erfolgsmodell**. Die Jugendlichen erfahren durch die Ausbildung eine hohe fachliche Qualifikation. Sie erweitern ihre allgemeine Bildung und nehmen durch die Berufsausbildung aktiv und selbstbestimmt am gesellschaftlichen Leben teil.

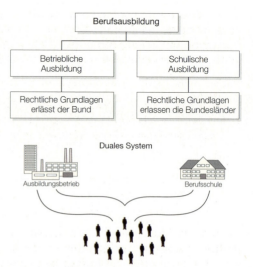

Die ausbildenden Unternehmen sichern durch die Ausbildung ihre betriebliche Zukunft und leisten somit einen wichtigen gesellschaftlichen Beitrag.

# Materialien

## Soziale Position

Der Mensch ist ein **soziales Wesen**; das bedeutet, der Mensch kann nur in der Gesellschaft mit anderen zurechtkommen. Er braucht „die anderen" zum Überleben. Sozial heißt in diesem Zusammenhang immer: gesellschaftlich, auf die Gesellschaft bezogen.

In jeder Gesellschaft gibt es eine Anzahl sozialer Positionen. Je komplexer eine Gesellschaft ist, desto mehr Positionen bietet sie an. Um eine Position zu besetzen, muss man bestimmte Voraussetzungen erfüllen.

Beispiele: Vater, Mutter, Kind, Tochter, Sohn, Großmutter, Onkel, ...; Auszubildende, Geselle, Meister, Lehrer, Unternehmer, Landwirt, Krankenschwester, ... Viele dieser Positionen hat es schon immer gegeben. Sie sind „statisch", verändern sich nicht oder nur wenig.

*Jeder Mensch hat gleichzeitig mehrere Positionen besetzt.*
1. *Schreiben Sie alle Positionen auf, die Sie zurzeit besetzt haben.*
2. *Tauschen Sie sich mit einem Partner Ihrer Wahl über Ihre Positionen aus.*

**M 1**
*Soziale Position*

## Soziale Rolle

Zu jeder Position gehört eine „soziale Rolle". Das kann man sich genauso vorstellen wie eine Rolle im Theater oder im Film: Die soziale Rolle enthält „Regieanweisungen" für den, der eine soziale Position besetzt. Die Gesellschaft ist hier der Regisseur. Sie hat bestimmte Vorstellungen, wie sich der „Inhaber einer sozialen Position" verhalten soll. Diese Erwartungen stecken in den Köpfen der „lieben Mitmenschen". Manchmal sind sie auch schriftlich festgelegt. Sie beziehen sich auf ganz unterschiedliche Bereiche: z.B. das Aussehen, die Kleidung, das Umfeld (Wo kann man einen Lehrer antreffen, wohin gehört ein Polizist? Mit welchen Dingen umgeben sie sich? Welche „Werkzeuge" benutzen sie?), die Tätigkeiten, Eigenschaften und das Verhalten.

Es gibt Rollen mit sehr engen Vorschriften. (Die Dienstkleidung des Polizisten ist genau vorgeschrieben. Wie ist die Dienstbekleidung des Lehrers?) Andere Rollen lassen Spielräume, die der Rollenträger selbst gestalten kann. Soziale Rollen sind nicht starr, sondern dynamisch. Sie verändern sich je nach dem Zustand der Gesellschaft mehr oder weniger schnell.

1. *Was gehört zu der sozialen Rolle eines Auszubildenden?*
2. *Tauschen Sie sich in einer Vierer-Gruppe über Ihre Ergebnisse aus. Diskutieren Sie, in welchen Bereichen sich Rollenerwartungen in der Arbeitswelt gewandelt haben.*

**M 2**
*Soziale Rolle*

## Sanktionen

Die Gesellschaft beobachtet den Einzelnen ständig und sehr genau. Sie registriert das Verhalten des Einzelnen und vergleicht das Verhalten mit den Rollenerwartungen: Je nachdem, wie dieser Vergleich ausfällt, reagiert die Gesellschaft mit **Sanktionen**.

Sanktionen: Reaktionen der Gesellschaft. Der Begriff ist ursprünglich neutral oder sogar positiv: „Sanktionieren" kommt aus der lateinischen Sprache und heißt: heiligen, billigen. Wenn das Urteil der Gesellschaft gut ausfällt, dann wird sie ein bestimmtes Verhalten „positiv sanktionieren", z.B. loben, gute Zeugnisse ausstellen, Orden verleihen, ... Ganz allgemein: Dieser Mensch genießt das Wohlwollen seiner Mitmenschen und seiner Umgebung, also gesellschaftliche Anerkennung.

**M 3**
*Sanktionen*

**Sanktionen** müssen aber nicht positiv sein, sie können, und meistens tun sie das auch, negativ auf den Betroffenen wirken. Die Gesellschaft verfügt über eine breite Skala an Möglichkeiten, dem Mitmenschen zu zeigen, dass sein Rollenverhalten nicht den Erwartungen entspricht: Missachtung (man wird nicht mehr gegrüßt, nicht mehr eingeladen), Tadel, schlechte Zensuren, Bestrafung. Im schlimmsten Fall verliert jemand die Position, weil er oder sie die dazugehörige Rolle so schlecht gespielt hat, dass die Gesellschaft nur noch eine Lösung sieht, um eine Katastrophe zu vermeiden: Den Eltern wird das Sorgerecht für die Kinder entzogen; die Ehefrau beantragt die Scheidung; dem Auszubildenden wird während der Probezeit gekündigt, …

1. Tauschen Sie sich in Partnerarbeit über verschiedene Sanktionen in der Familie, im Freundeskreis und in der Arbeitswelt aus.
2. Was ist das Ziel dieser Sanktionen?

**M 4 Rollenkonflikte**

### Rollenkonflikte
Im Theater mag es einfach sein: Wer seine Rolle gelernt hat und sie überzeugend vorträgt, kann mit dem Beifall der Zuschauer rechnen. Im Leben ist es komplizierter.

Hier steht man den verschiedenen Erwartungshaltungen innerhalb **derselben Rolle** oder innerhalb **unterschiedlicher** Rollen gegenüber.

**Beispiel für einen Konflikt innerhalb derselben Rolle:**
Vater und Mutter eines Kindes haben abweichende Erziehungsauffassungen über das Fernsehverhalten ihres Kindes. Der Vater erlaubt das Fernsehen innerhalb der Woche, die Mutter beschränkt das Fernsehen auf das Wochenende. Widersprechen sich die Erwartungen, dann kommt es zu einem Konflikt innerhalb der Rolle (Fachbegriff: **Intra-Rollenkonflikt**). Hier gibt es nur eine Rolle, die des **Kindseins**.

**Beispiel für einen Konflikt zwischen unterschiedlichen Rollen:**
Die Eltern erwarten, dass der Sohn oder die Tochter zu einer bestimmten Zeit nach Hause kommt, die Freunde überreden ihn oder sie jedoch zum längeren Bleiben (Fachbegriff: **Inter-Rollenkonflikte**). Auf der einen Seite vertritt man die **Rolle als Tochter oder Sohn**, auf der anderen Seite verkörpert man die **Rolle als Freund oder Freundin**.

Solchen Rollenkonflikten kann der oder die Betroffene nur selten entgehen. Man muss sich entscheiden. Die Entscheidung fällt leichter, wenn man vorher die möglichen Sanktionen, die einen erwarten, gegeneinander abwägt. Manchmal lässt sich ein Kompromiss finden, aber nicht immer.

1. Welche Rollenkonflikte haben Sie bisher erlebt?
2. Tauschen Sie sich in einer Vierer-Gruppe über Ihre Rollenkonflikte aus.
3. Entwickeln Sie in dieser Gruppe ein Rollenspiel mit entsprechenden Rollenkonflikten. Planen Sie es und setzen Sie es um.
4. Werten Sie die verschiedenen Rollenspiele aus. Welche Verhaltensweisen haben im jeweiligen Rollenspiel zum Erfolg geführt, welche zum Misserfolg?

### Gewandelte Arbeitstugenden und Einstellungen
Pessimistische Jugendliche sind weniger bereit, in den Beruf zu investieren. Eine Schlüsselfrage an die Jugendlichen war, ob ihnen (A) das berufliche Fortkommen so wichtig ist, dass sie dafür vieles zurückstellen, auch die eigene Freizeit und das Privatleben, oder ob

## 2.1 Neu im Beruf: Aller Anfang ist schwer

**M 5** Arbeitstugenden

(B) das Privatleben und die persönliche Freizeit wichtiger sind und diese nicht geopfert werden, um Karriere zu machen. Insgesamt sind knapp zwei Drittel (63%) der Jugendlichen bereit, für ihr berufliches Vorankommen Opfer zu bringen. Grundsätzlich bekennt sich also die Mehrheit der Jugendlichen zu Leistung und Investitionen in die berufliche Zukunft. Aber immerhin gibt ein gutes Drittel (37%) der Jugendlichen privaten Interessen den Vorzug.

Quelle: Jens U. Prager und Clemens Wieland: Jugend und Beruf, Studie für die Bertelsmann-Stiftung, 2005, Zugriff am 10.08.2009 unter: http://www.bertelsmannstiftung.de/bst/de/media/Studie_Jugend_und_Beruf.pdf (Auszug)

**M 6** Arbeitstugenden

1. Welches sind (siehe M 5) Ihre Stärken, welches sind mögliche Schwächen? Schreiben Sie diese auf und tauschen Sie sich mit Ihrem Nachbarn aus.
2. Was können Sie tun, um Ihre Schwächen abzustellen?
3. Wie sehen Sie für sich das Verhältnis zwischen Beruf und Privatleben (M 6)? Schreiben Sie hierzu einen kurzen Bericht.

**M 7** Arbeitstugenden

1. Warum sind die oben aufgeführten Tugenden und Fähigkeiten aus Sicht der Unternehmen wichtig? Bilden Sie Vierer-Gruppen und tauschen Sie sich aus.
2. Halten Sie die Ergebnisse schriftlich auf einem Plakat fest.

## M 8 — Duales System

### Das duale System der Berufsausbildung: Zusammenarbeit macht den Erfolg

Die wesentliche Stärke der dualen Ausbildung ist das Lernen im Arbeitsprozess: auf der Baustelle, in der Werkstatt, im Büro oder im Labor. Hier wird in der Arbeitswelt für die Arbeitswelt gelernt. Der Auszubildende hat direkten Kontakt zu Kunden, Geschäftspartnern und Lieferanten, lernt in einem Team zu arbeiten und erfährt bereits frühzeitig, wie sich Arbeits- und Geschäftsprozesse effizient gestalten lassen. Arbeitskollegen und fachlich wie pädagogisch geschultes Personal unterstützen ihn. Bundesweit verbindliche Ausbildungsinhalte bilden eine einheitliche Grundlage. [...] Die im Betrieb erlernte Fachpraxis wird schließlich durch die Vermittlung theoretischer Kenntnisse an der Berufsschule sinnvoll ergänzt. Diese Dualität des Lernens an unterschiedlichen Lernorten – Schule und Betrieb – bietet eine solide Basis für den erfolgreichen Eintritt junger Menschen in das Erwerbsleben. Insofern kann das duale Ausbildungssystem für die europäische Berufsbildungslandschaft sicherlich einen gewissen Modellcharakter einnehmen.

*Quelle: Auszüge einer Rede von Otto Kentzler (Präsident des Zentralverbandes des Deutschen Handwerks): Duale Berufsbildung als Schlüssel zu einem wettbewerbsfähigen Europa am 28.01.2008, Zugriff am 10.08.2009 unter: http://www.bibb.de/dokumente/pdf/a13_dokumentation_eu_berufsbildung_290108_beitrag_kentzler.pdf*

1. Klären Sie die Ihnen unbekannten Begriffe.
2. Ermitteln Sie in Partnerarbeit die Kernaussagen des Präsidenten des Deutschen Handwerks zur dualen Ausbildung in Deutschland und halten Sie diese schriftlich fest.
3. Diskutieren Sie Kernaussagen in der Klasse.
4. Ermitteln Sie unter http://www.bibb.de/die aktuellen Ausbildungszahlen für Deutschland. bibb steht für Bundesinstitut für Berufsbildung – Deutschland.

## M 9 — Berufsschule

### Die Berufsschule: Aufgaben und Ziele

**1. Aufgaben der Berufsschule**

1.1 Die Berufsschule und die Ausbildungsbetriebe erfüllen in der dualen Berufsausbildung einen gemeinsamen Bildungsauftrag. Die Berufsschule ist dabei ein eigenständiger Lernort. Sie arbeitet als gleichberechtigter Partner mit den anderen an der Berufsausbildung Beteiligten zusammen.

**2. Ziele der Berufsschule**

2.1 Die Berufsschule vermittelt eine berufliche Grund- und Fachbildung und erweitert die vorher erworbene allgemeine Bildung. Damit will sie zur Erfüllung der Aufgaben im Beruf sowie zur Mitgestaltung der Arbeitswelt und Gesellschaft in sozialer und ökologischer Verantwortung befähigen.

2.2 Die Berufsschule hat zum Ziel, eine Berufsfähigkeit zu vermitteln, die Fachkompetenz mit allgemeinen Fähigkeiten humaner und sozialer Art verbindet; berufliche Flexibilität zur Bewältigung der sich wandelnden Anforderungen in Arbeitswelt und Gesellschaft auch im Hinblick auf das Zusammenwachsen Europas zu entwickeln; die Bereitschaft zur beruflichen Fort- und Weiterbildung zu wecken; die Fähigkeit und Bereitschaft zu fördern, bei der individuellen Lebensgestaltung und im öffentlichen Leben verantwortungsbewusst zu handeln.

1. Notieren Sie die wesentlichen Fähigkeiten, die die Berufsschule vermitteln soll. Unterscheiden Sie dabei nach berufsbezogenen und allgemeinen Fähigkeiten.
2. Diskutieren Sie in der Klasse über die Aufgaben und Ziele der Berufsschule.

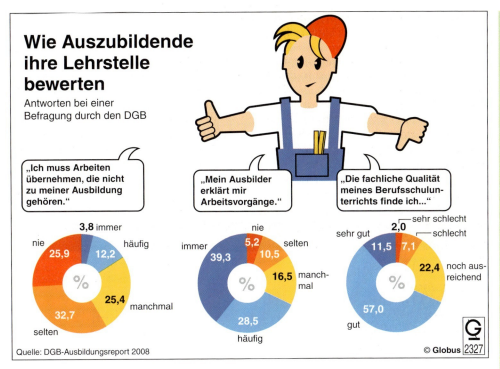

M 10
*Duale Ausbildung*

1. Welche Antworten hätten Sie bei der Befragung gegeben? Begründen Sie Ihre Antwort.
2. Sie selbst haben viele Jahre Erfahrung mit der Schule gemacht. Welche Vorstellungen haben Sie von Ihrer Rolle im dualen System (Einzelarbeit)?
3. Tauschen Sie sich danach in Vierer-Gruppen über Ihre Vorstellungen aus.

Was sind die Stärken der dualen Ausbildung?

- Das Lernen an zwei unterschiedlichen Lernorten bereitet bestens auf die Arbeitswelt vor.
- In der Berufsschule und im Betrieb bilden qualifizierte Lehrkräfte und Ausbilder aus.
- Die duale Ausbildung genießt ein hohes Ansehen in der Bevölkerung.
- Die Arbeitsergebnisse der ausgebildeten Fachkräfte sind gut.
- Eine gute berufliche Ausbildung ist die Grundlage für Erfolg im Leben.

Derzeit gibt es in Deutschland 351 (Stand 2009) anerkannte Ausbildungsberufe mit vorgegebenen Ausbildungsordnungen und Lehrplänen und einheitlichen Prüfungsanforderungen. Innerhalb der EU werden in Brüssel europaweit gültige Berufsanforderungen diskutiert (**Stichwort Europass**). Die Gefahr aus deutscher Sicht besteht dabei darin, dass die hier gültigen Anforderungen an eine berufliche Ausbildung aufgegeben werden. In den meisten Ländern der Europäischen Gemeinschaft gibt es entweder eine rein **schulische Ausbildung**, die zum Beruf führt, oder eine rein **praktische Ausbildung** im Betrieb. Zwei Lernorte wie in Deutschland gibt es dort nicht.

In Deutschland ausgebildete Fachkräfte, z. B. Mechatroniker, Elektroniker oder Kaufleute, aber auch Fachkräfte aus dem Gastgewerbe, sind im Ausland aufgrund ihres **Könnens** begehrt.

M 11
*Duale Ausbildung*

Im **dualen System** findet man Schülerinnen und Schüler mit den verschiedensten Abschlüssen. Sie kommen aus Förderschulen, Hauptschulen, Realschulen, Gesamtschulen, beruflichen Schulen und Gymnasien. Das duale System ist der größte Bildungsbereich in der Sekundarstufe II in Deutschland. Ungefähr 53% eines Altersjahrgangs erlernen einen anerkannten Ausbildungsberuf. Das ist in Europa ein Spitzenwert.

Die meisten Schülerinnen und Schüler arbeiten nach ihrer Berufsausbildung als Fachkraft in der Wirtschaft. Etliche Fachkräfte nutzen dann nach mehrjähriger Berufserfahrung die Angebote der beruflichen Schulen zur Weiterbildung. Sie besuchen z. B. Fachschulen, um Technikerin oder Techniker oder Betriebswirtin oder Betriebswirt zu werden. Diese Abschlüsse ermöglichen auch den Erwerb der Fachhochschulreife. Dieser Abschluss erlaubt dann den Besuch einer Fachhochschule.

**M 12**
*Duale Ausbildung*

**Struktur eines Jahrgangs nach Abschlussarten, 2004**

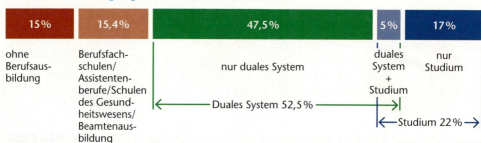

Quelle: BIBB: Schaubilder zur Berufsbildung, 2006, www.bibb.de/dokumente/pdf/a22_ausweitstat_schaubilder_heft-2006.pdf, aufbereitet von der Universität Trier, Zugriff am 10.08.2009
unter: http://www.uni-trier.de/fileadmin/fb4/prof/VWL/APO/ws08_09_44501/BPE_Kapitel_5.1.pdf

1. Welches sind aus Ihrer Sicht die Vorteile einer beruflichen Ausbildung im Rahmen der dualen Ausbildung gegenüber einer reinen schulischen Berufsausbildung?
2. Werten Sie die Quelle (M 12) im Hinblick auf die einzelnen Bildungsgänge aus.
3. Ermitteln Sie für Ihre Berufsschule die einzelnen Bildungsangebote.
4. Fragen Sie Ihre Lehrkräfte, in welchen Regionen (Deutschland und Europa) die von ihnen ausgebildeten Fachkräfte tätig sind.

# Arbeitsvorschlag

## Merkmale des Arbeitsverhaltens und der Persönlichkeit

### Durchhaltevermögen und Frustrationstoleranz

- Sie/er beendet eine übertragene Aufgabe erst, wenn sie vollständig erfüllt ist.
- Sie/er erfüllt Aufgaben und Ziele, die einen kontinuierlichen Arbeitseinsatz erfordern.
- Sie/er verfolgt ein Ziel/eine Aufgabe mit erneuter Anstrengung angemessen weiter, wenn vorübergehende Schwierigkeiten auftauchen oder erste Erfolge ausbleiben.

## Kommunikationsfähigkeit

- Sie/er hört aufmerksam zu.
- Sie/er kann sachgerecht antworten oder nachfragen.
- Sie/er achtet auf einfache nonverbale Botschaften.
- Sie/er kann wichtige Informationen unverfälscht weitergeben.
- Sie/er ist im Umgang mit anderen Menschen offen.

## Konfliktfähigkeit

- Sie/er spricht eigene Bedürfnisse zur rechten Zeit deutlich an.
- Sie/er lässt auch stark von der eigenen Meinung abweichende Vorstellungen anderer zu.

## Kritikfähigkeit

- Sie/er nimmt Kritik auch an der eigenen Leistung oder am eigenen Verhalten an.
- Sie/er kann Kritik sachlich begründen.
- Sie/er zeigt gegenüber Fehlern anderer angemessene Geduld und Toleranz.

## Leistungsbereitschaft

- Sie/er widmet sich Aufgaben mit angemessener Intensität.
- Sie/er strengt sich auch bei „unbeliebten" Aufgaben an.

## Selbstorganisation/Selbstständigkeit

- Sie/er kann den Lebensalltag (Aufstehen, Kleiden, Weg zur Schule/Arbeit) selbstständig bewältigen.
- Sie/er kann selbstständig Anrufe mit Institutionen, Arbeitgebern usw. führen (z. B. um Termine zu vereinbaren, sich krankzumelden).
- Sie/er erledigt Aufgaben aus eigenem Antrieb und beschafft sich die erforderlichen Informationen und Hilfsmittel.

## Sorgfalt

- Sie/er geht mit schriftlichen Unterlagen, Dokumenten, Arbeitsmaterialien und Werkzeugen achtsam, pfleglich und sachgerecht um.
- Sie/er beachtet beim Erfüllen eines Auftrags gewissenhaft sämtliche Hinweise und Vorschriften.

## Teamfähigkeit

- Sie/er bringt eigene Erfahrungen und eigenes Wissen ein.
- Sie/er ist bereit und in der Lage, anderen zuzuhören und von anderen zu lernen.
- Sie/er ist bereit, eigene Interessen zurückzustellen, wenn es die Ziele des Teams erfordern.

### Umgangsformen

- Sie/er verwendet die Anreden „Du" und „Sie" situationsangemessen.
- Sie/er benutzt eine der Situation angemessene Sprache.
- Sie/er begrüßt andere Menschen in angemessener Form (persönliche Anrede, Blickkontakt, Händeschütteln, Vorstellen der eigenen Person).
- Sie/er ist bereit, die gängige Kleiderordnung der beruflichen Bezugsgruppe im beruflichen Zusammenhang für sich zu akzeptieren.
- Sie/er begegnet anderen Menschen mit Respekt.

### Verantwortungsbewusstsein

- Sie/er übernimmt Verantwortung für Aufgaben, die vereinbart wurden (z. B. in Familie, Schule, Sport, Verein).
- Sie/er geht verantwortungsvoll mit sich selbst um (Gesundheit, Konsumgewohnheiten).
- Sie/er vermeidet Gefährdungen der eigenen Person und anderer Menschen.
- Sie/er übernimmt Verantwortung für anvertraute Materialien, Geräte usw.

### Zuverlässigkeit

- Sie/er erscheint pünktlich zum vereinbarten Termin (Unterricht, Praktikum, Beratungsgespräch).
- Sie/er entschuldigt sich rechtzeitig, wenn er/sie eine Vereinbarung nicht einhalten kann.
- Sie/er erledigt einen Arbeitsauftrag termingerecht.

### Berufswahlreife: Selbsteinschätzungs- und Informationskompetenz

- Sie/er kann eigene berufsbedeutsame Interessen, Vorlieben, Neigungen und Abneigungen benennen.
- Sie/er benennt eigene Werthaltungen.
- Sie/er benennt eigene Stärken und Schwächen.
- Sie/er hat sich über Berufe und ihre Anforderungen informiert.
- Sie/er benennt Gründe für die eigene Berufswahlentscheidung.

Quelle: Dr. Peter Werner Kloas: Beitrag für handwerk magazin, BERUF & Bildung 4/2006, Zugriff am 10.08.2009 unter: http://www.bis-handwerk.de/Standardmodule/Download/GetDocument_neu.asp?document=3480

Die Tabelle (Auszüge) zeigt gewünschte und geforderte Merkmale aus Sicht der Arbeitgeber, über die Jugendliche verfügen sollen, wenn sie eine Ausbildung antreten.

Bei diesen Merkmalen wird unterschieden zwischen Merkmalen beim **Arbeitsverhalten** und Merkmalen innerhalb der **Persönlichkeit**.

Die in der Tabelle aufgeführten Eigenschaften und Tugenden sind von der Bundesagentur für Arbeit in Zusammenarbeit mit den Arbeitgebern und ihren Spitzenverbänden aus Befragungen im Jahre 2006 ermittelt worden.

1. Lesen Sie die Tabelle aufmerksam.
2. In welchen Bereichen sehen Sie Ihre Stärken, in welchen Bereichen sehen Sie bei sich Nachholbedarf? Erstellen Sie schriftlich für sich persönlich Ihre Schwächen- und Stärkenliste.
3. Was können Sie tun, um noch besser die von Ihnen selbst erkannten Schwächen abzustellen?
4. Was können Sie tun, um Ihre Stärken noch besser in die Ausbildung einzubringen?
5. Wie beurteilen Sie diese Forderungen der Arbeitgeber an die Auszubildenden?
6. Tauschen Sie sich z. B. in Partnerarbeit aus.
7. Tauschen Sie sich danach in Gruppenarbeit aus.

# Zur Vertiefung

## Duale Ausbildung: stabiles Fundament – Kultusminister Siegfried Schneider bei der Kreishandwerkerschaft in Freising

„Die duale Ausbildung ist ein tragfähiges Fundament für die Zukunft unserer Jugendlichen", dies unterstrich Bayerns Kultusminister Siegfried Schneider bei einem Handwerkersymposium in Freising. Der Minister dankte dem Handwerk für dessen großes Engagement für die berufliche Qualifizierung von jungen Menschen, die die Betriebe gemeinsam mit den beruflichen Schulen in Bayern leisteten. **Rund 60 Prozent** aller Schulabgänger in Deutschland beginnen eine duale Ausbildung, in Bayern liegt die Quote mit rund zwei Dritteln noch etwas höher. Mit der Ausbildung junger Menschen geben die Betriebe den jungen Menschen ein stabiles Fundament für die persönliche und berufliche Zukunft. Die Wirtschaft sichere sich mit der dualen Ausbildung die künftige eigene Marktfähigkeit. „Nur mit innovativen Produkten und guter Qualität können die Unternehmen auf den Märkten bestehen", so der Minister. Und die seien ohne gut qualifizierte Mitarbeiter nicht sicherzustellen.

### OECD[1] bewertet Abitur und Studium einseitig zu hoch

Harte Kritik übte Siegfried Schneider an der „gebetsmühlenhaft wiederholten und einseitigen Forderung" von Andreas Schleicher von der Organisation für wirtschaftliche Zusammenarbeit und Entwicklung (OECD), die Zahl der Hochschulabsolventen in Deutschland zu erhöhen. Minister Schneider betonte: „Wer unter dem vermeintlichen Stichwort Bildungsqualität einseitig die Zahl der Abiturienten am Gymnasium und die Hochschulabsolventen in den Blick nimmt, der verkennt die enormen Leistungen, die in der dualen Ausbildung erbracht werden." **Der Erfolg** der dualen Ausbildung schlage sich auch in der vergleichsweise niedrigen **Arbeitslosenquote** von Jugendlichen in Deutschland gegenüber der im OECD-Durchschnitt nieder. Für das Vergleichsjahr, das die jüngste Veröffentlichung „Education at a glance" zugrunde legt, lag der Wert für Deutschland bei **9,3** Prozent, der europäische Durchschnitt aber bei **17,4** Prozent. In Bayern waren nach Daten der Bundesagentur für Arbeit 7,3 Prozent der Jugendlichen zu dem Stichdatum arbeitslos und damit deutlich weniger als im Bundesdurchschnitt. Bereits heute, ergänzte der Minister, erwerben rund 43 Prozent aller Studierenden in Bayern die Zugangsberechtigung zur Hochschule nicht über das Gymnasium, sondern auf dem Weg der beruflichen Bildung. Diese positive Entwicklung will Minister Schneider nach dem Grundsatz „Kein Abschluss ohne Anschluss" weiter ausbauen.

*Quelle: Pressemeldung des Bayerischen Staatsministeriums für Unterricht und Kultus vom 15.09.2006, Zugriff am 10.08.2009 unter: http://bildungsklick.de/pm/33046/duale-ausbildung-stabiles-fundament-kultusminister-siegfried-schneider-bei-der-kreishandwerkerschaft-in-freising/*

1. *Klären Sie Ihnen unbekannte Begriffe.*
2. *Worin sieht Herr Schneider den Erfolg der dualen Ausbildung?*
3. *Wen kritisiert Herr Schneider und warum kritisiert er?*
4. *Wie sehen und bewerten Sie die Aussagen des ehemaligen Ministers?*

---

[1] *OECD (Organisation für wirtschaftliche Zusammenarbeit und Entwicklung)*

## 2.2 Arbeit – Familie – Freizeit: Wofür leben wir?

**Was ist dir in deinem Leben besonders wichtig?**

**Laut der Shell-Studie[1] von 2006 legen Jugendliche besonderen Wert auf:**

eine gute Ausbildung, beruflichen Erfolg, eine eigene Familie, Freundschaften, finanzielle Unabhängigkeit und Individualität. Ein großer Teil der Jugendlichen gibt sich erfolgsorientiert, strebsam und gesundheitsbewusst.

**M 1** *Shell-Studie*

Skeptisch sehen junge Männer und Frauen die starke Zuwanderung nach Deutschland sowie die gegenwärtige europäische Politik aus Brüssel. Wobei den Jugendlichen durchaus die Bedeutung eines geeinten **Europas** klar ist. Das Interesse der Jugendlichen an Religionen ist nicht groß. Genauso gering ist das Interesse an Politik.

**Familie als dauerhafter Bezugspunkt für Jugendliche**

Die Familie ist und bleibt für die meisten Jugendlichen der erste Ort, an dem gerade in gesellschaftlich schwierigen Zeiten der Jugendliche Rückhalt, Geborgenheit und Sicherheit findet. In Deutschland leben ca. 75 % aller Heranwachsenden im Alter von 18 bis 21 Jahren zu Hause bei ihren Eltern. Die Eltern dienen hierbei den Jugendlichen als Vorbild, denn ungefähr 70 % würden die eigenen Kinder einmal genau oder ähnlich wie die eigenen Eltern erziehen. 90 % der Befragten geben an, ein gutes Verhältnis zu den eigenen Eltern zu haben. Respekt bekunden die jungen Menschen auch gegenüber der älteren Generation, da sie die Bundesrepublik aufgebaut habe.

*Quelle: Shell-Jugendstudie 2006, Zugriff am 10.08.2009 unter: http://www.shell.com/home/content/deu/aboutshell/our_commitment/shell_youth_study/2006/*

### Freizeit: freie Zeit – frei wovon, frei wozu?

Wer arbeitet, sehnt sich nach getaner Arbeit nach Freizeit und Entspannung.

**M 2–4** *Arbeitszeit – Freizeit*

Das Schönste bleiben die tägliche Freizeit und der Urlaub. Freizeit über einen längeren Zeitraum hinweg. Für viele Menschen ist die Freizeit die einzige Zeit, die sie selbst gestal-

---

[1] Der Mineralölkonzern Shell lässt in regelmäßigen Abständen Jugendliche im Alter von 12 bis 25 befragen, wie sie ihre Lebenssituation sehen, welche Einstellungen sie zu Politik, Werten und Religion haben.

ten können. Sport treiben, spielen – in der Familie oder mit Freundinnen und Freunden – oder sich einfach fallen lassen und Musik hören. Selbst wer noch in der Familie lebt, möchte nach der Schule, nach der Arbeit seine Freizeit selbst bestimmen. Ob er zu Hause bleibt oder weggeht, möchte jeder gerne selbst entscheiden.

Viele verbringen ihre Freizeit mit anderen, mit dem Freund oder der Freundin, mit Bekannten oder Kollegen. Man kennt ja so viele aus der Schule, von der Arbeit, aus dem Verein und immer wieder lernt man neue Leute kennen. Jeder kann sich seine Freunde aussuchen.

Manchmal wird die Bindung enger. Man trifft sich häufiger, bald regelmäßig. Alle verbringen ihre Freizeit zusammen. Wie selbstverständlich gehört man dazu: zur Gruppe, zur Clique.

Jugendgruppen sind oft lockere Zusammenschlüsse. Sie bilden keine Vereine mit eingetragenen Mitgliedern, festen Beiträgen und einem gewählten Vorstand, aber innerhalb einer Gruppe gibt es häufig komplizierte Beziehungsgeflechte.

*Jugendgruppe in der Freizeit*

„Gruppendynamik" nennen dies die Fachleute. Nach Sympathie und Interesse bilden sich Untergruppen. Es wird um Einfluss gerungen, um Führerpositionen. Manchmal entwickeln sich Abhängigkeiten. Im Allgemeinen haben die Gruppenmitglieder in vielen Bereichen gleiche Vorstellungen, gleiche Einstellungen und gleiche Interessen. Deshalb ist man ja zusammen. Man mag sich irgendwie.

### Die andere Seite der Freiheit: Lauern überall Gefahren? – Falsche Freunde, falsche Ziele?

Falsche Freunde, gibt es die? Was, wenn der „Leithammel" in der Gruppe sich zum „Führer" aufschwingt und als Diktator alles bestimmen will? Eigentlich ist man doch zusammengekommen, um gemeinsam etwas zu unternehmen. Gemeinsam heißt auch, dass alle ihre Vorstellungen einbringen können, dass beraten und am Ende beschlossen wird. Das muss nicht förmlich zugehen wie in einer Versammlung. Der „Führer" – ist das noch dein Freund?

In einer frei gewählten Gruppe möchten alle, jeder Einzelne mitreden dürfen. Was, wenn die Mehrheit die Minderheit unterdrückt und sie nicht zum Zuge kommen lässt? Sind das noch Freunde, wenn nur sie immer bestimmen wollen?

Wenn die Gruppenaktivitäten immer riskanter werden, Mutproben verlangt werden, die lebensgefährlich sind? Wenn die Grenze zur Kriminalität überschritten wird? Sind das noch Freunde, die einen da mit hineinreißen? Aus der harmlosen Gruppe, der Clique, ist eine „Gang" geworden.

In den Armutsvierteln US-amerikanischer Großstädte sind solche „Streetgangs" seit Langem bekannt.

Kriminelle Jugendbanden unterscheiden sich von „normalen" Gruppen wesentlich. Die gemeinsam verübten Straftaten schweißen zusammen. „Mitgefangen, mitgehangen": Das Gefangen- und Bestraftwerden möchten alle vermeiden. Daher entwickelt sich in der

Bande eine klare Führungsstruktur mit einem ausgeprägten Gruppenzwang. Die Bande ist nach außen geschlossen, Aussteigen wird fast unmöglich gemacht. Neue werden erst nach langer Beobachtung, oft nach „Mutproben" und Probezeit aufgenommen.

Es ist normal, dass Jugendliche sich zu Gruppen zusammenschließen. Nach dem allmählichen Loslösen aus den Abhängigkeiten der eigenen Familie bietet die Gruppe Schutz und emotionale Geborgenheit für eine Zwischenzeit, bis dieser Halt nicht mehr benötigt wird, weil jede bzw. jeder sich weiterentwickelt, sodass sie oder er neue, eigene Wege sucht, um z. B. eine eigene Familie zu gründen.

### Rausch – Sucht:
### Flucht vor der Wirklichkeit?

Die erste Zigarette haben Sie längst vergessen. Oder erinnern Sie sich noch? Irgendwo heimlich mit anderen zusammengehockt, neugierig, wie das wohl schmecken würde? Die Zigarette: Symbol der Erwachsenenwelt!

*Jugendlicher beim Sniffen*

Das erste Besäufnis? Vielleicht von Erwachsenen dazu verführt – den eigenen Eltern oder von Arbeitskollegen? „Sei kein Frosch! Trink doch einen mit!"

Verständlich, dass man ausprobieren will, was für die Erwachsenen zum Leben gehört, was sie anscheinend großartig finden. Entscheidend ist, was nach diesem „ersten Mal" geschieht. Gewöhnt man sich daran, zunächst weiter heimlich zu rauchen, dann regelmäßig und später unheimlich (viel)? Kann man sich das Leben ohne das tägliche Bier nicht mehr vorstellen? Wie viele Biere – und Schnäpse – werden es schließlich?

**M 5**
*Risiko Alkohol*

**M 6**
*Risiko Rauchen*

Jeder weiß, dass Rauchen und Trinken gesundheitsschädlich sind. Das Gesundheitsministerium und viele andere Einrichtungen sind dagegen. Kinder und Jugendliche bis 16 Jahre dürfen in der Öffentlichkeit nicht rauchen. Kindern und Jugendlichen bis 18 Jahre darf kein „Branntwein" verkauft werden (so steht es im Jugendschutzgesetz). Bekannt ist die Gefahr, süchtig zu werden. Der „Süchtige" raucht zu viel, trinkt zu viel. Die Gesellschaft reagiert erst, wenn die Sucht auffällt.

„Die beste Droge ist der klare Kopf", meinte Udo Lindenberg in einem Interview.

Bei Drogen ist die Geduld zu Ende!

Auch Alkohol und Nikotin sind Drogen: Man kann abhängig werden. Doch bei allem, was wir gewöhnlich meinen, wenn wir von „Drogen" sprechen, ist die Duldung der Gesellschaft vorbei. Im Betäubungsmittelgesetz werden Verkauf und Besitz von Drogen verboten, bei Verstoß sind harte Strafen angedroht.

Warum duldet die Gesellschaft das Rauchen und Trinken, den Genuss anderer Rauschmittel (Drogen) jedoch nicht? Der Missbrauch ist in jedem Falle lebensgefährlich.

Eine mögliche Erklärung: Rauchen und Trinken sind fest in der Kultur unserer Gesellschaft verankert. Die Germanen haben schon ihren Met getrunken. Geraucht wird, seit Kolumbus in Amerika den Tabak entdeckte. **Es gab Regeln** (soziale Normen), wann und wo man raucht und trinkt und wann und wo nicht. Trotzdem war der Missbrauch immer ein Problem. Die Gesellschaft versuchte, das Rauchen und Trinken unter Kontrolle zu halten. Wenn jemand mal über den Durst getrunken hatte, reagierten nicht nur Kopf und Magen des „Säufers", sondern auch die Gesellschaft. Heute scheint diese gesellschaftliche **Kontrolle** noch weniger zu funktionieren als früher. Neben den Drogen Tabak und Alkohol nehmen immer mehr Menschen **Medikamente** zu sich. **Aufputschmittel** und andere Präparate verkaufen sich glänzend. Aber auch die Spielsucht, z.B. im **Internet**, hat gewaltig zugenommen.

**M 7**
*Ursachen der Sucht*

### Das normale Leben ist riskant genug
Sind Sie besonders **risikofreudig**?
Die Freude am Risiko treibt die Unternehmer zu mehr oder weniger wagemutigen Einsätzen. Sie setzen manchmal damit ihre wirtschaftliche Existenz aufs Spiel, in der Hoffnung, viel zu gewinnen.

**M 8**
*Risiko AIDS*

Die Angst vor dem Risiko lässt manche Menschen verzagen, lähmt jede Aktivität.

Wir gehen ständig Risiken ein, bei den meisten Unternehmungen ist uns das nicht mehr bewusst. Was sind ernst zu nehmende Risiken? Die Berufswahl? Der Arbeitsplatz? Der Freund, die Freundin? Der Lebenspartner, die Lebenspartnerin? Kinder?

Wir alle haben Risiken auszuhalten. Durch sie wird das Leben spannend und interessant, man weiß nie genau, was morgen sein wird: im ganz normalen Leben!

Muss man zusätzliche Risiken eingehen?

## Materialien

### Die Shell-Jugendstudie 2006
Zu Beginn dieses Kapitels sind verkürzt die wesentlichen Ergebnisse der aktuellen Shell-Studie aufgeführt. In dieser Studie werden Jugendliche im Alter von 12 bis 25 befragt, welche Einstellungen und Vorstellungen sie zum bzw. vom Leben haben. Es wird also ermittelt, was Jugendliche über Familie, Freundschaften, Beruf, Politik, Umwelt, Werte und Religion denken. Näheres finden Sie unter: http://www.shell.com/home/content/deu/aboutshell/our_commitment/shell_youth_study/2006/.

**M 1**
*Shell-Studie*

Welche Einstellungen zu diesen Bereichen haben Sie?

1. *Was sind für Sie die wichtigsten Dinge in Ihrem Leben? Notieren Sie diese.*
2. *Tauschen Sie sich mit einem Partner Ihrer Wahl über Ihre Sichtweise aus.*
3. *Tauschen Sie sich in einer Vierer-Gruppe aus und ermitteln Sie im Gespräch für Ihre Gruppe die wichtigsten Dinge in Ihrem Leben.*
4. *Stellen Sie Ergebnisse aus der Gruppenarbeit im Plenum vor.*
5. *Vergleichen Sie die Klassenergebnisse mit den Ergebnissen der Shell-Studie.*

## M 2 Was ist Freizeit?
*Freizeit*

Über diese Frage kann man lange diskutieren. Einfacher lässt sich feststellen, was Freizeit nicht ist. Freizeit ist **keine Arbeit**. Freizeit, das heißt für die meisten: keine Erwerbsarbeit, oder: nicht arbeiten müssen. Wie empfinden diejenigen ihre freie Zeit, die nicht – mehr – arbeiten dürfen? Seit einigen Jahren wird in unserer Gesellschaft heftig darüber diskutiert, wie die Arbeit, die immer weniger wird, „gerecht" verteilt werden kann. Wie steht es mit der Verteilung der Freizeit? Zwar haben – im Durchschnitt – alle mehr Freizeit bekommen, aber die Entwicklung ist nicht einheitlich. Es gibt Positionen im Berufsleben wie in der Familie, da bleibt immer weniger freie Zeit.

### Freizeit: ein Blick in die Vergangenheit

**Beispiel: die bäuerliche Arbeit**

Sie wurde bestimmt durch die Abfolge der **Jahreszeiten**, durch den Rhythmus der Natur und die Bedingungen des Wetters. Gearbeitet wurde, wenn die Arbeit anfiel. Im Frühjahr mussten die Felder bestellt werden, im Herbst wurde geerntet. Das waren die Hauptarbeitszeiten. An allen Tagen musste das Vieh versorgt werden. Der Sonntag war „der Tag des Herrn", an dem nur das Allernotwendigste getan wurde. Auf dem Land wurde hart gearbeitet, wenn es sein musste. Aber da sich Arbeit und „Feierabend" wie von allein ergaben und die ganze Familie daran teilhatte, hatte beides einen anderen Stellenwert als bei uns.

Beides zusammen machte das Leben aus. Es war ganz natürlich, dass dann mehr gearbeitet wurde, wenn es länger hell war. Im Winter spielte sich das Leben auf ganz andere Weise ab. Im Übrigen freuten sich alle auf den Feierabend, auf die Sonntage und auf viele – kirchliche – Feiertage.

**Beispiel: Handwerk**

Der Rhythmus des Tages ergab sich durch feste Zeiten, zu denen die Frau des Meisters zum Essen rief. Manche Berufe waren – auch damals schon – abhängig von der Auftragslage. Zuweilen wurde sogar der heilige Sonntag der Arbeit geopfert. Aber dann kamen auch Zeiten, in denen weniger Aufträge für einen gewissen Ausgleich sorgten. Und immer wieder wurde gefeiert. Manche Gesellen machten ab und zu auch noch am Montag „blau".

Mit der **industriellen Revolution** endete die verhältnismäßig „natürliche" Gliederung des Lebens in Arbeit und freie Zeit. Dann wurde die Arbeit durch die **Uhr** – durch die Fabriksirene – bestimmt. Gearbeitet wurde zu allen Jahreszeiten so lange, dass keine Zeit für anderes blieb. Nur der Sonntag war frei. Der Industriearbeiter konnte sich in der übrig gebliebenen Zeit gerade so weit erholen, dass er die Arbeit des folgenden Tages durchstehen konnte. Nicht nur die Arbeitszeit, auch die Art der Arbeit änderte sich in den Fabriken grundlegend. Konnte man auf dem Felde und in den Werkstätten bei gemeinsamer Arbeit miteinander reden, manchmal auch singen, so stand in der Fabrik jeder

**isoliert** an seinem Arbeitsplatz. Unterhaltungen waren verboten. In den meisten Werkhallen war der Lärm so ohrenbetäubend, dass man nicht einmal sein eigenes Wort verstand. Arbeit wurde zur **„Maloche"**. „Das kann nicht das ganze Leben sein!" Aus dieser Situation der totalen Ausbeutung ergab sich der **Kampf** der Arbeiterschaft um höhere Löhne und – von Anfang an – um kürzere Arbeitszeiten.

Auch heute wird das Leben der meisten Menschen durch Arbeit bestimmt, aber der Zeitaufwand für sie wird immer geringer. Fast alle Menschen haben freie Zeit. Zeit, etwas anderes zu tun: Freizeit!

**Was ist Freizeit heute?** Ein Lebensbereich ganz neuer Qualität und Möglichkeit zur Selbstentfaltung? Oder ist sie nur eine Fluchtmöglichkeit: Der durch die Arbeit ständig geforderte Mensch flieht in die Freizeit, lebt hier aber in ständiger Furcht vor der Arbeit, die ihn ja irgendwann wieder fordert.

**M 3**
*Arbeitszeit*

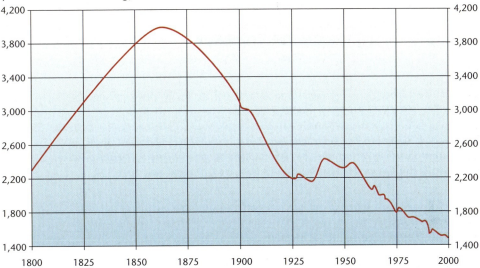

**Individuelle Jahresarbeitszeit pro Erwerbstätigem in Deutschland[1] 1800–2000 (schematische Darstellung)**

Quelle: Jochen Ebel, Zugriff am 04.02.2010 unter: http://www.ing-buero-ebel.de/AZeit/AZeit.htm

1. Wie hat sich das Verhältnis von Arbeit und Freizeit über die Jahrhunderte entwickelt (M 2)?
2. Wie hoch war die Wochenarbeitszeit 1875, 1940 und im Jahre 2000 (M 3)?
3. Berechnen Sie die durchschnittliche tägliche Arbeitszeit 1868, 1945 und 2000.
4. Wie wird sich das Verhältnis von Arbeit und Freizeit zukünftig in Deutschland entwickeln?

---

[1] 1950 bis 1990 Westdeutschland, ab 1991 Ergebnisse nach ESVG 1995

## M 4 Freizeit

**Freizeitaktivitäten von Jugendlichen 2008**

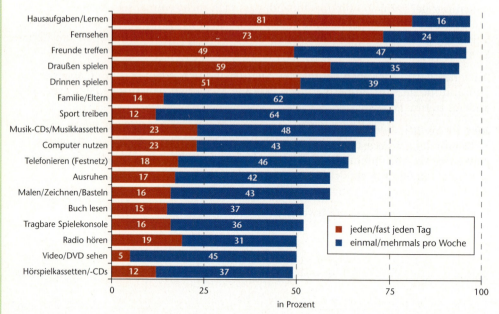

Quelle: Medienpädagogischer Forschungsbund Südwest/KIM-Studie 2008/www.mpfs.de, Zugriff am 22.09.2009 unter: http://www.mpfs.de/index.php?id=138

1. Entwickeln Sie für sich eine Aufstellung Ihrer Freizeitaktivitäten (Stunden pro Woche).
2. Tauschen Sie sich in Partnerarbeit aus und ermitteln Sie die wichtigsten Freizeitaktivitäten.
3. Bilden Sie eine Gruppe und tauschen Sie sich über Ihre Ergebnisse aus.

## M 5 Risiko Alkohol

**Auswirkungen von Alkohol auf die körperliche und seelische Verfassung**

*ab 0,2 Promille:*
- Leichte Verminderung der Sehleistung
- Verlängerung der Reaktionszeit
- Nachlassen von Aufmerksamkeit, Konzentration, Kritik- und Urteilsfähigkeit
- Anstieg der Risikobereitschaft
- Schlechtere Wahrnehmung von beweglichen Lichtquellen

*ab 0,3 Promille:*
- Fehleinschätzung von Entfernungen

*ab 0,5 Promille:*
- Verminderung der Sehleistung um ca. 15 %
- Hell-/Dunkelanpassung erschwert
- Rotlichtschwäche
- Hörvermögen herabgesetzt
- Beginnende Enthemmung und Anstieg der Reizbarkeit
- Fehleinschätzung von Geschwindigkeiten

*ab 0,7 Promille:*
- Gleichgewichtsstörungen
- Nachlassen der Nachtsehfähigkeit
- Reaktionszeit wird länger

*ab 0,8 Promille:*
- Ausgeprägte Konzentrationsschwäche
- Rückgang der Sehfähigkeit um ca. 25 %
- Reaktionszeit um 35 bis 50 % verlängert
- Euphorie und Selbstüberschätzung
- Enthemmung nimmt zu
- Blickfeldverengung (Tunnelblick)
- Wahrnehmung von Gegenständen und räumliches Sehen stark beeinträchtigt
- Kontrolle über willkürliche Augenbewegungen geht verloren

*ab 1,1 Promille:*
- Beginn der absoluten Fahruntüchtigkeit
- Weitere Verschlechterung des räumlichen Sehens und der Hell-/Dunkelanpassung
- Massive Aufmerksamkeits- und Konzentrationseinbuße
- maßlose Selbstüberschätzung durch gesteigerte Enthemmung und Verlust der Kritikfähigkeit
- Reaktionsvermögen erheblich gestört
- Starke Gleichgewichtsstörungen
- Verwirrtheit, Sprechstörungen
- Orientierungsstörungen

*ab 1,4 Promille:*
- Ausgeprägte Gleichgewichts- und Koordinationsstörungen
- Gedächtnislücken entstehen
- Bewusstseinsstörungen
- Reaktionsvermögen kaum noch vorhanden
- Volltrunkenheit
- Schwere Alkoholvergiftung
- Tiefe Bewusstlosigkeit
- Gedächtnisverlust

*ab 4,0 Promille:*
- Lähmungen und unkontrollierte Ausscheidungen
- Atemstillstand

## Vorzeitiger Tod

Etwa 140.000 von jährlich 850.000 Toten in Deutschland werden dem Rauchen zugeschrieben.

Bei nahezu jedem zweiten Verstorbenen wurde der Tod durch eine Erkrankung des Herz-Kreislauf-Systems ausgelöst. Rauchen soll dabei für etwa 25 % der Toten verantwortlich sein.

Ein Viertel der Verstorbenen erlag 1998 einem bösartigen Krebsleiden. Die größte Bedeutung bei Männern hatte Lungenkrebs mit 28.600 Verstorbenen.

Rauchen alleine wird für 30 % aller Krebsfälle verantwortlich gemacht – bei Lungenkrebs über 80 %.

Die Schätzungen für vorzeitigen Tod durch Passivrauchen gehen weit auseinander und liegen für Deutschland zwischen 500 bis 3.500 pro Jahr.

Raucher verkürzen ihre Lebenserwartung um bis zu 10 Jahre – leben also rund 10 % kürzer als Nichtraucher.

*Quelle: Eigene Zusammenstellung nach Daten des Statistischen Bundesamtes, Wiesbaden*

**M 6**
*Risiko Rauchen*

1. Ermitteln Sie für Ihre Klasse die wöchentlichen Ausgaben für Tabak und Alkohol.
2. Was sind die Gefahren bei übermäßigem Konsum von Alkohol (M 5) und Tabak (M 6)?
3. Wo bekommt man Hilfe und Beratung, wenn man z. B. vom Alkohol abhängig ist?
4. Welche weiteren Drogen gibt es? Recherchieren Sie im Internet und stellen Sie die Informationen in einer Übersicht für Ihre Mitschüler zusammen. Umfangreiches Material zum Thema ist z. B. auf den Internetseiten des Bundesministeriums für Gesundheit zu finden.

**M 7** *Ursachen der Sucht*

### Medikamente für die Leistungsgesellschaft – jeder, wie er's braucht

[....] Pillen, Blocker, Kokain: Eine ganze Gesellschaft ist auf Drogen – und erregt sich über gedopte Sportler. Das ist Heuchelei.

**Blockiert, gehemmt, runterreguliert**

Er habe für sich den Weg gefunden. Mit vollem Mund raunte er mir zu, als wollte er Drogen verkaufen: „Jeden Tag eine ASS 100! Das mache ich, seit ich 40 bin." Sein Arzt wisse nichts von der Blutverdünnung, das sei seine eigene Strategie im Überlebenskampf. „Was willst du machen, die Maschine muss laufen", sagte er. **„Ich stehe ziemlich unter Druck."**

**Stress, Druck, Überlastung.** So klagen die Stützen der Leistungsgesellschaft, wenn sie sich privat geben. Und nicht nur die. Angestellte, Arbeiter, Arbeitslose – alle fühlen sich permanent überlastet und überfordert. Eine Gesellschaft am Rande, immer kurz vor dem Burnout. Die Statistiken über Fehltage belegen das: Während die meisten Krankheiten, die zu Arbeitsausfällen führen, seltener werden, nehmen die psychischen Diagnosen zu.

Wer trotz ständiger Anspannung mehr Erfolg haben will, **hilft sich selbst**. Besonders beliebt ist pharmakologische Aufbauhilfe, Dämpfen oder Stimulieren – je nach Bedarf. Andere bevorzugen psychologische Unterstützung, Verhaltenstherapie oder Coaching bis hin zu Kursen, in denen die Selbstenthusiasmierung so lange eingeübt wird, bis es nicht mehr wehtut. [...]

Doping geht durch alle Schichten und Einkommensklassen, nur nennt es keiner so. Hausfrauen nehmen „Mother's little helper", alternde Männer Testosteron, Schüler Ritalin. Jeder, wie er's braucht: aufputschen, runterkommen, wach bleiben, einschlafen.

Kaum ein Konzernchef, leitender Angestellter, Manager – und erst recht kein Politiker –, der nicht mit Betablockern, Kalzium-Antagonisten, ACE-Hemmern oder Cholesterin-Senkern unterwegs ist. So treibt sich eine Leistungsgesellschaft mit leistungssteigernden Mitteln zu noch mehr Leistung. Wer beschwert sich da über Doping-Geständnisse von Radprofis?

Die sind als Doper, man muss das so sagen, nur eine Randgruppe auf Rädern. Orchestermusiker schlucken vor Konzerten Tranquilizer.

Wer eine neue Stelle will, stellt sich für das Bewerbungsgespräch ruhig. Redner besänftigen sich mithilfe ihres Arztes oder Apothekers vor Vorträgen, Redegäste vor Talkshows, Moderatoren stimulieren sich mit Alkohol. Popsänger nehmen Muntermacher und einen Haufen legaler wie illegaler Drogen vor Auftritten und machen keinen Hehl daraus. Kampfjet-Piloten schlucken Modafinil, um die Müdigkeit zu überwinden und mehr als 24 Stunden im Cockpit bleiben zu können. [...]

Quelle: Werner Bartens: Medikamente für die Leistungsgesellschaft – jeder, wie er's braucht, in: Süddeutsche Zeitung vom 14.07.2007, Auszüge, Zugriff am 10.08.2009 unter: http://www.sueddeutsche.de/kultur/103/406879/text/

1. Klären Sie unbekannte Begriffe.
2. Was sind für den Verfasser des Artikels die Gründe für den großen Medikamenten- und Alkoholkonsum?
3. Wie sehen Sie das?
4. Lässt sich der Alkohol- bzw. Medikamentenmissbrauch aus Ihrer Sicht einschränken?
5. Diskutieren Sie im Klassenverband über dieses gesellschaftliche Problem.

**M 8** Risiko AIDS

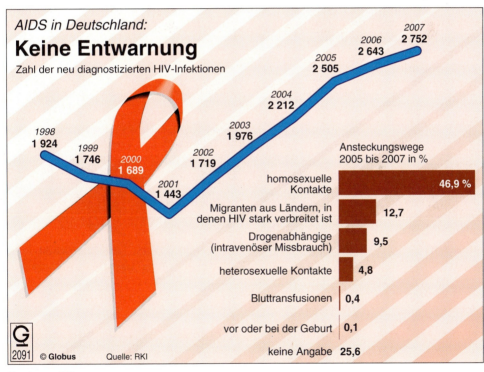

Kondome schützen

AIDS ist nach wie vor nicht heilbar. Umso wichtiger ist es, einer Infektion vorzubeugen. Das ist durch den Gebrauch von Kondomen einfach.

1. Wie erklären Sie sich die Zunahme der HIV-Infizierten?
2. Welche Schlussfolgerungen können aus den Ansteckungswegen für HIV gezogen werden?

# Arbeitsvorschlag

Jede Gesellschaft hat ihre Werte und somit ein Wertesystem. Werte beschreiben für die jeweilige Gesellschaft die Zielvorstellungen und Richtlinien, an die sich jeder zu halten hat. „Du sollst Achtung vor anderen Menschen haben" ist z. B. ein gewünschtes Verhalten innerhalb einer Gesellschaft. An diesen Wert haben sich alle Gesellschaftsmitglieder zu halten, er stellt somit auch eine Verhaltensanweisung (Norm) für jeden Einzelnen dar.

Eine Gesellschaft, und damit auch ihre Werte, unterliegt stets Veränderungen, sodass die Werte nicht für ewig gelten, sondern sich wandeln. Man spricht daher von einem **Wertewandel**.

**Beispiel für einen Wertewandel:**
Früher hatten junge Menschen Respekt vor alten Menschen zu haben; es galt innerhalb einer Familie, was die Alten sagten. Heutzutage erscheint dieser Wert oder dieses Werteverhalten bei vielen jungen Menschen überholt.

Im Folgenden finden Sie eine Auswahl gängiger Werte in einer Gesellschaft. Die Tabelle zeigt nur eine begrenzte Zahl von Werten. Sie können weitere Werte, die Ihnen einfallen oder wichtig sind, hinzufügen.

**Werteauswahl:**

| | | | |
|---|---|---|---|
| gerecht sein | fleißig sein | ordentlich sein | nichts Falsches über andere reden |
| ehrlich sein | gehorsam sein | niemanden in seiner Würde verletzen | Vater und Mutter ehren |
| höflich sein | nicht töten | gütig sein | verantwortungsbewusst handeln |
| Pflichten wahrnehmen | nicht lügen | brüderlich handeln | nicht ehebrechen |
| Gemeinsinn zeigen | Toleranz zeigen | solidarisch handeln | gebildet sein |
| freundlich sein | nicht stehlen | gerecht sein | sich selbst verwirklichen |
| gewaltlos sein | mutig sein | kräftig sein | bescheiden sein |
| schön sein | gesund leben | Nächstenliebe zeigen | selbstbestimmt sein |
| ernsthaft sein | ausgeglichen sein | hilfsbereit sein | Respekt vor älteren Menschen zeigen |

1. Welche der aufgeführten Werte sind Ihnen wichtig?
2. Welche Werte sind Ihnen am wichtigsten? Stellen Sie eine Rangliste auf.
3. Begründen Sie schriftlich, warum Sie diese Reihenfolge gewählt haben.
4. Woher stammen diese Werte, wer hat sie zu einem Wert gemacht?
5. Zeigen Sie auf, in welchen Bereichen Werte dauerhaft gültig sind und in welchen Bereichen sich Werte gewandelt haben.
6. Wer sollte den Kindern und Jugendlichen die gesellschaftlichen Werte vermitteln?
7. Tauschen Sie sich in einer Gruppe über Ihre Ergebnisse aus.

## Zur Vertiefung

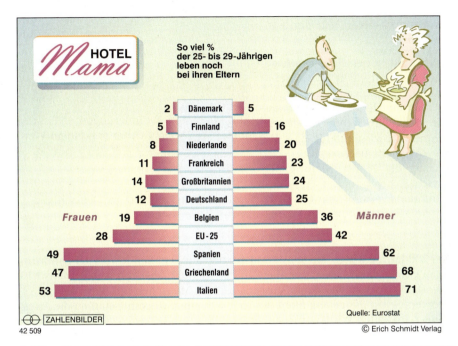

1. Was mögen die Gründe dafür sein, dass Jugendliche in diesem Alter noch zu Hause wohnen?
2. Warum gibt es Unterschiede zwischen den aufgeführten Ländern?
3. Warum ziehen Mädchen früher aus dem Haus als Jungen?
4. Wie ist das bei Ihnen?

## 2.3 Die industrielle Revolution: Maschinen und weltweiter Handel verändern Produktion und Gesellschaft

### Kann es sein, dass wir uns ein falsches Bild von der guten alten Zeit machen?

Manchmal träumen wir von der guten alten Zeit auf dem Lande, als der Bauer noch hinter Pferd und Pflug herlief, das Getreide mit der Sense gemäht und die Kuh mit den Händen gemolken wurde.

Dabei war es früher oft alles andere als romantisch. Hagelschlag oder Insekten vernichteten ganze Ernten, Viehbestände fielen Seuchen zum Opfer und die Menschen mussten hungern. Die Bauern arbeiteten 16 Stunden und mehr am

*Feldbearbeitung mit Pferd und Pflug*

Tag und waren völlig abhängig von der Natur. Das Leben auf dem Lande war noch im 19. Jahrhundert hart und entbehrungsreich.

Ingenieure und Chemiker brachten schließlich den Fortschritt mit Maschinen und Dünger, die den Bauern die Arbeit erleichterten. Heute sorgen gut ausgebildete Landwirte mit moderner Technik und Fachwissen dafür, dass die gute alte Zeit nicht wiederkommt. Ein Beispiel mag die Modernisierung der Landwirtschaft belegen: Am Ende des 19. Jahrhunderts versorgte ein Landwirt fünf weitere Menschen. Im Jahre 2007 ernährte ein Landwirt in Deutschland etwa 150 Personen.

*Moderner Schlepper beim Feldeinsatz*

Bis vor etwa 200 Jahren lebten die meisten Menschen auf dem Lande von der Landwirtschaft. Es gab einige Handwerker, vor allem in den Städten, aber nur wenig Dienstleistungsberufe. Die Wirtschaft war darauf ausgerichtet, die Menschen mit dem Allernötigsten zu versorgen. Selbst das gelang nicht immer. Nach einer Missernte starben die Ärmsten vor Hunger, im kalten Winter erfroren viele.

Bäcker und Töpfer, Holzschuhmacher und Fleischer stellten ihre Waren her und konnten mit sicherem Absatz rechnen. Die meisten Handwerker jedoch arbeiteten auf Bestellung nach den Wünschen und Maßangaben ihrer Kunden. Das Kleid, der Tisch, das Bett waren Einzelanfertigungen, entsprechend teuer. Wer kein Geld hatte, und das waren die meisten, musste sein Kleid selber nähen. In den engen Wohnstuben war ohnehin nur Platz für einen selbst gebauten Tisch, eine Bank und ein Bord an der Wand.

Die Handwerker waren in **Zünften** zusammengeschlossen. Diese bestimmten bis ins Einzelne, wie, mit welchem Material, zu welchem Preis etwas hergestellt werden durfte. Wer abwich von der Zunftordnung, wurde hart bestraft.

*Verschiedene Zunftvertreter mustern das Produkt.*

## 2.3 Die industrielle Revolution: Maschinen und weltweiter Handel verändern Produktion und Gesellschaft

# Von der alten zur neuen sozialen Frage

Im 18. Jahrhundert wurden **Maschinen** erfunden: die Dampfmaschine als Antriebsmaschine für mechanische Webstühle, Druckmaschinen, Dampfhämmer u. a.

Unternehmer kauften die Maschinen, stellten sie in Werkhallen auf, stellten **Arbeiter** ein. Die Arbeit an den neuen Maschinen war laut, aber einfacher und daher leichter zu erlernen als der Handwerksberuf. Für den Unternehmer war die Fabrik sein „**Kapital**". Er hatte dafür Geld bezahlt (investiert), und daher sollte dieses eingesetzte Geld natürlich auch Gewinne erbringen.

Die Arbeiter standen an einer ganz bestimmten Stelle an der Maschine und bedienten sie dort. Die Arbeit war aufgeteilt. In der Druckerei z. B. schaffte einer das Papier heran, einer legte es in die Maschine; die Maschine druckte, ein weiterer Arbeiter nahm den bedruckten Bogen aus der Maschine.

Die Organisation der Arbeit – **Arbeitsteilung** – und die Maschinen ermöglichten zum ersten Mal die billige **Massenproduktion**. In den Fabriken wurde nicht mehr auf Bestellung gearbeitet. Der gleiche Artikel wurde zigtausendmal hergestellt und dann erst verkauft.

Die **Gewerbefreiheit** wurde ausgerufen. Sie war das genaue Gegenteil der bisher geltenden Bestimmungen: Alle hatten gleiche Rechte. Jeder konnte herstellen, was, wie, zu welchem Preis er wollte.

Ein neues Problem tauchte auf: Früher kannte der Handwerker seine Kunden. Er wusste, was sie brauchten. Er produzierte für „seinen" überschaubaren Markt. Der Fabrikherr produzierte erst, hoffte dann auf Absatz auf einem großen unüberschaubaren, für ihn **anonymen Markt**. Auf diesem Markt tummelten sich viele. Die **Konkurrenz** – so etwas hat es früher nicht gegeben – war groß.

M 1–3
*Marktgesetze*

### Woher wusste der Unternehmer, wie viel er herstellen sollte?
Das grundsätzliche Problem: Wie kann erreicht werden, dass genau so viel hergestellt wie gebraucht wird, nicht zu viel, nicht zu wenig? Die Antwort der Wirtschaftswissenschaftler: Das Problem löst sich im Prinzip von selbst – auf dem Markt. Dort treffen sich Verkäufer und Käufer. Die einen präsentieren ihre Ware (ihr **Angebot**), die anderen äußern ihre Wünsche (sie fragen nach der Ware, daher nennt man das **Nachfrage**). Sie handeln miteinander und einigen sich schließlich auf einen Preis, mit dem beide zufrieden sind. Wenn das nicht gelingt, wenn der Preis für den Verkäufer zu niedrig ist oder für den Käufer zu hoch, dann wird jeder für sich seine Konsequenzen ziehen. In jedem Falle wissen beide Bescheid. Sie sind informiert über Angebot, Nachfrage und Preis. Weil das auf dem **Markt** geschieht, nennt man dieses System **Marktwirtschaft** und weil die Wirtschaftswissenschaftler der Meinung waren, dass diese Regelung am besten funktioniert, wenn sich kein Fremder einmischt, vor allem der Staat nicht, nannten sie das System **freie Marktwirtschaft**.

Viele witterten die Chance ihres Lebens. Gesellen machten sich selbstständig, Lehrlinge und Ungelernte versuchten ihr Glück. Viele hatten Erfolg, andere scheiterten. Denn so einfach war das nicht, auf dem freien Markt gegen die Konkurrenz zu bestehen.

### Das Elend der Massen: „die soziale Frage" im 19. Jahrhundert
Die wirtschaftlichen Veränderungen blieben nicht ohne Auswirkungen auf das Leben der Menschen: Zu Beginn der Industrialisierung konnte der „Fabrikherr" ganz **alleine** über Löhne, Arbeitszeiten und andere Arbeitsbedingungen entscheiden. Es gab viel zu viele

Menschen, die Arbeit suchten und sich den Bedingungen der Unternehmer unterwerfen mussten. Allein war jeder auf sich gestellt. Wer aufmuckte, wurde entlassen. Es gab ja genügend andere, die gerne an seine Stelle treten würden.

In der ersten Hälfte des 19. Jahrhunderts spitzte sich die soziale Lage der Bevölkerung zu. Den Menschen auf dem Lande ging es schlechter als der Bevölkerung in den Industriestädten. Deshalb **zogen immer mehr in die Städte**, insbesondere in das Ruhrgebiet.

*Baracken obdachloser Familien am Stadtrand von Berlin (1872)*

Dort verschärfte sich die Situation für die Menschen. Am schlimmsten aber wurde die Not, wenn jemand arbeitslos oder infolge von Krankheit, Unfall oder Alter arbeitsunfähig war. Da gab es keinen Schonraum in der Großfamilie, kein Gnadenbrot. Die Kleinfamilie, Vater, Mutter und Kinder musste allein ums Überleben kämpfen.

### Arbeiterbewegung und Staat entschärfen den Konflikt zwischen „Kapital und Arbeit"

**M 4**
*Gewerkschaft*

„Nur gemeinsam sind wir stark!", erkannten die Arbeiter bald.

Um 1848 entstanden die ersten Arbeiter-„**Verbrüderungen**", die Vorläufer unserer heutigen Gewerkschaften. Die Stärke dieser Vereinigungen war der Zusammenhalt aller, die Gegenseitigkeit – Solidarität: „Einer für alle, alle für einen" ist der Wahlspruch.

Arbeitgeberverbände entstanden erst nach den Gewerkschaften. Denn für die Unternehmer war zuerst der Zwang nicht vorhanden. Jeder konnte sich alleine gegenüber seinen Arbeitnehmern durchsetzen. Und: Unternehmer verstanden sich gegenseitig eher als Konkurrenten, nicht als Schicksalsgefährten mit gleichen Interessen.

### 1881 – Geburtsstunde unserer Sozialversicherungen

Großgrundbesitzer und Fabrikherren fürchteten um ihre führende Stellung in Gesellschaft und Staat. Die ersten **Arbeitsschutzgesetze** wurden erlassen, Kinderarbeit eingeschränkt. Gegen das Massenelend konnte das alles nichts bewirken.

Bismarck, Reichskanzler und damit Regierungschef unter Kaiser Wilhelm I., suchte für das große Problem – **die soziale Frage** – eine umfassende Lösung. Zunächst brachte er 1878 das „Gesetz gegen die gemeingefährlichen Bestrebungen der **Sozialdemokratie**" im Reichstag durch (abgekürzt „Sozialistengesetze" genannt). Damit wurden alle Gewerkschaften und Arbeiterparteien verboten. Bismarck wollte damit die weitere Ausbreitung „revolutionärer Gedanken und Umtriebe" stoppen und Zeit gewinnen für seine soziale Gesetzgebung.

Bismarcks Grundgedanken: Der Sprengstoff, der in der sozialen Frage steckt, kann nur entschärft werden, wenn der **Klassengegensatz** zwischen Arbeiterschaft und Unternehmern in ein **Miteinander** umgewandelt wird.

2.3 Die industrielle Revolution: Maschinen und weltweiter Handel verändern Produktion und Gesellschaft

Nach Abschluss der gesamten Sozialgesetzgebung sollte die Arbeiterschaft mit dem Staat versöhnt sein und gleichzeitig sich der Staat zu einem „Sozialstaat" gewandelt haben. Damit wären dann Sozialismus, Kommunismus und Revolution – und natürlich auch Arbeiterparteien und Gewerkschaften – überflüssig geworden.

Im Oktober 1881 wurde ein neuer Reichstag gewählt. Bei seiner ersten Sitzung wurde eine „kaiserliche Botschaft" verlesen. Sie ist die Geburtsstunde der Sozialversicherungen.

In den folgenden Jahren wurden verschiedene Gesetzesentwürfe eingebracht, wurden diskutiert, beraten, abgelehnt, geändert und wurden schließlich als Gesetze beschlossen.

Es waren
1. die Krankenversicherung 1883,
2. die Unfallversicherung 1884,
3. die Invaliden- und Altersversicherung für Arbeiter 1889.

Sie wurden später ergänzt durch
4. die Rentenversicherung für Angestellte 1911,
5. die Arbeitslosenversicherung 1927,
6. die Pflegeversicherung 1995.

### Sozialversicherung heute: Zustand und Probleme

M 5–9
*Sozialstaat*

Das soziale Netz ist geknüpft durch die **Solidarität der gesamten Gesellschaft**. Die Unterstützung und Hilfe, die z. B. die Sozialversicherungen gewähren können, werden aufgebracht durch die aktiven Beitragszahler. Wenn es um staatliche Hilfen geht, außerhalb der Versicherungen, dann stammt das Geld von den Steuerzahlern. Das soziale Netz besteht aus Geben und Nehmen, das der Staat organisiert. Das System der sozialen Sicherung funktioniert allerdings nur so lange, wie die Solidarität bestehen bleibt.

### Die soziale Situation heute: Ist der Konflikt zwischen Kapital und Arbeit gelöst?

Die Interessengegensätze zwischen Arbeitnehmern und Arbeitgebern bestehen auch weiterhin. Auf beiden Seiten gibt es mächtige **Interessenverbände**, die fest in der Gesellschaft und im Staat verankert sind. Sie gehören zu den „gesellschaftlich wichtigen Gruppen" und erfüllen öffentliche Aufgaben, um die sich sonst der Staat kümmern müsste. Zunächst aber vertreten Interessenverbände ihre Mitglieder.

M 10
*Gewerkschaft heute*

Die Gewerkschaften vertreten ihre Mitglieder insgesamt, wenn es um die Verbesserung der Arbeitsbedingungen allgemein geht. Sie setzen sich im Einzelfall für die Interessen eines einzelnen Mitgliedes ein, z. B. bei ungerechtfertigter Kündigung. Die Gewerkschaften können immer nur für ihre Mitglieder sprechen und handeln. Die Stärke jeder Interessenvertretung ist die Zahl ihrer Mitglieder. **Arbeitgeberverbände** sind Vereinigungen von Arbeitgebern. Sie bilden das Gegengewicht zu den Gewerkschaften.

Für Jugendliche und Auszubildende ist die Jugend- und Auszubildendenvertretung (JAV) der erste Ansprechpartner für alle Fragen rund um Arbeit und Ausbildung. Gemeinsam mit dem Betriebsrat/Personalrat ist sie die Interessenvertretung der Jugendlichen und Auszubildenden. Sie kümmert sich speziell um ihre Situation und sorgt dafür, dass die Interessen der Jugendlichen mit Kompetenz, Fantasie und Power vertreten werden. Jugendliche und Auszubildende dürfen auch während ihrer Arbeits- und Ausbildungszeit mit Problemen und Anregungen zu ihrer JAV gehen. Jugend- und Auszubildendenvertreter/-innen sind meist selbst in der Ausbildung oder haben gerade erst ausgelernt. Deshalb bekommen sie hautnah mit, „wo der Schuh drückt".

### Gewerkschaften und Arbeitgeberverbände: Partner oder Gegner?

Gewerkschaften und Arbeitgeberverbände legen für Millionen von Arbeitnehmern die Löhne und Arbeitsbedingungen fest. Sie wirken damit direkt auf die allgemeine wirtschaftliche Entwicklung ein.

Sie sind Partner – Sozialpartner –, weil sie als Vertreter der Arbeitnehmer und der Arbeitgeber in vielen Bereichen gemeinsam wirken: Bei den Sozialversicherungen sitzen sie an einem Tisch; zu allen Gesetzesvorhaben auf sozialen Gebieten werden sie befragt; in den Ausschüssen der Kammern regeln sie gemeinsam die Berufsausbildung; in den Prüfungsausschüssen entscheiden sie bei den Abschluss- und Meisterprüfungen.

**M 11**
*Tarifverträge*

Sie sind **Tarifpartner**, weil sie gemeinsam Verträge abschließen und einhalten. Korrekter bezeichnet man sie als „**Tarifvertragsparteien**". Denn „Parteien" haben unterschiedliche Vorstellungen und Interessen: Der Vertrag, den sie schließen, ist der Kompromiss, der zum Ausgleich der Interessen führt – auf Zeit.

Gewerkschaften und Arbeitgeberverbände sind auch Gegner: Sie sind Vertreter unterschiedlicher gesellschaftlicher Gruppen mit gegensätzlichen Interessen. Sie kämpfen gegeneinander und fügen sich gegenseitig Schaden zu. Manchmal „schlagen" sie aufeinander ein, als seien sie Feinde.

**M 12**
*Tarifverhandlungen*

Trotzdem sind sie gezwungen, Frieden zu schließen. Denn die Arbeitnehmer können nicht ohne Arbeitgeber und die Unternehmer nicht ohne Arbeitskräfte existieren. Der Friedensschluss nach dem Kampf wird besiegelt durch den **Tarifvertrag**. Dort steht auch, wie lange der Frieden dauern soll. Für die Geltungsdauer des Vertrages besteht eine „Friedenspflicht". Die Partner dürfen während der Laufzeit des Vertrages keine Kampfhandlungen durchführen. Erst wenn nach fristgerechter Kündigung ein neuer Vertragsabschluss gescheitert ist, darf der Kampf erneut beginnen. Die Tarifparteien tragen große Verantwortung. Denn mit ihren Abschlüssen beeinflussen sie auch andere Teile der Wirtschaft.

Sinnvoll sind Tarifverträge aus zwei Gründen:

1. Nicht jeder Arbeitnehmer kann mit seinem Arbeitgeber alle Einzelheiten eines Arbeitsvertrages aushandeln. Der Tarifvertrag ist ein **Kollektivarbeitsvertrag** (Kollektiv = Gruppe). Er gilt für alle Mitglieder der Tarifparteien. Im Einzelarbeitsvertrag, dem „In-

dividualvertrag" (Individuum = Einzelperson) werden dann nur ganz persönliche und betriebliche Einzelheiten zusätzlich festgehalten.
2. Die Regierung ist nicht in der Lage, die wirtschaftlichen Voraussetzungen aller Wirtschaftszweige zu überblicken. Was ein „gerechter" Lohn ist, lässt sich kaum objektiv beurteilen. Das sollen die Beteiligten unter sich ausmachen, deshalb besteht Tarifautonomie.

Die Interessenvertretung funktioniert nicht immer: Wenn die Arbeitnehmer nur vereinzelt in „ihre" Gewerkschaft eintreten, die große Mehrzahl sich aber nicht organisiert, kann die Gewerkschaft nicht als Interessenvertretung dieser Arbeitnehmergruppe auftreten. Sie wird als Verhandlungspartner nicht anerkannt.

Für einige Bereiche – meist handelt es sich um Handwerksberufe – wird z. B. in der Innungsversammlung (in der nur Meisterinnen und Meister vertreten sind) über Löhne und Arbeitsbedingungen beraten. Das Ergebnis wird den Mitgliedern als „Empfehlung" mitgeteilt. Die meisten Betriebe halten sich – freiwillig – an diese Empfehlungen.

Die industrielle Revolution hat vor über 100 Jahren stattgefunden. Die Probleme von damals sind für uns heute die **alte soziale Frage**. Viele Rechte, die damals hart erkämpft wurden, sind heute selbstverständlich. Sind damit alle sozialen Probleme gelöst?

# Materialien

### Der „Homo oeconomicus", eine Erfindung der Wirtschaftswissenschaftler

**M 1**
*Marktgesetze*

Sie alle kennen den „Homo sapiens", das ist unser Vorfahre: der Mensch (griechisch: Homo), der sich von den anderen Lebewesen unterscheidet durch seinen Verstand (lateinisch: sapiens = der Weise, mit Verstand begabt). Der heute lebende Mensch hat – zur Unterscheidung von den ersten Menschen – den Namen „Homo sapiens sapiens" erhalten. Wenn man sich ansieht, wozu der Mensch fähig ist, kommen Zweifel, ob er diesen Namen verdient hat (aber das ist ein anderes Thema).

Aus Sicht der Wirtschaftswissenschaftler ist der Mensch ein **Homo oeconomicus**; ein Mensch, der sich wirtschaftlich verhält (Ökonomie, griechisch: der Haushalt, die Wirtschaft/ökonomisch = haushaltend, wirtschaftlich, planend, …).

Das ist also der Mensch, der in der Wirtschaft zurechtkommt, oder genauer: der geschaffen ist für die Marktwirtschaft.

Die Wirtschaftswissenschaftler haben den „Homo oeconomicus" als „Modell" erfunden, weil sie damit das Verhalten des Menschen in der Wirtschaft erklären wollten. Auf diesem Modell begründen sie ihre Theorie von der Marktwirtschaft, und das funktioniert so:

Der Mensch hat viele **Bedürfnisse**. Seine Bedürfnisse sind **unbegrenzt**.

Zur Befriedigung seiner Bedürfnisse braucht der Mensch „Mittel". Diese Mittel sind jedoch begrenzt, sie sind „knapp". Weil das so ist, muss der Mensch wirtschaften; denn er will mit knappen Mitteln ein Höchstmaß an Bedürfnisbefriedigung erreichen.

Das gelingt ihm, wenn er nach dem „**ökonomischen Prinzip**" handelt.

Dazu gibt es für ihn zwei Möglichkeiten.

- Er hat ein bestimmtes Ziel (z. B.: zwei Brötchen einkaufen). Dann versucht er, dieses Ziel mit **möglichst wenig** Einsatz von Mitteln zu erreichen (also die beiden Brötchen möglichst billig einzukaufen). Wenn er das tut, handelt er nach dem **Minimalprinzip**.

- Er hat begrenzte Mittel zur Verfügung. Dann wird er versuchen, damit möglichst viel zu erreichen. Wenn Sie versuchen, sich mit der Ausbildungsvergütung möglichst viel zu leisten, dann handeln Sie nach dem **Maximalprinzip**.

1. Was versteht man unter dem Begriff „Bedürfnis"?
2. Suchen Sie Beispiele für „Mittel" (das ist nicht nur Geld, denn von Geld kann niemand satt werden).
3. Überlegen Sie sich Beispiele für wirtschaftliches (oder auch unwirtschaftliches Verhalten) aus Ihrem persönlichen Leben, aus Ihrer Familie und aus Ihrem Betrieb. Ordnen Sie diese Beispiele dem Mini- oder Maximalprinzip zu.
4. Tauschen Sie sich in Partnerarbeit über Ihre Ergebnisse aus.

**M 2** *Marktgesetze*

### Der Homo oeconomicus diktiert die Marktgesetze

Auf dem Markt tritt der Homo oeconomicus in zwei Rollen auf: als Verkäufer und als Käufer, denn:

Auf dem Markt treffen Angebot und Nachfrage zusammen. Beide haben nur eins im Sinn, ihrer Rolle gerecht zu werden (also nach dem ökonomischen Prinzip zu handeln). Da beide das Gleiche wollen, nämlich ihren Vorteil, besteht ein Interessengegensatz zwischen Verkäufer und Käufer.

Verkäufer wollen möglichst viel verdienen (das nennt man „Gewinnmaximierung"), Käufer wollen für ihr Geld möglichst viel und gute Ware erhalten (Fachausdruck: „Nutzenmaximierung").

Beide merken, dass ihre Vorstellungen unrealistisch sind, denn sie können ihre Forderungen nicht durchsetzen. Sie handeln miteinander, kommen einander entgegen und einigen sich schließlich auf einen Kompromiss. Das ist der Preis, den der Käufer bereit ist, für die Ware zu zahlen und mit dem auch der Verkäufer zurechtkommt. Beide haben Abstriche machen müssen – so ist es nun einmal, wenn ein Kompromiss ausgehandelt wird –, trotzdem sind beide zufrieden.

Daraus lässt sich der allgemein Grundsatz ableiten: **Angebot und Nachfrage bestimmen den Preis**.

Normalerweise haben sich Angebot und Nachfrage eingependelt. Wenn beide im Gleichgewicht sind, dann hat sich der **Marktpreis** gebildet, das ist der Preis, zu dem normalerweise die meisten Waren einer Art verkauft werden. Lebendig wird es am Markt, wenn aus irgendeinem Grunde das Gleichgewicht gestört wird. Dann reagiert „der Markt".

Wenn z. B. der Verkäufer unzufrieden nach Hause geht, weil er auf dem Markt für sein Produkt nur einen Preis erzielt hat, der gar nicht seinen Vorstellungen entspricht, dann wird er ins Grübeln geraten und sich sagen müssen, dass da irgendetwas nicht stimmt. Wenn er klug ist – und das ist der Homo oeconomicus ja –, wird er sich etwas einfallen lassen, eventuell mit diesem Produkt nicht mehr auf dem Markt erscheinen oder doch wenigstens weniger anbieten.

## 2.3 Die industrielle Revolution: Maschinen und weltweiter Handel verändern Produktion und Gesellschaft

Wenn der Käufer auf einen Preis trifft, der ihm besonders günstig erscheint, wird er eventuell mehr kaufen als ursprünglich geplant. Wenn ihm etwas zu teuer erscheint, wird er seinen Plan ändern und weniger kaufen oder gar nichts.

Das ergibt die Umkehrung des ersten Marktgesetzes: **Der Preis regelt Angebot und Nachfrage.**

1. Vervollständigen Sie bitte die nachfolgenden Sätze und nennen Sie jeweils zwei Beispiele. Grundsatz: Angebot und Nachfrage bestimmen den Preis. Wie ändert sich jeweils der Preis?
   *Wenn das Angebot zunimmt, ...*
   *Wenn das Angebot zurückgeht, ...*
   *Wenn die Nachfrage zunimmt, ...*
   *Wenn die Nachfrage abnimmt, ...*
2. Für den anderen Grundsatz können Sie das Gleiche in Partnerarbeit tun.
   *Der Preis reguliert Angebot und Nachfrage. Wir verändern sich Angebot bzw. Nachfrage, wenn der Preis sich ändert?*

### Der Marktmechanismus

Nehmen wir an, aus irgendeinem Grund nimmt plötzlich die Nachfrage ab, dann ist das Gleichgewicht zwischen Angebot und Nachfrage gestört und der Markt gerät in Bewegung. Was jetzt abläuft, ist der

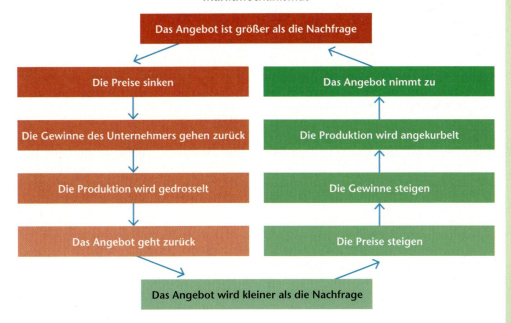

**M 3**
*Marktgesetze*

### Warum läuft das so ab?

Der einzelne Unternehmer, ob Produzent oder Händler, kann nicht ständig den gesamten Markt im Auge haben. Er beobachtet den Marktpreis, denn er will verdienen. **Gewinnmaximierung** ist sein Motiv. Sinkt der Marktpreis, dann sinkt auch sein Gewinn. Für einige Unternehmer wird das Geschäft uninteressant, sie steigen aus. Dadurch geht das Angebot auf dem Markt zurück, und zwar so lange, bis irgendwo das Angebot kleiner ist als die Nachfrage. Das merken zuerst die Verkäufer. Die Kunden wollen eine bestimmte Ware, und sie können sie nicht bedienen. Ihre erste Reaktion: neue Preisschilder schreiben, denn das ist das Einfachste und geht ganz schnell. Dann werden sie sofort neue Ware bestellen, denn sie haben auf einmal wieder Spaß an dem Geschäft, weil sie noch mehr verdienen wollen. Die Produzenten wittern ebenfalls ihre Chance und produzieren mehr. So geht die Entwicklung weiter. Bald kommt dann, was kommen muss: Das Angebot ist größer als die Nachfrage, und der Kreislauf geht von Neuem los.

In Gang gesetzt und in Bewegung gehalten wird das Marktgeschehen durch das Gewinnstreben der Unternehmer. Diese Erkenntnis wird ausgedrückt in dem Satz: **Der Gewinn ist der Motor der Marktwirtschaft.**

1. Wenden Sie den „Marktmechanismus" an einem konkreten Beispiel an. Geben Sie für jeden Schritt die Begründung, also z. B.: Die Preise sinken, weil ...
2. Die Wirtschaftswissenschaftler haben diesen „Marktmechanismus" zuerst bei der Beobachtung des Marktes für Schweinefleisch entdeckt. Daher wird dieser Mechanismus auch „Schweinezyklus" genannt. Entwickeln Sie für den „Schweinezyklus" den „Marktmechanismus". Beachten Sie dabei die am Markt beteiligten Kräfte wie die Fleischer, die Schlachthöfe, die Schweinezüchter, die Schweinemäster, die Schweine und die Schweinefleischesser.

**M 4** *Gewerkschaft*

### Gewerkschaftsbewegung, älteste Lebenswurzel der Demokratie

[...] Auf ihrem Weg hatte sich die deutsche Arbeitnehmerbewegung immer wieder mit dem Konflikt zwischen zwei Richtungen auseinanderzusetzen: dem Weg des **Umsturzes** oder des **friedlichen Wandels**. Mit Nachdruck wurde sie zur Revolution und zur Gewalt aufgefordert. Aber sie ist diesem Appell nicht gefolgt. [...]

Der Respekt vor dieser Leistung liegt gerade darin begründet, dass sie alles andere als naheliegend war. Karl Marx hatte ja recht, als er die kapitalistische Gesellschaft in der Mitte des vorherigen Jahrhunderts als **Ausbeutergesellschaft** beschrieb. Die erste industrielle Revolution hatte die Technik geliefert, aber eben nur die Technik, dagegen nicht die menschlichen und sittlichen Haltungen, die nötig sind, um mit der Technik richtig zu leben. Auf dem Weg zu unserem heutigen Wohlstand liegen nicht nur Tüchtigkeit und Leistung, sondern auch Fron und Not, Leid, Krankheit und Tod. Das sollten wir nicht vergessen. Es gab also damals genügend Grund für die Arbeiterschaft, nicht nur ein ausbeuterisches Wirtschaftssystem zu bekämpfen, sondern gegen eine ganze Gesellschaftsordnung aufzustehen, die menschliches Leid und Ungerechtigkeit allzu lange teilnahmslos geschehen ließ. Umso größer war die Leistung, den Weg der **Gewalt zu meiden**.

Der sozialen Ungerechtigkeit begegnete die Arbeiterbewegung mit ihrem Einsatz für eine Gesellschaft, in der alle ihren gerechten Anteil an dem gemeinsam erwirtschafteten Gesamtergebnis erhalten sollten. Der politischen Entmündigung stellte sie ihr Konzept der parlamentarischen Demokratie gegenüber, in der jeder erwachsene Bürger gleichberechtigt Einfluss nehmen kann. Der vorgefundenen Moral, die die Menschen in Klassen einteilte, setzte sie eine Moral entgegen, die die Würde jedes einzelnen Menschen gleichermaßen respektiert.

Auf ihrem Weg hatte sich die deutsche Arbeitnehmerbewegung immer wieder mit dem Konflikt zwischen zwei Richtungen auseinanderzusetzen. Für unser Verständnis vom modernen Staat und von der sozialen Gesellschaft ist die Leistung und Wirkung der Gewerkschaften zentral und unersetzlich [...]

*Quelle: Richard von Weizsäcker, Bundespräsident (1984 bis 1994), auf dem 13. Ordentlichen DGB-Bundeskongress, in: Gewerkschaftliche Monatshefte 6/86, Zugriff am 10.08.2009 unter: http://library.fes.de/gmh/main/pdf-files/gmh/1986/1986-06-a-321.pdf*

2.3 Die industrielle Revolution: Maschinen und weltweiter Handel verändern Produktion und Gesellschaft

1. Wie sieht der ehemalige Bundespräsident die Rolle der Gewerkschaften beim Aufbau unserer heutigen Gesellschaftsordnung? *(Einzelarbeit)*
2. Was hebt der ehemalige Bundespräsident dabei besonders hervor?
3. Wie beurteilen Sie die Aussagen des ehemaligen Präsidenten? Tauschen Sie sich mit Ihrem Nachbarn aus.
4. Welchen Stellenwert hat die gegenwärtige Gewerkschaftsbewegung in unserer Demokratie? *(Gruppenarbeit und Diskussion)*

## Der Sozialstaat heute: Grundsätzliches

**M 5**
*Sozialstaat*

Als Sozialstaat wird ein demokratischer Staat bezeichnet, der verfassungsgemäß nicht nur die Grundrechte und persönlichen und wirtschaftlichen Freiheiten garantiert (Rechtsstaat), sondern auch rechtliche, finanzielle und materielle Maßnahmen ergreift, um soziale Gegensätze und Spannungen (bis zu einem gewissen Maß) auszugleichen.

*Quelle: Bundeszentrale für politische Bildung, Zugriff am 10.08.2009 unter: http://www.bpb.de/popup/popup_lemmata.html?guid=7RJACH*

Der Sozialstaat berücksichtigt folgende mögliche Sachverhalte:

1. Grundsätzlich ist jeder für sein eigenes Wohlergehen verantwortlich. Die Lebensrisiken Krankheit, Unfall, Arbeitslosigkeit, Alter, Tod trägt jeder selbst. Diese Verantwortung kann keine Gemeinschaft, auch nicht der Staat übernehmen.
2. Mit Sicherheit steht fest: Keiner ist sicher vor Krankheiten, Unfall, Arbeitslosigkeit. Alle möchten nach dem Leben voller Arbeit ihren Lebensabend in Ruhe genießen.
3. Keiner darf an Not und Elend zugrunde gehen. Wenn schon jeder sein Lebensrisiko selbst tragen muss, dann muss die Gesellschaft dafür sorgen, dass das Leben der Bürger immer menschenwürdig bleibt. Wenn jemand krank wird, arbeitslos oder alt, dann gibt es ein eng gespanntes „soziales Netz", das den Einzelnen vor dem Absturz in Elend und größte Not bewahren soll.

### Prinzipien der sozialen Sicherung

**M 6**
*Sozialstaat*

**Prinzip der Eigenverantwortung:** Hilf dir selbst, dann hilft dir Gott! Wer viel verdient, kann und soll für sich selbst sorgen. Es gibt nur wenige Bürger, die so viel verdienen, dass sie mit allen Nöten des Lebens normalerweise selbst zurechtkommen können. Zu ihnen zählen eventuell Selbstständige, Ärzte, Rechtsanwälte, Architekten, Unternehmer, ... Sie können für persönliche Notzeiten und ihr Alter so viel zurücklegen oder private Versicherungen abschließen, dass sie keinem zur Last fallen. Um sie kümmert sich bei uns keine staatliche Einrichtung.

**Prinzip der Solidarität:** Einer für alle, alle für einen! Wer weniger verdient, etwa Arbeiter, Angestellte, Auszubildende, wird durch Gesetz in die Sozialversicherungen gezwungen. Hier muss man Beiträge zahlen, solange man verdient. Dafür hat man einen Anspruch auf Leistungen durch die Gemeinschaft der Versicherten, wenn man krank wird. Gesunde zahlen für Kranke, Starke für Schwache, Leute mit Arbeit für Arbeitslose und für Rentner. Sozialversicherung bedeutet: Ausgleich unter den Versicherten. Der Beitrag dazu ist soziale Pflicht.

**Hilfe zur Selbsthilfe:** den Schwachen stützen und wenn möglich, ihm wieder auf die Beine zu helfen. Denn so steht es im Grundgesetz: „Die Würde des Menschen ist unantastbar. Sie zu achten und zu schützen ist Verpflichtung aller staatlichen Gewalt" (Artikel 1 Grundgesetz). „Jeder hat das Recht auf die freie Entfaltung seiner Persönlichkeit [...]" (Artikel 2 Grundgesetz).

Welche praktische Bedeutung hat das für das Leben des einzelnen Bürgers? Wer nur ganz wenig oder nichts verdient, der braucht die Hilfe von anderen, wenn er sich nicht selbst helfen kann.

**Prinzip Subsidiarität:** Der Grundgedanke ist im Sozialgesetzbuch zum Thema „Sozialhilfe" dargelegt.

**M 7**
*Sozialstaat*

**SGB XII § 1 Aufgabe der Sozialhilfe**

Aufgabe der Sozialhilfe ist es, den Leistungsberechtigten die Führung eines Lebens zu ermöglichen, das der Würde des Menschen entspricht. Die Leistung soll sie so weit wie möglich befähigen, unabhängig von ihr zu leben; darauf haben auch die Leistungsberechtigten nach ihren Kräften hinzuarbeiten. Zur Erreichung dieser Ziele haben die Leistungsberechtigten und die Träger der Sozialhilfe im Rahmen ihrer Rechte und Pflichten zusammenzuwirken.

2009 bezogen ca. 400.000 Menschen in Deutschland Sozialhilfe, wobei besonders Alleinerziehende, Kinder und ältere Menschen Sozialhilfeansprüche erheben.

Von Subsidiarität oder Subsidiaritätsprinzip spricht man, wenn zur Lösung von bestimmten Problemen zunächst immer die kleinere, sachnähere gesellschaftliche Einheit zuständig ist, und die größere nur bei deren Versagen einspringt (subsidiär aus dem Lateinischen = unterstützend, Hilfe leistend; behelfsmäßig).

Für die Sozialhilfe bedeutet das:

Die staatliche Sozialhilfe greift bei Bedürftigkeit nur ein, wenn die Familie des Bedürftigen dazu nicht in der Lage ist.

Die Sozialhilfe ist subsidiär, das heißt, dass die meisten anderen Sozialleistungen ihr vorgehen und die Sozialhilfe nur als „Notbehelf" eintritt (Ultima Ratio = letztes Mittel). Personen, die als Erwerbsfähige Anspruch auf Grundsicherung für Arbeitssuchende nach dem SGB II (Arbeitslosengeld II) haben, erhalten keine Leistungen zur Sicherung des Lebensunterhalts nach dem SGB XII.

**Die Sozialhilfe** für grundsätzlich erwerbsfähige Bezieher und deren Familienangehörige ist mit **der Arbeitslosenhilfe** zum 1. Januar 2005 zum **Arbeitslosengeld II** zusammengefasst worden (nach dem Ideengeber der Reform Peter Hartz, im Volksmund „Hartz-Gesetze" genannt). Ab diesem Zeitpunkt sollen nur noch Erwerbsunfähige auf Zeit, Vorruheständler mit nied-

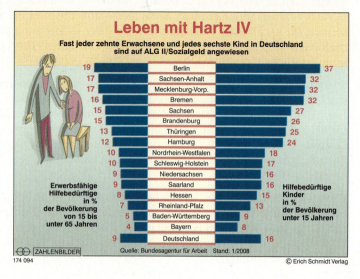

riger Rente, längerfristig Erkrankte und hilfebedürftige Kinder mit selbst nicht hilfebedürftigen Eltern Sozialhilfe beziehen. Das Bundessozialhilfegesetz (BSHG) wurde als Rechtsgrundlage vom Sozialgesetzbuch – Zwölftes Buch – (SGB XII) ersetzt, das dann auch die Bestimmungen für Grundsicherungsleistungen für dauerhaft Erwerbsunfähige enthält, die zuvor Leistungen nach dem GSiG (Grundsicherungsgesetz) erhielten.

1. Erläutern Sie schriftlich anhand von selbst gewählten Beispielen die verschiedenen Prinzipien der sozialen Sicherung.
2. Wie bewerten Sie diese Prinzipien? Taugen sie noch für die heutige Zeit?
3. Was lässt sich anhand des Schaubildes „Leben mit Hartz IV" für Deutschland ablesen?
4. Wie viele Menschen leben in Ihrer Gemeinde, Stadt von staatlicher Unterstützung (Sozialhilfe, Hartz IV)?

## Die Sozialversicherung in Deutschland

In Deutschland ist die staatliche Sozialversicherung in ein fünfteiliges System gegliedert:

- Die gesetzliche **Krankenversicherung** soll durch vorbeugende Maßnahmen Krankheiten verhindern und im Falle von Krankheit die Gesundheit wiederherstellen und ihre Folgen lindern.

- Durch die gesetzliche **Rentenversicherung** werden die Mitglieder im Alter und im Falle von Berufs- und Erwerbsunfähigkeit gesichert. Beim Tod des Versicherten werden die Hinterbliebenen abgesichert.

- Die gesetzliche **Unfallversicherung** dient dazu, im Falle eines Unfalls die Arbeitsfähigkeit wiederherzustellen.

- Die gesetzliche **Arbeitslosenversicherung** soll eine existenzielle Sicherheit gewährleisten, wenn man arbeitslos wird.

- Die gesetzliche **Pflegeversicherung** unterstützt dauerhaft pflegebedürftige Menschen finanziell.

M 8
*Sozialstaat*

| | Versicherungsträger | Beiträge | Versicherungsleistungen |
|---|---|---|---|
| **Rentenversicherung RV** | Seit 01.10.2005 Deutsche Rentenversicherung | 2009 betrug der Rentenbeitrag 19,9% des Bruttogehalts (also bevor Steuern und Sozialabgaben abgezogen wurden). Die Hälfte davon übernimmt der Arbeitgeber. | Altersrenten, Erwerbsunfähigeitsrenten, Kuren, Heilbehandlungen, Umschulungen; s. auch http://www.rentenblicker.de/ |
| **Krankenversicherung KV** | Krankenkassen, z.B. AOK, Innungskrankenkasse, Techniker Krankenkasse | 2009 betrug der Beitrag 14,9%, Zahlung wie RV. | Arzt-, Zahnarzt-, Krankenhausbehandlung, Medikamente, Entbindungskosten usw. |
| **Arbeitslosenversicherung AV** | Bundesagentur für Arbeit in Nürnberg, Ausführung: Arbeitsagenturen vor Ort | 2009 betrug der Beitrag 2,8%, Zahlung wie RV. | Arbeitslosengeld, Umschulungen, Berufsberatung |

|  | Versicherungsträger | Beiträge | Versicherungs-leistungen |
|---|---|---|---|
| Unfall-versicherung UV | Berufsgenossenschaften der einzelnen Branchen | Beiträge zahlt der Arbeitgeber allein. | Bei Unfällen bei der Arbeit und auf dem Weg zur Arbeit und nach Hause, bei Berufskrankheiten, Heilbehandlungen, Kuren, Umschulungen und Renten |
| Pflege-versicherung PfV | Krankenkassen | 2009 betrug der Beitragssatz 1,95 %. | Zuschüsse für die häusliche Pflege für ambulante Pflegediens-te oder Angehörige |

1. Bei welchen Versicherungsträgern sind Sie versichert? Wo ist die nächste Geschäftsstelle?
2. Wie hoch ist der Beitragssatz für Ihre Krankenkasse?
3. Wie viel Beiträge zahlen Sie insgesamt, wie viel Ihr Arbeitgeber für Ihre Sozialversicherung?

**M 9**
*Sozialstaat*

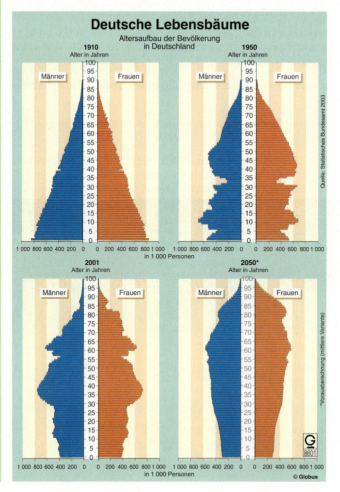

2.3 Die industrielle Revolution: Maschinen und weltweiter Handel verändern Produktion und Gesellschaft

Für die Bearbeitung von M 9 und M 10 bietet sich Gruppenarbeit an.
1. Welche grundsätzlichen Aussagen lassen sich aus den vier Lebensbäumen ableiten?
2. Wie lassen sich einzelne gravierende Einschnitte erklären?
3. Was bedeuten die Verläufe 2001 und 2050 für unsere Sozialversicherungssysteme?
4. Welche allgemeinen Folgen ergeben sich aus diesen Verläufen für Deutschland? Denken Sie dabei auch an die einzelnen Bedürfnisse der unterschiedlichen Altersgruppen. Diskutieren Sie in Ihrer Gruppe und notieren Sie Ihre Ergebnisse.
5. Was sollte die Politik tun, um mit dieser möglichen Altersstruktur (2050) eines Staates ein funktionierendes Gemeinwesen zu gestalten? Diskutieren Sie mithilfe der Szenario-Technik in Ihrer Gruppe und notieren Sie Ihre Ergebnisse.
6. Wie ist die Altersstruktur in Ihrer Familie?
7. Wie ist die Altersstruktur in unseren Nachbarländern?
8. Wie ist die Altersstruktur in Ländern wie China, Indien, Pakistan, Indonesien, Marokko, Algerien und Brasilien?
9. Benutzen Sie für Ihre Recherchen auch das Internet.

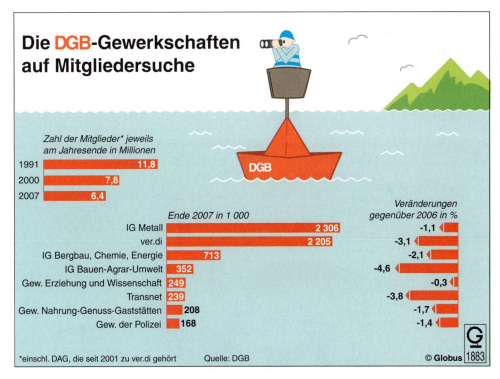

M 10
Gewerkschaft heute

1. Wie viele Mitglieder hat der Deutsche Gewerkschaftsbund (DGB) seit 1991 bis 2007 verloren?
2. Was mögen die Gründe für den Mitgliederschwund sein?
3. Wie viele sozialversicherungspflichtige Arbeitnehmer gibt es überhaupt in Deutschland und wie viel Prozent davon sind Mitglied in einer Gewerkschaft?
4. Wie kann der DGB größere Mitgliederzahlen erreichen? Befragen Sie hierzu auch Gewerkschaftsmitglieder im Betrieb oder laden Sie einen Vertreter der örtlichen Gewerkschaften ein.
5. Welche Gewerkschaft kommt überhaupt für Ihren Beruf infrage?
6. Warum ist es sinnvoll bzw. nicht sinnvoll, Mitglied einer Gewerkschaft zu werden?

**M 11**
*Tarifverträge*

### Wer setzt eigentlich die Löhne fest?

Wer eine Arbeit oder Ausbildung beginnt, muss nicht um Lohn, Arbeitszeiten, Urlaub feilschen. Später vielleicht lässt sich einmal ein Lohnzuschlag mit dem Chef oder der Chefin aushandeln. Am Anfang aber steht alles fest. Wer schreibt vor, was bezahlt wird: die Regierung, der Chef, die Chefin? Die Löhne werden nicht von der Regierung, sondern von den Tarifparteien im sogenannten „Tarifvertrag" festgelegt. „Tarif" heißt so viel wie „Verzeichnis".

#### Allgemeinverbindlichkeit der Tarifverträge

Tarifverträge können vom Bundesarbeitsminister im Einvernehmen mit dem paritätisch von den Tarifparteien (Arbeitgeberverbände und Gewerkschaften) besetzten Tarifausschuss auf Antrag einer Tarifpartei für allgemein verbindlich erklärt werden. Sie erlangen dadurch Gültigkeit auch für alle nicht tarifgebundenen Arbeitgeber und Beschäftigten des tariflichen Geltungsbereichs. Voraussetzung ist, dass die tarifgebundenen Arbeitgeber nicht weniger als 50 % der unter den Geltungsbereich fallenden Arbeitnehmer beschäftigen und ein öffentliches Interesse an der Allgemeinverbindlichkeit besteht.

Quelle: Hans Böckler Stiftung, Zugriff am 10.08.2009 unter: http://www.boeckler.de/563_20886.html

Es gibt den **Lohntarifvertrag**: Er regelt die Löhne, Gehälter und Ausbildungsvergütungen in den verschiedenen Branchen.

Es gibt den **Manteltarifvertrag**: Er regelt z. B. die Höhe der Arbeitszeiten, die Anzahl der Urlaubstage, die Höhe der Zuschläge für Überstunden, Kündigungsfragen und Rationalisierungsfragen.

**M 12**
*Tarifverhandlungen*

1. Gibt es in Ihrem Betrieb oder Unternehmen einen Tarifvertrag?
2. Berücksichtigt er das Ausbildungsverhältnis?

## Arbeitsvorschlag

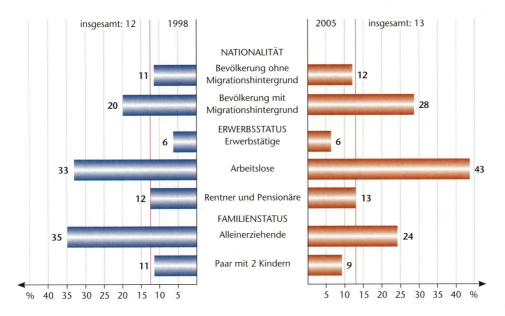

Grafik: Vera Thiessat, in: Armut in Deutschland. Die Risikogesellschaft, Zugriff am 22.09.2009 unter: http://www.sueddeutsche.de/politik/411/302407/text/6/

Als arm gelten Personen, die weniger als 60 Prozent des mittleren Einkommens (1.427,00 Euro) zur Verfügung haben, in Deutschland (2009) also weniger als 856,00 Euro monatlich.

Für eine Familie mit zwei Kindern liegt die Obergrenze bei 1.798,00 Euro.

Im Jahr 2007 lagen die Leistungsansprüche der Bedarfsgemeinschaften (Alleinstehender/-de und deren Lebenspartner, Kinder unter 25) bei mehr als 36.597 Millionen Euro.

Dabei erhielt jede Bedarfsgemeinschaft durchschnittlich 819,00 Euro pro Monat.

Davon entfielen im Durchschnitt 342,11 Euro auf das Arbeitslosengeld II, 15,21 Euro auf das Sozialgeld, 306,37 Euro auf Leistungen für Unterkunft und Heizung, 150,63 Euro auf Sozialversicherungsbeiträge und 4,28 Euro auf sonstige Leistungen. Seit Mitte 2009 beträgt das Arbeitslosengeld II 359,00 Euro.

1. Sind aus Ihrer Sicht 856,00 Euro richtig festgesetzt, um als arm zu gelten? Begründen Sie Ihre Antwort.
2. Was ist mit den Leistungsbereichen gemeint (Arbeitslosengeld II, Sozialgeld, Leistungen für Unterkunft und Heizung, Sozialversicherungsbeiträge, sonstige Leistungen)?
3. Was hat sich zwischen 1998 und 2005 beim Armutsrisiko geändert?

## Zur Vertiefung

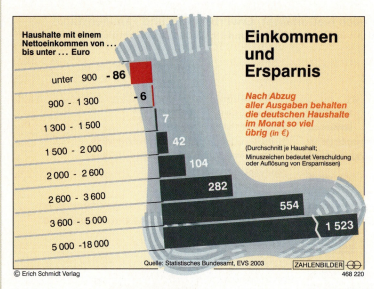

Etwa 28 % aller Haushalte hatten im Jahre 2003 weniger als 1.500,00 Euro Nettoeinkommen im Monat zur Verfügung, etwa 54 % zwischen 1.500,00 Euro und 3.600,00 Euro.

Etwa 18 % der Haushalte erzielten ein Nettoeinkommen zwischen 3.600,00 Euro und 18.000,00 Euro im Monat.

1. Was lässt sich aus dem Schaubild über das Sparverhalten der Haushalte ableiten?
2. Wie könnte man die Verschuldung der Haushalte stoppen?
3. Welche Aufgabe hat dabei der einzelne betroffene Haushalt?
4. Welche Aufgabe könnte der Staat dabei übernehmen?

## 2.4 Strukturwandel: Neue Techniken ändern das Leben

Unsere Welt befindet sich nicht nur beim Flugzeugbau dauerhaft im Wandel. Veränderungen vollziehen sich **rasch**. Man muss als Gesellschaft am Ball bleiben, um nicht international **abgehängt** zu werden.

*Airbus A380*

Wir leben in einer **Arbeitsgesellschaft**. In einer Arbeitsgesellschaft haben die Menschen die Möglichkeit, durch eine Erwerbsarbeit am gesellschaftlichen Leben teilzuhaben. Durch die Arbeit und das damit verbundene Einkommen ist z. B. auch die soziale Stellung bzw. das Ansehen der arbeitenden Person mitgeprägt. Die Arbeitsgesellschaft funktioniert nur, wenn genügend Arbeit für alle vorhanden ist. Seit den frühen 1980er-Jahren sind bei uns etliche Arbeitsplätze weggefallen. Insgesamt aber ist die Anzahl der vollbeschäftigten Arbeitsplätze in Deutschland zwischen 1995 und 2007 um ca. 8 % gestiegen. Die Arbeitsplätze und die damit verbundenen Anforderungen haben sich nur **gewandelt**.

**M 1**
*Arbeitsgesellschaft*

Der technische **Fortschritt** und der **Strukturwandel** erforderten vom arbeitenden Menschen schon immer neue und andere Anpassungsfähigkeiten.

**Struktur** meint dabei den Aufbau, das Zusammenwirken, das Gefüge einer größeren Einheit.

Der Begriff **Strukturwandel** bezieht sich auf Veränderungen in einer Gesellschaft, ihren Produktionsweisen und Wirtschaftsformen.

**M 2**
*Strukturwandel*

Im 19. Jahrhundert gelang in Deutschland der Durchbruch zur Industrialisierung mit dem **Eisenbahnbau**.

Das wachsende Schienennetz machte es möglich, Güter billig zu transportieren. Bau und Betrieb der Eisenbahnen kurbelten die Produktion in anderen Wirtschaftsbereichen an: im Strecken- und Fahrzeugbau, vor allem in der Eisen- und Kohleerzeugung. Der Gleisbau für die Eisenbahn gab vielen Menschen Arbeit. Die Eisenbahn war damit entscheidend für die Entwicklung der Wirtschaft.

In den letzten Jahren des 19. Jahrhunderts bis zum Ersten Weltkrieg wurde die weitere wirtschaftliche Entwicklung getragen von modernen Wirtschaftszweigen, die erst mit der Industrialisierung entstanden: dem **Maschinenbau**, der **chemischen Industrie** und der **Elektroindustrie**. In den 100 Jahren seit 1800 hat tatsächlich eine Revolution stattgefunden. Aus einem **rückständigen** Agrarland ist eine hoch entwickelte Industriegesellschaft geworden. Mit dieser „industriellen Revolution" hat ein Umbau der gesamten Gesellschaft stattgefunden, denn auch die Landwirtschaft entwickelte sich weiter: Die Arbeitskräfte, die dort nicht mehr gebraucht wurden, fanden „Lohn und Brot" in den Fabriken.

## Von der industriellen zur postindustriellen Gesellschaft

### Industriegesellschaft: Wohlstand am laufenden Band

Die Industrieproduktion setzte sich durch. Ihre Hauptmerkmale sind Maschinen und Arbeitsteilung.

Die Produktivität (Leistung im Betrieb) wurde ständig gesteigert:

1. durch bessere Maschinen: Die technische Entwicklung ging weiter. Jede neue Maschine war besser als die alte. Zusätzlich wurden grundlegende neue Erfindungen gemacht. Die elektrische Energie hielt Einzug in die Betriebe. Viele kleine Elektromotoren ersetzten die riesige Dampfmaschine.

2. durch Verbesserung der Arbeitsorganisation: zunächst durch die Einführung der Fließbandarbeit.

3. durch Qualifizierung der Arbeiterschaft in werkseigenen Schulen, später in Berufsschulen.

**M 3**
*Arbeitsformen*

## 2 Einstieg in die Berufs- und Arbeitswelt

Heute stehen wir mitten in einer weiteren qualitativen Veränderung der Industrieproduktion. Der „Arbeiter", so wie er vor Jahrzehnten aussah: „im Schweiße seines Angesichts sein Brot verdienend", wird durch neue Techniken aus der Produktion verdrängt. Seine Arbeit übernehmen immer „intelligentere" Maschinen.

**M 4–7**
*Technischer Wandel*

Sie werden von Spezialisten eingerichtet und überwacht. Diese neuen Maschinen stecken voller elektronischer Bauteile und kleiner Elektromotoren. Sie sind flexibel und lernfähig im Rahmen der **Automatisierungstechnik**.

Sie können daher rasch umgestellt werden für die Fertigung neuer Muster und auch neuer Produkte. Lohnten sich früher große Fertigungsanlagen nur, wenn in großen Massen immer das gleiche Produkt hergestellt wurde, so können jetzt kleinste Serien oder sogar Einzelstücke kostengünstig – nach Maß und Wunsch des Kunden – gefertigt werden.

*Automatisierte Produktion: Schweißroboter im Einsatz*

Auch die Arbeitsorganisation wird umgestellt: In modernen Betrieben gibt es neben der Fließbandarbeit auch die Gruppenarbeit.

Die Gruppenmitglieder sind für einen bestimmten Produktionsabschnitt verantwortlich. Jede Gruppe organisiert, fertigt und kontrolliert im eigenen Arbeitsbereich. Diese Form der Arbeitsorganisation setzt die qualifizierte Fachkraft voraus.

Damit hat sich die Gesellschaft im Laufe ihrer Geschichte gewandelt: von der Gesellschaft der Sammler und Jäger zur Agrargesellschaft des Mittelalters, weiter zur Industriegesellschaft, zur Dienstleistungsgesellschaft und zur Informationsgesellschaft.

*Industrielle Produktion in der Gruppe*

## Materialien

**M 1**
*Arbeitsgesellschaft*

### Arbeitsgesellschaft

Eine Befragung der Arbeitnehmer aus dem Jahre 2006 in Deutschland ergab folgendes Ergebnis: 85 % der westdeutschen Arbeitnehmer und 78 % der ostdeutschen Arbeitnehmer waren mit ihrer Arbeit eher oder ganz und gar zufrieden. Erfolg im Beruf hielten 71 % der Westdeutschen und 76 % der Ostdeutschen als Lebensziel für wichtig bis sehr wichtig. Für die jüngeren Arbeitnehmer (18–34) ist der Erfolg der Umfrage nach noch wichtiger. Etwa 90 % halten beruflichen Erfolg für wichtig bis sehr wichtig.

Eines ist sicher: Will man mit den Anforderungen einer Arbeitsgesellschaft Schritt halten, muss man anpassungsfähig bleiben. Der Arbeitnehmer von heute muss bereit sein zum lebenslangen Lernen, zur Übernahme von Eigenverantwortung, zur Selbstorganisation, zur Teamarbeit und zu mehr regionaler Mobilität. Vermutlich wird auch die Zahl der Selbstständigen zunehmen.

1. Wie wichtig sind für Sie eine Ausbildung und eine berufliche Tätigkeit?
2. Sind Sie bereit, Schritt zu halten, um den Anforderungen einer Arbeitsgesellschaft gerecht zu werden? Begründen Sie Ihre Antwort.

Beantworten Sie bitte beide Fragen schriftlich.

## Strukturwandel

So hat sich Deutschland von einer fast reinen Agrargesellschaft im 19. Jahrhundert über eine starke Industriegesellschaft im 20. Jahrhundert hin zu einer dynamischen Dienstleistungsgesellschaft mit einem starken industriellen Kern entwickelt (sektoraler Strukturwandel).

Derzeit arbeiten 60 % aller Erwerbstätigen in Deutschland in der Dienstleistungsbranche.

Wobei die Dienstleistungen eng verbunden sind mit den Produkten, die aus der industriellen Produktion stammen. So wird z. B. ein Automobil hier industriell hergestellt. Das Automobil wird dann von Werbeagenturen beworben, die Hausbanken der Automobilfirmen vergeben Kredite an mögliche Käufer, in Werkstätten werden Inspektionen durchgeführt.

So lässt sich sagen, dass **erst** die **industrielle Produktion** von Gütern in einem Lande (industrielle Arbeitsplätze) auch für Arbeitsplätze im Dienstleistungssektor sorgt. Die Arbeitgeberverbände der Metall- und Elektroindustrie in Deutschland betonen stets, wie wichtig für Deutschland und somit für die hier lebenden Menschen die industrielle Arbeit ist. Industrielle Arbeit ist die Basis für **Zufriedenheit** und Wohlstand einer Gesellschaft.

Auch innerhalb der Wirtschaftsektoren (Agrar, Industrie, Dienstleistung) finden strukturelle Änderungen statt. So werden z. B. schwere, gefährliche oder gesundheitsgefährdende Arbeiten überwiegend von Maschinen ausgeführt. Diese Maschinen benötigen für ihre Funktion und Wartung bestens ausgebildete Fachkräfte (intrasektoraler Strukturwandel).

Ein weiterer Strukturwandel vollzieht sich in den verschiedenen Regionen eines Landes. Es gibt in Deutschland Konzentrationen im Bereich Geld und Kredit in der Region Frankfurt, Konzentrationen im Versicherungswesen in München, im Transport- und Logistikwesen in Hamburg, im Maschinenbau in Baden-Württemberg (regionaler Strukturwandel).

Industrieproduktion und Dienstleistungen sind oft miteinander eng verzahnt. Dabei spielen Kommunikationstechnologien eine stetig größere Rolle. Deshalb sagt man, wir befinden uns auf dem Weg in die Informationsgesellschaft.

1. Wie sind in Ihrem Arbeitsbereich die Anteile von industrieller Arbeit und Dienstleistungstätigkeiten aufgeteilt?
2. Wird sich in Zukunft an dieser Aufteilung etwas ändern?
3. In welchen Bereichen werden in Ihrem Arbeitsfeld Maschinen und andere Techniken eingesetzt, um Arbeitssicherheit und Schutz zu garantieren?

M 2
*Strukturwandel*

4. Welche Arbeitsanforderungen sind bei Ihrer Tätigkeit besonders gefragt?
5. Stellen Sie für Ihre Stadt, Ihre Region fest, ob es Konzentrationen in der Wirtschaft gibt und seit wann es sie gibt (Strukturwandel).
6. Wo gibt es in Deutschland besonders schwache und besonders starke Regionen, die einem regionalen Strukturwandel unterlagen oder immer noch unterliegen?
7. Welche Vorhersagen treffen Sie für Deutschland vor dem Hintergrund des immerwährenden Strukturwandels?
   Hinweis: Es bietet sich an, die Arbeitsaufträge in Gruppenarbeit zu bewältigen.

**M 3** *Arbeitsformen*

**Die Telearbeit**

Durch die Technik, besonders die moderne Informations- und Kommunikationstechnik, verändert sich die Arbeitswelt immer rascher. Ein wesentliches Merkmal dieser Veränderung ist das Aufkommen der sogenannten computerunterstützten Telearbeit (Arbeiten von der Ferne aus). Derzeit arbeiten in Deutschland ca. **17 %** im Bereich der Telearbeit.

Nachdem durch die Industrialisierung zunächst der Mensch zur Arbeit kommen musste, besteht in der Informationsgesellschaft nunmehr die Chance, dass die Arbeit mehr und mehr zu den Menschen kommt und selbst die Arbeitsorte flexibel gewählt werden können. Besonders für strukturschwache, ländliche Gebiete sowie für Menschen mit Behinderungen bietet der technische Fortschritt in dieser Form neue Chancen der Integration. Auch werden der Berufsverkehr und die Ballungsräume entlastet und der **Energieverbrauch** wird geringer.

Hinzu kommt, dass immer mehr Arbeitsinhalte aufgrund des allgemeinen Strukturwandels informations- und wissensintensiv werden, was die Auslagerung von Arbeit aus dem räumlichen Unternehmenskomplex erleichtert. Dabei ist nicht jede Arbeit hierfür geeignet; in erster Linie handelt es sich um solche Arbeiten, die einen Datentransfer zulassen und relativ eigenverantwortlich und selbstständig zu verrichten sind. Die Einführung von Telearbeit bedarf einer gründlichen Vorbereitung und geeigneter organisatorischer, technischer und rechtlicher Konzepte. Auf jeden Fall sind vor Einführung genaue Wirtschaftlichkeitsberechnungen im Sinne von Kosten-Nutzen-Abwägungen erforderlich.

Mit der Telearbeit werden vor allem folgende Merkmale verbunden:

1. Die Tätigkeit stützt sich auf programmgesteuerte Arbeitsmittel wie etwa den PC und den Bildschirm.
2. Der Arbeitsplatz, an dem die Tätigkeit verrichtet wird, ist räumlich getrennt vom Arbeitgeber bzw. Auftraggeber.
3. Zwischen entferntem Arbeitsplatz und dem Arbeitgeber besteht eine elektronische Kommunikationsverbindung.
4. Ein erheblicher Teil der Arbeitszeit wird am entfernten Arbeitsplatz verbracht.

Es wird zwischen verschiedenen Formen der Telearbeit unterschieden:

1. Die reine Teleheimarbeit: Hierbei arbeitet der angestellte Mitarbeiter während seiner gesamten Arbeitszeit an einem

*Ein typischer Telearbeitsplatz*

Ort außerhalb des Unternehmens. Der Mitarbeiter ist in das interne soziale Geflecht des Unternehmens kaum eingebunden.

2. Die alternierende Telearbeit: Die erwerbsmäßige Arbeit wird teilweise vor Ort beim Arbeitgeber und teilweise an einem anderen Ort verrichtet.
3. Arbeit in Nachbarschafts- oder Satellitenbüros (Callcenter): Telearbeiter verschiedener Unternehmen arbeiten in gemeinsamen Räumen. Nachbarschaftszentren haben meist noch soziale und kulturelle Infrastrukturen.
4. Mobile Telearbeit: Mitarbeiter setzen mobile IuK-Techniken (Informations- und Kommunikationstechniken) ein, um unterwegs zu arbeiten; dies hat Ähnlichkeiten mit der alternierenden Telearbeit.
5. Selbstständige Telearbeit: Der Arbeitnehmerstatus entfällt, der Auftragnehmer arbeitet als Selbstständiger von zu Hause aus. Aus solchen Arbeitsplätzen kann etwa ein virtuelles Unternehmen bestehen; die Mitarbeiter sind miteinander kommunikationstechnisch verknüpft und arbeiten selbstständig an einem gemeinsamen Projekt zusammen.

1. Gibt es in Ihrem Betrieb Telearbeitsplätze?
2. Nennen Sie mögliche Vor- und Nachteile der Telearbeit aus Sicht des Arbeitnehmers und Arbeitgebers.
3. Wie bewerten Sie die verschiedenen Formen der Telearbeit?

### Theorie der langen Wellen

Die neueren Untersuchungen unterscheiden vier lange Wellen. Jede neue Sequenz wird durch eine Basisinnovation (Schlüsseltechnologie) ausgelöst, der Abschwung tritt ein, wenn sich die Innovationskraft der neuen Technologie erschöpft hat.

**M 4**
*Technischer Wandel*

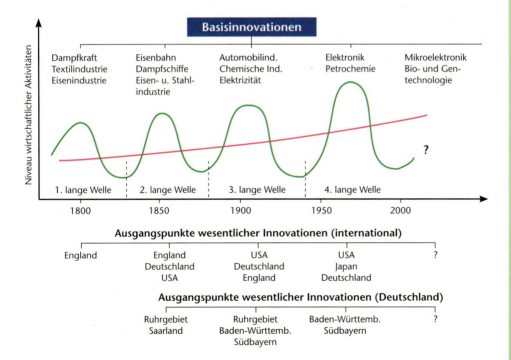

Quelle: Ludwig Schätzl: Wirtschaftsgeographie 1. Theorie, 8., überarbeitete Auflage, Verlag Ferdinand Schöningh, Paderborn 2001, S. 219.

**M 5**
*Technischer Wandel*

### Schöpferische Zerstörung

Der Begriff stammt aus den Wirtschaftswissenschaften und wurde durch den Ökonomen Joseph Alois Schumpeter[1] geprägt. Hinter diesem Begriff verbirgt sich vereinfacht gesagt die Tatsache, dass Neuerungen (Innovationen) bestehende Strukturen zerstören.

Auf die Wirtschaft übertragen bedeutet dies, wenn eine grundlegende Erfindung oder Entdeckung gelingt, nutzen findige Unternehmer diese, um mithilfe dieser Ideen und Erkenntnisse neue Geschäftszweige oder Produkte zu entwickeln. Oftmals gelingt die Umsetzung der Erkenntnisse in marktfähige und erfolgreiche Güter und Geschäftszweige.

Diese innovativen Produkte oder Geschäftszweige bedeuten für bisher etablierte Güter das Aus! Sie werden über kurz oder lang vom Markt verschwinden und damit auch die Unternehmen, die diese Produkte erzeugen. Dieser Prozess wird als **schöpferische Zerstörung** verstanden und bildet die Grundlage unseres Wirtschaftens; er gilt als Motor des Fortschritts innerhalb einer Gesellschaft. Daher sind Forschung und Entwicklung für ein Unternehmen enorm wichtig, um nicht vom Markt zu verschwinden. Gelingt dies einem Unternehmen nicht, kann das zu Arbeitslosigkeit führen, gelingt es einer Gesellschaft nicht, kreativ und innovativ zu sein, kann es zu schweren sozialen und wirtschaftlichen Unruhen in der Bevölkerung kommen. Daher gilt es für Deutschland, seine Firmen, seine Forschungsinstitute und vor allen Dingen für die hier lebenden Menschen, „stets am Ball zu bleiben" in Sachen Ausbildung, Weiterbildung und Forschung, um den Herausforderungen der Zukunft gewachsen zu sein.

1. Finden Sie Beispiele aus der Vergangenheit für „schöpferische Zerstörungen" in Deutschland.
2. Deutschland befindet sich derzeit in einem gewaltigen Strukturwandel. Welche Risiken und welche Chancen sind damit verbunden? Verwenden Sie für die Beantwortung der Frage die Grafik aus Schaubild M 4 (Gruppenarbeit bietet sich an).
3. Welches sind die gegenwärtig als Zukunftstechnologien bekannten Innovationen (Neuerungen)?

**M 6**
*Technischer Wandel*

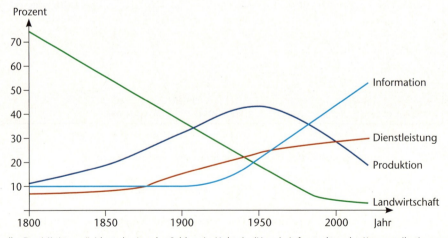

Entwicklung der Beschäftigung in der Bundesrepublik Deutschland

Quelle: Der Ministerpräsident des Landes Schleswig-Holstein (Hrsg.): Infrastruktur der Kommunikationsgesellschaft: Schleswig-Holstein als K-Region. Abschlussbericht der 3. Projektgruppe der Denkfabrik Schleswig-Holstein, Denkfabrik, Kiel 1991

---

[1] Joseph Alois Schumpeter: österreichisch-amerikanischer Ökonom, 8. Feb. 1883–8. Jan. 1950

Wandel bedeutet auch, dass sich viele Bereiche ändern müssen, weil unsere Wirtschaft und unsere Gesellschaft eng miteinander verwoben sind. Wenn ein Teil sich wandelt, müssen andere, die abhängig sind, sich ebenfalls ändern. Schließlich ist nichts mehr, wie es früher war. Daher hat der Strukturwandel den Namen „**Revolution**" verdient.

### Erwerbstätige in Deutschland

**M 7**
*Technischer Wandel*

| Erwerbstätige nach Wirtschaftsbereichen in 1 000 Personen | | | | |
|---|---|---|---|---|
| Erwerbstätige | 2005 | 2006 | 2007 | 2008 |
| (Vorläufiges Ergebnis) Erwerbstätige | 38.835 | 39.075 | 39.724 | 40.279 |
| Land- und Forstwirtschaft; Fischerei | 853 | 837 | 850 | 860 |
| Produzierendes Gewerbe (ohne Baugewerbe) | 7.894 | 7.826 | 7.911 | 8.030 |
| Darunter Verarbeitendes Gewerbe | 7.515 | 7.453 | 7.543 | 7.667 |
| Baugewerbe | 2.179 | 2.174 | 2.209 | 2.193 |
| Übrige Wirtschaftsbereiche (Dienstleistungen) | 27.909 | 28.238 | 28.754 | 29.196 |
| Davon Handel, Gastgewerbe und Verkehr | 9.776 | 9.799 | 9.953 | 10.046 |
| Finanzierung, Vermietung und Unternehmensdienstleister | 6.363 | 6.586 | 6.821 | 7.010 |
| Öffentliche und private Dienstleister | 11.770 | 11.853 | 11.980 | 12.140 |

*Sachverständigenrat zur Begutachtung der gesamtwirtschaftlichen Entwicklung (Hg.), Zugriff am 04.02.2010 unter: http://www.sachverstaendigenrat-wirtschaft.de/timerow/tabdeu.php#10*

1. Vergleichen Sie die Zahlen aus M 6 (Prognose von 1994) und M 7 (reale Zahlen) für die verschiedenen Wirtschaftszweige für die einzelnen Bereiche. Stimmen die Prognosen?
2. Martin Kannegiesser (Gesamtmetall-Präsident 2009) fordert die Wirtschaftsbetriebe und die Regierung dazu auf, dass sich Deutschland auf seine Kernkompetenz – die industrielle Produktion von Gütern – konzentrieren solle. Was meint er mit dieser Aussage?
3. Wie beurteilen Sie diese Aussage?

## Arbeitsvorschlag

1. Was lässt sich aus der Entwicklung der Wirtschaftsstruktur entnehmen?
2. Wie bewerten Sie diese Entwicklung der Wirtschaftsstruktur?
3. Können Sie sich eine Verschiebung zwischen den Strukturen vorstellen?
4. Was müsste sich für diese Verschiebung in Deutschland ändern?

## Zur Vertiefung

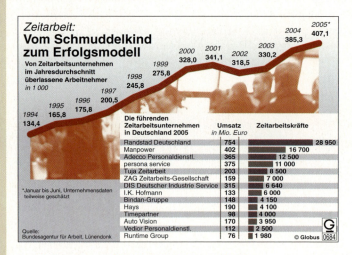

1. Wie hat sich seit 1994 die Zeitarbeit entwickelt?
2. Was bedeutet es für einen Arbeitnehmer, wenn er einen Zeitarbeitsvertrag hat?
3. Welche Vorteile hat die Zeitarbeit für die Arbeitgeber?
4. Wie bewerten Sie Zeitarbeit und deren Entwicklung?
5. Wie viele Menschen arbeiten derzeit nach dem Modell der Zeitarbeit?

# 3 Der Mensch als Teil der Umwelt

## 3.1 Wir produzieren und konsumieren

## Müllberg in Deutschland

**Wir wollen Konsum und kaufen Produkte – was bleibt, ist Müll**

**M 1**
*Kaufrausch*

Die Menschen haben unendlich viele Bedürfnisse. Alle Bedürfnisse nach materiellen Gütern oder nach bezahlbaren Dienstleistungen versucht die Wirtschaft zu befriedigen. Die Unternehmen produzieren und bieten an.

Wir – die Verbraucher – kaufen. Das ist Sinn und Zweck der Wirtschaft.

**M 2**
*Abfall*

Wir gehen also los und kaufen ein – soweit wir das Geld dazu haben. Und schleppen alles nach Hause. Aber nicht nur das, was wir haben wollten, sondern außerdem viel Verpackungsmüll. Wir packen aus und werfen weg, zuerst die Verpackung und später auch das, was wir gekauft haben. Schließlich wird alles Müll: Verpackungsmüll, Hausmüll, Sondermüll und Sperrmüll.

**Müll als Geschäft**

Der Müll, das ist die andere Seite von Produktion und Konsum. Versorgung und Entsorgung heißt es in der Sprache der Müllprofis.

Für die deutschen Entsorger haben sich Müllimporte zu einem bedeutenden Erwerbszweig entwickelt. Zunehmend wird Müll, darunter auch ca. 6 Millionen Tonnen Sondermüll[1], nach Deutschland eingeführt, um ihn hier zu deponieren, wiederzuverwerten oder zu verheizen. In der deutschen Entsorgungswirtschaft sind rund 6.000 Unternehmen mit mehr als 200.000 Mitarbeitern tätig.

---

[1] 1 Tonne entspricht 1.000 kg.

Der Umsatz mit dem Müll beträgt aktuell ca. 50 Milliarden Euro pro Jahr. Deutschland ist führend in der Entsorgung und Aufbereitung von Müll aller Art.

So hat man aus dem Müllproblem der 90er-Jahre des letzten Jahrhunderts in Deutschland einen neuen Geschäftszweig entwickelt.

M 3–7
Abfallwirtschaft

### Mensch und Müll

Es fällt weiterhin viel Müll in unserer Konsumgesellschaft an. Die Leute sind in ihrer Mehrheit nicht sorgsamer beim Einkauf von Waren oder beim Umgang mit dem Müll. Die meisten Batterien landen noch immer im „normalen" Hausmüll. Batterien werden nur zu 35 % in den entsprechenden Entsorgungsbehältnissen entsorgt.

Die Menschen früher lebten umweltfreundlicher. Landfrauen z. B. waren umweltfreundliche Verpackungskünstler. Die Butter wickelten sie in Meerrettich- oder Kohlblätter ein – so kam sie frisch und kühl zu den Kunden. Mit Sicherheit erlauben wir uns ein Wirtschaftssystem, das den Menschen nicht als **Teil** der Natur sieht, sondern als **Beherrscher** dieser Natur. Diese Ansicht greift zu kurz und ist überheblich, da der Mensch nur ein Teil der Natur ist.

### Es geht auch anders

Der Mensch handelt in vielen Fällen nicht **nachhaltig**. Früher bedeutete Nachhaltigkeit z. B., wer einen Baum fällte, pflanzte zumindest zwei neue!

Wir können auch umweltschonend und somit nachhaltig handeln, wenn wir nur ein wenig unsere Lebensart ändern und uns über die Folgen unseres Kaufens oder Handelns Gedanken machen.

M 8–10
Nachhaltiges Konsumverhalten

Das hat nichts mit **Konsumverzicht** oder Lebensqualitätssenkung zu tun, sondern es geht darum, darüber nachzudenken, was wir wirklich benötigen, um unsere Bedürfnisse zu befriedigen und mit welchen Produkten und Lebensweisen wir dies erreichen können, ohne die Natur über Gebühr zu belasten.

Muss es also der **Fernurlaub** nach Australien sein mit einem Abstecher zum Great Barrier Reef oder ist ein Urlaub z. B. in Schleswig-Holstein vom **Erholungswert**, von der Freude und dem Spaß nicht genauso wertvoll für die individuelle Bedürfnisbefriedigung?

Diese Frage muss jeder von uns für sich beantworten, wenn er ein Interesse an einer intakten Umwelt hat.

Der Unterschied zwischen einer Fernreise und einem Urlaub im Lande ist von der Umweltbelastung her gewaltig. Das kommt auch zum Ausdruck in dem unten stehenden Schaubild. Ein 14-tägiger Mexiko-Urlaub belastet die Umwelt durch den $CO_2$-Ausstoß ca. 28-mal mehr als ein 14-tägiger Urlaub auf Rügen.

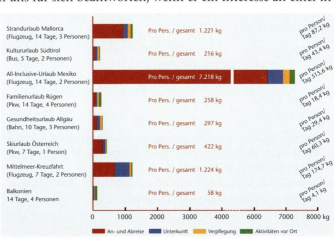

## Materialien

**M 1** **Konsum ist geil! Kaufrausch**
*Kaufrausch*

Deutsche Teenies sind im Kaufrausch! Die Sneakers mit dem Modelabel einer amerikanischen Sängerin, der neue Trend-Duft Marke Teuer oder die neueste Errungenschaft auf dem Musikmarkt … Was gerade hip und teuer ist, zieht die Jugendlichen an.

Herablassende Blicke ernten Kids, die Kleidung aus dem neuesten Discounter-Prospekt tragen. Billigläden sind out bei deutschen Trendsettern unter 18 – koste es, was es wolle. [...]

Besonders die Kosten fürs Handy belasten den Geldbeutel vieler Jugendlicher.

Mit insgesamt 2,4 Milliarden Euro schlugen sie 2004 zu Buche. Allein 190 Millionen Euro davon erhielten die verschiedenen Klingeltonanbieter.

Spitzenreiter unter den Ausgaben ist der Bekleidungssektor: 3,4 Milliarden Euro waren die Teenies 2004 bereit, für die schickste Jeans, den hippsten Pullover oder die coolsten Turnschuhe zu zahlen.

Dazu kamen 2,3 Milliarden Euro für Disco- oder Barbesuche.

Die Plätze vier bis neun belegten Musik, Getränke, Eintrittskarten, Imbissbuden/Fast Food, Körperpflege/Kosmetik und der Computer.

Abgeschlagen auf Platz zehn finden sich mit 880 Millionen Euro die Ausgaben fürs eigene Hobby.

[...] Ein Grund für den zunehmenden Konsum wird in der allgegenwärtigen Werbung gesehen. Auf Schritt und Tritt verfolgt sie jeden von uns und erreicht uns beim Fernsehen, beim Radiohören, wenn wir Zeitschriften durchblättern, an der Litfaßsäule oder als Werbebanner oder Popup im Internet. Dargestellt wird zumeist die heile Welt, in der man gerne leben würde.

Die Vorstellung, dass mit dem Kauf alles gut wird, sorgt für den nötigen Kaufanreiz und das Gefühl selbst an dieser (Traum-)Welt teilhaben zu können. Ewig schön, ewig jung, ewig gesund.

Aber auch Frust, das Buhlen um Anerkennung oder starker Gruppenzwang führen zu gesteigertem Kaufverhalten.

Klar, wer hat nicht schon mal nach einer verkorksten Mathearbeit aus Frust einen Einkauf getätigt oder sich umgekehrt für eine gute Zensur mit einem Eis belohnt? [...]

*Quelle: AOK Jugendpressedienst, Zugriff am 20.01.2009 unter: http://www.jugendpressedienst.de/rd/465.php*

1. Was sind die Gründe für das umfangreiche Konsumieren der Jugendlichen?
2. Wofür geben Sie Ihr Geld aus? Erstellen Sie eine Tabelle.
3. Was kostet Sie das im Monat?
4. Diskutieren Sie in der Klasse über Sinn und Unsinn des Kaufverhaltens.
5. Wo können Sie beim Konsum Geld sparen?

## Abfallsituation in Deutschland

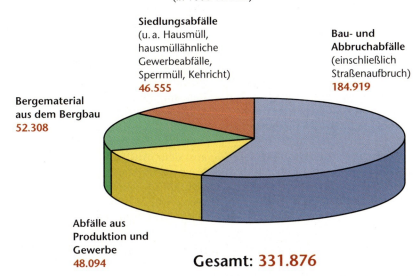

**Abfallaufkommen 2005**
(in 1000 Tonnen)

- Siedlungsabfälle (u. a. Hausmüll, hausmüllähnliche Gewerbeabfälle, Sperrmüll, Kehricht): 46.555
- Bau- und Abbruchabfälle (einschließlich Straßenaufbruch): 184.919
- Bergematerial aus dem Bergbau: 52.308
- Abfälle aus Produktion und Gewerbe: 48.094

**Gesamt: 331.876**

Quelle: Bundesministerium für Umwelt, Naturschutz und Reaktorsicherheit (Hrsg.), Zugriff am 22.09.2009 unter: http://www.bmu.de/abfallwirtschaft/doc/38666.php

Die Wiederverwertungsquote ist seit 2000 nahezu unverändert und betrug im Jahr 2005 66%. Von den 332 Millionen Tonnen Gesamtabfallaufkommen konnten 210 Millionen Tonnen **stofflich verwertet** werden, darunter 160 Millionen Tonnen Bau- und Abbruchabfälle.

Zum Einsatz kamen die Bauabfälle unter anderem im Straßen- und Wegebau, zur Verfüllung von Abbaustätten unter und über Tage, zum Lärmschutz und bei Deponiebaumaßnahmen.

Rund 10,4 Millionen Tonnen Abfall konnten durch Verfeuerung thermisch verwertet werden.

Die getrennt gesammelten Abfälle erreichten wie in den Vorjahren sehr hohe Verwertungsquoten. So konnten Glas, Papier, Pappe und die an Entsorgungsanlagen angelieferten Elektronikabfälle nahezu vollständig recycelt werden.

Bei den Metall- und Verbundverpackungen lag die Verwertungsquote bei 97% und bei den Leichtverpackungen und Kunststoffen bei 87%.

1. Ermitteln Sie die aktuellen Recyclingraten für Papier, Glas, Pappe, Aluminium, Kupfer, Stahl, Weißblech und Kunststoffe unter http://www.bmu.de.
2. Bei welchem Material ist die Recyclingrate am geringsten, bei welchem am höchsten? Warum ist das so?
3. Welche Produkte, die Sie täglich nutzen, sind aus diesen Rohstoffen?

**M 3**
Abfallwirtschaft

## Müll-Dorado Deutschland

Die Müll-Importe aus dem Ausland nehmen zu. Kritiker sagen, die Betreiber deutscher Verbrennungsanlagen seien aus wirtschaftlichen Gründen dazu gezwungen, „Giftmüll zu Dumping-Preisen zu importieren".

„Deutschland ist drauf und dran, das Müll-Dorado und das weltweite Zentrum für die Müll-Industrie zu werden", sagt Michael Braungart, Verfahrenstechniker an der Universität Lüneburg.

Die deutschen Sondermüll-Verbrennungsanlagen seien überdimensioniert. Damit die Kapazitäten ausgelastet würden, seien die Betreiber aus wirtschaftlichen Gründen dazu gezwungen, „Giftmüll zu Dumping-Preisen zu importieren", so Braungart. Der mit Hexachlorbenzol verunreinigte Sondermüll, den Australien in Deutschland vernichten lassen möchte, sei nur ein Beispiel dafür.

Tatsächlich ist die Kapazität der 19 deutschen Sondermüll-Verbrennungsanlagen auf 1,3 Millionen Tonnen pro Jahr angestiegen, aber nicht etwa, weil neue Anlagen gebaut worden wären: „Die Zusammensetzung der Abfälle hat sich geändert, wodurch die bestehenden Kapazitäten besser ausgenützt werden können", sagt Markus Gleis vom Umweltbundesamt (UBA). [...]

Dennoch nehmen die Müll-Importe aus dem Ausland **kontinuierlich zu**: Nach UBA-Angaben stiegen sie von 281.000 Tonnen im Jahr 1995 auf knapp sechs Millionen Tonnen im Jahr 2005. Der Großteil kam dabei aus den Niederlanden, Italien und Belgien.

Doch nur 10,7 % (636.687 Tonnen) wurden verbrannt, der überwiegende Rest ging ins Recycling, wo wertvolle Metalle und Lösungsmittel aus dem Müll wiedergewonnen werden.

Quelle: Martin Kotynek: Müll-Dorado Deutschland, in: Süddeutsche Zeitung vom 30.05.2007, Zugriff am 10.08.2009 unter: http://www.sueddeutsche.de/wissen/12/324877/text/ (Auszüge)

1. Klären Sie Ihnen unbekannte Begriffe.
2. Um wie viel Prozent ist der Müllimport nach Deutschland im Zeitraum 1995 bis 2005 gestiegen?

**M 4**
Abfallwirtschaft

## „Züge der Schande"

**Deutschland importiert Neapels Müll und Gift**
Allein aus der Region um die italienische Stadt Neapel treffen beinahe täglich Güterzüge voller Müll in deutschen Verbrennungsanlagen in Sachsen und in Bremerhaven ein. Für die Unternehmen ist das ein großes Geschäft. Doch Umweltexperten weisen auf die Gefahren durch **Giftstoffe** hin. [...] Die Deponien Neapels sind voll und geschlossen. Neue Anlagen werden verhindert – auch von Anwohnern, die Angst um ihre Gesundheit haben. Jetzt herrscht Müllnotstand in Neapel. Und es rollen Müll-Züge nach Deutschland. [...]

Der Müll-Notstand in Neapel ist für deutsche Müllfirmen ein einträgliches Geschäft. [...] Zwei Anlagen in Sachsen und in Bremerhaven haben dafür Ausnahmegenehmigungen.

Dies bestätigte Joachim Wuttke, Abteilungsleiter im Umweltbundesamt (UBA), WELT ONLINE. „Italien darf insgesamt 100.000 Tonnen Müll nach Sachsen und 30.000 Tonnen nach Bremerhaven bringen", sagte Wuttke. [...]

Der Müll aus Neapel wird in Cröbern sortiert. Organische Bestandteile sollen verrotten, dafür geeignetes Material wird später verbrannt. Ein Teil wird auf der Mülldeponie gelagert. [...]

### [...] Überkapazitäten in deutschen Müllwerken

Den deutschen Entsorgern passt das ins Konzept. Viele deutsche Anlagen haben Überkapazitäten. In den vergangenen Jahren wurden neue, mit Müll befeuerte Heizkraftwerke und Müllverbrennungsanlagen gebaut. Durch Importe von Hausmüll haben sich die Betreiber zusätzliche Einnahmequellen erschlossen. [...]

Bei der Verbrennung des Hausmülls fallen Gifte an, die nicht beseitigt werden können. **Toxikologen** warnen laut der „Süddeutschen Zeitung" deshalb vor Gefahren für die Gesundheit: Bei der Müllverbrennung würden trotz des hohen technischen Standards deutscher Verbrennungsanlagen weiterhin gefährliche Stoffe entweichen, die **Krebs auslösen** und zu Fehlbildungen bei ungeborenen Kindern führen könnten. [...]

### In Deutschland wächst der Widerstand gegen Müllimporte

„Anorganische Schadstoffe wie Quecksilber verbrennen nicht", bestätigt Joachim Wuttke vom UBA. In den Anlagen seien jedoch Filter installiert, die verhindern, dass die Gifte mit der Abluft in die Umwelt gelangen. Die **Bundesärztekammer** habe in einem Gutachten diesbezüglich aber keine Bedenken geäußert. „Es ist wesentlich gefährlicher, wenn die Leute den Müll in Neapel auf offener Straße selbst verbrennen", sagt der Umwelt-Fachmann.

Wegen der Müll-Exporte außer Landes hat Italiens Ministerpräsident Romano Prodi bereits von „**Zügen der Schande**" nach Deutschland gesprochen. Und auch hierzulande wächst der politische Widerstand. „Wir können nicht hier, 2000 Kilometer entfernt, die Müllprobleme Italiens lösen", sagte kürzlich etwa der Sprecher des Bremer Umweltsenators Reinhard Loske (Grüne). [...]

Für die deutschen Entsorger sind Müllimporte ein bedeutender Erwerbszweig. Laut Umweltbundesamt waren zuletzt 18 Millionen Tonnen Müll (2006) vor allem aus EU-Staaten eingeführt worden. Ein Drittel davon gilt als Sondermüll, der umweltschonend beseitigt werden muss. Allein aus Italien sind 2007 schätzungsweise eine Million Tonnen angeliefert worden. Dabei gilt **EU-weit**, dass der Müll grundsätzlich nah an der **Quelle** entsorgt werden soll.

Quelle: Oliver Haustein-Tessmer: „Züge der Schande", in: Welt online vom 22.01.2008, Zugriff am 10.08.2009 unter: http://www.welt.de/wirtschaft/article1580892/Deutschland_importiert_Neapels_Muell_und_Gift.html (Auszüge)

1. Klären Sie Ihnen unbekannte Begriffe.
2. Was wird bei der Verbrennung des Mülls gewonnen?
3. Welche Gefahren bestehen bei der Verbrennung von Sondermüll?
4. Wo steht bei Ihnen das nächste Müllverbrennungskraftwerk?
5. Erforschen Sie, welche Sicherheitsvorkehrungen der Betreiber trifft, um Uran oder Quecksilber im Müll aufzuspüren.
6. Warum wird der Müll überhaupt nach Deutschland eingeführt?
7. Zeichnen Sie auf der Weltkarte die Wege nach, die der Müll auf seiner Reise zurücklegt.

### Die Exportinitiative Recycling- und Effizienztechnik

Die weltweite Nachfrage nach Recycling- und Entsorgungstechnologien ist groß und wird weiterhin steigen. Dazu tragen die knapper werdenden Rohstoffe und ein zunehmendes Umweltbewusstsein in den aufstrebenden Volkswirtschaften bei. Abfallarme

**M 5**
*Abfallwirtschaft*

Produktionsweisen und umweltgerechte Recyclingverfahren sind geeignete Methoden, den Anstieg der Abfallmengen zu begrenzen, mit Rohstoffen sparsam umzugehen und die Entsorgungskosten oder die verlagerten Folgekosten durch unkontrollierte Ablagerungen gering zu halten. Recycling- und Entsorgungstechnologien können Umweltzerstörung und negative soziale Auswirkungen begrenzen und zur effizienten Ressourcennutzung beitragen. Die deutsche Recycling- und Entsorgungsbranche ist aufgrund der hohen nationalen Umweltanforderungen hervorragend für die Befriedigung dieses weltweiten Bedarfs aufgestellt. Der internationale Marktanteil deutscher Unternehmen in diesem Bereich ist bereits beachtlich und liegt bei ca. 25 %. Dieses Niveau gilt es zu halten bzw. weiter auszubauen.

Das Bundesministerium für Umwelt, Naturschutz und Reaktorsicherheit (BMU) hat vor diesem Hintergrund die Federführung für den Aufbau der „Exportinitiative Recycling- und Effizienztechnik" übernommen. Ziel der Exportinitiative ist es, deutsche Unternehmen beim Export von Recycling- und Effizienztechnik nachhaltig zu unterstützen. Durch umwelt- und entwicklungspolitische Maßnahmen, Schaffung bzw. Optimierung von Rahmenbedingungen und Know-how in den Zielländern sollen die Investitionsvoraussetzungen in den Zielmärkten verbessert werden. Durch die Einbindung der wirtschaftspolitischen Instrumente der Außenwirtschaftsförderung soll der Export von technischen Anlagen und Dienstleistungen aktiv unterstützt werden.

Der Aufbau und die kontinuierliche Fortführung der Exportinitiative ist eine fach- bzw. ressortübergreifende Aufgabe und wird in Kooperation mit weiteren Ministerien, deren Fachbehörden bzw. assoziierten Instituten und mit den Wirtschaftsverbänden gemeinsam angegangen. Dem Aufbau eines Akteursnetzwerks kommt in der Anfangsphase große Bedeutung zu. [...]

*Quelle: Bundesministerium für Umwelt, Naturschutz und Reaktorsicherheit, März 2009, Zugriff am 10.08.2009 unter: http://www.bmu.de/retech/doc/39930.php*

## M 6 Aktuelle Fakten und Daten der Abfallwirtschaft in Deutschland

*Abfallwirtschaft*

Die Abfallwirtschaft in der Bundesrepublik Deutschland hat sich seit Beginn der 90er-Jahre erheblich gewandelt. Das Kreislaufwirtschafts- und Abfallgesetz und die zugehörigen Rechtsverordnungen stellen einen bedeutenden Schritt von der Beseitigungswirtschaft zur Kreislaufwirtschaft dar. [...] In Deutschland hat sich die Abfallwirtschaft mit einem Umsatz von ca. 50 Mrd. Euro zu einem bedeutenden Wirtschaftsfaktor entwickelt. Ressourcenschonung wird durch hohe Verwertungsquoten, und damit die Gewinnung von Sekundärrohstoffen oder Energie, erreicht. Auch der Klimaschutz profitiert von den abfallwirtschaftlichen Maßnahmen, wie z. B. durch die Kapazitätssteigerung in der mechanisch-biologischen Vorbehandlung von Abfällen oder dem Ablagerungsverbot unvorbehandelter Siedlungsabfälle ab dem 1. Juni 2005.

*Quelle: Bundesministerium für Umwelt, Naturschutz und Reaktorsicherheit, September 2007, Zugriff am 10.09.2009 unter: http://www.bmu.de/abfallwirtschaft/doc/6497.php*

*Anders als in den beiden Materialien M 3 und M 4 sieht das BMU das Geschäft mit dem Müll eher positiv.*

1. *Welche Argumente führt das BMU für Recycling und somit für die Müllindustrie an?*
2. *Wie sehen Sie das? Ist das Geschäft mit dem Müll eher positiv oder eher negativ zu bewerten?*
3. *Sammeln Sie Argumente und notieren Sie diese.*
4. *Diskutieren Sie mithilfe dieser Argumente in Gruppen oder im Klassenverband.*

**M 7**
*Abfallwirtschaft*

Lübeck/Schönberg – In Lübeck geht die Angst um: Die Deponie Schönberg (Mecklenburg-Vorpommern) wird immer mehr zur Giftmüllhalde Europas. Die Menge von genehmigungspflichtigen Abfall-Importen, die vor die Tore der Hansestadt gekarrt werden, hat sich innerhalb des vergangenen Jahres verdreifacht.

Unter den angelieferten 334.000 Tonnen befindet sich **giftiger Boden** aus dem alten Hafen von Dublin (Irland), aber auch **Schredderstaub** aus der Autoverwertung, der im Verdacht steht, das Umweltgift PCB zu enthalten. Gefährlicher Abfall wird außerdem aus **Italien**, **Dänemark**, **Holland** und **Finnland** nach Schönberg transportiert.

**In Schleswig-Holstein regt sich jetzt massiver Protest**
„Wir machen uns große Sorgen, dass Schönberg mehr und mehr zu einer Sondermüll-Deponie wird", sagt Lübecks stellvertretender Bürgermeister Wolfgang Halbedel (CDU). Eine Gefährdung des Lübecker Trinkwassers stehe, wenn auch nicht bewiesen, weiter im Raum. [...]

**Studien belegen eine höhere Krebsrate**
Erst im vergangenen Sommer hatte eine breite Mehrheit der Lübecker Bürgerschaft vergeblich die Schließung der Deponie am Ihlenberg gefordert, nachdem eine Krebsstudie der Uni Greifswald die Kommunalpolitiker alarmiert hatte. Danach sollen von 1983 bis 2004 von 460 Deponie-Mitarbeitern 18 an Krebs erkrankt sein. [...] Ein Krebsforscher untersucht inzwischen im Auftrag der Stadt Lübeck, ob es in den Stadtteilen Kücknitz, Schlutup und Travemünde eine auffällige Häufung von **Krebserkrankungen** gibt.

„Die sprunghafte Entwicklung von Sondermülltransporten nach Schönberg war uns nicht bekannt", erklärt Christian Seyfert, Sprecher des **Kieler Umweltministers**. [...] „Eine Riesensauerei", kommentiert Karl-Martin Hentschel, Fraktionschef der Grünen im Kieler Landtag, die Nachricht. Seit Langem sei bekannt, dass die Deponie Schönberg „nicht nach unten **abgedichtet ist** und möglicherweise das Grundwasser verunreinigt". Eine weitere Lagerung von Sondermüll sei deshalb nicht zu akzeptieren – „und schon gar nicht der Import aus **anderen Ländern**".

„Es ist schlicht eine Katastrophe, dass Giftmüll aus **ganz Europa** stillschweigend auf eine landeseigene Deponie gefahren wird", klagt der Lübecker Günter Wosnitza für die „Vereinigte Bürgerinitiative gegen die Giftmülldeponie". [...]

*Quelle: Curd Tönnemann: Giftmüll-Boom auf Deponie Schönberg, in: Lübecker Nachrichten online vom 12.06.2009, Zugriff am 10.08.2009 unter: http://www.ln-online.de/artikel/2606603 (Auszüge)*

1. Wo liegt die Deponie? Schauen Sie auch auf eine Landkarte.
2. Welche Arten von Sondermüll werden hier gelagert?
3. Welche Gefahren sind mit dieser Mülllagerung verbunden?
4. Warum kann die schleswig-holsteinische Landesregierung nichts gegen die Mülldeponie unternehmen?

## Hypothek auf den Planeten

**M 8**
*Nachhaltiges Konsumverhalten*

Die Menschheit hat in diesem Jahr bereits so viele natürliche Ressourcen verbraucht, wie innerhalb eines Jahres auf der Erde nachwachsen können.

Was von nun an (24.9.2008) bis Silvester konsumiert wird, ist Raubbau am Planeten. Ein internationales Team von Wissenschaftlern errechnet jedes Jahr den sogenannten World Overshoot Day. 2008 war es der 23. September.

Grundlage für die Rechnung ist der „ökologische Fußabdruck". Er gibt an, wie viel Fläche gebraucht wird, um alle Güter zu produzieren und Abfälle zu entsorgen – dazu gehören Getreide- und Gemüsefelder, Weideland, Wälder oder Gelände für Häuser, Straßen und Deponien.

Den größten Anteil macht die Waldfläche aus, die notwendig wäre, um das menschengemachte Kohlendioxid aus der Atmosphäre zu entfernen.

Der ökologische Fußabdruck eines Europäers ist fast fünfmal so groß wie der eines Afrikaners. Kurzfristig lässt sich dem Planeten zwar mehr abgewinnen als nachwächst, langfristig beschneidet das aber die verfügbaren Rohstoffe. Durch den steigenden Verbrauch tritt der Overshoot Day jedes Jahr früher ein. 1986 verbrauchte die Menschheit erstmals mehr, als die Erde hergibt.

Quelle: Mark Hammer: Hypothek auf den Planeten, in: Süddeutsche Zeitung vom 24.09.2008, Zugriff am 10.08.2009 unter: http://www.sueddeutsche.de/wissen/502/311424/text/

1. Ermitteln Sie z. B. unter http://www.latschlatsch.de/berechnung.php Ihren persönlichen „ökologischen Fußabdruck".
2. Vergleichen Sie Ihre Ergebnisse innerhalb der Klasse.

**M 9**
*Nachhaltiges Konsumverhalten*

## Chancen und Grenzen für verantwortlichen Konsum

Der Verbraucher bestimmt mit seinen Kaufentscheidungen darüber, welche Produkte am Markt erfolgreich sind. Je mehr er dabei zu sozial- und umweltverträglich Hergestelltem greift, desto größere Fortschritte macht die Volkswirtschaft in Richtung Nachhaltigkeit. Soweit die Theorie. Welche Hindernisse einem „verantwortlichen" Konsum entgegenstehen und wo dennoch positive Trends erkennbar sind, erläutert Professor Karl-Werner Brand im factorY-Interview. Er ist Professor für Soziologie an der TU München und hat viele Jahre die Münchner Projektgruppe für Sozialforschung e.V. geleitet.

*Was die Menschheit von nun an bis Silvester konsumieren wird, ist Raubbau am Planeten.*

Frage:
Herr Professor Brand, in den letzten Jahren haben einige Prominente in den USA viel Aufmerksamkeit in den Medien bekommen, als sie sich zu nachhaltigem Konsum bekannten. Dieser, mit dem Etikett LoHaS (Lifestyle of Health and Sustainability) versehene Lebensstil findet auch in Europa und Deutschland immer mehr Anhänger. Wie schätzen Sie seine Bedeutung für die Herausbildung nachhaltiger Konsummuster ein?

Antwort:
Das ist auf der einen Seite sicher ein erfreulicher Modetrend. Er speist sich zwar aus der zurzeit wieder steigenden Bedeutung des Statusdenkens, dem wachsenden Bedürfnis nach sozialer Abgrenzung und Distinktion. Positiv ist aber, dass dieses Statusbedürfnis heute nicht nur mithilfe exklusiver Luxusgüter, sondern auch durch einen exklusiv „nachhaltigen" Lebensstil befriedigt werden kann. Gut leben statt viel haben, Zeitwohl-

stand, Gesundheit und Wellness, ökologisch und sozial verantwortlicher Konsum – all das sind Aspekte eines neuen Verständnisses von Wohlstand und Luxus, die ebenfalls kultiviert werden können. Bewusst und sinnvoll, also „nach Maß" zu konsumieren, erlangt heute offensichtlich für viele Bevölkerungsgruppen eine neue Attraktivität. Wenn solche Lebensstile von Prominenten demonstrativ vorgelebt und inszeniert werden, trägt dies sicherlich auch zu ihrer rascheren Verbreitung bei.

Quelle: Auszug aus einem Interview mit Professor Brand, in: factorY – Magazin für nachhaltiges Wirtschaften, 2/2008, Zugriff am 10.08.2009 unter: http://www.factory-magazin.de/magazin/022008/chancen-und-grenzen-fuer-verantwortlichen-konsum/

1. Klären Sie in Partnerarbeit unbekannte Begriffe.
2. Wie bewerten Sie den hier vorgestellten Lebensstil?
3. Welche Lebensart bevorzugen Sie?
4. Diskutieren Sie entweder in einer Gruppe oder im ganzen Klassenverband.

## Was sind nachhaltige Produkte?

Nachhaltigkeit ist in Fachkreisen zum geflügelten Wort geworden, doch den meisten Verbrauchern sagt der Begriff wenig. Die VERBRAUCHER INITIATIVE hat deshalb nach einer praktikablen Definition nachhaltiger Produkte gesucht und dabei zwei Kernkriterien festgelegt, anhand derer Verbraucher im alltäglichen Einkauf nachhaltige Produkte von konventionellen unterscheiden können:

Nachhaltige Produkte weisen eine besondere ökologische bzw. soziale Qualität auf (z. B. „schadstoffarm", aus „fairem Handel" oder „ohne Kinderarbeit") und machen diese besondere Qualität durch unabhängige Siegel für Verbraucher erkennbar.

Quelle: Verbraucher-Initiative Nachhaltig handeln e.V., Zugriff am 08.08.2009 unter: http://www.nachhaltige-produkte.de/index.php/cat/7/aid/28/title/Was_sind_nachhaltige_Produkte_

**M 10**
*Nachhaltiges Konsumverhalten*

1. Wie bewerten Sie die Kriterien für Nachhaltigkeit?
2. Entwickeln Sie aus Ihrer Sicht Kriterien für nachhaltige Produkte (Hinweis: Gruppenarbeit bietet sich an).

# Arbeitsvorschlag

Der Klimawandel auf der Erde ist Wirklichkeit. Das Eis der Pole schmilzt derzeit. Der Meeresspiegel steigt in manchen Regionen der Welt. Das Eis der Gletscher wird geringer. Ob der mit dem Klimawandel einhergehende Temperaturanstieg vor allem durch den **Menschen hervorgerufen** wird oder hauptsächlich einen **natürlichen Ursprung** hat, ist bei den Experten umstritten. Fest steht, dass der Mensch und seine Lebensweise zumindest Mitverursacher des Klimawandels sind.

Tatsache ist aber auch, dass die Erde über einen natürlichen **Wärmeschutzschild** verfügt. Dieser wirkt wie ein **Treibhaus**.

Die in diesem Schutzschild enthaltenen Gase (im Wesentlichen Wasserdampf [ca. 60%], Kohlendioxid ($CO_2$) [ca. 20%], wenige Anteile Lachgas, Ozon, Methan und weitere) ver-

**hindern**, dass die Wärmestrahlung, die von der Sonne auf die Erde trifft, wieder zurück in das Weltall abgestrahlt wird.

Ohne diesen sogenannten **natürlichen Treibhauseffekt** läge die Durchschnittstemperatur auf der Erde mehr als 30 Grad tiefer, nämlich bei ca. **minus 19 Grad**.

**Seit Beginn** der Industrialisierung vor ca. 170 Jahren **verstärkt** der Mensch den natürlichen Treibhauseffekt durch die Verbrennung z. B. fossiler Energieträger und die Abholzung von Wäldern. Den größten Anteil hieran hat neben anderen Gasen das **Kohlendioxid**, das sich in den Schutzschild einlagert. Durch diesen von Menschenhand bewirkten Treibhauseffekt („anthropogener Treibhauseffekt" genannt) soll sich der Klimawandel schneller und stärker vollziehen.

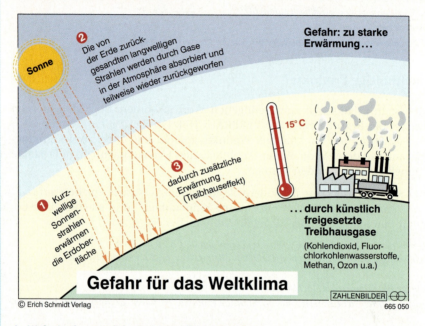

1. Wofür ist der natürliche Treibhauseffekt wichtig?
2. Wofür soll der anthropogene Treibhauseffekt verantwortlich sein?
3. Was sind die Ursachen für die Anreicherung des Wärmeschutzschildes der Erde mit zusätzlichen Gasen? Welche Gase sind dies neben dem $CO_2$?
4. Wie lässt sich die Anreicherung des Wärmeschutzschildes verhindern bzw. verringern?

# Zur Vertiefung

Die Regierung in Deutschland strebt eine **Nachhaltigkeitsstrategie** bei der Produktion und bei der Nutzung der Güter an, um die Umwelt so wenig wie **möglich zu belasten**.

Im unten stehenden Schaubild sehen Sie, was bisher in den einzelnen Bereichen erreicht wurde und was noch erreicht werden soll.

Es werden vier Bereiche aufgeführt.

3.1 Wir produzieren und konsumieren 83

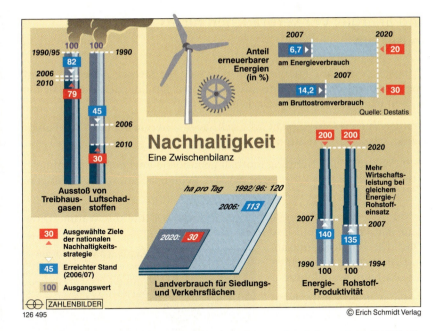

1. Welche vier Bereiche, in denen Nachhaltigkeit angestrebt wird, werden aufgeführt?
2. Was versteht man z. B. unter Treibhausgasen und Luftschadstoffen? Führen Sie Beispiele für diesen Bereich an.
3. Warum wird unterschieden zwischen dem Energieverbrauch und dem Bruttostromverbrauch? Geben Sie Beispiele.
4. Was wird unter Landverbrauch verstanden? Können Sie Beispiele nennen?
5. Was meint Energie- bzw. Rohstoffproduktivität? Geben Sie Beispiele.
6. Welche Ziele werden für die jeweiligen Bereiche vorgegeben?
7. Sind diese Zielvorgaben für Sie realistisch?

## 3.2 Unsere Arbeit wirkt sich auf Natur und Umwelt aus

## Rohstoffe und Energie: Wir verbrauchen nichts, wir wandeln nur um

**M 1**
*Sonne*

Das Leben des Menschen ist ohne Energie nicht denkbar. Der Mensch selber ist, wenn man so will, eine **biochemische Maschine**, die permanent auf Energiezufuhr über die Nahrung angewiesen ist. Ohne Nahrung kein Leben.

Was ist nun eigentlich Energie? Vereinfacht lässt sich sagen, **Energie bedeutet die Fähigkeit eines Systems, Arbeit zu verrichten**.

Wenn der Mensch (System) keine Nahrung (enthält gebundene Energie) zu sich nimmt, kann er keine Arbeit verrichten. Er kann nicht denken, gehen, laufen, springen, singen, tanzen, lesen, …

Die Energie der Nahrung liefert letztendlich unsere **Sonne** in Form von Wärme. Diese Wärme strömt auf den Planeten und lässt alles, was wir benötigen, wachsen: Weizen, Gras, Früchte, Obst. Die von der Sonne abgegebene Energie ist in jedem einzelnen Weizenkorn oder Grashalm **gespeichert**.

Erst, wenn wir den Weizen z. B. in Form von Brot oder Brötchen zu uns nehmen, wird die im Weizen gespeicherte Sonnenenergie frei und in körpereigene Energie umgewandelt und **der Mensch kann arbeiten**.

So einfach ist das.

Jede vom Menschen entwickelte Maschine, jedes Bauteil, jedes komplexe System (z. B. ein Flugzeug) benötigt für seine Funktion Energie.

**M 2–4**
*Grundsätzliches zur Energie*

Beispiele:
- Der Elektromotor benötigt elektrische Energie (230 V oder 400 V).
- Das Auto benötigt chemische Energie in Form von Diesel oder Benzin.
- Die Glühlampe benötigt elektrische Energie.
- Die Heizung im Haus benötigt chemische Energie in Form von Öl oder Gas.
- Das Flugzeug benötigt chemische Energie in Form von Kerosin.
- Herkömmliche Kraftwerke benötigen als Energie Kohle, Öl, Gas oder Uran.
- Andere Kraftwerke arbeiten direkt mit der Sonne als Energielieferant.
- Windräder arbeiten mit dem Wind als Energieträger.
- Gezeitenkraftwerke arbeiten mit der im Wasser gespeicherten Energie.
- …

Wir nutzen nun täglich diese Energie in ihren verschiedenen Formen.

Die Glühlampe leuchtet abends, d. h., elektrische Energie wird in Licht (Lichtenergie) **umgewandelt**. Das Licht strahlt Wärme ab.

Beim Autofahren wird chemische Energie in Bewegungsenergie umgewandelt, denn wir fahren mit dem Auto. Auch hier kommt es zu einer Wärmeentwicklung.

Und so ist es immer. Energie wird nicht verbraucht, sondern nur von einer Energieform in eine andere **umgewandelt**. Das ist so und es bleibt so.

**Entscheidend** für die Nutzung (z. B. bei Produkterzeugung) der verschiedenen Formen der Energie durch den Menschen ist dabei: Wie **effizient** und somit **sinnvoll** wird die Energieumwandlung bei der Erstellung, dem Gebrauch und der Entsorgung eines Produktes betrieben? Denn davon hängt auch die Belastung unseres Klimas ($CO_2$-Freisetzung) ab!

M 5–9
*Energieerzeugung und Verwendung*

### Graue Energie

Die Energiemengen, die bei der **Produkterstellung** und der **Produktentsorgung** benötigt werden, bezeichnet man als **graue Energie**. Konkret heißt das:

Als graue Energie wird die gesamte Energiemenge bezeichnet, die für die **Entwicklung**, die **Herstellung**, den **Transport**, die **Lagerung**, den **Verkauf** und die **Entsorgung** eines Produktes (z. B. Auto, Uhr, Computer, Handy, Joghurt, Teddybär, Brot, Schokolade usw.) benötigt wird.

Diese Energiemengen müssen **zusammengerechnet** werden, wenn man ein Produkt hinsichtlich seiner Umweltverträglichkeit ($CO_2$-Ausstoß) oder Nachhaltigkeit **beurteilen** will.

Hinzu kommt: Wie viel Energie benötigt das Produkt (Auto, Fernseher, Konsole) während der **eigentlichen Nutzung**? Diese Energiemenge wird bei der Ermittlung der grauen Energie **nicht** berücksichtigt.

Beispiele:
- Bei Kühlschränken wird nur die Energiemenge im Gebrauch (Nutzung) beurteilt (z. B. A++). Das kann nur eine bedingte Empfehlung sein, da die graue Energie nicht bei der Beurteilung berücksichtigt wird. Sie ist bei manchen Produkten entschieden größer als während der Nutzung.
- Bei Autos wird nur die Energiemenge im Gebrauch beurteilt, z. B. 8 Liter auf 100 km. Gerade bei Automobilen kann die graue Energie (bis zu 80 %) sehr groß sein gegenüber der Energiemenge beim Gebrauch.
- So ist es auch bei Energiesparlampen. Ihre Herstellung ist mit einem wesentlich größeren Energieaufwand verbunden als die herkömmlicher Glühlampen. Bei der Entsorgung (Sondermüll) fällt eines der für den Menschen gefährlichsten Gifte – Quecksilber – an, neben anderen Schadstoffen.

## Materialien

Die **Sonne** ist ein Stern und bildet den Mittelpunkt unseres Planetensystems. Ohne die Sonne gibt es kein Leben auf dieser Erde.

M 1
*Sonne*

Die Energiemenge, die die Sonne täglich der Erde liefert, ist praktisch unerschöpflich – zumindest für die nächsten vier Milliarden Jahre, wie Experten schätzen.

Die Menge solarer Energie, die auf der Erde täglich ankommt, übersteigt den Tagesverbrauch der gesamten Menschheit um das 10.000- bis 15.000-Fache.

Alle Lebensprozesse gehen von der Sonne aus. Sie bestimmt das Klima und die Art der Lebewesen auf dieser Erde. Die Strahlungsenergie der Sonne bestimmt die Abläufe auf der Erde. Die Sonne liefert ca.100 % der gesamten Energiemenge des Erdklimas.

1. *Was bedeutet die Aussage „... übersteigt 10.000- bis 15.000-fach den Bedarf"?*
2. *Wie wird in Ihrer Region die Energie der Sonne genutzt?*
3. *Wo sehen Sie bei sich zu Hause Möglichkeiten, diese Energie zu nutzen?*
4. *Falls Sie oder Ihre Eltern Solarenergie nutzen, welche Erfahrungen haben Sie damit?*

**M 2**
*Grundsätzliches zur Energie*

## Die Wirtschaftswissenschaft lehrt, die Wirtschaft sei ein Kreislauf. Ist sie das wirklich?

Bis heute meinen viele Vertreter der Wirtschaftswissenschaften, die Wirtschaft sei ein Kreislauf. Arbeit und Kapital, Geld und Güter zirkulieren zwischen den Unternehmen und den Haushalten, wobei alle am Kreislauf Beteiligten profitieren sollen. Die Umwelt spielt bei diesen Betrachtungen keine nennenswerte Rolle. Der Mensch kann sich an ihr bedienen, Luft, Wasser, Licht und Boden sind sogenannte „freie Güter". Tatsachen sind aber auch versiegende Ölquellen, ausgebeutete Rohstofflager, Luft- und Umweltverschmutzung sowie wachsende Müllberge. Offensichtlich verschwindet im Zuge des Wirtschaftskreislaufs etwas sehr Wertvolles, nämlich Rohstoffe, und der Müll, etwas überwiegend Wertloses, nimmt zu.

Zumindest aus Sicht der Natur handelt es sich um keinen Kreislauf. Bei jeder Art der Produktion von Gütern und Dienstleistungen werden Rohstoffe und verschiedene Energiearten benötigt, um zu produzieren. Die dafür verwendete Energie verhält sich, wie es in den **Thermodynamischen Hauptsätze** formuliert wird:

- Nach dem **ersten Hauptsatz** der Thermodynamik kann Energie weder geschaffen noch zerstört werden, sie kann nur in andere Energiearten umgewandelt werden. (Chemische Energie kann z. B. in mechanische, diese wiederum in elektrische Energie umgewandelt werden.)

- Der **zweite Hauptsatz** besagt, dass der **Nutzen** einer bestimmten Energiemenge ständig abnimmt.

Eine Tasse Kaffee ist eben noch sehr heiß und kühlt rasch ab, bis der Kaffee in der Tasse die Raumtemperatur erreicht hat. Die in der Tasse enthaltene Energie ist zwar im Raum noch vorhanden, sie kann aber nicht mehr genutzt werden, etwa um Tee zu kochen. Die Wärme, die sich verteilt hat, lässt sich nicht wieder zurückgewinnen. Soll der Kaffee wieder aufgewärmt werden, muss neue, ungenutzte Energie zugeführt werden. Für diese zerstreute und nicht mehr nutzbare Energie wurde der Begriff „Entropie" eingeführt (aus dem Griechischen, entrepein: umkehren).

Bei jeder Tätigkeit entsteht Reibung, Materie wird dabei abgetragen und verstreut. Die etwa durch den Abrieb von Fahrradreifen verstreuten Moleküle sind zwar noch vorhanden, aber sie könnten nur mit unverhältnismäßig viel Energie wieder eingesammelt werden. Nicht mehr nutzbare Energie ist „Abfall", der letztendlich zu Wärme wird. Diese Energie wird als **hohe Entropie** bezeichnet.

Um einen neuen Fahrradreifen zu produzieren, muss man Energieträger mit **niedriger Entropie** nutzen. Diese niedrige Entropie ist z. B. in einem Stück Kohle, einem Stück Holz oder einem Tropfen Öl vorhanden. Die gesamte Menge niedriger Entropie auf der Erde entsteht dadurch, dass die Sonne ihre Energie zur Erde in Form von Wärme transportiert.

3.2 Unsere Arbeit wirkt sich auf Natur und Umwelt aus

Es gibt kein Produkt, das nicht den Gesetzen der Entropie unterliegt. Selbst in langlebigen Gütern wie Häusern steigt die Entropie laufend, wenn nicht dauerhaft niedrige Energie hinzugefügt wird. Die Wiederverwertung von Rohstoffen ist durchaus sinnvoll, jedoch die Zunahme der positiven Entropie wird dadurch nur begrenzt, nicht gestoppt.

Ökologie und Ökonomie sind anscheinend nicht wirklich zu versöhnen. Der Wirtschaftsprozess besteht aus einer stetigen Umwandlung von niedriger in hohe Entropie, also in nicht mehr nutzbaren Abfall.

1. Klären Sie in Partnerarbeit die Ihnen unbekannten Begriffe.
2. Was versteht man überhaupt unter dem Begriff „Energie"?
3. Fassen Sie die Kernaussagen des Textes zusammen.
4. Was bedeutet die Aussage, Ökologie und Ökonomie seien nicht wirklich zu versöhnen?
5. Formulieren Sie den 1. und 2. Hauptsatz der Thermodynamik mit eigenen Worten.
6. Nennen Sie Beispiele für Entropie aus Ihrer Lebenswelt.
7. Was bedeuten die Gesetzmäßigkeiten für unsere Art des Wirtschaftens?
8. Kann man Ökologie und Ökonomie versöhnen?

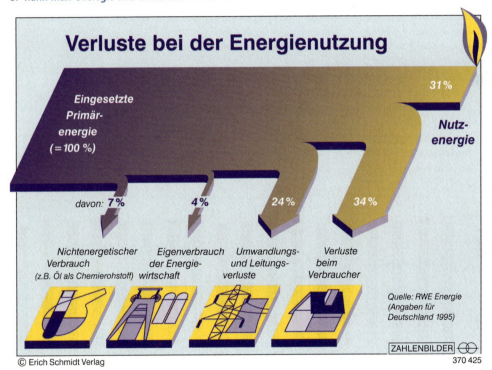

M 3
Grundsätzliches zur Energie

## 3 Der Mensch als Teil der Umwelt

**M 4** Grundsätzliches zur Energie

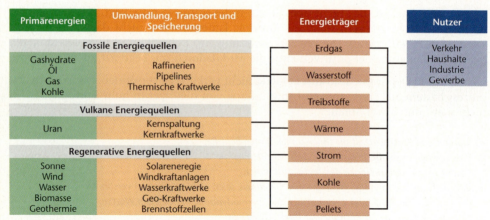

Quelle: Deutsche Physikalische Gesellschaft e. V. (Hrsg.), Zugriff am 22.09.2009 unter: http://www.weltderphysik.de

1. Betrachten Sie M 3 und M 4. Welche Informationen können Sie den Schaubildern jeweils entnehmen?
2. Was wird unter dem Begriff „Primärenergie" verstanden?
3. Wie groß sind die Verluste bei der Umwandlung der Primärenergie in für die Menschen nutzbare Energie?
4. Wie könnte man diese Verluste verringern?
5. Was können Sie selbst zur Verringerung dieser Verluste beitragen?
6. Was sind sogenannte „Energieträger"?
7. Führen Sie mithilfe der Primärenergie „Wasser" auf, wie aus dem Wasser nutzbare Energie beim Verbraucher entsteht.
8. Was sind die Hauptenergieträger in Deutschland?
9. Was plant die Bundesregierung für die zukünftige Stromversorgung? Nutzen Sie für Ihre Recherche auch das Internet.

**M 5** Energieerzeugung und -verwendung

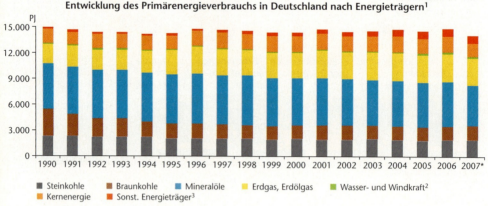

[1] Berechnungen auf der Basis des Wirkungsgradansatzes.
[2] Windkraft von 1995 an einschl. Photovoltaik.
[3] 1990 bis 1994: Sonstige Gase. 1995 bis 1999: Sonstige Gase, Müll und sonstige Biomasse sowie erneuerbare Energien. Ab 2000: Grubengas, Biomasse und erneuerbare Abfälle, Abwärme u. a. Der Sprung basiert auf den neuen Erhebungen nach dem im Jahr 2003 in Kraft getretenen Energiestatistikgesetz. Seither können die sonstigen Energieträger umfassender abgebildet werden.
* Vorläufige Angaben; Stand: 02.09.2008

Quelle: Arbeitsgemeinschaft Energiebilanzen: Auswertungstabellen zur Energiebilanz für die Bundesrepublik Deutschland 1990 bis 2007, Stand 09/2008 hg. vom Umweltbundesamt, Zugriff am 04.02.2010 unter http://www.umweltbundesamt-daten-zur-umwelt.de/umweltdaten/public/theme.do?nodeIdent=2848

Der Energieverbrauch wird in der Einheit Joule oder kWh angeben.

Der Energieverbrauch der Deutschen betrug 2007 ca. 14.000 Petajoule.

1 PJ (Petajoule) = $10^{15}$ = (1.000.000.000.000.000 Joule)

1 (Kilowattstunde) kWh = 3.600.000 Joule = 3,6 MJ

**Zum Vergleich: Die stärkste jemals getestete Wasserstoffbombe verfügte über 210 PJ Explosionskraft.**

1. *Wie hat sich der Primärenergieverbrauch von 1990 bis 2007 verändert?*
2. *Welche Anteile haben dabei die verschiedenen Energieträger?*
3. *Hat es gravierende Änderungen bei den jeweiligen Energieträgern gegeben?*
4. *Wie sieht derzeit der Energiemix aus?*

## Was kostet die Herstellung von Strom?

Die Kosten der Stromerzeugung variieren stark, abhängig vom Kraftwerkstyp, den eingesetzten Energieträgern, dem Lastbereich und der Altersstruktur des Kraftwerkparks. Bei Neubauten fallen nach einer Studie des Instituts für Energiewirtschaft und Rationelle Energieanwendung (IER) in Stuttgart folgende Stromerzeugungskosten an:

- Kernenergie ca. 3,5 Cent pro Kilowattstunde (Cent/kWh);
- Braunkohle ca. 2,8 Cent/kWh;
- Steinkohle ca. 3,3 Cent/kWh;
- Gas ca. 4,2 Cent/kWh;
- Wasserkraft ca. 10,2 Cent/kWh;
- Wind (onshore) ca. 7,6–12,7 Cent/kWh;
- Wind (offshore) ca. 10,0–16,1 Cent/kWh,
- Biomasse (organisches Material) ca. 9,6 Cent/kWh;
- Fotovoltaik (Stromgewinnung aus Sonne) ca. 50–60 Cent/kWh.

Quelle: IER 2008, veröffentlicht vom Bundesministerium für Wirtschaft und Technologie, Zugriff am 10.08.2009 unter:http://www.energie-verstehen.de/Energieportal/Navigation/energiemix,did=249676.html

1. *Ermitteln Sie den günstigsten Energieträger.*
2. *Warum gibt es diese Preisunterschiede?*
3. *Wie wird sich zukünftig die Preisentwicklung bei den Energieträgern gestalten?*

**M 6**
*Energieerzeugung und -verwendung*

**M 7**
*Energieerzeugung und -verwendung*

**Energiefluss für Deutschland 2007 in Mio t Steinkohleeinheiten (SKE)[1]**

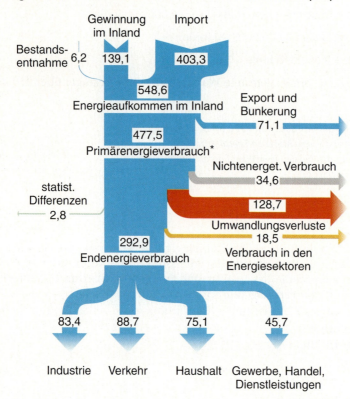

Quelle: Arbeitsgemeinschaft Energiebilanzen (AGEB) 08/2008, Zugriff am 10.08.2009 unter: http://www.ag-energiebilanzen.de/viewpage.php?idpage=64

*Der Anteil der erneuerbaren Energieträger liegt bei 7,2 %. Alle Zahlen vorläufig/geschätzt.

1. Erarbeiten Sie in Gruppenarbeit die Ihnen unbekannten Begriffe.
2. Wie groß sind die Verluste?
3. Wir erklären Sie sich die Verluste bei der Energienutzung?
4. Welche Energieart wird hauptsächlich im Haushalt, im Verkehr, in der Industrie und im Dienstleistungsbereich genutzt?

**M 8**
*Energieerzeugung und -verwendung*

## Stromverbrauch
## Wie viel Energie kostet eine Google-Suche?

Die Kosten für das Surfen im Internet beschränken sich nicht nur auf den eigenen Stromverbrauch und den Kauf des Computers. Auch die Server von Google, Ebay und Co. verbrauchen beim Ansteuern der Sites Energie und produzieren mehr $CO_2$, als viele Nutzer vermuten.

Wer im Internet unterwegs ist, kann in Sekundenschnelle an jedem Ort der Welt sein. Ein Flugzeug muss man dafür nicht besteigen – ein paar Mausklicks reichen aus. Was vielen Menschen nicht bewusst ist: Auch virtuelles Reisen kostet eine Menge Energie. Allein eine

---

[1] SKE ist die Wärmeenergie, die durchschnittlich in 1 kg Steinkohle enthalten ist (7.000 kcal).

Anfrage bei der Suchmaschine Google kostet vier Watt Strom pro Stunde oder zwei Gramm $CO_2$-Ausstoß, wie Forscher aus den USA errechnet haben: „Das entspricht dem Stromverbrauch einer Energiesparlampe (ca. 8 W), die eine Stunde lang brennt", sagt Siegfried Behrendt vom Institut für Zukunftsstudien und Technologiebewertung in Berlin. [...]

[...] Aber es lässt sich durchaus noch teurer durch das World Wide Web surfen. „Eine Auktion bei Ebay schlägt mit 18 Gramm $CO_2$ zu Buche", sagt Behrendt. Und wer im Netz gleich ganze virtuelle Identitäten annimmt, wird vollends zum Klimasünder. „Ein Jahr lang eine Identität in der Parallelwelt Second Life zu pflegen, entspricht dem durchschnittlichen jährlichen Stromverbrauch eines Brasilianers", erläutert Behrendt. Allein der Betrieb eines PCs verbraucht pro Stunde rund 40 bis 80 Gramm $CO_2$.

*Mit dem Energieverbrauch einer Suchanfrage bei Google könnte man auch eine Glühbirne eine Stunde leuchten lassen*

Quelle: DDP: Wie viel Energie kostet eine Google-Suche? in: stern.de vom 08.08.2008, Zugriff am 10.08.2009 unter: http://www.stern.de/computer-technik/internet/:Stromverbrauch-Wie-Energie-Google-Suche/634098.html

1. Google erhält täglich ca. 150 Millionen Suchanfragen. Wie viel Leistung (gemessen in Watt) entspricht das?
2. Haben Sie eine Vorstellung, wie viele Kraftwerke man dafür benötigt? Recherchieren Sie.
3. Wie ist Ihr eigenes Internet-Verhalten? Wie oft gehen Sie täglich ins Netz, wie oft Ihre Mitschüler?

**M 9**
*Energieerzeugung und -verwendung*

## Zukunftsenergie

**Kampf an vielen Fronten**
Deutsche Ingenieure arbeiten an riesigen Solarkraftwerken mit, um eines Tages den Strom der Zukunft zu erhalten – sauber und billig soll er sein. Die technischen Herausforderungen sind enorm.

[...] „Andasol" heißt die Anlage, die genug Energie produziert, um bis zu 200.000 Menschen mit elektrischem Strom zu versorgen. Sie könnte der Prototyp sein für viele solcher Anlagen, die in wenigen Jahrzehnten einen wichtigen Beitrag zur Stromversorgung Europas leisten könnten.

„Andasol" ist nicht nur um ein Vielfaches größer als die Fotovoltaikmodule, die seit einigen Jahren auf immer mehr deutschen Dächern zu finden sind. Die Anlage arbeitet auch nach einem ganz

*Das Solarkraftwerk Andasol in Spanien*

anderen Prinzip. Es ist ein sogenanntes **Parabolrinnenkraftwerk**, bei dem lang gestreckte, gewölbte Spiegel mit einem parabelförmigen Querschnitt das Sonnenlicht einfangen und auf ein Rohr im Zentrum der Rinne konzentrieren. Durch dieses Absorberrohr strömt ein Thermoöl. Die Flüssigkeit heizt sich auf, auf diese Weise wird Dampf erzeugt, der eine Turbine antreibt, die wiederum elektrischen Strom herstellt. Die Parabolrinnen stehen in Nord-Süd-Richtung und können so geschwenkt werden, dass sie optimal dem Lauf der Sonne folgen.

**Noch zu teuer**
Etwa 20 Cent koste eine Kilowattstunde Strom, die auf diese Weise erzeugt werde, rechnet Hans Müller-Steinhagen vor, der Leiter des Instituts für Technische Thermodynamik des Deutschen Zentrums für Luft- und Raumfahrt (DLR) in Köln und Stuttgart. [...]

Der Preis werde in den kommenden 15 bis 20 Jahren weiter sinken und damit wettbewerbsfähig werden, prognostiziert Robert Pitz-Paal, Leiter der Solarforschung beim DLR in Köln, in der Märzausgabe der Zeitschrift „bild der wissenschaft". So würden die Kosten an günstigen Standorten unter zehn Cent sinken, während bei Strom aus konventionellen Kraftwerken längerfristig mit steigenden Preisen zu rechnen sei. [...]

**Wie speichert man Sonnenenergie?**
[...] Bevor jedoch Solarstrom einen größeren Beitrag zur Stromversorgung Europas leisten kann, sind noch weitere Hürden zu nehmen. Eine wichtige Frage beispielsweise ist die Speicherung der Energie – schließlich wird ja auch noch nach Sonnenuntergang elektrische Energie benötigt. Bei „Andasol" haben die Ingenieure dazu bereits zwei Tanks mit flüssigem Salz installiert, die Wärmeenergie speichern und bis zu acht Stunden lang den Betrieb auch ohne Sonne sichern können.

**Wie soll der Strom nach Deutschland gelangen?**
[...] Die zweite große Frage ist die nach dem Transport der Energie. Da im vergleichsweise sonnenarmen Mitteleuropa Parabolrinnenkraftwerke nicht wirtschaftlich zu betreiben sind, kommt als Standort neben Spanien vor allem die Sahara infrage. Hier können Solarkraftwerke fast dreimal so viel Strom erzeugen wie in Deutschland. Die Idee ist nun, in der Sahara riesige Kraftwerke zu bauen, die gewaltige Strommengen produzieren. Dieser Strom kann über verlustarme Leitungen in die europäischen Metropolen transportieren werden.

Dass ein solches Szenario nicht nur ein Hirngespinst ist, sondern tatsächlich machbar wäre, haben DLR-Forscher jüngst in einer Studie belegt. Zum Einsatz kommen dabei Hochspannungsleitungen, die mit Gleichstrom statt mit dem bisher eingesetzten Wechselstrom arbeiten. Auf diese Weise kann die Energie mit sehr viel weniger Verlusten übertragen werden – auch das ist eine inzwischen bereits bewährte Technik. Ob aus deutschen Steckdosen tatsächlich einmal Solarstrom aus der Sahara kommt, ist daher vor allem noch eine politische Entscheidung.

*Quelle: Ralf Butscher/ddp: Zukunftsenergien, in: Fokus vom 21.02.2009, Zugriff am 10.08.2009 unter: http://www.focus.de/wissen/wissenschaft/klima/zukunftsenergie-kampf-an-vielen-fronten_aid_373378.html*

1. Wie funktionieren Solarkraftwerke?
2. Wie wird die gewonnene elektrische Energie gespeichert?
3. Welche Vorteile hat diese Technik gegenüber anderen?
4. Welche Probleme müssen noch überwunden werden?

## Arbeitsvorschlag

Das Schaubild zeigt die durchschnittlichen Energiemengen, die in einem deutschen Haushalt genutzt werden.

1. Ermitteln Sie für Ihr Zuhause die elektrische Leistung, die bei Ihnen durch die Nutzung aller elektrischen Geräte (Kühlschränke, Spielzeug, Computer usw.) und Beleuchtungen benötigt wird. Fertigen Sie hierfür eine Tabelle an.
2. Ist es ein Unterschied, ob man die Geräte nutzt oder ausgeschaltet lässt? Geben Sie ein Beispiel.
3. Warum wird für das Heizen der Raumluft so viel Energie benötigt?
4. In welchen Bereichen können Sie sparen?
5. Wo ist das Sparen am sinnvollsten?
6. Wie können Sie am einfachsten sparen?
7. Ermitteln Sie für Ihr Zuhause die Kosten für den Strom-, Gas-, oder Erdölverbrauch.

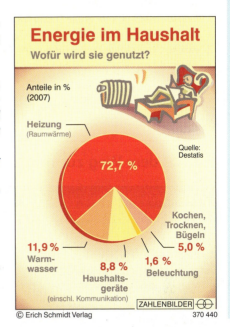

## Zur Vertiefung

Sie sehen im Schaubild zum einen die Stromerzeugungsmenge deutscher Kraftwerke in Milliarden Kilowattstunden, zum anderen, wie sich die Anteile der Stromerzeugung von 1980 bis 2008 bei den einzelnen Energieträgern geändert haben.

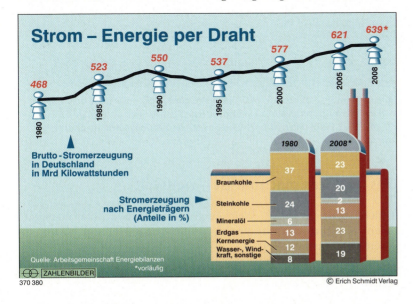

1. Warum ist der Energieverbrauch (Strommenge) in Deutschland von 1980 bis 2008 so gewaltig gestiegen, obwohl doch in Deutschland ein Strukturwandel stattfand und -findet. Ganze Industriezweige (z. B. Kohle, Stahl, Beton) gibt es nicht mehr oder sie sind nur noch in kleinen Teilen vorhanden. Die Industrie benötigt sehr große Strommengen. Wie ist es zu erklären, dass trotz der weggebrochenen Industrie der Strombedarf in Deutschland größer geworden ist?
2. Welche Unterschiede können Sie bei den Anteilen der Energieträger von 1980 bis 2008 feststellen?
3. Wie ist die anteilige Verschiebung der Energieträger aus Ihrer Sicht zu bewerten?

## 3.3 Auf dem Weg zur dritten industriellen Revolution

| Von der ersten zur dritten industriellen Revolution | | | |
|---|---|---|---|
| | 1. Industrielle Revolution: ab ca. 1780 | 2. Industrielle Revolution: ab ca. 1890 | 3. Industrielle Revolution: ab ca. 1990 |
| **Dominante Technik und Rohstoffe** | Dampfmaschine, mechanischer Webstuhl, Eisenverarbeitung | Elektrizität, Chemie, Verbrennungsmotor, Fließband, Kunststoffe, Elektronik | IKT, Mikroelektronik, Neue Werkstoffe, Cleaner Technology, Biotechnologie, Recycling, nachwachsende Rohstoffe |
| **Dominante Energieträger** | Kohle | Kohle, Öl, Kernkraft | Erneuerbare Energien, Energieeffizienz |
| **Verkehr/ Kommunikation** | Eisenbahn, Telegrafie | Auto, Flugzeug, Radio, Fernsehen | Schnellbahnsysteme Internet, Mobilfunk |
| **Gesellschaft/ Staat** | „Bürgerliche Gesellschaft", Gewerbefreiheit, Rechtsstaat | Massenproduktion, Massengesellschaft, Parlamentarische Demokratie, Sozialstaat | Zivilgesellschaft, Globalisierung, Governance |
| **Kernländer** | UK, B, D, F | USA, Japan, D | EU, China?, USA?, Japan? |

Quelle: Bundesministerium für Umwelt, Naturschutz und Reaktorsicherheit (Hrsg.): Die dritte industrielle Revolution – Dimensionen und Herausforderungen des industriellen und gesellschaftlichen Wandels, September 2008, Zugriff am 10.08.2009 unter: http://www.bmu.de/files/pdfs/allgemein/application/pdf/broschuere_dritte_industr_rev.pdf

### Alle müssen alles tun, was machbar ist – weltweit

Unsere Umwelt ist nicht mehr die „heile" Welt. Auch wenn Sie manchmal noch ganz schön und heil aussieht. Wir können nicht warten, bis diese heile Welt nur noch in der Werbung und in unseren Träumen existiert.

Der „Homo oeconomicus" hat mit seinem Streben nach Gewinn die Natur aus dem Gleichgewicht gebracht.

Umweltzerstörung ist nicht erst ein Problem unserer Zeit. Als Jäger und Sammler vor etwa 5.000 Jahren den Ackerbau entdeckten, da begann die Umweltzerstörung in großem Maßstab. Für die Äcker wurden Waldflächen gerodet. Rund um das Mittelmeer sind in der Antike ganze Landstriche kahl geschlagen worden. Bei uns im Norden setzte der Kahlschlag erst später ein. Im Mittelalter wurden Wälder abgeholzt für den Bau der Städte: zuerst Eichen und als es keine mehr gab, Tannen, Fichten und Kiefern. Die Lüneburger Heide entstand, weil die Wälder für das Sieden der Salzlösung verheizt wurden.

Die Hauptursache der Naturzerstörung liegt im System. Die Umwelt zu benutzen **kostet nichts** oder doch zu wenig. Und was nichts kostet, ist nichts wert. Nach der Logik des Homo oeconomicus kann man Natur und Umwelt **benutzen, gebrauchen** und **verbrauchen**, so viel man will. Die Umweltzerstörung nimmt seit den letzten zwei Jahrhunderten rapide zu.

Ursachen:

1. Die Menschen haben sich stark vermehrt. Sie beanspruchen mehr Platz und verdrängen durch ihre Art zu leben andere Lebewesen aus ihren Lebensräumen oder zerstören diese sogar.

2. Wir Menschen haben das Wort der Bibel „Macht Euch die Erde untertan" als Aufforderung zur hemmungslosen Ausbeutung der Erde missverstanden. Wir sind mit der Natur umgegangen, als sei die Erde unerschöpflich und **nur** für den Menschen da. Obwohl das nicht stimmt und die meisten das seit Langem wissen, leben wir weiter so. Wir verbrauchen die Rohstoffe dieser Erde, wir verbrauchen die Natur, als wenn es einen unendlichen Kreislauf gäbe und alles ganz von selbst wieder nachwachsen und ins Gleichgewicht kommen würde. Wir tun gerade so, als wenn wir eine zweite Erde in der Tasche hätten.

*M 1–2*
*Weltbevölkerung*

Der Homo oeconomicus ist dabei, sich mit seiner scheinbar unbegrenzten Gier die Lebensgrundlagen selbst zu zerstören. Ist der Homo oeconomicus also ein auslaufendes Modell? Nein, das ist er nicht, wenn wir Menschen die ganze Wahrheit der Ökonomie beherzigen. Die heißt nämlich: Die Bedürfnisse des Menschen sind unbegrenzt, aber die Mittel sind knapp! Daher sind wir gezwungen zu wirtschaften. Es scheint, dass wir diese Wahrheit in Bezug auf die Umwelt verdrängt haben. Dies ist eine Folge davon, dass früher die Umwelt nicht als knappes Gut gesehen wurde.

*M 3*
*Energievorräte*

Neu lernen müssen wir, dass die knappen Mittel für alle reichen müssen:

- für alle Menschen, die zurzeit auf unserer Erde leben.
- für alle Menschen, die in Zukunft noch auf dieser Erde leben wollen, für unsere Kinder und Enkelkinder, für alle nachfolgenden Generationen der Menschheit.

*Preise für Kraftstoffe 2008*

Theoretisch ist das Überlebensproblem **ganz einfach** zu lösen. Mit dem richtig angewandten ökonomischen Prinzip: Wenn man heute die gesamte Nachfrage nach Rohstoffen, Energie und „Natur" berücksichtigt, dann ist das Angebot äußerst **knapp** gegenüber der Nachfrage. Die wirtschaftliche Konsequenz: Rohstoffe, Energie und „Natur" müssen so **teuer** sein, dass wir gezwungen werden, so sparsam mit ihnen umzugehen, dass sie für alle ausreichen.

Die Preise für Energie und Rohstoffe sind in den Jahren 2007 und 2008 rapide gestiegen. So kostete der Liter Dieselkraftstoff Ende 2008 in Deutschland im Durchschnitt bereits 1,57 Euro. Die **Weltwirtschaftskrise** hat zwar wieder für fallende Preise bei allen Rohstoffen und Energie gesorgt, doch die Preise werden nach der Krise erneut rasant steigen. Daher muss es oberstes Gebot einer Gesellschaft sein, verantwortlich mit den natürlichen Ressourcen umzugehen.

**M 4–8**
*Die dritte industrielle Revolution*

In **Deutschland** hat sich in Sachen Umwelt vieles getan. Die ökologische Steuerreform wurde eingeführt, Produktionsprozesse verlaufen äußerst energieschonend, Werkstoffe werden im hohen Maße recycelt, die Menschen haben als Verkehrsmittel das Fahrrad wiederentdeckt, die Flüsse sowie die Seen sind sauberer geworden und die Nutzung regenerativer Energien nimmt stetig zu. Deutschland ist weltweit Vorreiter in umweltverträglicher Kreislaufwirtschaft und auf dem Weg zur dritten industriellen Revolution.

Was ist damit gemeint? Um die Herausforderungen wie Klimawandel, Rohstoffknappheit und Gesundheitsvorsorge zu meistern, **konzentrieren** sich die deutsche Politik, die Wirtschaft und die Forschung auf wichtige Themenfelder. In diesen Themenfeldern sollen im Bereich der Forschung und Entwicklung Quantensprünge (gewaltige Fortschritte) erzielt werden, wie dies mit der Entwicklung der Dampfmaschine während der ersten industriellen Revolution der Fall war. Menschen brauchen jetzt und heute eine bezahlbare Gesundheitsversorgung, Sicherheit, Energie, Kommunikation, Mobilität und eine saubere Umwelt.

*Windrad im Rapsfeld*

## Materialien

**M 1**
*Weltbevölkerung*

**Weltbevölkerungsentwicklung**

*Quelle: http://de.wikipedia.org/w/index.php?title=Datei:World-pop-hist-de-2.png&filetimestamp=20041124 214757*

1. Was sind die Gründe für die starke Bevölkerungsentwicklung ab dem 17. Jahrhundert bis heute?
2. Wie kommt es zu den großen Zuwächsen bzw. Einbrüchen beim Bevölkerungswachstum?

## Die Weltbevölkerung wächst auf 6.669.705.650 Menschen

**M 2**
*Weltbevölkerung*

Rasantes Bevölkerungswachstum in den ärmsten Ländern der Welt

In der Nacht zum 1. Januar 2008 wird die Weltbevölkerung mit 6.669.705.650 Menschen eine neue Rekordmarke erreichen. Im Jahr 2007 wuchs die Bevölkerung weltweit um rund 80 Millionen Menschen – das entspricht etwa der Zahl der in Deutschland lebenden Bevölkerung. Und die Menschheit wächst weiter: jede Sekunde um durchschnittlich 2,6 Erdenbürger. Diese Daten gibt die Deutsche Stiftung Weltbevölkerung (DSW) anlässlich des Jahreswechsels 2007/08 bekannt.

*Quelle: Deutsche Stiftung Weltbevölkerung, Zugriff am 10.08.2009 unter: http://www.dsw-online.de/presse/presseinformationen81.shtml*

### Schnelles Bevölkerungswachstum verschärft Armut

Das Bevölkerungswachstum findet ausschließlich in Entwicklungsländern statt, in denen die Menschen schon heute in großer Armut leben. Während in Deutschland die Bevölkerung bis 2050 um voraussichtlich 13 Millionen Menschen zurückgehen wird, wird sich in den 50 ärmsten Ländern der Welt die Bevölkerung im gleichen Zeitraum von derzeit 0,8 Milliarden auf 1,7 Milliarden Menschen mehr als verdoppeln. Das sind fast eine Milliarde Menschen mehr, die versorgt werden wollen – und die natürlichen Ressourcen sowie das oft überforderte Bildungs- und Gesundheitswesen weiter belasten. Der Grund für das rasante Bevölkerungswachstum: In den ärmsten Ländern der Welt haben die meisten Menschen nur unzureichenden Zugang zu Familienplanung und Aufklärung. Allein in Entwicklungsländern werden jedes Jahr etwa 76 Millionen Frauen ungewollt schwanger. Es muss daher dringend mehr in Familienplanungs- und Aufklärungsprojekte in Entwicklungsländern investiert werden.

*Quelle: Deutsche Stiftung Weltbevölkerung, Zugriff am 10.08.2009 unter: http://www.dsw-online.de/presse/presseinformationen_2009_1.shtml?navanchor=1010031&navanchor=10045*

1. Nennen Sie mögliche Ursachen für das enorme Bevölkerungswachstum in den Entwicklungsländern.
2. Nennen Sie Gründe für den Bevölkerungsrückgang in Deutschland.
3. Welche Gefahren sind mit dem Wachstum bzw. dem Rückgang der jeweiligen Bevölkerungen verbunden?

## Die Endlichkeit der fossilen Energierohstoffe

**M 3**
*Energievorräte*

|  | bekannte Mengen in Mrd. t. SKE | Nutzungsdauer in Jahren | Geschätzte Vorkommen in Mrd. t. SKE | Nutzungsdauer in Jahren |
|---|---|---|---|---|
| Steinkohle | 785 | 169 | 4060 | 874 |
| Braunkohle | 204 | 227 | 923 | 1028 |
| Erdöl | 160 | 42 | 82 | 21 |
| Ölschiefer und Ölsande | 82 | 17 | 250 | 66 |
| Erdgas | 140 | 63 | 162 | 74 |

*Quelle: BMI: Kurzbericht – Verfügbarkeit und Versorgung mit Energierohstoffen, 29.03.2006, hg. vom Bundesministerium für Wirtschaft und Technologie, Zugriff am 04.02.2010 unter http://www.bmwi.de/BMWi/Redaktion/PDF/E/energierohstoffbericht,property=pdf,bereich=bmwi,sprache=de,rwb=true.pdf*

1. Welche Energieträger sind über einen langen Zeitraum verfügbar, welche über einen geringen?
2. Was bedeuten diese Zahlen für die zukünftige Energieversorgung?

## M 4 Die dritte industrielle Revolution

[...] In China, so sagen viele, gehe quasi jede Woche ein neues Kohlekraftwerk ans Netz. Dieses Beispiel illustriert zugleich [...] ein Problem: **Kohlestrom liefert nicht nur Energie**, sondern produziert auch das Treibhausgas Kohlendioxid. Deswegen gilt gerade für eine effiziente Energiegewinnung, dass es eines **technologischen Quantensprungs** bedarf.

Wir müssen die Emission von klimaschädlichen Treibhausgasen bei den fossilen Brennträgern minimieren und sollten die Basis unserer Energieerzeugung sukzessive umstellen: weg von Kohle und strahlendem Uran hin zu den erneuerbaren Energien aus Wasser, Wind, Sonne, Biomasse und Erdwärme. **Eine dritte industrielle Revolution.** [...]

Der Begriff deutet auch an, dass **technologische Erfindungen und Entwicklungen** für unsere Zukunft eine zentrale Rolle spielen werden, dass es aber mit einem technologischen Sprung allein noch nicht getan ist. Schon die erste industrielle Revolution war weit mehr als Dampf- und Webmaschine. Die neue Technologie war nur ein (wenn auch wesentlicher) Teil eines großen Transformationsprozesses, der viele Aspekte des Lebens umfasste. [...]

Je nach Augenmerk werden dabei die Elektrifizierung, die Automatisierung durch Industrieroboter, der Einsatz von EDV, die **IuK**-Technologien oder die **Nanotechnologie** als zweite, dritte oder vierte industrielle Revolution tituliert. [...] Wenn wir von einer anstehenden dritten industriellen Revolution sprechen, **ist der Ausgangspunkt der Zählung der Bezug auf die energetische und stoffliche Basis der Gesellschaft.** [...]

In unserem Verständnis war die **erste industrielle Revolution** charakterisiert durch die Ersetzung von **Holz durch Kohle als Brenn- und durch Stahl als Baustoff** und beginnt in der zweiten Hälfte des 18. Jahrhunderts.

Die energetische Nutzung des Wasserdampfes revolutionierte die wirtschaftliche Produktion, indem sie sie unabhängig machte von den alten Energieträgern Wasser und Wind. [...]

**Die zweite industrielle Revolution** beginnt in der ersten Dekade des 20. Jahrhunderts und ist einerseits durch den umfassenden **Einsatz elektrischer Energie** charakterisiert und andererseits dadurch, dass Erdöl neben der Kohle zum zweiten energetischen Standbein der Industriegesellschaft wird und auch stofflich im Rahmen der Kohlenstoffchemie an Bedeutung gewinnt. [...]

**Heute geht es darum**, die Zentralität fossiler Rohstoffe zu überwinden, einen effizienten Umgang mit endlichen Rohstoffen zu erreichen und Wachstum vom Ressourcenverbrauch abzukoppeln. Das ist die Agenda für eine dritte industrielle Revolution.

**Energetisch heißt dies u.a., den Umstieg auf die erneuerbaren Energien zu vollziehen.**

Stofflich bedeutet es, endliche durch nachwachsende Rohstoffe zu ersetzen und in der Wirtschaft, aber auch in allen anderen Lebensbereichen, effizienter mit Energie und Rohstoffen umzugehen.

Man könnte es als Ironie der Geschichte beschreiben: So wie in der ersten industriellen Revolution Kohle und Stahl das Holz ersetzt haben, müssen nun Holz und andere nachwachsende Rohstoffe Kohle, Erdöl und Stahl ersetzen. [...]

3.3 Auf dem Weg zur dritten industriellen Revolution

Aber wie sieht die ressourcenoptimierte Fabrik aus, wie wird dort gearbeitet, welche neuen Dienstleistungen prägen die Zukunft? Und wie verändern sich Konsummuster, Lebensgewohnheiten und Mobilitätsstrukturen? Was bedeutet das für unsere Wohnungen und die Hausarbeit? Und in welchem Maße sind soziale Schichten in unserer Gesellschaft unterschiedlich betroffen? All das sind Fragen, auf die wir noch keine Antworten haben.

*Quelle: Bundesumweltminister Sigmar Gabriel in einer Rede im September 2008, in: Bundesministerium für Umwelt, Naturschutz und Reaktorsicherheit (Hrsg.): Die dritte industrielle Revolution – Dimensionen und Herausforderungen des industriellen und gesellschaftlichen Wandels, September 2008, Zugriff am 10.08.2009 unter: http://www.bmu.de/files/pdfs/allgemein/application/pdf/broschuere_dritte_industr_rev.pdf (Auszüge)*

1. Erarbeiten Sie die Ihnen unbekannten Begriffe.
2. Was versteht der damalige Bundesumweltminister unter einer dritten industriellen Revolution?
3. Warum hält er die Revolution für zwingend notwendig?
4. Welche Konsequenzen wird diese Revolution für unser Leben haben?
5. Wie bewerten Sie die Aussagen von Herrn Gabriel?

## Energiespeicher im Netz

**M 5**
*Die dritte industrielle Revolution*

### Strom nach Bedarf aus Sonne und Wind

Wir sind auf ein stabiles Stromnetz angewiesen. Unser Verbrauch steigt, fossile Ressourcen sind knapp. Im Energiemix der Zukunft spielen daher erneuerbare Energien eine zunehmende Rolle. Allerdings sind sie schwerer kalkulierbar. Es hängt von Wetter und Tageszeit ab, wie viel Strom ins Netz eingespeist wird. Bei starkem Wind etwa erzeugt eine Windkraftanlage Energie im Überfluss, aber auch bei Flaute brauchen die Kunden Strom. **Reservespeicher** gleichen diese Schwankungen aus.

### Forscher sorgen für robuste Stromnetze

Fraunhofer-Wissenschaftler arbeiten daran, die Lieferung **von Wind- und Sonnenenergie ebenso planbar zu machen** wie die Energie aus konventionellen Kraftwerken. Sie entwickeln wirtschaftliche und umweltschonende Lösungen, um ausreichend Reserven vorhalten zu können. Ein Ziel der Forscher ist es dabei, die Zahl der „**Schattenkraftwerke**" zu reduzieren. Die Kapazität dieser konventionellen Kraftwerke wird normalerweise nicht ausgeschöpft. Sie arbeiten nur mit geringer Leistung, stehen aber bereit, um etwaige Lücken in der Energieversorgung sofort zu schließen.

Darüber hinaus wird heute überschüssige Energie in konventionellen Pumpspeicherwerken gespeichert, die Wasser in hoch gelegene Reservoire pumpen. Bei Bedarf fließt das Wasser von dort durch Turbinen wieder abwärts. Energie lässt sich aber auch in **Druckluftspeichern** vorhalten. Dazu wird Luft komprimiert und in Stahlröhren oder unterirdischen Salzstöcken gespeichert.

Die Experten verbessern diese Technologien, optimieren **chemische** oder **Wasserstoff-Speicher** und entwickeln neue Ideen, um Reserven zu bilden und intelligent zu managen. Sie arbeiten an dezentralen Teilnetzen, welche die Stabilität des Netzes steigern, sie nutzen neue Werkstoffe und Systeme für Schaltungen oder Spannungswandler und stellen maßgeschneiderte Energiespeicher auf Basis der Lithium-Technologie her.

Kosteneffiziente Speicher können erheblich dazu beitragen, regenerative Energien in den Markt zu bringen. Damit sind sie ein wichtiges Standbein für unsere sichere Energieversorgung von morgen.

*Quelle: Fraunhofer-Gesellschaft, Zugriff am 10.08.2009 unter: http://www.fraunhofer.de/forschungsthemen/ fraunhofer-zukunftsthemen/energie-speicher-im-netz.jsp*

1. Was sind Fraunhofer-Institute?
2. Womit beschäftigen sie sich?
3. Wer finanziert diese Institute?
4. Was versteht man unter „Schattenkraftwerken"?
5. Wie lässt sich mit der Energie des Windes Druckluft erzeugen?
6. Wie kann man Druckluft speichern?
7. Was lässt sich wiederum aus der gespeicherten Druckluft gewinnen?
8. Wie weit ist die Speichertechnik – als eine der wichtigsten Technologien – aktuell entwickelt?
9. Diskutieren Sie im Klassenverband über die Möglichkeiten, die Windenergie zur sinnvollen Energieerzeugung und Energiespeicherung zu nutzen.
10. Welche aktuellen Energieerzeugungsmöglichkeiten werden derzeit in der Öffentlichkeit diskutiert?

**M 6**
*Die dritte industrielle Revolution*

## Energieeffizienter Altbau

### Mehr als nur Fassade

**Rund ein Drittel** des **gesamten Energieverbrauchs** in Deutschland entfällt darauf, Gebäude zu temperieren. Damit verbrauchen private Haushalte für Heizung und Kühlung etwa so viel wie Verkehr oder Industrie. Über Energieeffizienz nachzudenken lohnt sich besonders bei Altbauten: Sie schlucken drei- bis fünfmal mehr Heizenergie als moderne Häuser. Hinzu kommt, dass die größten Wohnflächen hierzulande laut Branchenuntersuchungen in Häusern stecken, die zwischen 1849 und 1978 gebaut wurden.

Mit guter Dämmung oder effizienter Heizung und Kühlung lassen sich bis zu 80 % Energie einsparen. Der Druck auf die Hausbauer und Hausbesitzer wächst; dafür sorgen steigende Energiepreise und auch die Einführung des Energiepasses.

Die Fraunhofer-Perspektive: Modernisierung, Sanierung und Solartechnik können Gebäude in einigen Jahren von Energieverbrauchern in kleine Kraftwerke verwandeln.

### Fassadenmodule mit Breitenwirkung

*Seegras als Dämmstoff*

Für eine ebenso einfache wie energie- und kosteneffektive Gebäudemodernisierung entwickeln zehn Fraunhofer-Institute Prototypen von multifunktionalen Fassadenmodulen: Sie werden außen montiert und sind für die häufigsten Gebäudetypen konzipiert. Damit wird der Modernisierungseingriff am Haus „minimal-invasiv", während er bei der Energieeffizienz auf Breitenwirkung zielt.

Die Wissenschaftler statten die Fassadenteile mit allerlei Kniffen aus: In die Module integrieren sie textile Wärmedämmverbundsysteme oder multifunktionale Oberflächen gegen Verschmutzung, Nässe und Mikroorganismen wie Pilze. [...] In den Labors entstehen flächige Heiz- und Kühlsysteme für Wände, Decken und Fußböden. Das Modernisierungskonzept wird ergänzt von Fotovoltaik-Elementen für Dächer und Fassaden sowie von intelligenten Wassermanagement-Systemen.

Auf eine Eigenschaft legen die Forscher großen Wert: Robust sollen alle Entwicklungen sein, denn sie müssen sich über viele Jahre hinweg ohne großen Pflegeaufwand im Alltag bewähren.

*Quelle: Fraunhofer-Gesellschaft, Zugriff am 10.08.2009 unter: http://www.fraunhofer.de/forschungsthemen/fraunhofer-zukunftsthemen/energieeffizienter-altbau.jsp*

1. Klären Sie Ihnen unbekannte Begriffe und Techniken.
2. Wie sieht es bei Ihnen zu Hause aus? Nutzen Sie Gas, Öl, Holz oder Kohle für das Bad, die Dusche bzw. die Heizung? Was kostet z. B. ein Vollbad oder einmal Duschen?
3. Wie können Sie sparen?
4. Haben Ihre Eltern bereits Dämmmaßnahmen vorgenommen, um Gas, Öl, Holz oder Kohle einzusparen?

## Green Powertrain Technologies

**M 7**
*Die dritte industrielle Revolution*

### Schwung für umweltschonende Autos

Es hat sich einiges getan im Automobilbereich: Die Fahrzeuge kommen mit weniger Material aus, werden leichter und brauchen weniger Sprit. Doch es muss sich noch mehr tun, meinen Experten.

Denn die Ressourcen sind begrenzt – das gilt insbesondere für Erdöl, aber auch für Metalle wie z. B. Kupfer –, während der Energie- und Rohstoffbedarf von Ländern wie China, Indien und Russland steigt. Soll der Wohlstand auch künftig gesichert sein, muss die Produktion mit weniger Rohstoffen auskommen.

**Konkret heißt das:** die weltweite Produktion verzehnfachen, dabei mit einem Zehntel der Ressourcen auskommen und gleichzeitig die Umwelt weniger belasten.

Die Anforderungen an das Auto der Zukunft sind daher enorm: Es muss ressourcenschonend gefertigt werden, umweltfreundlich und mit geringem Kraftstoffverbrauch fahren, dabei wenig Schadstoffe in die Luft pusten und möglichst selten eine Wartung benötigen. Wie lassen sich diese Ziele erreichen?

### Der Antriebsstrang als Ansatzpunkt

Forscher aus sieben Fraunhofer-Instituten setzen beim „Powertrain" an – dem Antriebsstrang mit allen Komponenten für die Drehmomenterzeugung und -übertragung, also vom Motor bis zum Rad. Der Powertrain bestimmt maßgeblich Leistungsfähigkeit und Umweltauswirkungen eines Fahrzeugs.

**Da der Verbrennungsmotor auf absehbare Zeit der dominierende Antrieb bleiben wird,** setzen die Wissenschaftler auf neue Komponenten für diesen Antrieb: Sie wollen den Niedrigenergiemotor, das Leichtbaugetriebe und die Leichtbau-Kardan-Antriebswelle weiter vorantreiben.

Das Ziel besteht bei allen drei Komponenten darin, durch den Einsatz verschiedener Leichtbauwerkstoffe die Masse zu reduzieren, durch besondere Verfahren den Material- und Energieeinsatz zu verringern sowie durch Beschichtungen und Oberflächenstrukturierung einen reibungsarmen Betrieb der Komponenten zu ermöglichen.
Diese Anstrengungen sind nicht nur ein notwendiger Beitrag zum Klimaschutz, sondern auch zur Sicherung des Standorts Deutschland im globalen Wettbewerb. Und nicht zu vergessen: Allein in Deutschland sind etwa fünf Millionen Menschen rund um das Auto beschäftigt.

*Quelle: Fraunhofer-Gesellschaft, Zugriff am 10.08.2009 unter: http://www.fraunhofer.de/forschungsthemen/ fraunhofer-zukunftsthemen/Green-Powertrain-Technologies.jsp*

1. Warum gilt es, Material beim Automobilbau einzusparen?
2. Was wird unter einem „Powertrain" verstanden?
3. Warum konzentrieren sich die Forscher bei ihrer Arbeit hauptsächlich auf diesen Antriebsstrang?
4. Warum bleibt der Verbrennungsmotor auf nicht bestimmbare Zeit der hauptsächlich verwendete Antriebsmotor?

5. Was zeichnet ressourcenschonende Automobile aus?
6. Was bedeutet es für Sie, wenn Sie ein Automobil, einen Motorroller oder ein Motorrad kaufen werden?
7. Benötigen Sie, um mobil zu sein, überhaupt ein eigenes Fahrzeug?

**M 8** *Die dritte industrielle Revolution*

## Dezentrales integriertes Wassermanagement

**Sparsamer Umgang mit kostbarem Nass**
Einfach nur den Hahn aufdrehen und schon sprudelt Trinkwasser heraus – Menschen in den **Industrieländern gehen manchmal recht sorglos mit Wasser um**. Doch Experten sind sich einig: Auf Dauer muss sich das ändern.

Denn der heutige Wasserverbrauch – in Deutschland durchschnittlich **130 Liter** pro Kopf und Tag – und die Kosten, die das Leitungssystem hervorruft, sind hoch. Der erhebliche Sanierungsbedarf an bestehenden Leitungen und der globale Klimawandel mit seinen ungleichmäßig verteilten Niederschlägen werden die Kosten weiter in die Höhe treiben. **Der Kampf um sauberes Wasser** wird sich zudem global zu einer prägenden Herausforderung des 21. Jahrhunderts entwickeln.

Doch wie lässt sich der Wasserverbrauch nachhaltig senken, ohne dass man auf Spül- und Waschmaschine und die tägliche warme Dusche verzichten muss? Verschiedene Möglichkeiten dazu demonstrierten Fraunhofer-Forscher am Beispiel eines Neubaugebiets in Knittlingen bei Karlsruhe: DEUS 21 nennt sich das Projekt, das Ver- und -entsorgung sowie Aufbereitung, Reinigung und Verteilung des Wassers an einem Ort vereint.

**Nachhaltige Lösungen für Altbaugebiete**
In Altbaugebieten ist die Lage komplizierter:
Es existiert eine Wasserinfrastruktur, die in das neue System integriert werden sollte, und der Gebäudebestand muss erhalten bleiben. Forscher aus 14 Fraunhofer-Instituten entwickeln nun gemeinsam moderne Technologien, um die Wasserressourcen auch in sanierungsbedürftigen Bestandsgebieten zu schonen. So wollen die Wissenschaftler etwa das Regenwasser nutzen und es getrennt vom Schmutzwasser führen, indem sie bestehende Leitungen mit verwenden; auch wollen sie Energie und Wertstoffe aus dem Abwasser zurückgewinnen. Intelligente Sensoren überwachen die Systeme und melden z. B. Leckagen in den Leitungen sofort.

Der Markt für solche Technologien ist nach Ansicht der Experten groß – nicht nur in Deutschland und Europa: In angepasster Form eignet sich die Technologie auch hervorragend für den Einsatz in Entwicklungsländern.

Quelle: Fraunhofer-Gesellschaft, Zugriff am 10.08.2009 unter: http://www.fraunhofer.de/forschungsthemen/fraunhofer-zukunftsthemen/dezentrales-wassermanagement.jsp

1. Wie viel Wasser benötigt Ihre Familie?
2. Wie können Sie Wasser sparen?
3. Was halten Sie von der Aussage „Die kommenden Kriege werden nicht um Öl geführt, sondern um sauberes Wasser"?
4. Ermitteln Sie, wo es derzeit auf der Welt nicht genügend sauberes Wasser gibt.
5. Diskutieren Sie im Klassenverband die Aussage in Aufgabe 3.

3.3 Auf dem Weg zur dritten industriellen Revolution

# Arbeitsvorschlag

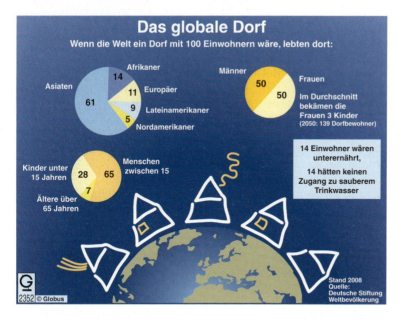

1. Im Schaubild sehen Sie die „Welt als Dorfgemeinschaft". Welche möglichen Probleme könnten sich aus den Rahmenbedingungen speziell aus den prognostizierten Zahlen für 2050 ergeben?
2. Wie ließen sich die möglichen Probleme aus Ihrer Sicht beheben oder abmildern?
3. Entwickeln Sie hierfür ein positives Zukunftsszenario.

# Zur Vertiefung

### Frau Shang und ihr Energieschwein

Wohnen ohne Strom in Erdhöhlen, Heizen und Kochen mit Kohle: Auf dem chinesischen Land herrschen oft extrem ärmliche Lebensbedingungen. Mini-Biogasanlagen können helfen: Der Dung einer einzigen Sau reicht einer Familie zur Energiegewinnung.

[...] Hier im Norden der Provinz Shaanxi, einer der ärmsten Provinzen Chinas, heizen und kochen die meisten Menschen mit Kohle. Wie oft auf dem Land in China, wo keine Erdgasleitungen in die abgelegenen Dörfer führen, geschweige denn Tanklaster den Weg auf das Hochplateau finden. Schon jetzt verheizt die Volksrepublik mehr Kohle als die **USA, Europa und Japan zusammen**. [...]

Vier Haushalte in der winzigen Ortschaft müssen keine Kohle schleppen. **Sie heizen, kochen und erzeugen Strom mit Biogas** – das aus den **hauseigenen Mini-Biogasanlagen** kommt. [...]

Ein Schwein, ein Gärkessel, eine

Gasleitung und ein Stromgenerator versorgen eine fünfköpfige Familie. Erneuerbare Energien als Entwicklungshilfe – den Lebensstandard zu verbessern, kann so einfach sein. [...]

Der Schweinedung landet in einem Sammelbehälter, der unterhalb des Stalls in der Erde ist. Hinzu kommen noch die Exkremente der Kuh, der sieben Ziegen, der Hühner und aus der Latrine der Familie.

**Allein der Schweinedung würde ausreichen**, die Familie mit Energie zu versorgen, erklärt Shang Gaifang. Sie könnte sogar einen Überschuss verkaufen, wie es in anderen Dörfern schon gemacht wird, und so ein kleines Zubrot verdienen. [...]

Das Prinzip der Ein-Schwein-Biogasanlage ist nicht anders als bei herkömmlichen Anlagen. Zu dem Schweinedung wurden in dem unterirdisch liegenden Fermenter Methanbakterien gesetzt. [...]

Der Dünger, der nach dem Gären der Exkremente übrig bleibt, kommt auf das Feld der Familie, das ein wenig abseits des Dorfes liegt. Der Stickstoff aus dem Dünger ist konzentrierter, er ist für die Pflanzen leichter aufzunehmen als aus dem Dung, den die Bauern vorher auf das Feld gegeben haben. Außerdem stinkt er nicht mehr, zieht keine Fliegen an und enthält keine Krankheitskeime. [...]

Für die Anlage und das Schwein hat Shang Gaifang einen Mikrokredit bei Plan International von 1.500 Yuan aufgenommen. Das sind umgerechnet etwa 150 Euro. Rund 100 Euro hat die Entwicklungshilfeorganisation, die auch beim Aufbau der Anlage half, noch draufgelegt. [...]

*Das Schwein als Energielieferant*

Quelle: Nathalie Klüver: Frau Shang und ihr Energieschwein, in: Spiegel online vom 30.04.2008, Zugriff am 10.09.2009 unter: http://www.spiegel.de/wirtschaft/0,1518,550215,00.html (Auszüge)

1. Wie funktioniert diese Anlage für die Strom- und Wärmeerzeugung?
2. Welche Vorteile hat diese Art der Energiegewinnung?
3. Ist die Energieerzeugung $CO_2$-neutral?
4. Was hat das Funktionsprinzip der Anlage mit Nachhaltigkeit zu tun?
5. Diese Art der Energieerzeugung ist dezentral. Welche Vorteile hat diese Art gegenüber einer zentralen Energieerzeugung?
6. Was ist ein Mikrokredit?
7. In Schleswig-Holstein gibt es ebenfalls Biogasanlagen. Worin liegt der Unterschied der einheimischen Anlagen gegenüber den chinesischen Anlagen?
8. Wie viele Anlagen gibt es in Schleswig-Holstein und wie groß ist ihr Anteil an der Energieerzeugung des Landes?

*Biogasanlage in Norddeutschland*

# 4 Unser Weg in die Gegenwart

*Berlin, Brandenburger Tor 1945*

*Berlin, Brandenburger Tor 1989 nach der Maueröffnung*

## 4.1 Der lange Weg zur Freiheit für alle

Kinderarbeit in einem Berliner Arbeitshaus, 1857. Obdachlose Kinder fertigen Zigarrenkisten an.

## Recht und Freiheit müssen erkämpft werden

**A**
*Örtliche Aufstände*

Viele Freiheitskämpfe und Revolutionen waren notwendig, um die Menschenrechte durchzusetzen. Unser demokratisches und soziales Deutschland wäre nicht entstanden, wenn es nicht freiheitsliebende Männer und Frauen gegeben hätte. Diese wollten sich mit der Bevormundung durch die Herrschenden nicht abfinden und kämpften für die Freiheit. Wieso war das notwendig? Wie war es früher? Die folgenden sechs Beispiele zeigen, wie schrecklich es einmal war und heute zum Teil auch noch ist, wenn man nichts dagegen unternimmt:

### 1. Beispiel: Die Hexenprobe

Im Mittelalter und in der frühen Neuzeit wurden manchmal Frauen zu Hexen erklärt und dann verbrannt. Die Beweisführung hatte der Scharfrichter zu erbringen. Er bediente sich des christlichen Glaubens. Da Gott durch die Taufe Jesu Christi das Wasser geheiligt hat, stößt das Wasser die Sünder ab, sie können nicht untergehen.
Auf diesem Glauben beruhte die Hexenprobe.

Die gängige Hexenprobe wurde folgendermaßen durchgeführt: Der Scharfrichter fesselte die Frau und warf sie in einen Fluss. Ging sie nicht unter, so war angeblich bewiesen, dass sie eine Hexe war. Dann wurde die Frau verbrannt. Ging sie unter, so war nach christlichem Glauben bewiesen, dass sie keine Hexe war. Ihr Tod war aber für sie angeblich nicht furchtbar, weil sie ja nun im Himmel war. So zynisch und menschenverachtend war die christliche Rechtsprechung im Mittelalter. Die unschuldigen Frauen – oft Witwen, die um ihr Vermögen gebracht werden sollten – wurden also dabei immer ermordet. Für sie gab es kein Entrinnen, egal, wie die Probe ausfiel. Ihr Vermögen fiel an ihre christlichen Erben, dies war oft die Familie des verstorbenen Ehemannes.

### 2. Beispiel: Das Bauernlegen

Im Stedinger Marschland an der Weser gab es um 1200 freie Bauern. Sie zahlten nur geringe Abgaben. Der Erzbischof von Bremen und der Graf von Oldenburg wollten aber von den Bauern viel mehr haben. Deshalb versuchten sie, die Stedinger zu Leibeigenen zu machen, denn der Erzbischof und der Graf wollten reich werden. Doch die Bauern wehrten sich. Nun stand der Papst seinem Bischof bei: Ein Heiliger Krieg (Kreuzzug) wurde gegen die Bauern ausgerufen und ein Kreuzritterheer aufgeboten. Dieses Heer schlug viele Bauern tot. Das Land der toten Bauern gehörte von nun an Bischof und Graf.

*Überfallene Bauern im Kampf mit Landsknechten*

In Holstein vermaß Gutsherr Peter Rantzau das Land der Bauern gern neu. Die vielen Vermessungen hatten ein Ergebnis: Das Land des Gutsherrn Rantzau wurde groß und größer, das Land der Bauern immer kleiner. Da Rantzau auch Gerichtsherr war, waren Klagen der Bauern zwecklos.

### 3. Beispiel: Verkauf von Menschen

Wenn Landesherren in der Zeit des Absolutismus in Finanznot waren oder Investitionen wie den Bau eines Badeortes an der See planten, kam es häufiger vor, dass Herzöge ihre „Landeskinder" verkauften. Die Menschen brachten gutes Geld. Dies war möglich, denn unfreie Menschen stellten damals das Eigentum ihres Herrn dar.

*Bei der Befreiung 1945 bot sich den alliierten Soldaten in fast allen Konzentrationslagern das gleiche Bild des Schreckens.*

### 4. Beispiel: Die Ermordung der Juden

Nach der Machtübertragung auf Adolf Hitler wurden den deutschen Juden ihre Plätze in Schulen und Universitäten, ihre Arbeit zuerst als Beamte und dann in den privaten Unternehmen entzogen. Auch die deutsche Staatsangehörigkeit wurde ihnen aberkannt.

Nach dem Verlust dieser Rechte begann mit den planmäßig durchgeführten Brandanschlägen auf die Synagogen (Reichspogromnacht) 1938 eine weitere Verschlechterung ihrer Lage: Führerscheine und Schmuck, Wertpapiere und Radios wurden ihnen weggenommen.

Der Besuch von Theatern, Kinos usw. wurde ihnen untersagt. Der Mieterschutz galt für sie nicht mehr. Das Verlassen ihres Wohnbezirks und das abendliche Ausgehen wurde ihnen verboten. Willkürliche Verhaftungen begannen.

Ab 1940 wurden die deutschen Juden in die Konzentrationslager gesperrt, ebenso die Juden in den von den Deutschen im Zweiten Weltkrieg besetzten Ländern wie Polen, Sowjetunion oder Frankreich. In den KZs mussten sie bis zum Umfallen arbeiten und wurden systematisch umgebracht.

### 5. Beispiel: Die Mauermorde
Wenn ein Bürger der DDR in die Bundesrepublik fliehen wollte, wurde er an der innerdeutschen Grenze erschossen. Einigen wurde die Ausreise gestattet, sie mussten aber ihre Häuser und ihr sonstiges Vermögen weit unter Preis vorher „verkaufen". Das passte vielen Menschen nicht, sie riskierten ihr Leben, um in Freiheit leben zu können – um von Deutschland nach Deutschland zu kommen.

*Blumen für die Opfer der Berliner Mauer*

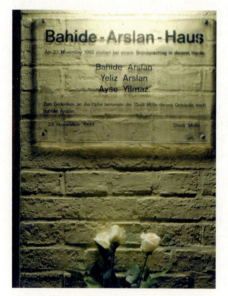

*Im November 1992 verüben Rechtsradikale einen Brandanschlag auf ein von Türken bewohntes Haus in Mölln.*

### 6. Beispiel: Brandanschlag auf Türken
In den vergangenen Jahren hat es in Deutschland Angriffe auf Ausländer gegeben. Rechtsradikale Jugendliche verübten im Mai 1993 aus Hass auf Ausländer einen Brandanschlag auf ein von Türken bewohntes Haus in Solingen. Fünf türkische Frauen starben einen qualvollen Tod in den Flammen. Zehn weitere Bewohner wurden lebensgefährlich verletzt.

Man könnte viele andere Beispiele für Willkür und Menschenverachtung anfügen. Die obigen Beispiele sollten aber genügen. Durch sie wird deutlich, wie wertvoll Freiheit und Recht für uns alle sind. Dies merken wir oft erst dann, wenn an die Stelle des Rechts die Willkür und an die Stelle der Freiheit die Knechtschaft getreten ist.

In Deutschland fanden viele Aufstände gegen ungerechte Herrschaft und wirtschaftliche Ausbeutung statt. So kämpften viele Menschen im **Deutschen Bauernkrieg** (1524/26) gegen den Adel und die Fürsten. Sie forderten in 12 Artikeln, frei zu sein, im Wald jagen und Holz schlagen zu dürfen. Ihre Dienste für die Herren sollten auch bezahlt werden und das Erbe sollte ihren Nachkommen und nicht den Grundherren gehören. Aber die Bauern unterlagen in diesem Aufstand.

Im **Dreißigjährigen Krieg** (1618–48) wurde Deutschland in vielen Gebieten entvölkert. Produktion und Handel wurden um viele Jahrzehnte zurückgeworfen. Von Deutschland sprach man nun bis zur Reichsgründung 1871 selten. Dagegen wurden Teile des Deutschen Reichs bedeutend und stark: Österreich, Preußen, Bayern, Sachsen, Hannover und andere Staaten. In England, Frankreich und Russland dagegen setzten sich die Zentralstaaten durch. Auch auf einem zweiten Gebiet unterscheidet sich Deutschland von anderen Ländern: Erfolgreiche Revolutionen fanden bei uns nicht statt.

Die **Frankfurter Paulskirchenversammlung** versuchte 1848/49 vergeblich, demokratische Regeln in Deutschland einzuführen. Aber es gewannen die Könige und der Adel, sie verteidigten ihre Vorherrschaft. Erst nach dem unter Führung von Kaiser Wilhelm II. verlorenen Ersten Weltkrieg wurde in Deutschland die Demokratie eingeführt. Die Mehrheit der Deutschen wählte dann aber bald antidemokratische Parteien. Die Zeit des Faschismus begann. Nach dem verlorenen Zweiten Weltkrieg unter Führung des Diktators Adolf Hitler wurde in Deutschland die Demokratie endgültig eingeführt.

M 1–5
*Verfassungen*

*Die Nationalversammlung in der Frankfurter Paulskirche*

Freiheitliche Traditionen entwickelten sich stärker in England, in den USA und in Frankreich. Zuerst waren die Reichen (Adel und Großbürger) erfolgreich. Sie erkämpften am Anfang für sich Rechte. Erst später gelang es dem Volk, sich an der politischen Herrschaft zu beteiligen.

In der **Großen Urkunde (Magna Charta)** um 1215 ertrotzten sich die englischen Freien vom König das Recht, dass sie nur von ihresgleichen gerichtet werden konnten. Auch die Kontrolle des Königs durch den Adel wurde festgeschrieben. Nichts sagt die Magna Charta dagegen über den Schutz der Bauern vor ihren Herren aus. Sie schützte lediglich Adel und bürgerliche Freie.

In der **Schrift der Rechte (Bill of Rights)** von 1689 wurde das Gesetz über die Krone gestellt. Der König wurde zu einem Staatsorgan, abhängig vom Parlament (konstitutionelle Monarchie). Wenig später wurde die Vorzensur für Bücher und Zeitungen abgeschafft, die Nachzensur aber erst 1792. Aber immerhin gab es nun in England die Pressefreiheit. Das Wahlrecht für Reiche wurde nur langsam in ein Wahlrecht für alle Männer (1916) über mehrere Stufen umgewandelt.

Auch in den USA setzte sich zuerst die soziale Oberschicht durch. Nachdem 13 englische Kolonien an der Ostküste Nordamerikas 1776 ihre Unabhängigkeit erklärt hatten, erhielten in den USA zunächst die Besitzbürger, d. h. ca. 10 % der Männer, das Wahlrecht. So war die amerikanische Republik zuerst eine Timokratie (Herrschaft der Reichen), ab 1830 aber schon eine Demokratie (Herrschaft des Volkes). Sklaven und Frauen blieben aber noch lange ohne Wahlrecht.

**M 6**
*Französische Revolution*

Die **Französische Revolution** von 1789 entfaltete über mehrere Stufen eine eigene Dynamik und endete in der Kaiserherrschaft Napoleons. Zuerst entmachteten Adel, hohe Geistliche und die Großbürger (die drei Stände) den allein herrschenden König Ludwig XVI. Dann führte der Dritte Stand (die Großbürger) ein Wahlrecht für sich ein: Nur die Reichen hatten politischen Einfluss (Zensuswahlrecht). Später erhob sich das Volk gegen die Großbürger. Alle Männer sollten wählen dürfen. Dies blieb aber Theorie, da Frankreich im Bürgerkrieg versank. Trotzdem blieben die Ideale der Französischen Revolution (Freiheit, Gleichheit und Brüderlichkeit) bis 1919 Vorbild für viele Länder in Europa.

### Gewaltenteilung

Durch die Gewaltenteilung wird die Staatsgewalt an Recht und Gesetz gebunden. Willkür und diktatorische Herrschaft werden durch gegenseitige Kontrolle vermieden.

**Gewaltenteilung in Deutschland**

| legislative (gesetzgebende) Gewalt | exekutive (ausführende) Gewalt | judikative (rechtsprechende) Gewalt |
|---|---|---|
| Bundestag Bundesrat Länderparlamente | Bundesregierung: Bundeskanzler und -minister Landesregierungen | Bundesverfassungsgericht Landesverfassungsgericht |

**V**
*Recht im Absolutismus*

Wird auf die Gewaltenteilung bewusst verzichtet, will man keine Kontrolle. Man riskiert Willkür und diktatorische Herrschaft. So schafften z. B. der deutsche Reichstag und der Reichsrat mit dem Ermächtigungsgesetz vom 24. März 1933 die Grundlage für die Herrschaft des damaligen Reichskanzlers Adolf Hitler (NSDAP).

### Kampf der Frauen

Lange wurden Frauen diskriminiert. Der 1865 in Leipzig gegründete *Allgemeine Deutsche Frauenverein* vertrat die gesellschaftliche **Gleichberechtigung von Mann und Frau**. Eine bessere schulische und berufliche Ausbildung von Mädchen und Frauen wurde gefordert.

In Großbritannien erreichte die Frauenbewegung schon früh eine breite Zustimmung unter den gebildeten Frauen. Im Sommer des Jahres 1908 demonstrierten in London über eine Viertelmillion Menschen für das Stimmrecht der Frauen bei Wahlen. Einige Frauen arbeiteten auch mit den Mitteln der Gewalt. Sie sprengten 1913 das neu erbaute Landhaus des englischen Schatzkanzlers in die Luft und brannten 1914 den Pavillon im feudalen Londoner Lawn-Tennis-Club nieder.

Erst in der Zeit von 1918 bis 1920 erhielten die Frauen in Großbritannien, den USA, Frankreich und Deutschland das Wahlrecht. Damit war die gesellschaftliche Gleichberechtigung noch nicht erreicht. Das Leitbild für die Stellung der Frau war noch

*Frauenrechtlerinnen fordern das Wahlrecht für Frauen, London 1910*

lange das der Hausfrau. Erst 1977 wurde in der Bundesrepublik Deutschland das Recht der Ehefrau, genauso wie der Ehemann berufstätig sein zu können, in das Bürgerliche Gesetzbuch (BGB § 1356) übernommen. Seitdem sollen die Ehegatten einvernehmlich regeln, wie die Arbeit im Haushalt aufgeteilt wird.

Auch wenn Gesetze geändert worden sind, blieb ihr Inhalt oft Theorie. Gleiche Bezahlung für gleiche Arbeit und gleiche Möglichkeiten für den beruflichen Aufstieg sind noch nicht überall erreicht.

## Materialien

**Von der Paulskirchenversammlung 1849 vorgeschlagene Verfassung für Deutschland** (nicht in Kraft getreten, da der preußische König die ihm von der Versammlung angebotene Kaiserkrone ablehnte)

**M 1** *Verfassung 1849*

Wahlrecht: *Männer, gleich, geheim, schriftlich*

**Vom preußischen König erlassene („oktroyierte") Verfassung von 1850** (blieb für Preußen bis 1919 in Kraft)

**M 2** *Verfassung 1850*

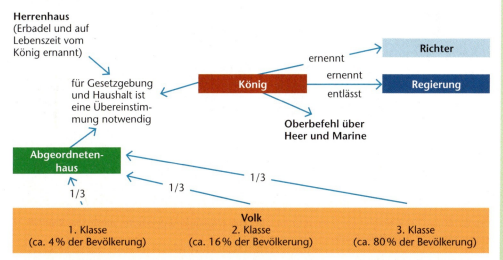

Das gesamte Steueraufkommen wurde gedrittelt. Daraus ergaben sich die obigen Prozent-Anteile für die drei Klassen. Ein Drittel des Steueraufkommens bedeutete ein Drittel der Stimmen (Dreiklassen-Wahlrecht). **Wahlrecht:** *nur Männer, ungleich, öffentlich, mündlich*

*Vergleichen Sie das Wahlrecht der beiden Verfassungen:*
1. *Wer durfte wählen, wer nicht? Welches Gewicht hatten die einzelnen Stimmen?*
2. *Wer war durch Geburt mit Macht ausgestattet?*
3. *Entsprechen die beiden Verfassungen heute unserem Verständnis von Politik? Welche Verfassung ist Ihrer Ansicht nach fortschrittlicher?*

**M 3** *Verfassung 1919*

### Die Verfassung der Weimarer Republik 1919

**Wahlrecht:** *Männer und Frauen ab 20 Jahren, frei, gleich, geheim, allgemein, unmittelbar*

**M 4** *Verfassung 1949*

### Verfassung der Bonner Republik 1949

**Wahlrecht:** *Männer und Frauen ab 18 Jahren, frei, gleich, geheim, allgemein, unmittelbar*

*Die Verfassung der Weimarer Republik ist Grundlage einer präsidialen Demokratie, die Bonner Republik ist eine parlamentarische Demokratie.*

1. *Begründen Sie diese Aussage.*
2. *Vergleichen Sie hierbei die Macht des Reichspräsidenten mit der des Bundespräsidenten sowie die Macht von Reichstag und Reichsrat mit der von Bundestag und Bundesrat.*

## Die Verfassung der Europäischen Union, Stand 2009
(Sie wird laufend weiterentwickelt.)

**M 5** *Verfassung der EU*

**Europäische Zentralbank (EZB)**
Europäische Geld- und Währungspolitik

**Europäischer Gerichtshof**
Er urteilt über die Auslegung und Anwendung des europäischen Rechts.

**Europäischer Rechnungshof**
Er überprüft die Verwendung der EU-Gelder.

**Außenbeauftragter**
Hoher Vertreter für die gemeinsame Außen- und Sicherheitspolitik

**Europäische Kommission**
– ein Mitglied aus jedem EU-Staat
– Vorsitz: Präsident
– Vizepräsident: Außenbeauftragter
– Ausführende Gewalt der Europäischen Union
– Vorschlagsrecht für Gesetzgebung

↑ ernennt     ↑ schlägt den Präsidenten vor

**Europäischer Rat**
– ein Staats- oder Regierungschef je Mitgliedsstaat und die Präsidenten des Europäischen Rates und der Kommission
– Vorsitz: Präsident des Europäischen Rates, auf 2 ½ Jahre vom Rat gewählt
– Der Rat bestimmt die Leitlinien der EU-Politik.

**Gesetzgebung**

**Ausschuss der Regionen**
350 Vertreter europäischer Regionen beraten die europäischen Organe.

wählt den Präsidenten und die Kommissare und kann die Kommission auch abwählen

**Rat der europäischen Union**
– Kurzform: **Rat** oder **Ministerrat**
– Er besteht aus den jeweiligen Fachministern der Mitgliedsländer.
– Der Vorsitz rotiert halbjährlich zwischen den Mitgliedstaaten.
– Vorsitz im **Rat für Auswärtige Angelegenheiten**: Außenbeauftragter
– Gesetzgebung (gemeinsam mit dem Europäischen Parlament)

**Europäisches Parlament**
– Kontrolle der EU-Kommission
– Haushaltsrecht
– Gesetzgebung (gemeinsam mit dem Ministerrat)

**Wirtschafts- und Sozialausschuss**
350 Vertreter von Arbeitgebern, Arbeitnehmern und anderen gesellschaftlichen Gruppen beraten die europäischen Organe.

↑ wählen

**EU-Bürger und Bürgerinnen**

**Wahlrecht:** *bisher jeweils nach nationalem Recht*

1. Versuchen Sie die einzelnen Organe den Gewalten nach Montesquieu zuzuordnen.
2. Diskutieren Sie – insbesondere am Beispiel des Ministerrates –, ob die Gewaltenteilung eingehalten worden ist. Berücksichtigen Sie hierbei auch die Ämter der einzelnen Mitglieder in ihren jeweiligen Ländern.

## Vorgeschichte, Ablauf und Ergebnis der Französischen Revolution

**M 6** *Französische Revolution*

### Ein Staat mit starken Ständen
Über mehrere Jahrhunderte hinweg hatten sich in Frankreich der König und die drei Stände (Adel, Kirche und Großbürgertum) die Macht geteilt. So konnten z. B. die Einnahmen des Staates nur mit ihrer Zustimmung (Steuerbewilligungsrecht der Stände) festgelegt werden.

### Der Absolutismus

Im Jahre 1614 gelang es dem französischen König, das Steuerbewilligungsrecht der Stände zu brechen. König Ludwig XIV. (1661–1715) sagte: „Der Staat bin ich!" (L'Etat c'est moi). Der französische König vereinigte nun die gesamte Staatsgewalt in seiner Person: ausführende, gesetzgebende und richterliche Befugnisse. Adel, Kirche und Großbürger waren politisch entmachtet, Adel und Kirche aber sozial privilegiert (mit Vorteilen ausgestattet): Sie mussten z. B. kaum Steuern entrichten, erhielten bäuerliche Abgaben und Dienste.

### Die alten Stände entmachten den König (Vorrevolution der Privilegierten)

König Ludwig XVI. gab zu viel Geld aus. Rauschende Feste, große Jagdgesellschaften und der teure Hofstaat von Versailles ruinierten den französischen Staat finanziell. Es gelang dem König nicht mehr, Steuererhöhungen gegen die Großbürger (Bourgeoisie) durchzusetzen. Adel, Kirche und Großbürger wollten wieder einen Staat mit starken Ständen. Ludwig XVI. berief nun eine verfassungsgebende Nationalversammlung (bestehend aus den drei Ständen) ein. Hierdurch wollte er Autorität für sich und neue Finanzkraft für den Staat erringen. Tatsächlich beseitigte er dadurch seine eigene absolute Herrschaft.

### Das Großbürgertum setzt sich durch

Zum 5. Mai 1789 hatte König Ludwig XVI. feierlich die Nationalversammlung einberufen. Nun lag die Macht im Staat nicht mehr beim König, sondern bei den Ständen. Während Adel und Kirche auf ihren alten Privilegien beharrten, forderten die Großbürger die Abschaffung der Steuerfreiheit der beiden anderen Stände. Die reichen Kaufleute, Manufakturbesitzer und Anwälte wollten einen modernen, kapitalistischen Staat haben.

Der „Ballhausschwur" am 20. Juni 1789. Die Vertreter des Dritten Standes erklären sich zur Nationalversammlung.

Der wirtschaftliche Erfolg sollte als Maßstab für politischen Einfluss durchgesetzt werden. Deshalb erklärte sich der Dritte Stand zur Nationalversammlung, Adel und Kirche wurden als Stände abgeschafft. Das Volk stand noch weitgehend abseits, hatte sich durch den Sturm auf die Bastille (königliches, durch Soldaten bewachtes Gefängnis) aber Respekt verschafft. Die Großbürger – nun an der Macht – schützten sich gegen die Ansprüche der besitzlosen Massen in Paris, indem sie ein Bündnis mit dem entmachteten König eingingen: Nach der Verfassung von 1791 konnte er den Regierungschef ernennen und entlassen. Die Gesetzgebung lag beim gewählten Parlament (Nationalversammlung). Bei den Wahlen zur Nationalversammlung besaßen etwa 70 % der Männer über 25 Jahre das Wahlrecht. Die Reichsten (ca. 1 %!) konnten als Volksvertreter gewählt werden.

### Das Volk fordert Demokratie

Das Volk hatte die Entmachtung von König, Adel und Kirche begrüßt und die Großbürger unterstützt. Nun sah es, dass nur die ganz Reichen wählbar waren und die Unterschicht noch nicht einmal wählen durfte. Der Rechtsanwalt Robespierre hatte schon die Verfassung von 1791 abgelehnt: Er wollte den König ganz entmachten und ein demokratisches Wahlrecht einführen. Das Volk lief nun zu ihm, dem Führer der Jakobiner, über.

Auch in der Nationalversammlung erhielt er jetzt immer mehr Zustimmung, im großen Paris (ca. 700.000 Einwohner) die eindeutige Mehrheit. Aber es war eine schwierige Zeit: Fast der gesamte europäische Adel versuchte, die Errungenschaften der Revolution rückgängig zu machen. So marschierten ausländische Truppen unter der militärischen Führung des Herzogs von Braunschweig mit Unterstützung monarchistischer Kreise nach Frankreich. Sie versuchten vergeblich, zur Hauptstadt Paris vorzudringen. Hier herrschten die Jakobiner und benutzten den Terror als Mittel der Politik: Ohne Berufungsmöglichkeit konnten Anhänger von Adel und Kirche vom Gericht zur Guillotine (Fallbeil zum Köpfen von Menschen) geschafft und dort enthauptet werden. Dies geschah mit Tausenden, neben dem König und Adligen starben auch viele Bürgerliche. Die Wünsche der Jakobiner nach Gleichheit erfüllten sich in der Verfassung von 1793. Richtig eingeführt wurde diese Verfassung allerdings nie.

### Die Großbürger setzen sich wieder durch

Die Schreckensherrschaft verprellte viele Menschen. Ihr Ziel, die Gegner der Demokratie zu vernichten, führte zum Sturz Robespierres. Auch er wurde mit vielen Anhängern enthauptet. Breite Bevölkerungskreise erkannten das Großbürgertum als Ordnungsfaktor an. Die Reichen setzten sich wieder durch. Nach der Verfassung von 1795 durften nur die Steuerzahler wählen. Gewählt werden durften die Reichen und Grundbesitzer (Zensuswahlrecht). So hatten die Kapitalisten (die Bourgeoisie) gesiegt und eine Republik geschaffen. Diese kam aber nicht zur Ruhe.

### Napoleon bewahrt die bürgerlichen Rechte

Der populäre General Napoleon Bonaparte wurde 1799 durch einen Staatsstreich Konsul und 1804 Kaiser. Er bewahrte als Militärdiktator im Interesse des Bürgertums die Gleichheit der Bürger im wirtschaftlichen Sinne: Der Kapitalismus blieb bestehen. Kirche und Adel blieben die Verlierer, denn Privilegien wie die Steuerfreiheit erhielten sie nicht zurück. Die wirtschaftliche Gleichstellung war ein Erfolg für die Unternehmer. Ein gutes Gesetzbuch (Code Civil) gab den Menschen Rechtssicherheit. Die politische Mitwirkung im Staat, die Pressefreiheit usw. fielen aber der neuen Diktatur zum Opfer.

1. Welche Wahlrechtsgrundsätze (gleich, ungleich, kein Wahlrecht) galten 1791, 1793, 1795 und 1799?
2. Welche politischen Ordnungen (Militärdiktatur, demokratische Republik, bürgerliche Republik, konstitutionelle Monarchie – die Rechte und Pflichten des Monarchen sind in einer Verfassung festgelegt –) gab es 1791, 1793, 1795 und 1799?
3. Welche Person und/oder soziale Schicht war 1791, 1793, 1795 und 1799 Sieger bzw. Verlierer?

# Arbeitsvorschlag

1. Gehen Sie in Ihre Buchhandlung oder Bibliothek, in Ihr Heimatmuseum, zu Ihrem Geschichtsverein oder Ähnlichem. Versuchen Sie zu erkunden, wann in Ihrer Heimat Aufstände von Bauern, Handwerkern, Kaufleuten oder Arbeitern stattgefunden haben.
    - Welche Forderungen wurden hierbei gestellt?
    - Welche Berufsgruppen stellten die Forderungen?
    - Welches Ergebnis hatten die Aufstände?
2. Auch in unserer heutigen Zeit gibt es religiös begründete Verletzungen der Menschenrechte. Schildern Sie Beispiele aus verschiedenen Ländern.
3. Nennen Sie Minderheiten, die verfolgt wurden bzw. es noch werden. Weshalb werden Minderheiten verfolgt?

## Zur Vertiefung

### Recht im Absolutismus

König Friedrich Wilhelm I. von Preußen, der „Soldatenkönig", regierte von 1713 bis 1740. Zwischen ihm und seinem Sohn gab es schwer zu überbrückende Gegensätze. 1730 versuchte der Kronprinz, später als König Friedrich II. auch „der Große" genannt, zu fliehen.

Im Fenster rechts sieht man Friedrich, der von seinem Vater gezwungen wurde, der Hinrichtung seines Freundes Hans Hermann von Katte beizuwohnen, Kupferstich um 1740

Der Fluchtplan scheiterte, der König, von Zorn übermannt, drang mit dem Degen auf seinen Sohn ein, ließ ihn nach Küstrin schaffen und wegen Desertion vor ein Kriegsgericht stellen. Das Kriegsgericht weigerte sich, über den Thronfolger zu befinden, dem der Kronprinzentitel und das Offizierspatent abgesprochen waren, verurteilte aber seinen Freund und Fluchthelfer, den Leutnant von Katte, ausgebildet im Halleschen Paedagogium, den mit Friedrich eine schwärmerische Jünglingsfreundschaft verband, zu lebenslänglicher Festungshaft. Der König verwandelte aber diesen Spruch – Kattes Großvater war immerhin preußischer Generalfeldmarschall gewesen – in ein Todesurteil und zwang den Sohn, der Hinrichtung mit dem Schwerte – ein Richtblock war auf dem Hof der Küstriner Festung aufgestellt worden – vom Fenster aus zuzusehen, worauf dieser in Ohnmacht fiel. Der König wollte offenbar mit dieser Exekution eine innere Erschütterung und Gesinnungsänderung des Thronfolgers herbeiführen.

Quelle: Hans-Joachim Schoeps: Preußen – Geschichte eines Staates, Berlin, 1968, S. 63

1. Warum weigerte sich das Kriegsgericht, über den Kronprinzen zu richten?
2. Weshalb wollte der preußische Soldatenkönig das Todesurteil gegen Leutnant von Katte?
3. Nehmen Sie Stellung zum Verhalten von König Friedrich Wilhelm I. von Preußen.

## 4.2 Die Weimarer Republik

*1918 auf dem Balkon des Reichstages in Berlin: Philipp Scheidemann ruft die erste deutsche Republik aus.*

## Die erste deutsche Republik – eine Demokratie mit wenig Demokraten

Der Erste Weltkrieg war von den Deutschen geführt worden, um Land zu erobern. Dies gelang nicht: Im November 1918 brach der Militärstaat zusammen. Das preußisch geführte Kaiserreich musste seine Niederlage eingestehen. In dieser schwierigen Situation war Kaiser Wilhelm II. ins Ausland gegangen. Er stellte sich der Verantwortung nicht. Nachdem Philipp Scheidemann (SPD) am 09.11.1918 die Republik ausgerufen hatte, beauftragte Reichskanzler Prinz Max von Baden **Friedrich Ebert** (SPD) mit der Wahrnehmung der Geschäfte des Reichskanzlers. Ebert wurde damit Chef der Regierung. Er bildete am 10. November 1918 eine aus SPD und USPD zusammengesetzte Reichsregierung: **den Rat der Volksbeauftragten**.

Die SPD strebte eine **parlamentarische Demokratie** an, Teile der USPD (Unabhängige Sozialdemokratische Partei Deutschlands) eine **Räterepublik** nach sowjetischem Vorbild. Hierdurch kam es zum Krach. **Karl Liebknecht** und **Rosa Luxemburg** lehnten als Wortführer des Spartakusbundes innerhalb der USPD eine parlamentarische Demokratie mit Gewaltenteilung ab. In ganz Deutschland sollten in Betrieben und in der Armee Arbeiter- und Soldatenräte gewählt werden. Sie sollten die örtliche Macht ausüben. Bis zur Bildung eines Arbeiter- und Soldatenrates auf Reichsebene sollten die Berliner Räte die Aufgaben von Reichstag und Reichsregierung übernehmen. Gesetzgebung und Verwaltung in der Hand der Räte – das war das Ziel der Spartakusgruppe in der USPD.

**M 1**
*Parteien*

**A**
*Wahlplakate*

Die Anhänger der Räteherrschaft verlagerten ihren politischen Kampf mehr und mehr auf die Straße. Aufstände der Arbeiter- und Soldatenräte wurden von der neuen Regierung der Volksbeauftragten niedergeschlagen. Aufseiten der Regierung führte Gustav Noske (SPD) diesen Kampf mithilfe der Freikorps (rechtsradikale ehemalige Soldaten), wobei Rosa Luxemburg und Karl Liebknecht ermordet wurden. Daran zerbrach die Regierung des Rates der Volksbeauftragten. Die Vertreter der USPD verließen die Regierung. Von den Anhängern einer Räterepublik wurde Ende 1918 die KPD (Kommunistische Partei Deutschlands) gegründet.

### Die Nationalversammlung

Eine neue Verfassung sollte von der Nationalversammlung ausgearbeitet werden. Diese wurde am 19. Januar 1919 vom ganzen Volk gewählt. In der Zeit der Weimarer Republik gab es linksradikale (USPD, KPD), demokratische (SPD, Zentrum und DDP) und rechtsradikale Parteien (DNVP, NSDAP). Erstmals durften auch die Frauen wählen. Die Anhänger einer parlamentarischen Demokratie – SPD, Zentrum und DDP – gewannen die Wahl. Sie bildeten die erste demokratisch legitimierte Regierung in Deutschland und arbeiteten die **Weimarer Verfassung** aus. Die linksradikalen Anhänger einer Räterepublik erhielten bei der Wahl nur 7 % der Stimmen, die monarchistische antijüdische DNVP immerhin 10 %. Eine starke Stellung erhielt der direkt vom Volk gewählte Reichspräsident: 1919–1925 Friedrich Ebert (SPD), 1925–1933 Paul von Hindenburg (parteilos, konservativ).

### Gegner der Demokratie

V
*Ist unsere Demokratie in Gefahr?*

Die Regierung der Weimarer Republik übernahm die von der kaiserlichen Zeit geformten Beamten in Verwaltung, Justiz, Militär und Bildungswesen. Diese waren mehrheitlich keine überzeugten Demokraten. Sie standen den alten Mächten wie Monarchie und Adel wohlwollend gegenüber. Kurz nach dem Ersten Weltkrieg waren sie aber für die Demokratie, weil dadurch eine Räterepublik verhindert werden konnte. Diese Beamten waren zwar bereit, hart und kompromisslos – auch militärisch – gegen Linksradikale vorzugehen, nicht aber gegen Rechtsradikale. Man nennt sie deshalb auch „Vernunftrepublikaner".

### Die Putsche der Radikalen

Unter Führung des deutschnationalen Politikers Wolfgang Kapp putschten im März 1920 die Rechtsradikalen. Kapp erklärte sich selbst zum Reichskanzler. Er fand viel Zustimmung bei den ostelbischen Gutsbesitzern und den Freikorps. Die Gewerkschaften hatten aber mit ihrem Generalstreik gegen den Putsch Erfolg. Beamtenschaft und Reichswehr folgten den Weisungen der Regierung. Sie weigerten sich aber, gegen die Putschisten militärisch vorzugehen. Der erfolgreiche Generalstreik ermutigte dann die Linksradikalen, Aufstände für eine kommunistische Räterepublik durchzuführen. Jetzt war die Reichswehr bereit, gegen die Radikalen mit Gewalt vorzugehen. Zusammen mit den rechtsradikalen Freikorps wurden die von USPD und KPD getragenen Aufstände (z. B. im Ruhrgebiet, in Thüringen und Sachsen) im Auftrag der demokratischen Regierung niederschlagen. 1923 folgte dann der Hitler-Ludendorff-Putsch. Ludendorff (zusammen mit von Hindenburg im Ersten Weltkrieg Mitglied der kaiserlichen Obersten Heeresleitung) und Hitler blieben erfolglos. Die Polizei stemmte sich diesmal gegen die rechtsradikalen Feinde der Demokratie.

### Schon 1920 Regierung ohne Mehrheit im Reichstag

Bei den ersten Reichstagswahlen verloren SPD, DDP und Zentrum viele Stimmen. Die breite Mehrheit aus der Nationalversammlung war verloren, da die rechten und linken Parteien erstarkten. Schon 1920 besaß die Reichsregierung keine Mehrheit im Parlament.

**M 2**
*Reichsregierungen*

Da der vom Volk direkt gewählte Reichspräsident eine starke Stellung besaß, wurde er immer mehr zum Zentrum politischer Entscheidungen – zum Nachteil von Regierung und Parlament. Der Wahlerfolg der Rechtsradikalen war auch mit der von Hindenburg, Ludendorff und Hitler verbreiteten sogenannten „**Dolchstoßlegende**" herbeigeführt worden: Dem siegreichen deutschen Soldaten sei der Dolch von der Heimatfront in den Rücken gestoßen worden und somit sei die militärische Niederlage von Demokraten, Sozialisten und Juden zu verantworten.

### Der Versailler Vertrag

Eine Gefahr für die erste Demokratie in Deutschland bildeten die **rechtsradikalen Tendenzen** im Bürgertum. Ob Offiziere der Reichswehr oder Verwaltungsbeamte, Einzelhändler oder Landwirte, sie alle standen der Demokratie meist skeptisch bis ablehnend gegenüber. Auch das Verhalten der Sieger des Ersten Weltkrieges war nicht gut für die junge Demokratie. Die Siegermächte hatten Deutschland an der Ausarbeitung des Versailler Vertrages, der den Ersten Weltkrieg beendete, nicht beteiligt. Deshalb wurde dieser fortan auch „Versailler Diktat" genannt.

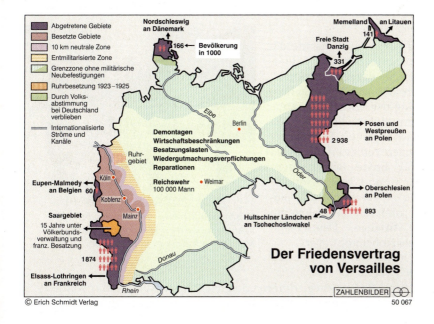

Deutschland hatte nach dem Versailler Vertrag Gebiete abzutreten. Dies war noch erklärbar. Die Höhe der geforderten Reparationen (Zahlungen für entstandene Schäden) und die einseitige Verringerung des Militärs verstanden die Deutschen nicht. 1923 gerieten sie mit den Sachlieferungen in Rückstand. Nun wollten die Franzosen die Steinkohle für ihre lothringischen Stahlwerke selbst aus dem Ruhrgebiet herausholen. Deshalb marschierten französische und belgische Soldaten in das Rheinland ein und errichteten eine Militärverwaltung. Diese konnte sich aber nicht durchsetzen, da Gewerkschaften, SPD und andere erfolgreich zum Streik gegen die Besetzung aufgerufen hatten. **Die Besetzung des Rheinlandes** 1923 durch die Franzosen verletzte die Menschen stark. Die Streiks gegen die Besatzungsmacht führten zu hohen Produktionsausfällen. So mussten Deutsche und Franzosen Kohle importieren. Das kostete viel Geld. Und die Deutschen finanzierten während des Ruhrkampfes den Streik. Dies ruinierte die Währung. Zu Recht sahen fast alle Deutschen im Versailler Vertrag „ein Instrument, die Lebenskraft Deutschlands auf die Dauer der Geschichte niederzuhalten", wie es der Schriftsteller Thomas Mann 1930 formuliert hat.

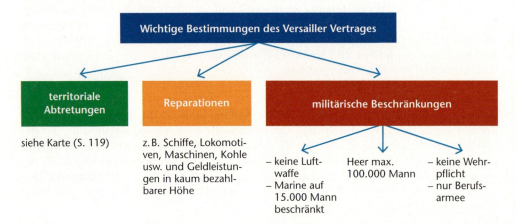

### Die Inflation

**M 3** *Inflation*

Die Inflation des Jahres 1923 machte die Menschen mit Spargutshaben arm. Grundbesitzer und Aktionäre dagegen „verloren" ihre Schulden, ihr Besitz blieb bestehen. Mit der Einführung der Rentenmark Ende 1923 begann dann eine sechsjährige Zeit der wirtschaftlichen Stabilität. Es kam aber nur zu einer geringen Verbesserung des Lebensstandards für breite Bevölkerungskreise. Deutschland und hier besonders Berlin erlebte aber ein kurze kulturelle Blüte: Wissenschaft und Kunst besaßen im Ausland hohes Ansehen, Deutschland stellte damals viele Nobelpreisträger.

*Kassenboten kommen mit Wäschekörben zur Reichsbank, um die immer größer werdenden Mengen Reichsmark zu transportieren.*

### Die Außenpolitik

Außenpolitisch waren die Reichsregierungen erfolgreich. Im Rapallo-Vertrag wurde 1922 die Verständigung mit der Sowjetunion erreicht, im Locarno-Vertrag 1925 die mit Frankreich. 1926 wurde Deutschland in den Völkerbund aufgenommen. Nach langen und schwierigen Verhandlungen konnten 1932 die Schlusszahlungen für die Reparationen in annehmbarer Höhe festgelegt werden. Die rechtsradikalen Gegner der Demokratie aus DNVP und NSDAP bekämpften nach Kräften diese außenpolitische Verständigung. Ihr Ziel war es, Deutschland gewaltsam zu vergrößern. Als Vorbild wurde hierbei oft die gegen Polen gerichtete preußische Expansionspolitik z. B. von Friedrich II. (dem Großen) angeführt. Die späte Gründung des Deutschen Reiches 1871 ohne Österreich war ihnen zu wenig. Sie sollte durch Landgewinne ergänzt werden. Deutschland sollte „Verantwortung übernehmen" für eine „Menschheitssendung". So und ähnlich lauteten – wie schon zu Kaisers Zeiten – die völkischen Parolen.

### Saalschlachten als politische Auseinandersetzung

Das politische Leben in der Weimarer Republik war insbesondere in den letzten Jahren von gewaltigen Aufmärschen, Straßen- und Saalschlachten geprägt. Die **Wehrverbände** (halbmilitärische Organisationen) beherrschten die Straßen. Dem rechtsradikalen Stahlhelm – bestehend aus ehemaligen Soldaten – sowie der **Sturmabteilung** (SA) der NSDAP stand der kommunistische **Rotfrontkämpferbund** gegenüber. Rechtsradikale und Kommunisten bekämpften sich zwar, waren sich aber in der Feindschaft gegenüber der Republik einig. Für die Demokratie trat das Reichsbanner „Schwarz-Rot-Gold" (SPD, auch Zentrum und DDP) ein. In der „Harzburger Front" vereinigten sich 1931 die rechtsradikalen Kräfte (Stahlhelm, SA und andere) und nahmen so die Koalitionsregierung aus NSDAP und DNVP vorweg.

### Die Weltwirtschaftskrise

Der **Börsenkrach** Ende Oktober 1929 an der New Yorker Wallstreet führte zur Weltwirtschaftskrise. Diese Krise war hervorgerufen worden u. a. durch eine Überproduktion an Gütern. Die Amerikaner zogen darauf ihre Kredite aus dem Ausland – insbesondere aus Deutschland – ab. Dort fehlte daraufhin das ausländische Kapital. Die Banken mussten deshalb Kredite kündigen. Investitionen konnten nicht mehr ausgeführt werden. Produktion und Einkommen fielen rasch, 1931 brach sogar das Bankwesen zusammen. Millionen von Menschen wurden arbeitslos. 1932 waren 5,5 Millionen Menschen ohne Arbeit, das heißt 30,8 % aller Arbeitnehmer. Dies bedeutete damals oft Hunger. Im Winter fehlte Heizmaterial. Viele Menschen hungerten und froren. Armut und Verzweiflung ebneten NSDAP und DNVP den Weg zu den Wahlerfolgen.

### Mittelstand wählt NSDAP

Der alte Mittelstand sah sich nicht nur ökonomisch, sondern auch in seiner sozialen Stellung bedroht. Er sah die KPD und auch die SPD als eine Gefahr für sich an und stemmte sich erfolglos gegen die Modernisierungsbestrebungen des Kapitalismus: Kaufhäuser ersetzten zunehmend die kleinen Läden und Industriebetriebe viele Handwerker. Hier und bei den Angestellten erzielten die Nationalsozialisten ihre größten Erfolge. Die alten liberalen Parteien des Mittelstands, DDP und DVP, lösten sich deshalb fast auf. Aber auch SPD und Gewerkschaften wurden geschwächt. Nur das vornehmlich katholische Zentrum hielt sich relativ gut. So traf die Weltwirtschaftskrise die Stützen der demokratischen Republik.

### Präsidialkabinette als Vorstufe zum Faschismus

Die Wende zum autoritären Staat als Vorstufe zum Faschismus wurde 1930 mit der Ernennung des Reichskanzlers Heinrich Brüning (Zentrum) durch den Reichspräsidenten von Hindenburg vollzogen. Brünings Regierung und zwei weitere Präsidialkabinette (von

Papen und von Schleicher) besaßen keinen Rückhalt im Parlament. Sie waren vom Reichspräsidenten abhängig. Diese drei Reichskanzler standen auch nicht vorbehaltlos zur Demokratie, sondern vertraten autoritäre Staatsauffassungen. Da die Deutschen antidemokratische, radikale Parteien bevorzugten, konnten sich aus dem Parlament heraus keine politischen Mehrheiten mehr bilden. NSDAP und DNVP machten sich den über viele Jahrhunderte vom Christentum geschürten Hass gegen die jüdischen Bürger zunutze. Diese antisemitischen Strömungen wurden zum Thema der Wahlen gemacht.

### Wahlsieger Hitler wird Reichskanzler

Rechts- und Linksradikale blockierten sich gegenseitig, kämpften aber gemeinsam gegen die verkleinerte demokratische Mitte. Während die linksradikalen Parteien USPD und KPD im Verlauf der Weimarer Republik nicht über ein Fünftel der Stimmen hinauskamen, erreichten die rechtsradikalen Parteien NSDAP und DNVP schon 1924 über ein Viertel und ab 1932 fast die Hälfte der Stimmen. So war es ein normaler Vorgang, dass der Reichspräsident von Hindenburg den Wahlsieger und Vorsitzenden der NSDAP Adolf Hitler zum Reichskanzler ernannte. Ein Wunsch vieler Deutscher, die ihre Hoffnung auf Hitler gesetzt hatten, war damit in Erfüllung gegangen.

## Materialien

**M 1**
*Parteien*

### Parteien

| | Nationalversammlung 19.01.1919 % | 1. Reichstag 06.06.1920 % | 2. Reichstag 04.05.1924 % | 3. Reichstag 07.12.1924 % | 4. Reichstag 20.05.1928 % | 5. Reichstag 14.09.1930 % | 6. Reichstag 31.07.1932 % | 7. Reichstag 06.11.1932 % | 8. Reichstag 05.03.1933 % |
|---|---|---|---|---|---|---|---|---|---|
| **NSDAP** Nationalsozialistische Arbeiterpartei | – | – | 6,5 | 3,0 | 2,6 | 18,3 | 37,3 | 33,1 | 43,9 |
| **DNVP** Deutsch-Nationale Volkspartei | 10,3 | 15,1 | 19,5 | 20,5 | 14,2 | 7,0 | 5,9 | 8,3 | 8,0 |
| **DVP** Deutsche Volkspartei | 4,4 | 13,9 | 9,2 | 10,1 | 8,7 | 4,5 | 1,2 | 1,9 | 1,1 |
| **Z/BVP** Zentrum/ Bayerische Volkspartei | 19,7 | 18,0 | 16,6 | 17,3 | 15,2 | 14,8 | 15,7 | 15,0 | 13,9 |

## 4.2 Die Weimarer Republik

|  | Nationalversammlung 19.01.1919 % | 1. Reichstag 06.06.1920 % | 2. Reichstag 04.05.1924 % | 3. Reichstag 07.12.1924 % | 4. Reichstag 20.05.1928 % | 5. Reichstag 14.09.1930 % | 6. Reichstag 31.07.1932 % | 7. Reichstag 06.11.1932 % | 8. Reichstag 05.03.1933 % |
|---|---|---|---|---|---|---|---|---|---|
| **DDP** Deutsche Demokratische Partei (ab 1930: Deutsche Staatspartei) | 18,5 | 8,3 | 5,7 | 6,3 | 4,9 | 3,8 | 1,0 | 1,0 | 0,9 |
| **SPD** Sozialdemokratische Partei Deutschlands | 37,9 | 21,7 | 20,5 | 26,0 | 29,8 | 24,5 | 21,6 | 20,4 | 18,3 |
| **USPD/KPD** Unabhängige Sozialdemokratische Partei Deutschlands/Kommunistische Partei Deutschlands/Spartakusbund | 7,6 | 20,0 | 13,4 | 9,3 | 10,7 | 13,1 | 14,3 | 16,9 | 12,3 |
| Sonstige | 1,6 | 3,0 | 8,6 | 7,8 | 14,7 | 13,9 | 3,1 | 3,3 | 1,6 |

Quelle: Eberhard Kolb: Die Weimarer Republik, in: Grundriss der Geschichte, Band 16, R. Oldenbourg Verlag, München 1984

1. Stellen Sie die Wahlergebnisse von KPD/USPD, SPD, DDP, Z/BVP, DVP, DNVP und NSDAP grafisch dar.
2. Wie viel Prozent der Stimmen erhielten die demokratischen (SPD, DDP, Z/BVP, DVP), die linksradikalen (USPD/KPD) und die rechtsradikalen (DNVP, NSDAP) Parteien am 19.01.1919, 07.12.1924, 20.05.1928, 31.07.1932 und am 05.03.1933?
3. Wann besaßen die demokratischen Parteien eine Mehrheit?
4. Wann besaß keine der drei Gruppierungen eine Mehrheit?
5. Mit welcher Wahl wurden die rechtsradikalen Parteien zur stärksten Gruppierung?

**M 2** Reichsregierungen

## Reichsregierungen

| Beginn | Koalition | Reichskanzler | Vizekanzler | Außenminister | Innenminister | Reichswehrminister | Wirtschaftsminister | Finanzminister |
|---|---|---|---|---|---|---|---|---|
| 10.11.1918 | SPD-USPD (Rat d. Volksbeauftragten) | Ohne Ressorts: Ebert (SPD), Scheidemann (SPD), Landsberg (SPD), Haase (USPD), Barth (USPD) | | | | | | |
| 29.12.1918 | SPD (Rat d. Volksbeauftragten) | Ohne Ressorts: Ebert, Scheidemann, Landsberg, Wissel, Noske | | | | | | |
| 13.02.1919 | SPD-Ztr.-DDP (Weimarer Koalition) | Scheidemann (SPD) | Schiffer (DDP) ab 30.04.1919 Dernburg (DDP) | Graf Brockdorff-Rantzau (parteilos) | Preuß (DDP) | Noske (SPD) | Wissell (SPD) | Schiffer (DDP) ab 19.04.1919 Dernburg (DDP) |
| 21.06.1919 | SPD-Ztr. ab Okt. 1919 auch DDP | Bauer (SPD) | Erzberger (Ztr.) | H. Müller (SPD) | David (SPD) | Noske (SPD) | Wissel (SPD) | Erzberger (Ztr.) |
| 27.03.1920 | SPD-Ztr.-DDP | H. Müller (SPD) | Koch (DDP) | Köster (SPD) | Koch (DDP) | Geßler (DDP) | Schmidt (SPD) | Wirth (Ztr.) |
| 21.06.1920 | Ztr.-DDP-DVP | Fehrenbach (Ztr.) | Heinze (DVP) | Simons (parteilos) | Koch (DDP) | Geßler (DDP) | Scholz (DVP) | Wirth (Ztr.) |
| 10.05.1921 | SPD-Ztr.-DDP | Wirth (Ztr.) | Bauer (SPD) | Rosen (parteilos) | Gradnauer (SPD) | Geßler (DDP) | Schmidt (SPD) | Wirth (Ztr.) |

| Beginn | Koalition | Reichskanzler | Vizekanzler | Außenminister | Innenminister | Reichswehrminister | Wirtschaftsminister | Finanzminister |
|---|---|---|---|---|---|---|---|---|
| 26.10.1921 | SPD-Ztr.-DDP | Wirth (Ztr.) | Bauer (SPD) | Wirth (Ztr.) 21.01.-24.06.1922: Rathenau (DDP) | Köster (SPD) | Geßler (DDP) | Schmidt (SPD) | Hermes (Ztr.) |
| 22.11.1922 | DVP-Ztr.-DDP | Cuno (parteilos) | – | von Rosenberg (parteilos) | Oeser (DDP) | Geßler (DDP) | Becker (DVP) | Hermes (Ztr.) |
| 13.08.1923 | SPD-Ztr.-DDP-DVP (Große Koalition) | Stresemann (DVP) | Schmidt (SPD) | Stresemann (DVP) | Sollmann (SPD) | Geßler (DDP) | v. Raumer (DVP) | Hilferding (SPD) |
| 06.10.1923 | SPD (bis 03.11.1923) Ztr-DDP-DVP | Stresemann (DVP) | – | Stresemann (DVP) | Sollmann (SPD) | Geßler (DDP) | Koeth (parteilos) | Luther (parteilos) |
| 30.11.1923 | Ztr.-BVP-DVP-DDP | Marx (Ztr.) | Jarres (DVP) | Stresemann (DVP) | Jarres (DVP) | Geßler (DDP) | Hamm (DDP) | Luther (parteilos) |
| 03.06.1924 | Ztr.-DDP-DVP | Marx (Ztr.) | Jarres (DVP) | Stresemann (DVP) | Jarres (DVP) | Geßler (DDP) | Hamm (DDP) | Luther (parteilos) |
| 15.01.1925 | Ztr.-DDP-DVP-DNVP | Luther (parteilos) | – | Stresemann (DVP) | Schiele (DNVP) | Geßler (DDP) | Neuhaus (DNVP) | von Schlieben (DNVP) |
| 20.01.1926 | Ztr.-BVP-DVP-DDP | Luther (parteilos) | – | Stresemann (DVP) | Külz (DDP) | Geßler (DDP) | Curtius (DVP) | Reinhold (DDP) |
| 17.05.1926 | Ztr.-DVP-DDP | Marx (Ztr.) | – | Stresemann (DVP) | Külz (DDP) | Geßler (DDP) | Curtius (DVP) | Reinhold (DDP) |
| 29.01.1927 | Ztr.-BVP-DVP-DNVP | Marx (Ztr.) | Hergt (DNVP) | Stresemann (DVP) | v. Keudell (DNVP) | Geßler (parteilos) | Curtius (DVP) | Kohler (Ztr.) |
| 29.06.1928 | SPD-Ztr.-BVP-DDP-DVP | H. Müller (SPD) | – | Stresemann (DVP) ab 04.10.1929: Curtius (DVP) | Severing (SPD) | Groener (parteilos) | Curtius (DVP) ab 23.12.1929: Schmidt (SPD) | Hilferding (SPD) ab 23.12.1929: Moldenhauer (DVP) |
| 30.03.1930 | Präsidialkabinett | Brüning (Ztr.) | Dietrich (DDP) | Curtius (DVP) | Wirth (Ztr.) | Groener (parteilos) | Dietrich (DDP) | Moldenhauer (DVP) |
| 09.10.1931 | Präsidiales Fachkabinett | Brüning (Ztr.) | Dietrich (DDP) | Brüning (Ztr.) | Groener (parteilos) | Groener (parteilos) | Warmbold (parteilos) | Dietrich (DDP) |
| 01.06.1932 | Präsidialkabinett | von Papen (parteilos) | – | Frhr. von Neurath (parteilos) | Frhr. von Gayl (DNVP) | von Schleicher (parteilos) | Warmbold (parteilos) | Graf Schwerin-v. Krosigk (parteilos) |
| 03.12.0932 | Präsidialkabinett | von Schleicher (parteilos) | – | Frhr. von Neurath (parteilos) | Bracht (parteilos) | von Schleicher (parteilos) | Warmbold (parteilos) | Graf Schwerin-v. Krosigk (parteilos) |
| 30.01.1933 | NSDAP-DNVP | Hitler (NSDAP) | von Papen (parteilos) | Frhr. von Neurath (parteilos) | Frick (NSDAP) | von Blomberg (parteilos) | Hugenberg (DNVP) | Graf Schwerin-v. Krosigk (parteilos) |

Quelle: Bonner Schriften zur Politik und Zeitgeschichte, Band 22: Die Weimarer Republik 1918–1933, herausgegeben von Karl-Dietrich Bracher, Manfred Funke, Hans-Adolf Jacobsen, Droste Verlag GmbH, Düsseldorf, 1987, S. 632/633

1. Welche Partei war an allen Regierungen der Weimarer Republik beteiligt?
2. Welche Parteien stellten des Öfteren den Reichskanzler und den Außenminister?
3. Stellen Sie mithilfe der Wahlergebnisse (siehe S. 122 und 123) fest, welche Reichsregierungen eine Mehrheit im Parlament besaßen.
4. Wie viele Regierungen hat es von 1919 bis 1933 gegeben?

## 4.2 Die Weimarer Republik

**M 3**
*Inflation*

### Inflation
Einer Reichsmark aus dem Jahr 1914 entsprachen

- am 20.07.1923 100.000 Reichsmark,
- am 15.10.1923 1.000.000.000 (1 Milliarde) Reichsmark,
- am 15.11.1923 1.000.000.000.000 (1 Billion) Reichsmark,
- am 16.11.1923 wurde die Rentenmark eingeführt: 1 RM = 1 Billion Reichsmark.

1. Beschreiben Sie die Auswirkungen der Inflation für
   a) Besitzer eines Sparbuches,
   b) Schuldner eines Hypothekendarlehens.
2. Wie wurden die wirtschaftlichen Beziehungen zwischen Fabrikanten, Großhändlern, Einzelhändlern und Konsumenten durch die Inflation beeinträchtigt?

# Arbeitsvorschlag

## Wahlplakate auswerten

1. Bilden Sie in Ihrer Klasse sechs Gruppen.
2. Jede Gruppe sucht sich ein Wahlplakat zur Bearbeitung aus.
3. Welche Gefühle werden angesprochen? Mit welchen Symbolen wird gearbeitet?
   – Wird die Einstellung zur Demokratie und zum Parlament sichtbar? Was will die Partei sagen (Ziele)?
   – Erkennen Sie den Stil der politischen Auseinandersetzung? Ist z. B. Toleranz, Gewaltbereitschaft usw. erkennbar?
   – Wie entwickelte sich die betreffende Partei bei den Wahlen 1919 bis 1933 (siehe hierzu M 1)?
4. Die Gruppen tragen ihre Ergebnisse vor und tragen sie in eine Tabelle ein. Vorschlag für die Tabelle:

|  | KPD (Spartakusbund) | SPD | DDP | Z (BVP) | DNVP | NSDAP |
|---|---|---|---|---|---|---|
| angesprochene Gefühle |  |  |  |  |  |  |
| Einstellung zur Demokratie, politische Ziele |  |  |  |  |  |  |
| Stil des Plakats |  |  |  |  |  |  |
| Entwicklung bei Wahlen 1919–1933 |  |  |  |  |  |  |

## Wahlplakate der Parteien der Weimarer Republik (1919–1933)

## Zur Vertiefung

### Ist unsere Demokratie heute in Gefahr?

Die Extremisten wecken böse Erinnerungen: Scheitert auch die zweite deutsche Republik?

**Von Weimar kann keine Rede sein**
[...] Die erste deutsche Republik war der Versuch, einem antidemokratisch gesonnenen Volk [...] die parlamentarische Demokratie überzustülpen. Den Deutschen war der Parteienstaat damals ganz fremd. [...]

Von Anfang an standen die politischen Kräfte von der Rechten bis zur Mitte der neuen Demokratie ausgesprochen feindlich gegenüber. Alle kritisierten den Parteienstaat: die Bürger, die Großindustrie, der Adel, auch die Bürokratie. Als 1922 Gerhart Hauptmanns 60. Geburtstag in der Berliner Universität gefeiert werden sollte, verlangten die Sprecher der Studentenschaft, Reichspräsident Eberts Anwesenheit möge verhindert und Reichstagspräsident Löbe wieder ausgeladen werden, denn zwei Sozialdemokraten seien zu viel für eine deutsche Universität.

Diese Grundstimmung war von vornherein verstärkt worden durch das unvernünftige Verhalten der Sieger in Versailles. Dort war in der Tat ein Diktat verhängt worden, denn die deutsche Unterschrift wurde durch Kriegsandrohung erzwungen. Für Hitler war dies ein ideales Agitationsthema. Die Nationalsozialisten wurden nicht müde, den „Schandvertrag von Versailles" anzuprangern – „das Diktat, das abgeschüttelt", „die Fesseln, die gesprengt werden" müssten. [...]

Die Bürger haben ihren demokratischen Sinn bewiesen, aber wir müssen aufpassen, dass missmutige, auf Protest, Gewalt und Selbstdarstellung erpichte Gruppen, die von echten Rechtsextremisten inspiriert werden, nicht weiter anwachsen. [...]

*Quelle: Marion Gräfin Dönhoff: Von Weimar kann keine Rede sein, in: Die Zeit, Nr. 48, 20.11.1992*

1. In welchem politischen Denken waren zu Beginn der Weimarer Republik nach Marion Gräfin Dönhoff die Deutschen verhaftet?
2. Welche sozialen Gruppen standen der Demokratie feindlich gegenüber?
3. Wie wurde die politische Grundstimmung vom Versailler Vertrag beeinflusst?
4. Diskutieren Sie: Wie stehen die Deutschen heute zur Demokratie? Hat sich unsere Demokratie gefestigt?

## 4.3 Nationalsozialismus

**Das war der Anfang**

... Hitler treu ergeben,
treu bis in den Tod,
Hitler wird uns führen
einst aus dieser Not

**Das war das Ende**

... Hitler treu ergeben,
treu bis in den Tod ...

## Nationalsozialistische Herrschaft

Der neue Reichskanzler Adolf Hitler erfüllte die Erwartungen seiner Wähler. An die Stelle politischer Diskussionen trat – wie im Absolutismus – der allein entscheidende Wille des politischen Führers. Die von der Mehrheit der Deutschen freudig begrüßte Machtübertragung drang sofort in alle Lebensbereiche der Bürger ein. Ob Schule oder Arbeitsplatz, Kirche oder Sportverein, politische Partei oder Gewerkschaft – sie alle wurden auf die nationalsozialistische Ideologie ausgerichtet. Dies nannten die Nationalsozialisten **Gleichschaltung**. Und diese Ausschaltung politischer Gegner war erfolgreich. Es herrschte nicht Meinungsfreiheit, sondern geistiger Gleichschritt nach der schrillen Pfeife des Führers.

War es den Nationalsozialisten nicht möglich, eine Organisation gleichzuschalten, wurde sie bekämpft bzw. verboten. Widersetzten sich einzelne Menschen, wurden sie ausgeschaltet. Manche erhielten Haftstrafen, andere kamen durch Folter und Mord in einem Konzentrationslager um.

**M 1**
*Arbeitsfront*

**M 2**
*Konzentrationslager*

*Aufmarsch der Nationalsozialisten 1933*

## Machtübertragung – deutsche Juden als Sündenböcke

Reichspräsident Paul von Hindenburg und der Reichstag arbeiteten mit der neuen Koalitionsregierung aus NSDAP und DNVP gut zusammen. Sogar so gut, dass sie sich dem Reichskanzler Adolf Hitler und seiner Regierung zuliebe freiwillig entmachteten und Hitler diktatorische Vollmachten gaben. Begründet wurde dies mit angeblich kommunistischen und jüdischen Gefahren. Dabei war die KPD immer weit davon entfernt, Wahlen gewinnen zu können.

Die jüdischen Bürger mussten – wie schon in den Wahlkämpfen zuvor – als Sündenbock dienen. Sie wurden für alles Schlechte verantwortlich gemacht. Die verleumderische, bewusst mit den Mitteln der Lüge arbeitende Koalitionsregierung aus NSDAP und DNVP führte so Verbrechen, Arbeitslosigkeit usw. auf die Juden zurück. Diese wurden gleich nach der Machtübertragung am 30. Januar 1933 durch Einzelaktionen bedrängt, am 1. April 1933 gab es einen eintägigen Boykott jüdischer Geschäfte. Vom 7. April 1933 an wurden jüdische Beamte aus dem Dienst entfernt, den jüdischen Kindern wurde vom 25. April 1933 an die Aufnahme an Schulen und Hochschulen verboten bzw. erschwert. Und vom 14. Juli 1933 an wurde diesen Deutschen ihre Staatsangehörigkeit aberkannt.

Rechtliche Grundlagen für den Aufbau der Diktatur und für die Verfolgung andersdenkender Menschen bildeten im Wesentlichen eine Verordnung des Reichspräsidenten Hindenburg und ein Gesetz des Reichstages.

**M 3** *Reichstagsbrandverordnung*

Am 28. Februar 1933 beseitigte der Reichspräsident mit der Verordnung „Zum Schutz von Volk und Staat" (**Reichstagsbrandverordnung**) viele demokratische Grundrechte. Den Vorwand hierzu bildete die Behauptung der Nationalsozialisten, die Kommunisten hätten den Reichstag angezündet. Die willkürliche Verhaftung politischer Gegner war nun an der Tagesordnung. So konnte der Terror insbesondere gegen Juden, Kommunisten und Sozialdemokraten durchgeführt werden.

Am 23. März 1933 fand die eigentliche Machtübertragung statt. Reichstag und Reichsrat entmachteten sich selbst. Die Regierung Adolf Hitler wurde ermächtigt, Gesetze alleine als Regierungsbeschluss zu verabschieden. Dies galt auch für die Einnahmen, Ausgaben und Kredite des Reichs (Haushaltsgesetze), für außenpolitische Verträge und sogar für verfassungsändernde Gesetze. Diese freiwillige Machtübertragung nannte die nationalsozialistische Propaganda später „Machtergreifung".

**M 4** *Ermächtigungsgesetz*

Dem **Ermächtigungsgesetz** zugestimmt haben neben den Regierungsparteien NSDAP und DNVP alle anderen Parteien außer KPD und SPD. Die KPD-Abgeordneten und ein Fünftel der SPD-Abgeordneten war aufgrund der Notverordnung des Reichspräsidenten vom 28. Februar 1933 verhaftet worden, sie konnten an der Abstimmung nicht mehr teilnehmen. Der SPD-Vorsitzende Otto Wels hielt eine würdige Rede für die Freiheit in Deutschland: „Freiheit und das Leben kann man uns nehmen, die Ehre nicht!" Doch vergebens. Das christliche Zentrum und die wenigen Liberalen stimmten dem Ermächtigungsgesetz zu.

## Ausschaltung der Gegner – wenig Widerstand

Die Machtübertragung auf Reichsebene durch das Ermächtigungsgesetz war der erste Schritt. Es folgte die **Auflösung der Landtage** (31.03.1933). An ihre Stelle wurden Reichsstatthalter – meist Gauleiter der NSDAP – gestellt. Sie waren nur noch ausführende Organe des Reichskanzlers Adolf Hitler. Diesen Vorgang der Ausschaltung der Länder nannte die NS-Propaganda „Gleichschaltung der Länder mit dem Reich".

Zur Steuerung und Kontrolle der Verwaltungen schuf die NSDAP besondere Parteiämter. So wurde die Staatspartei zum Entscheidungszentrum auch auf kommunaler Ebene. Diese neuen Parteiämter wie Personalamt, Amt für Erziehung, Rechtsamt usw. wurden in den Rathäusern untergebracht. So kontrollierte die NSDAP die Politik.

Gewerkschaften und SPD wurden ebenfalls ausgeschaltet, beide mit Gewalt. Diese beiden eng verbundenen Gruppen und die KPD leisteten erheblichen Widerstand gegen die Machtübertragung. Ihre Mitglieder wurden verprügelt, verhaftet, gefoltert und in den KZs misshandelt bzw. ermordet. Der Widerstand der SPD richtete sich gegen die Nationalsozialisten, er stellte aber auch ein Eintreten für Demokratie und Freiheit dar.

Das Verbot aller anderen Parteien wurde überflüssig. Sie lösten sich in

Politische Häftlinge beim Appell in einem der ersten Konzentrationslager, Oranienburg bei Berlin, im April 1933

vorauseilendem Gehorsam – etwa ein Vierteljahr nach ihrer Zustimmung zum Ermächtigungsgesetz – selbst auf. So konnte Adolf Hitler unter breiter Zustimmung der Deutschen aufgrund des Ermächtigungsgesetzes am 14. Juli 1933 ein neues Gesetz verkünden: Die NSDAP wurde zur Staatspartei, die Bildung anderer Parteien wird unter Strafe gestellt. Damit war die **Selbstauflösung einer Demokratie** vollzogen.

Außer den Organisationen der Arbeiterschaft gab es keine größeren sozialen Gruppen, die sich mehrheitlich der Errichtung und Festigung der faschistischen Diktatur entgegenstemmten. Vereinzelt gab es Widerstand in den Kirchen, bei Liberalen und Konservativen. Geheime Staatspolizei (Gestapo), Sturmabteilung (SA) und Waffen-SS (Sturmstaffel) versuchten mit Terror, Mord und Totschlag, den Widerstand dieser aufrechten Minderheiten zu brechen. Die Konzentrationslager füllten sich.

**M 5**
*Christliche Kirchen*

Die nationalsozialistische Politik war lange populär. Erst nach der Niederlage von Stalingrad Anfang 1943, als sich die Niederlage abzeichnete, änderte sich die Stimmung. Zwar hat es Widerstand von Anfang bis zum Ende der faschistischen Diktatur gegeben, er war aber vereinzelt, nicht aufeinander abgestimmt und deshalb unwirksam. Ehrenwert und vorbildhaft bleibt er trotzdem. So versuchte der mutige Schreiner **Johann Georg Elser** am 8. November 1939 im Münchner Bürgerbräukeller, Hitler zu töten. Es misslang.

**M 6**
*Widerstand*

Ob in München die **Geschwister Scholl** mit ihrer Flugblattaktion an der Universität, im Rheinland die jugendlichen **Edelweißpiraten**, die zahllosen Gewerkschafter in Industriebetrieben mit ihren Informationsschriften oder die vielen Emigranten wie **Thomas Mann** und **Willy Brandt**, beide aus Lübeck – sie alle sind für uns bis heute Vorbild.

Am 20. Juli 1944 versuchte **Graf Stauffenberg** mit einer Bombe im Befehlszentrum „Wolfsschanze" in Ostpreußen, Hitler zu töten. Auch dieser Versuch eines Tyrannenmordes scheiterte. Graf Stauffenberg war bereit, sich selbst zu opfern. Wenn das Attentat gelungen und dadurch der Zweite Weltkrieg verkürzt worden wäre, hätte dies vielen Menschen das Leben gerettet.

Viele konservative preußische Militärs und Zivile (Kreisauer Kreis) waren an dem Attentat beteiligt. Als neuer Reichskanzler war Carl Goerdeler vorgesehen. Für ihn waren die jüdischen Bürger ein Problem. Diese wollte er nach Kanada oder Südamerika schicken, dem deutschen Volk die Führung in Europa sichern und Kolonien erwerben. Ein Gegner Hitlers, aber kein Vorbild für Demokraten.

## Die deutsche Außen- und Kriegspolitik 1933–1945

**A** *Außenpolitische Vorstellungen in Deutschland während der Weimarer Republik*

Das Ziel des nationalsozialistischen Deutschlands – Ausweitung des Reiches nach Osten – hatte Adolf Hitler immer betont. Dies hatte er auch 1923 in seinem Buch „Mein Kampf" geschrieben. Die Eliten in Wirtschaft, Militär, Wissenschaft und den beiden großen christlichen Kirchen dachten mehrheitlich ähnlich.

Nach der Machtübertragung nannte Hitler vor Offizieren und Unternehmern die Kriegsziele: z. B. Lebensraum im Osten und Kampf um neue Exportmöglichkeiten. Der Öffentlichkeit und dem Ausland wurde dagegen eine Friedenspolitik vorgegaukelt. Taktik und am Anfang auch Vorsicht prägten die offizielle Außenpolitik. Diese lässt sich in vier Abschnitte einteilen:

| Phase 1 | Phase 2 | Phase 3 | Phase 4 |
|---|---|---|---|
| Verschleierungspolitik | Expansion im Einklang mit dem Völkerrecht | Vorkriegsphase | Krieg |
| ab Januar 1933 | ab März 1936 | ab Oktober 1938 | ab September 1939 |

### Phase 1: Verschleierungspolitik (Januar 1933 – März 1936)

Deutschlands Diplomaten täuschten das In- und Ausland. Das Ziel der neuen Reichsregierung war es, das Deutsche Reich nach Osten zu erweitern. Durch Friedensbekundungen und Verträge wurde dies aber verschleiert.

So wurde Polen durch den **deutsch-polnischen Nichtangriffspakt** (Januar 1934) in Sicherheit gewiegt. Ebenso Großbritannien. Im **deutsch-britischen Flottenabkommen** (Januar 1935) erkannte Deutschland die Überlegenheit des Inselreiches an. Großbritannien seinerseits gestand Deutschland den Aufbau einer Marine zu, aber nur bis zu 35 % der eigenen Größe. Deutschland durfte jetzt große Schlachtschiffe und U-Boote bauen, rüstete also auf. Damit brachen beide Länder den Versailler Vertrag. Auch die Wiedereinführung der allgemeinen Wehrpflicht in Deutschland ab 1935 stellte einen Bruch dieses Vertrages dar.

Mit dem Papst in Rom wurde 1933 ein Vertrag (Konkordat) geschlossen. Die Zusammenarbeit zwischen katholischer Kirche und Staat wurde für die Kirche vorteilhaft geregelt. Für Reichskanzler Hitler war der Vertrag noch vorteilhafter: Das faschistische Deutschland erhielt dadurch gleich zu Beginn Ansehen.

### Phase 2: Expansionspolitik im Einklang mit dem Völkerrecht (März 1936 – Oktober 1938)

Deutschland und Japan schlossen 1936 einen Pakt, dem 1937 auch Italien beitrat. Damit stand die Koalition, die später den Zweiten Weltkrieg entfachte. Bei den **Olympischen Spielen** in Berlin 1936 erfreute sich die nationalsozialistische Regierung internationaler Anerkennung. Zwei Jahre später (März 1938) konnten deutsche Truppen in Österreich einmarschieren, ohne dass andere Mächte eingriffen. Die überwiegende Mehrheit der Deutschen und der Österreicher begrüßte den Anschluss Österreichs. Eine Minderheit wurde sofort gnadenlos verfolgt. So wurden in Wien sofort nach dem Einmarsch ca. 50.000 Menschen aus politischen und religiösen Gründen verhaftet.

Die Bevölkerung des **Sudetenlandes** – überwiegend Deutsche – wollte wie die Österreicher auch zum Deutschen Reich gehören. Auch hier setzte sich Hitler durch. Frankreich, Großbritannien und Italien – vertreten durch die Regierungschefs Daladier, Chamberlain und Mussolini – gaben den Forderungen Hitlers nach und gestanden den Sudetendeutschen das Selbstbestimmungsrecht der Völker zu. Im **Münchner Abkommen** (September 1938) beschlossen die vier Länder ohne Beteiligung der betroffenen Tschechoslowakei die Abtrennung des Sudetenlandes von der CSSR. Damit gehörten die sudetendeutschen Gebiete zu Deutschland.

Reichskanzler Hitler war international angesehen. Für Deutschland hatte er viele Ziele erreicht, die auch der Mehrheit der Bevölkerung wichtig waren.

**Die Erweiterung des Deutschen Reiches bis 1939:**

1. Das Saarland stand bis 1935 unter der Verwaltung des Völkerbundes. Es kam durch eine Volksabstimmung ins Reich.
2. Einmarsch deutscher Truppen ins entmilitarisierte Rheinland – März 1936
3. Einmarsch deutscher Truppen in Österreich – März 1938
4. Das Sudetenland wird im Münchener Abkommen an Deutschland abgetreten – Oktober 1938
5. Einmarsch deutscher Truppen in das heutige Tschechien, es entsteht das Reichsprotektorat Böhmen und Mähren – März 1939
6. Deutsch-Litauischer Staatsvertrag: Annexion des Memellandes – März 1939

**Phase 3: Vorkriegsphase (Oktober 1938 – September 1939)**
Die Reichsregierung befahl der Wehrmachtführung die **Zerschlagung der Tschechoslowakei** (Oktober 1938). Nach dem Winter besetzten deutsche Truppen Tschechien, von Hitler damals als „Tschechei" bezeichnet (März 1939). Die Slowakei wurde mit einem „Schutzvertrag" an das Reich angebunden. Nun erkannten Großbritannien und Frankreich die Machtgelüste Deutschlands. Sie sahen voraus, wer das nächste Opfer sein sollte: Polen. Deshalb garantierten die beiden Westmächte dem polnischen Staat seine Unabhängigkeit (Souveränität) und die Unverletzlichkeit seiner Grenzen (März 1939).

Darauf kündigte Hitler den deutsch-polnischen Nichtangriffspakt und das deutsch-britische Flottenabkommen. Das faschistische Deutschland fand für knappe zwei Jahre einen Partner: die Sowjetunion. Die Diktatoren Josef Stalin und Adolf Hitler verständigten sich über die Aufteilung Polens (August 1939): der Westen sollte zu Deutschland kommen, der Osten zur UdSSR. Darüber hinaus gestand das faschistische Deutschland der kommunistischen Sowjetunion Finnland, Estland, Lettland und Bessarabien (rumänisch) zu. So teilte der **Hitler-Stalin-Pakt** Europa vom Eismeer bis zum Schwarzen Meer auf. Zusätzlich hatte dieser Pakt einen unschätzbaren militärischen Vorteil: Durch die Freundschaft zur Sowjetunion hatte Deutschland keinen Zwei-Fronten-Krieg zu fürchten.

**Phase 4: Krieg (September 1939 – Mai 1945)**
Im September 1939 überfiel die Wehrmacht Polen, das nach kurzer Gegenwehr kapitulieren musste. Gemäß dem Hitler-Stalin-Pakt marschierte die Sowjetunion im Osten Polens ein. Polens Bündnispartner Großbritannien und Frankreich erklärten nach dem Überfall Deutschland den Krieg. Damit war der Krieg gegen Polen zu einem europäischen geworden. Deutschland reagierte auf die englisch-französische Kriegserklärung schnell. In zwei Blitzkriegen wurden im Frühjahr 1940 Dänemark und Norwegen ganz und Frankreich zum größten Teil besetzt. Dort stationierte englische Truppen zogen sich nach kurzen Kampfhandlungen zurück. Frankreich war bereit, einen Waffenstillstand abzuschließen. Deshalb wurde der Süden Frankreichs nicht besetzt. Hier errichtete der französische Ministerpräsident Pétain das **Vichy-Regime**. Kaum Widerstand, sondern willfährige Zusammenarbeit mit Deutschland wurde von dem vorübergehenden Regierungssitz Vichy ausgeübt.

Durch den Waffenstillstand mit Frankreich und das Zurückweichen der ungeschlagenen englischen Truppen über den Kanal bei Dünkirchen hatte Hitler nun freie Hand für sein eigentliches Ziel: die **„Germanisierung" im Osten**. Nach den Soldaten sollten Bauern kommen und im Osten siedeln. Nachdem der Balkan und Griechenland erobert waren, griff Deutschland ohne Vorwarnung im Juni 1941 die bisher verbündete Sowjetunion an. Dies konnte Hitler wagen, da die Gefahr eines Zwei-Fronten-Krieges nicht bestand. Nach anfänglichen Siegen zeigte sich, dass der Gegner stärker war. Weder St. Petersburg noch Stalingrad konnten eingenommen werden. Moskau sahen die deutschen Soldaten nicht. Nach Niederlagen 1942 musste die 6. Armee in **Stalingrad** im Januar 1943 kapitulieren. Jetzt leitete die Sowjetunion die Wende des Krieges ein. Schlecht ausgerüstete deutsche Soldaten erlitten im russischen Winter eine verheerende Niederlage.

Ebenso verheerend war die Niederlage des Afrikakorps unter Rommel in El-Alamein.

Im Juli 1943 landeten die USA, die sich vom japanischen Überfall auf Pearl Harbour im Dezember 1941 erholt hatten, in Italien. Nun hatte Deutschland zum ersten Mal in diesem Krieg eine zweite ernst zu nehmende Front. Als im Juni 1944 die Amerikaner und Engländer in der Normandie landeten, war das Ende endgültig abzusehen. Am **8. Mai 1945** kapitulierte die Wehrmacht, die Alliierten (USA, Großbritannien und UdSSR) befreiten Deutschland vom Faschismus. Doch zuvor mussten noch Millionen sterben: Kinder und Greise wurden als „Volkssturm" in die letzten Kämpfe geschickt und dadurch sinnlos geopfert. Die Wehrmacht und die Waffen-SS brachten noch in den letzten Monaten des Krieges viele Menschen um, auch Zivilpersonen. Die entsetzlichen Verbrechen an Juden wurden so lange wie möglich fortgesetzt.

Über 20 Millionen Sowjetbürger starben im Zweiten Weltkrieg, über sieben Millionen Deutsche, ca. neun Millionen in Südosteuropa, insgesamt etwa **55 Millionen Menschen**.

### Verfolgung und Ermordung jüdischer Bürger

Mit der Machtübertragung begann für die jüdischen Bürger eine Zeit der Schikanen, der Entrechtung und des Terrors. Der antijüdische Hass der Bevölkerung entlud sich auf der Straße, beim Einkaufen, in der Schule und am Arbeitsplatz. Mitglieder der NSDAP und ihrer Gliederungen taten sich hierbei besonders hervor. Diesen Hass hatte Adolf Hitler bewusst in seinen Wahlkämpfen benutzt, um Stimmen gewinnen zu können. Er bezeichnete diesen Hass als „Zement" der NSDAP.

Mit einer Anzeige in der Kieler Zeitung (KZ) vom 29. März 1933 riefen die Nationalsozialisten (wie überall) zum Boykott „jüdischer" Geschäfte auf, die Liste solcher Geschäfte wurde ebenfalls veröffentlicht. Der Rechtsanwalt Friedrich Schumm geriet mit den SS-Leuten, die vor dem Geschäft seines Vaters den Boykott überwachten, in ein Handgemenge und verletzte einen SS-Mann mit einem Pistolenschuss schwer. Schumm wurde ins Polizeipräsidium gebracht. Die Auslieferung an die SS wurde zwar vom Polizeipräsidenten abgelehnt, der SS gelang es jedoch, in das Gefängnis einzudringen. Um nicht das Leben der Gefängnisbeamten aufs Spiel zu setzen, gab er dann der „Empörung der nationalen Menge" Möglichkeit zur „Volksjustiz": Schumm wurde von 30 Schüssen niedergestreckt.

### Nürnberger Gesetze

Das Programm der NSDAP wurde am 15. September 1935 durch die Nürnberger Gesetze zum Teil umgesetzt. In den Nürnberger Gesetzen – von den Nationalsozialisten „Rassen-Gesetze" genannt – wurden die jüdischen Bürger entrechtet, systematisch ausgegrenzt und isoliert. Sie waren keine Reichsbürger mehr, durften nur noch unter sich heiraten, keine nichtjüdischen Hausangestellten unter 45 Jahren beschäftigen usw. Zur Begründung der „Rassengesetze" wurde – wie schon Ende des 19. Jahrhunderts – der Begriff „Arier" umgedeutet. Die Deutschen nichtjüdischer Herkunft bezeichneten sich selbst als Arier. „Arier" heißt in der Sprache der indogermanischen Bewohner Vorderasiens und Persiens „der Treue, Ergebene". Die Deutschen erfanden eine sogenannte „rassische Überlegenheit" und bildeten zum guten Arier einen Gegensatz: den bösen Juden.

**M 7** *Stellung der Juden*

**M 8** *NS-Justiz*

Für die Nationalsozialisten stellten die deutschen Juden eine andere Rasse dar. Bei der Ausführung der Nürnberger Gesetze gingen die Nationalsozialisten aber von religiösen Gesichtspunkten aus. Als Jude wurde angesehen, wer der jüdischen Religion angehörte oder jüdischer Herkunft war. Auch zum Christentum Übergetretene wurden verfolgt. So haben die Nürnberger Gesetze auch eine Wurzel in der Geschichte der christlich-jüdischen Beziehungen.

Den jüdischen Bürgern war verboten, Beziehungen zu Nicht-Juden zu pflegen. Freundschaft und Heirat war nur noch untereinander erlaubt. Wer sich nicht daran hielt, wurde bestraft. Der nichtjüdische Partner kam glimpflich davon. Oft wurde er aber öffentlich – wie auf dem Bild – an den Pranger gestellt. Für den jüdischen Partner bedeutete ein Verstoß gegen die Gesetze mehr: Verhaftung und auch Tod.

Im Jahre 1938 war die Entrechtung abgeschlossen. Die jüdischen Betriebe waren aufgelöst, Schul- und Hochschulbesuch nicht mehr möglich, Besuche von Theater, Kino, Konzerten und Ausstellungen waren den Juden verboten. Ab 1939 durften sie abends ihre Wohnungen nicht mehr verlassen. Das Mietrecht galt für sie nicht mehr. Auch die Leistungen der jüdischen Bürger in Wissenschaft und Kultur nützten nichts. Ihre Orden für Tapferkeit und Leistung in der deutschen Armee des Ersten Weltkrieges waren nichts mehr wert.

*Ein jüdischer Einwohner (mit „Judenstern") vor einem als jüdisch gekennzeichneten Haus.*

### Terror
Der Terror steigerte sich fortlaufend. Am 10. November 1938 wurden planmäßig 191 Synagogen zerstört, viele Geschäfte und Wohnungen geplündert und zahlreiche Friedhöfe geschändet. Diese Reichspogromnacht nannte die NSDAP „**Reichskristallnacht**". Niedrige Instinkte und ein tiefer Hass wurden sichtbar. Verletzungen und Misshandlungen wurden vom Staat gefördert. Wie schon bei der Einziehung jüdischer Betriebe, bereicherten sich Staat und Bürger an fremdem Vermögen. Während immer mehr Juden in Konzentrationslagern eingesperrt wurden, bereicherten sich Staat und Bürger durch Diebstahl an ihren Häusern, Möbeln, Betrieben usw. Dieser Diebstahl wurde damals „Arisierung jüdischen Vermögens" genannt.

### Holocaust
Das dunkelste Kapitel der deutschen Geschichte stellt die industriell durchgeführte Ermordung der

Juden, aber auch vieler Roma und Sinti dar. Mit der Vernichtung war die Waffen-SS beauftragt. Die Reichswehr und andere Verwaltungen beteiligten sich an diesen Verbrechen. Nur wenigen Verfolgten war die Flucht gelungen. Die allgemeinen **Deportationen** (Zwangsverschickungen) begannen am 14. Oktober 1941. Die verwaltungsmäßige Koordination für die Ermordung fand auf der **Wannsee-Konferenz** am 20. Januar 1942 statt. Etwa sechs Millionen Menschen wurden ermordet. Vor ihrem Tod mussten viele als Arbeitskräfte ohne oder gegen geringen Lohn arbeiten. Viele Firmen erzielten dadurch Gewinne. Angehörige der Waffen-SS und auch der Reichswehr füllten sich z. B. bei der Zuteilung von Arbeitskräften an die Firmen die Taschen mit Bestechungsgeldern.

*Im Konzentrationslager Buchenwald nach seiner Befreiung (15.04.1945)*

Es gab auch Menschen, die geholfen haben. So konnten wenige jüdische Bürger in Verstecken wie Kellern oder Dachböden überleben. Oskar Schindler z. B. half. Steven Spielberg hat dies in seinem Film „Schindlers Liste" festgehalten. Nach der Befreiung Deutschlands vom Nationalsozialismus wagten es die Helfer zum Teil nicht, darüber zu berichten. Während in der Nachkriegszeit die ins Ausland geflohenen Widerstandskämpfer oft als Vaterlandsverräter verleumdet wurden, wurden so manche im Inland gebliebene Helfer beruflich benachteiligt. Denn beide Gruppen hatten anders gehandelt als die Mehrheit.

Weitere Informationen siehe: http://www.jmberlin.de

## Nationalsozialistische Alltagspolitik

### Familienpolitik
Mann und Frau hatten in nationalsozialistischer Zeit eine Trennung ihrer Aufgaben vorzunehmen. Während der Mann in erster Linie Soldat sein sollte, war es Aufgabe der Frau, Kinder zu gebären und damit die Anzahl der Deutschen zu erhöhen. Aber es klappte mit dem Kindersegen nicht. Entgegen der NS-Propaganda gab es in der kurzen Vorkriegszeit viele Ehepaare ohne Kinder bzw. mit nur einem Kind. Hierüber erbost, erhob die nationalsozialistische Regierung ab Februar 1938 Strafsteuersätze für kinderlose Verheiratete. Wer mehr als fünf Jahre nach der Hochzeit keine Kinder hatte, wurde mit höheren Steuern belangt.

M 9
*Familie*

### Panzer wichtiger als Wohnungen
Ziel nationalsozialistischer Politik war es, durch Krieg Land im Osten zu gewinnen. Deshalb hatte die Rüstungspolitik Vorrang. Bomben, Granaten und Panzer waren wichtiger als Wohnungen.

### Euthanasie
Der planmäßige Mord an Menschen mit Behinderung wurde durch Rechenaufgaben in der Schule vorbereitet. Schon die Kinder sollten lernen, wie Nationalsozialisten über Menschen mit Behinderung denken. Als zu teuer, hinderlich und überflüssig wurden sie dargestellt. Die Nationalsozialisten bezeichneten sie als „lebensunwerte Existenzen".

Diese systematische Vernichtung von Leben nannten sie fälschlich Euthanasie. Dieser Begriff ist eigentlich positiv. Euthanasie (griech.: schöner Tod) bedeutet nicht, dass das Leben verkürzt wird, sondern dass der Sterbende seine letzten Stunden in Würde leben kann. Der Tod soll möglichst leicht und schmerzlos werden.

**Der einzelne Mensch ist nichts, der Führer ist alles**

**M 10**
*Führer*

Der Rechtsstaat wurde durch das Führertum aufgehoben. Befehle Adolf Hitlers wurden sofort gültiges Recht. Der Führer war oberster Richter und Gesetzgeber. Oft wurden Andersdenkende mit dem Tode bestraft. Ohne Terror, ohne diese abschreckenden Todesurteile hätte sich die faschistische Diktatur ab 1943 kaum halten können.

Der Nationalsozialismus drang in alle Lebensbereiche ein. Nicht nur die politischen Parteien, sondern auch die unabhängigen Jugendorganisationen wurden aufgelöst. So wie die NSDAP zur Staatspartei wurde, erhob Hitler die HJ (Hitlerjugend) zur Staatsjugend. Vom 10. bis 18. Lebensjahr bestand Zwangsmitgliedschaft, Austritte waren nicht möglich. Gliederungen waren:

- Deutsches Jungvolk – DJ, Jungen, 10–14 Jahre
- Deutsche Jungmädel – DJU, Mädchen, 10–14 Jahre
- die eigentliche Hitlerjugend – HJ, Jungen, 14–18 Jahre
- Bund Deutscher Mädel – BDM, Mädchen, 14–18 Jahre

Da die Kinder dem Führer genauso gehörten wie den Müttern, wurde ein großer Teil der Erziehung von den NS-Gliederungen übernommen. Nachmittags HJ, in den Ferien HJ, als Erwachsene in NS-Gliederungen wie NS-Frauenschaft oder NS-Kraftfahrerkorps (NSKK) – die Bürger wurden beschäftigt. Eigenständiges Denken war unerwünscht. Märsche, Fackelzüge, Singen und Zeltlager waren Mittel der politischen Erziehung.

Selbst Kinder hatten täglich 13 Termine im KLV-Lager (KLV = Kinderlandverschickung) einzuhalten.

# Materialien

**M 1**
*Arbeitsfront*

**Arbeitgeber und Arbeitnehmer zwangsweise vereint (Deutsche Arbeitsfront – DAF)**

Das Führerprinzip wurde auf das Arbeitsleben übertragen. Der Unternehmer war jetzt der Führer des Betriebes, die Beschäftigten seine Gefolgschaft.

Eine alte Forderung der Gewerkschaften, den 1. Mai als gesetzlichen Feiertag einzuführen, wurde von der nationalsozialistischen Regierung erfüllt. Dies bedeutete aber nicht, dass die Gewerkschaften unterstützt wurden. Das Gegenteil war der Fall. Um die Arbeiter politisch zu entmachten, wurden am 2. Mai 1933 die gewerkschaftlichen Organisationen zerschlagen. Banden von SA und SS-Hilfspolizisten verhafteten Gewerkschafter, verwüsteten und besetzten ihre Büros und zogen das Vermögen dieser Organisationen ein. Auch die Arbeitgeberverbände wurden aufgelöst.

In der DAF fanden sich Arbeitgeber und Arbeitnehmer zwangsweise vereint wieder. Die offizielle Aufgabe der DAF war es, einen Ersatz für die ehemaligen Unternehmerverbände und Gewerkschaften zu bilden. Da der Staat nun aber im Interesse der kriegsvorbereitenden Aufrüstung die Produktion lenkte und die Höhe der Löhne bestimmte, wurde die

DAF zur innerbetrieblichen Bedeutungslosigkeit verurteilt. Außerbetrieblich wurde die DAF populär: „Kraft durch Freude" (KdF) organisierte Veranstaltungen am Abend und den Urlaub im Sommer. Preiswert – also für viele erschwinglich – sollte der Urlaub sein. Die Freuden waren nur kurz. Denn der Krieg war wichtiger.

1. Wie wurden Unternehmer und Arbeitnehmer genannt?
2. Welche Vorteile ergaben sich aus der DAF für die nationalsozialistische Regierung?

### Konzentrationslager – ein Ort zur Ausschaltung politischer Gefangener

Gleich nach der Machtübertragung auf die Regierung Hitler/Hugenberg und ihre Parteien NSDAP/DNVP wurden in vielen Orten Deutschlands meist von örtlichen Stellen Konzentrationslager zur Ausschaltung der politischen Gegner errichtet. Die politischen Gefangenen entstammten größtenteils der Arbeiterschaft (KPD- und SPD-Mitglieder), aber auch anderen Bevölkerungsschichten. Sie hatten in den Arbeitslagern unter menschenunwürdigen Verhältnissen schwere Arbeiten (z. B. Straßen- und Wegebau, Entwässerungsmaßnahmen) zu leisten. Der Rechtsstaat war ausgeschaltet: Ohne Urteile und ohne Zeitbegrenzung wurden die Menschen in Gefangenschaft gehalten. Ab 1934 wurde die Waffen-SS beauftragt, große Konzentrationslager zu errichten. Diese wurden zentral von Berlin aus geführt. Hier starben viele Juden, Roma und Sinti sowie politisch Verfolgte.

**M 2**
*Konzentrationslager*

Der in Lübeck geborene Schriftsteller und sozialistische Politiker Erich Mühsam, ermordet im Konzentrationslager (KZ) Oranienburg am 12.07.1934

1942 wurde diese polnische Frau im Konzentrationslager Ravensbrück an den Beinen operiert. Bei den Nürnberger Prozessen ist sie Zeugin bei der Verhandlung gegen die Lagerärzte.

An den Gefangenen wurden auch medizinische Experimente ausgeführt – oft entsetzliche Morde –, begangen von gewissenlosen Ärzten.

Von 1941 an wurden Juden systematisch, d. h. planmäßig, mit reichsweiter Organisation umgebracht. Das fabrikmäßige Vergasen und Verbrennen von Menschen ist ohne Beispiel in der Geschichte der Menschheit. Sechs Millionen Juden wurden ermordet.

Forschen Sie selbst: Stellen Sie fest, wo es in Schleswig-Holstein Konzentrationslager gegeben hat. Welche Arbeiten mussten von den Gefangenen verrichtet werden? Wie viele überlebten? Hierzu können Sie Informationen in Ihrem Heimatmuseum, Ihrer Bibliothek usw. finden. Auch ältere Menschen wissen oft noch viel zu berichten.

**M 3**
*Reichstagsbrandverordnung*

**Verordnung des Reichspräsidenten zum Schutz von Volk und Staat (Reichstagsbrandverordnung) vom 28.02.1933**

Aufgrund des Artikels 48 Abs. 2 der Reichsverfassung wird zur Abwehr kommunistischer staatsgefährdender Gewaltakte Folgendes verordnet:
§ 1 Die Artikel 114, 115, 117, 118, 123, 124 und 153 der Verfassung des Deutschen Reichs werden bis auf Weiteres außer Kraft gesetzt. Es sind daher Beschränkungen der persönlichen Freiheit, des Rechts der freien Meinungsäußerung, einschließlich der Pressefreiheit, des Vereins- und Versammlungsrechts, Eingriffe in das Brief-, Post-, Telegrafen- und Fernsprechgeheimnis, Anordnungen von Haussuchungen und von Beschlagnahmen sowie Beschränkungen des Eigentums auch außerhalb der sonst hierfür bestimmten gesetzlichen Grenzen zulässig.
Es folgen §§ 2–6.

1. Welche Grundrechte wurden eingeschränkt?
2. Nennen Sie Grundrechte aus dem Grundgesetz.
3. Finden Sie dort Bestimmungen über die Möglichkeit, Grundrechte einzuschränken?
4. Nehmen Sie Stellung.

**M 4**
*Ermächtigungsgesetz*

**Ermächtigungsgesetz**

Durch das Ermächtigungsgesetz wurde die Machtübertragung von Reichstag und Reichsrat auf den Reichskanzler Adolf Hitler vollzogen. Es änderte die Verfassung. Das war nach Artikel 76 der Weimarer Verfassung möglich:

Die Verfassung kann im Wege der Gesetzgebung geändert werden. Jedoch kommen Beschlüsse des Reichstages auf Abänderung der Verfassung nur zustande, wenn zwei Drittel der gesetzlichen Mitgliederzahl anwesend sind und wenigstens zwei Drittel der Anwesenden zustimmen. Auch Beschlüsse des Reichsrats auf Abänderung der Verfassung bedürfen einer Mehrheit von zwei Dritteln der abgegebenen Stimmen. [...]

**Wahlergebnis der achten Reichstagswahl vom 05.03.1933:**

| | |
|---|---|
| Kommunistische Partei Deutschlands **KPD** | 81 Abgeordnete |
| Sozialdemokratische Partei Deutschlands **SPD** | 120 Abgeordnete |
| Zentrum/Bayrische Volkspartei **Z/BVP** | 92 Abgeordnete |
| Sonstige + Liberale | 14 Abgeordnete |
| Deutschnationale Volkspartei **DNVP** | 52 Abgeordnete |
| Nationalsozialistische Deutsche Arbeiterpartei **NSDAP** | 288 Abgeordnete |
| | 647 Abgeordnete |

Alle 81 Abgeordneten der KPD waren verhaftet worden, von der SPD 26. Tatsächlich waren 538 Abgeordnete an der Wahl beteiligt und 444 stimmten mit Ja. Nur die anwesenden SPD-Abgeordneten stimmten gegen das Ermächtigungsgesetz.

Hitler hat die Ermächtigung zur Diktatur erhalten. Von Männern wie dem Präsidenten des Preußischen Staatsrates, Dr. Adenauer, dem späteren Bundeskanzler; von dem Abgeordneten Dr. Heuss, dem späteren Bundespräsidenten; vom späteren Bundesjustizminister Dr. Schäffer und anderen ehrenwerten Männern, die nicht in der Lage sind, vorauszusehen, was Hitler mit ihrer Ermächtigung anfangen wird. Wer aber wollte eine solche Voraussicht dann von den politisch ungebildeten Volksmassen erwarten?

Quelle: Kurt Zentner: Illustrierte Geschichte des Dritten Reiches, Südwest Verlag, München, 1965, S. 157

1. Wie viele Stimmen wären notwendig gewesen, wenn niemand verhaftet worden wäre?
2. Wie viele Abgeordnete waren anwesend? Wie viel Prozent der Gesamtmitglieder waren das?
3. Wie viele Stimmen waren für die Verfassungsänderung notwendig?
4. Wie viele Stimmen hatten die NSDAP und die DNVP?
5. Wäre das Ermächtigungsgesetz zu verhindern gewesen?

### Die christlichen Kirchen

Die evangelische und die katholische Kirche haben die Machtübertragung an NSDAP/DNVP mehrheitlich begrüßt oder hierzu geschwiegen. Öffentliches und standhaftes Auftreten gegen die Diktatur war selten.

Viele evangelische Christen hatten sich schon vor 1933 als „Deutsche Christen" innerhalb der Kirche nationalsozialistisch organisiert. Die evangelischen Theologen **Martin Niemöller** und **Dietrich Bonhoeffer** z. B. beugten sich aber nicht. Sie leisteten ihren nationalsozialistisch gesinnten kirchlichen Vorgesetzten Ungehorsam. Zentrum des evangelischen Widerstands wurde die „Bekennende Kirche". Ihre Mitglieder wurden oft von den NS-Machthabern in Konzentrationslager gesteckt und verloren im Kampf gegen die braune Herrschaft ihr Leben.

Die katholische Kirche schloss am 22. Juli 1933 mit der neuen nationalsozialistischen Reichsregierung einen Staatsvertrag (Konkordat). Die Rechte der Kirche wie Religionsunterricht und Jugendarbeit wurden hier geregelt. Mit dem Konkordat wertete der Papst die Regierung Hitler international auf.

Einzelne Geistliche leisteten trotzdem unerschrocken Widerstand. So predigte der Bischof **Clemens August von Galen** aus Münster mutig gegen den Nationalsozialismus. Von ihm wurden die Morde an körperlich und geistig zurückgebliebenen Menschen angeprangert.

Beschämend für beide Kirchen ist ihr Schweigen zu der Verfolgung und Ermordung der Juden. Nur ganz vereinzelt traten Christen dagegen auf.

**M 5**
*Christliche Kirchen*

1. Fragen Sie Ihren Pastor, ob in Ihrer Gemeinde Widerstand geleistet worden ist.
2. Wie haben sich die Kirchen zum Nationalsozialismus gestellt?

### Über die Attentäter des 20. Juli

Die meisten Verschwörer waren Verächter der Weimarer Republik. Sie blieben deutsch-national gesinnt und erhofften sich anfangs Ruhm und Größe fürs Vaterland von Hitler.

In der preußischen Tradition bedingungslosen Gehorsams gedrillt, durch Eid auf den Führer eingeschworen, folgten sie ihm, solange der Schlag auf Schlag erfüllte, was sie stets ersehnten: die Revision des Versailler Vertrages von 1919, den Wiederaufbau einer Militärmacht, schließlich Deutschlands Aufstieg [...] .

Dass die Männer des 20. Juli den Anschlag gewagt haben, bleibt ihr Ver-

**M 6**
*Widerstand*

dienst. Und hätten die Verschwörer Erfolg gehabt, wären den Deutschen zumindest viele Kriegsopfer erspart geblieben.

Bis zum Juli 1944 waren rund 2,8 Millionen deutsche Zivilisten und Soldaten umgekommen. Als Hitler zehn Monate später durch Selbstmord dem tausendjährigen Wahn ein Ende setzte, hatte der Diktator noch einmal 4,8 Millionen Deutsche mit in den Abgrund gerissen.

Quelle: Rudolf Augstein, in: Der Spiegel, Nr. 28/1994, S. 38

*Beantworten Sie folgende Fragen auch mithilfe des Textes auf S.131:*
1. *Zu welchen Zeiten wurde von wem Widerstand geleistet?*
2. *Fassen Sie die Aussage Rudolf Augsteins mit Ihren eigenen Worten zusammen.*

**M 7**
*Stellung der Juden*

### Stellung der deutschen Juden

Die Geschichte der Juden wurde seit der Entstehung des Christentums von der Auseinandersetzung mit diesem geprägt. Und da sich die christliche Religion aus dem jüdischen Glauben entwickelt hatte, grenzte sie sich von ihm ab. So machten die Christen z. B. statt des Sabbats (Sonnabend) den Sonntag zu ihrem Feiertag.

Nachdem die christliche Lehre im Römischen Reich zur Staatsreligion erklärt worden war, wurden den Bürgern jüdischen Glaubens viele Rechte entzogen. Die Verfolgungen begannen. Auch im deutschen Mittelalter wurden die Juden verfolgt, der jüdische Glaube wurde als Konkurrenz zur herrschenden Religion gesehen.

In Deutschland durften sie oft nicht in den Städten wohnen. Wenn doch, musste der Aufenthalt meist von ihnen bezahlt werden (Schutzgelder). Ihre berufliche Tätigkeit war eingeschränkt. Großhandel und zünftiges Handwerk waren verboten, Geld- und Kleinhandel erlaubt.

Die Kreuzzüge des 11. und 12. Jahrhunderts waren in Deutschland mit der Verfolgung der Juden verbunden. Hierbei wurden sie oft vor die Alternative „Tod oder Taufe" gestellt. Als im Mittelalter die Pest wütete, behaupteten die Christen, die Juden hätten die Brunnen vergiftet. Dadurch sei die Pest ausgebrochen. Viele Juden wurden ermordet. Ganze jüdische Gemeinden gingen in den Pestpogromen von 1350 unter.

Im 17. Jahrhundert gewährte der dänische König als Herzog von Holstein den Juden in Altona bei Hamburg und Moisling bei Lübeck Schutz. Ihnen wurde „Freiheit in Handel und Wandel" zugesichert. In Lübeck vertrieb der Rat wiederholt Juden aus der Stadt (z. B. 1699, 1821/22). Einige erhielten aber den Status des Schutzjuden. Sie mussten in Lübeck eine bestimmte jährliche Abgabe für ihren Aufenthalt zahlen. Außer in Moisling und Altona gab es auch in Friedrichstadt, Glückstadt und Rendsburg-Neuwerk jüdische Gemeinden. Dort durften sie in Beträumen oder Synagogen Gottesdienst abhalten. Auch an anderen Orten wie Elmshorn und Wandsbek gab es Schutzjuden. Ihnen war wie in Lübeck der Gottesdienst verboten. Jüdische Schulen sind uns unter anderem aus Moisling und Stockelsdorf bei Lübeck bekannt.

Im Jahre 1811 wurden die Juden durch Napoleon gleichberechtigte Bürger. Viele zogen jetzt in die großen Städte. 1815 wurden sie wieder aus den Städten vertrieben. In Lübeck lebten 1824 nur acht Familien als Schutzjuden. Diese waren bereits vor 1810 in Lübeck ansässig gewesen.

Mit der bürgerlichen Gleichstellung 1848 bzw. kurz danach kehrten die Juden in die Städte zurück. Die Volkszählung von 1925 ergab für Schleswig-Holstein 4.781 jüdische Bürger. 1968 waren es nur etwa 100.

1. Erläutern Sie den Status des Schutzjuden.
2. Diskutieren Sie: Weshalb gewährte der dänische König den Juden Schutz?
3. Fragen Sie Ihren Religionslehrer, in welchem Zusammenhang die jüdische, die christliche und die islamische Religion stehen.

### Einkauf in einem Judengeschäft gilt als Scheidungsgrund – ein wichtiges Gerichtsurteil

**M 8**
*NS-Justiz*

Ein Amtswalter der Partei hatte gegen seine Gattin ein Ehescheidungsverfahren eingeleitet, weil es zwischen ihm und seiner Ehefrau dadurch zu Auseinandersetzungen gekommen sei, dass seine Ehefrau trotz ausdrücklichen Verbotes immer noch in jüdischen Geschäften einkaufe. Das Landgericht schied die Ehe aus alleinigem Verschulden der Ehefrau. In der Urteilsbegründung heißt es u. a.: „Wenn die Ehefrau eines Nationalsozialisten und erst recht eines nationalsozialistischen Amtswalters trotz Verbot ihres Mannes in Kaufhäusern und jüdischen Geschäften einkauft, so ist es dem Manne nicht zu verargen, dass seine eheliche Gesinnung erkaltet."

Quelle: „Der Stürmer", Kampfblatt der NSDAP, zitiert nach: Kurt Zentner: Illustrierte Geschichte des Dritten Reiches, Südwest Verlag, München 1965, S. 220

1. Überlegen Sie, wie die Auseinandersetzung zwischen den Ehepartnern abgelaufen sein könnte.
2. Wie sollten solche Urteile auf die Menschen wirken?
3. Aus welchen Gründen kann eine Ehe heute geschieden werden?

### Auf in die Geburtenschlacht

**M 9**
*Familie*

Was der Mann an Opfern bringt im Ringen eines Volkes, bringt die Frau an Opfern im Ringen um die Erhaltung dieses Volkes in den einzelnen Fällen. Was der Mann einsetzt an Heldenmut auf dem Schlachtfeld, setzt die Frau ein in ewig geduldiger Hingabe, in ewig geduldigem Leid und Ertragen. Jedes Kind, das sie zur Welt bringt, ist eine Schlacht, die sie besteht für das Sein oder Nichtsein ihres Volkes.

Quelle: Adolf Hitler, in: Harald Focke/Uwe Reimer: Alltag unterm Hakenkreuz, Reinbek 1979, S. 121

### Nordische Gattin gesucht

**Witwer**, 60 Jahre alt, wünscht sich wieder zu verheiraten mit einer nordischen Gattin, die bereit ist, ihm Kinder zu schenken, damit die alte Familie in der männlichen Linie nicht ausstirbt.

Quelle: Hamburger Fremdenblatt, 05.12.1935

**Zweiundfünfzig Jahre alter, rein arischer Arzt**, Teilnehmer an der Schlacht bei Tannenberg, der auf dem Lande zu siedeln beabsichtigt, wünscht sich männlichen Nachwuchs durch eine standesamtliche Heirat mit einer gesunden Arierin, jungfräulich, jung, bescheiden, sparsame Hausfrau, gewöhnt an schwere Arbeit, breithüftig, flache Absätze, keine Ohrringe, möglichst ohne Eigentum.

Quelle: Münchner Neueste Nachrichten, 25.07.1940

| Ehe-schließung: | ohne Kinder | 1 Kind |
|---|---|---|
| 1929 | bis 1934: 26 % | bis 1934: 36 % |
| 1933 | bis 1938: 31 % | bis 1938: 27 % |

NS-Idealbild Familie

1. Welche Aufgaben sollten Mann und Frau erfüllen?
2. Beschreiben Sie das Idealbild einer Frau nach den Vorstellungen der Nationalsozialisten.
3. Welche Vorstellungen haben Sie von der Verteilung der Aufgaben zwischen Mann und Frau heute?
4. Diskutieren Sie, warum im Nationalsozialismus mehr Ehen kinderlos blieben als in der Endphase der Weimarer Republik.

**M 10** *Führer*

## Und sie werden nicht mehr frei ihr ganzes Leben

### Adolf Hitler 1938 in Reichenberg im Sudetenland:

Diese Jugend, die lernt ja nichts anderes als deutsch denken, deutsch handeln. Und, wenn hier dieser Knabe, dieses Mädchen mit ihren zehn Jahren in unsere Organisationen hineinkommen und dort nun so oft zum ersten Mal überhaupt eine frische Luft bekommen und fühlen, dann kommen sie vier Jahre später vom Jungvolk in die Hitler-Jugend. Und dort behalten wir sie wieder vier Jahre, und dann geben wir sie erst recht nicht zurück in die Hände alter Klassen- und Standeserzeuger (Lachen), sondern dann nehmen wir sie sofort in die Partei, oder in die Arbeitsfront, in die SA, in die SS, in das NSKK und so weiter. Und wenn sie dort zwei Jahre oder anderthalb Jahre sind und noch nicht ganze Nationalsozialisten geworden sein sollten, dann kommen sie in den Arbeitsdienst und werden dort wieder sechs und sieben Monate geschliffen, alle mit einem Symbol, dem deutschen Spaten! (Beifall)

Und was dann nach sechs oder sieben Monaten noch an Klassenbewusstsein oder Standesdünkel da oder da noch vorhanden sein sollte, das übernimmt dann die Wehrmacht zur weiteren Behandlung auf zwei Jahre (Jubel). Und wenn sie dann nach zwei oder drei oder vier Jahren zurückkehren, dann nehmen wir sie, damit sie auf keinen Fall rückfällig werden, sofort wieder in SA, SS und so weiter. Und sie werden nicht mehr frei ihr ganzes Leben! (Heil-Rufe)

*Quelle: Bayerischer Rundfunk online: Nazi-Ideologie im Original-Ton, 3. Kulturvolk und Lebensraum, Zugriff am 17.8.2009 unter: http://www.br-online.de/wissen-bildung/collegeradio/medien/geschichte/ns3/manuskript/ns3_manuskript.pdf*

1. Ab welchem Alter waren Jungen und Mädchen Zwangsmitglieder einer nationalsozialistischen Organisation?
2. Schildern Sie den Aufbau der genannten NS-Organisationen.
3. Mit welchen politischen Zielen besetzte die NSDAP die Freizeit der Bürger?
4. Versuchen Sie sich in eine ähnliche Situation zu versetzen. Wie würden Sie heute reagieren?

Beachten Sie auch den Text „Der einzelne Mensch ist nichts, der Führer ist alles" auf S.138.

# Arbeitsvorschlag

## Vergleich von Texten – außenpolitische Vorstellungen in Deutschland während der Weimarer Republik

**Prof. Dr. Karl Haushofer, ein angesehener Historiker, formulierte im Jahr 1922:**

- In der Tat stand „Weltmacht oder Niedergang" zur Wahl. [...]
- Der Welteroberungsdrang mit dem ihm innewohnenden Verantwortungsgefühl für eine Menschheitssendung [...]
- Nur in Europa sitzt die größte Volksdichte in einem Volk ohne Macht und Raum zentral, schlägt ein Herz blut- und drucküberfüllt; [...]
- So stehen wir heute einem völlig geänderten Großmachtbegriff gegenüber, an dem nur eins als Kennzeichen bleibt, [...]: der Wille zur Macht und ihrer Ausbreitung, da es Gleichgewichtszustände auf die Dauer nicht gibt. Wo dieser Wille zur Macht fehlt, da würde auch in raumweiten Landschaften der Großmachtgedanke wesenlos. [...]

Quelle: Rudolf Kjellén, Karl Haushofer (Hg.): Die Großmächte vor und nach dem Weltkriege, Teubner Leipzig und Berlin 1930, S. 24 (2x), 329 (2x)

**Adolf Hitler, Vorsitzender der NSDAP, schrieb 1923 in „Mein Kampf":**

- Deutschland wird entweder Weltmacht oder überhaupt nicht sein. [...]
- Demgegenüber müssen wir Nationalsozialisten unverrückbar an unserem außenpolitischen Ziele festhalten, nämlich dem deutschen Volk den ihm gebührenden Grund und Boden auf dieser Erde zu sichern. [...]
- Damit ziehen wir Nationalsozialisten bewusst einen Strich unter die außenpolitische Richtung unserer Vorkriegszeit. Wir setzen dort an, wo man vor sechs Jahrhunderten endete. Wir stoppen den ewigen Germanenzug nach dem Süden und Westen Europas und weisen den Blick nach dem Land im Osten. [...] Wenn wir aber heute in Europa von neuem Grund und Boden reden, können wir in erster Linie nur an Russland und die ihm untertanen Randstaaten denken. [...]
- Heute werde ich nur von der nüchternen Erkenntnis geleitet, dass man verlorene Gebiete nicht durch die Zungenfertigkeit geschliffener parlamentarischer Mäuler zurückgewinnt, sondern durch ein geschliffenes Schwert zu erobern hat, also durch einen blutigen Kampf. [...]
- Wenn die deutsche Nation den Zustand ihrer drohenden Ausrottung in Europa beenden will, dann hat sie nicht in den Fehler der Vorkriegszeit zu verfallen und sich Gott und die Welt zum Feind zu machen, sondern dann wird sie den gefährlichsten Gegner erkennen müssen, um mit der gesamten konzentrierten Kraft auf ihn einzuschlagen. [...]

Quelle: Adolf Hitler: Mein Kampf, Verlag Franz Eher Nachfolger, München 1934, S. 710, 739, 742 (2x)

*Vergleichen Sie die beiden Texte:*
1. *Schreiben Sie nebeneinander auf:*
   *Formulierungen des Historikers Karl Haushofer bzw. Adolf Hitlers zu folgenden Themen:*

*a) die Alternative für Deutschland (Worum ging es im Prinzip?),*
*b) die außenpolitischen Ziele,*
*c) die Mittel zur Erreichung der Ziele.*
2. *Beurteilen Sie die Art der Formulierung (Ausdruck, Verständlichkeit, benutzte Begriffe, ...).*
3. *Vergleichen Sie die „Theorie" und die „Praxis" nationalsozialistischer Außenpolitik. Beachten Sie auch den Text auf S. 132–135.*

## Zur Vertiefung

### Was haben wir mit der deutschen Vergangenheit zu tun?

#### Schwere Erbschaft

Schuld oder Unschuld eines ganzen Volkes gibt es nicht. Schuld ist, wie Unschuld, nicht kollektiv, sondern persönlich. Es gibt entdeckte und verborgen gebliebene Schuld von Menschen.

Es gibt Schuld, die sich Menschen eingestanden oder abgeleugnet haben. Jeder, der die Zeit mit vollem Bewusstsein erlebt hat, frage sich heute im Stillen selbst nach seiner Verstrickung.

Der ganz überwiegende Teil unserer heutigen Bevölkerung war zur damaligen Zeit entweder im Kindesalter oder noch gar nicht geboren. Sie können nicht eine eigene Schuld bekennen für Taten, die sie nicht begangen haben. Kein fühlender Mensch erwartet von ihnen, ein Büßerhemd zu tragen, nur weil sie Deutsche sind. Aber die Vorfahren haben ihnen eine schwere Erbschaft hinterlassen. Wir alle, ob schuldig oder nicht, ob alt oder jung, müssen die Vergangenheit annehmen. Wir alle sind von ihren Folgen betroffen und für sie in Haftung genommen. Jüngere und Ältere müssen und können sich gegenseitig helfen, zu verstehen, warum es lebenswichtig ist, die Erinnerung wach zu halten. Es geht nicht darum, Vergangenheit zu bewältigen. Das kann man gar nicht. Sie lässt sich ja nicht nachträglich ändern oder ungeschehen machen. Wer aber vor der Vergangenheit die Augen verschließt, wird blind für die Gegenwart. Wer sich der Unmenschlichkeit nicht erinnern will, der wird wieder anfällig für neue Ansteckungsgefahren.

Hitler hat stets damit gearbeitet, Vorurteile, Feindschaften und Hass zu schüren. Die Bitte an die jungen Menschen lautet: Lassen Sie sich nicht hineintreiben in Feindschaft und Hass gegen andere Menschen, gegen Russen oder Amerikaner, gegen Juden oder Türken, gegen Alternative oder gegen Konservative, gegen Schwarz oder gegen Weiß. Lernen Sie, miteinander zu leben, nicht gegeneinander.

Quelle: Bundespräsident Richard von Weizsäcker am 08.05.1985 vor dem Deutschen Bundestag, in: Das Parlament, Nr. 19, Bonn 1985

1. *Was sagt Richard von Weizsäcker über die Schuld, die Bewältigung der Vergangenheit, die Folgen für unser Leben heute?*
2. *Welche Gefahr besteht heute? Welche Lehre sollten wir aus der Geschichte ziehen?*
3. *Nehmen Sie Stellung: Was haben Sie persönlich mit der deutschen Vergangenheit zu tun?*

# 4.4 Kalter Krieg

*Russische Panzer rollen durch Berliner Straßen.*

*Nationale Volksarmee und Volkspolizei der DDR bauen die Mauer quer durch Berlin.*

## Die Nachkriegszeit

### 8. Mai 1945: Bedingungslose Kapitulation – Befreiung vom Nationalsozialismus

Im April und bis zur Kapitulation kämpften die deutschen Truppen – obwohl der Krieg längst verloren war – verbissen weiter. Insbesondere junge Deutsche, zum Teil noch Kinder, wurden von verantwortungslosen Offizieren, Waffen-SS-Angehörigen oder Lehrern noch dazu angehalten, ein sinnloses Opfer zu bringen: ihr junges Leben.

In Berlin starben in den letzten Wochen und Tagen noch viele Soldaten und Zivilisten. Viele Gebäude wurden zerstört. Und dies nur, weil die Deutschen Haus für Haus gegen die sowjetischen Truppen verteidigten. Die Sowjetarmee machte hier 70.000 Gefangene.

Am 30. April 1945 verübte Adolf Hitler Selbstmord, am 8. Mai 1945 kapitulierten die deutschen Truppen in Berlin-Karlshorst. Nun verließen die Deutschen ihre Keller. Ihre Wohnungen und Arbeitsplätze, ihre Schulen und Kirchen waren zum Teil zerstört. Viele hungerten – wie die Menschen in Leningrad oder Prag. Aber sie hatten überlebt. 55 Millionen Menschen wurden im Zweiten Weltkrieg getötet. Für die einen war der 8. Mai 1945 ein beschämendes Ereignis, nämlich die militärische Niederlage. Für die anderen war der 8. Mai 1945 der Tag der Befreiung vom Faschismus durch die Amerikaner, Briten und Sowjets. Und damit ein Tag der Freiheit und Menschlichkeit.

Weitere Informationen siehe: www.museum-karlshorst.de

### Die Siegermächte

Wer waren die Siegermächte? Was vereinte sie und was trennte sie?

- Die **USA**, demokratisch und wirtschaftlich erfolgreich, waren seit dem Ersten Weltkrieg die Weltmacht Nummer eins.

- **Großbritannien**, von den USA als führende Weltmacht abgelöst, hatte eine lange demokratische Tradition.

- Die **UdSSR**, wirtschaftlich rückständig, war keine Demokratie, sie wurde vom Diktator **Josef Stalin** mit Terror und Mord regiert, war sozialistisch und zentralistisch und immer noch mit revolutionärem, ja missionarischem Elan für eine kommunistische Weltrevolution ausgestattet. Ganz das Gegenteil zu den kapitalistischen USA.

**V**
*Veränderung der weltpolitischen Lage*

Geeint wurden die Siegermächte durch ihren gemeinsamen Kampf gegen Hitler-Deutschland. Dies deckte lange ihre Gegnerschaft aufgrund der unterschiedlichen politischen und wirtschaftlichen Systeme zu. Auf der Kriegskonferenz von Teheran (Ende 1943) stimmte man zwar erfolgreich das militärische Vorgehen (Invasion in Frankreich) aufeinander ab, konnte sich aber über die Grenzen in Mitteleuropa nach Beendigung des Krieges nicht einigen. Der amerikanische Präsident **Franklin D. Roosevelt** und der englische Premierminister **Winston Churchill** waren sich einig, Deutschland in mehrere Staaten aufzuteilen. Ostpreußen sollte abgetrennt werden. Die größten Teile von Pommern und Schlesien (mit Breslau) sollten deutsch bleiben.

Auf der Kriegskonferenz von Jalta (Februar 1945) kamen die großen drei (USA, Großbritannien und UdSSR) überein, Deutschland in Besatzungszonen aufzuteilen, die zukünftige Ostgrenze blieb umstritten.

Der englische Premierminister Winston Churchill warnte im Juni vor dem Vormarsch der Sowjetunion nach Westen. Er sah ganz deutlich, wie sich zwischen Ost und West ein „**Eiserner Vorhang**" senkte. Mit Unbehagen beobachtete er die kommunistische Machterweiterung in den osteuropäischen Staaten.

Auf der **Konferenz von Potsdam** (17. Juli – 2. August 1945) setzte sich die Sowjetunion durch: Pommern, Schlesien und das südliche Ostpreußen wurden polnisch, das nördliche Ostpreußen wurde russisch. Im Osten musste Polen Land an die Sowjetunion abgeben. Der nun amtierende amerikanische Präsident **Harry S. Truman** und der neue britische Premierminister **Clement Attlee** akzeptierten den sowjetischen Landgewinn. Sie klammerten sich an die Bestimmung des Potsdamer Abkommens, wonach die deutsche Ostgrenze endgültig erst auf einer Friedenskonferenz festgelegt werden sollte. Wie alle wussten, sah die Wirklichkeit anders aus: Die Vertreibung der Deutschen aus diesen Gebieten war längst weltbekannte Realität. Josef Stalin hatte gewonnen.

Zum Entsetzen der Bevölkerung übergaben die Amerikaner und Briten im Vorfeld der Potsdamer Konferenz der Sowjetunion große Teile der heutigen Bundesländer Mecklenburg, Brandenburg, Sachsen-Anhalt, Thüringen und Sachsen. Wieder hatte Josef Stalin sich durchgesetzt.

*Potsdamer Konferenz, von links nach rechts: Churchill (Großbritannien), Truman (USA), Stalin (UdSSR)*

### Das Ergebnis von Potsdam

Die USA, die UdSSR und Großbritannien kamen überein, Frankreich an der Besetzung Deutschlands zu beteiligen. So wurde das Deutsche Reich in **vier Besatzungszonen** und Berlin in **vier Sektoren** aufgeteilt. Die Gebiete östlich der **Oder-Neiße-Linie** wurden Polen und der Sowjetunion übergeben. In den einzelnen Zonen und Sektoren übten die jeweiligen militärischen Oberbefehlshaber der Besatzungsmächte die Regierungsgewalt aus. Für Deutschland als Ganzes bildeten die Oberbefehlshaber den **Alliierten Kontrollrat**. Dieser sollte für ganz Deutschland Entscheidungen treffen. Die Sowjets blockierten dies aber.

M 1
*Vertreibung*

### Folgen des Krieges

Im Krieg leidet auch die Zivilbevölkerung an Hunger, zerstörten Wohnungen, Flucht und Vertreibung. Als dies zu Beginn des Krieges die Polen und dann später besonders die Russen traf, wurde es den Deutschen noch nicht bewusst. Nach der militärischen Niederlage 1942/43 (Stalingrad) wurde diese Not offenbar. Die Bevölkerung im Westen, deren Städte zum Teil erheblich zerstört waren, nahm ab 1944 viele Flüchtlinge auf. Etwa acht Millionen Menschen fanden auf dem Gebiet der späteren Bundesrepublik Deutschland eine neue Heimat. In Schleswig-Holstein bestand die Bevölkerung sogar zu über 40 % aus Heimatvertriebenen.

### Zuerst Entnazifizierung und Demontage, dann Hilfe für den Westen im Kalten Krieg

Die Bestrafung der Nationalsozialisten fiel milde aus. Zwar wurden in den **Nürnberger Prozessen** von den Alliierten zwölf Hauptkriegsverbrecher verurteilt, vieles blieb aber ungesühnt. Auch die Entfernung ehemaliger NS-Funktionäre aus ihren Stellungen verlief bald im Sande.

Mit der Veränderung der weltpolitischen Lage, mit dem Einsetzen des Kalten Krieges, setzten insbesondere die Amerikaner andere Schwerpunkte: die Bekämpfung des Kommunismus, Hilfe beim Wiederaufbau Deutschlands, Errichtung der Demokratie in Gemeinden, Kreisen und Ländern. So wurden auch viel weniger Industrieanlagen in den westlichen Zonen demontiert als geplant.

In der sowjetisch besetzten Zone dagegen führten die Demontagen zu größeren wirtschaftlichen Nachteilen.

Die Beschaffung lebensnotwendiger Güter beschäftigte nach Kriegsende die Menschen fast den ganzen Tag. Brot und Wasser, Kohl und Margarine, Matratzen und Decken, Mäntel und Hosen, Kleider und Röcke wurden besorgt, das heißt getauscht, gekauft, geklaut oder gegen Lebensmittelkarten erworben. Auch Heizmaterial war knapp. Deshalb zog man in die Wälder und Parks und fällte Bäume. Und wer als Flüchtling eine eigene, abschließbare Wohnung besaß, konnte sich glücklich schätzen.

Aus dem Alltag der Nachkriegszeit fünf Beispiele:

**Kohlenfrei:**
Ausfall des Unterrichts im Winter, wenn keine Kohlen zur Verfügung standen.

**Fringsen:**
Vom Kölner Kardinal Frings zum Überleben erlaubter Diebstahl von Nahrungsmitteln und Kohle.

**Gasrationierung:**
In Kleve durfte ein Vier-Personen-Haushalt 1946 nur 30 cbm Gas im Monat verbrauchen. Wer zwischen 0 und 10 % mehr verbrauchte, hatte den 100-fachen Preis für den Mehrverbrauch zu zahlen. Wurde öfter oder über 10 % gegen die Gasrationierung verstoßen, erhielt man eine Liefersperre von 30 Tagen bzw. eine Gefängnisstrafe.

**Lebensmittelkarten:**
Jeder Bürger erhielt eine Lebensmittelkarte. Diese war aufgeteilt in Marken wie z. B. für 50 Gr. Brot, 5 Gr. Margarine. Die zugeteilten Lebensmittel entsprachen einem Kalorienwert von ca. 850–1.500 pro Tag. Der Mensch benötigt pro Tag etwa 2.200 Kalorien. Also musste gehungert werden.

**Zigarettenwährung:**
Bis zur Währungsreform 1948 galt die „Zigarettenwährung". An ihr maßen sich die Preise auf dem von den Alliierten weitgehend tolerierten Schwarzmarkt. Ein einheitliches Preisgefüge gab es nicht, die Schwankungen waren hoch. So konnte man für 250 Gr. Butter 50 Zigaretten bekommen, für 40 Zigaretten 1 Flasche Wein und 1 Flasche Schnaps.

*Gefüllte Schaufenster nach der Währungsreform*

### Marshall-Plan und Währungsreform

Im Frühjahr 1946 beendeten die Amerikaner ihre Politik der Zusammenarbeit mit der Sowjetunion. Sie engagierten sich ab 1947 finanziell für Europa (Marshall-Plan). Während die westlichen Staaten die Hilfe dankbar annahmen, verbot die Sowjetunion den Ländern ihres Einflussbereiches die Annahme dieser Unterstützung.

Am 20. Juni 1948 erhielt in Westdeutschland jeder ein Kopfgeld von 40,00 Deutschen Mark. Bei Spareinlagen wurden für 100,00 Reichsmark rund 6,50 DM gutgeschrieben. Die DM war geboren und mit ihr begann die rasche Abschaffung der Zuteilungswirtschaft.

Schon zu dieser Zeit setzte der Direktor der Verwaltung für Wirtschaft, Ludwig Erhard – später Wirtschaftsminister und Bundeskanzler – konsequent die soziale Marktwirtschaft durch. In der sowjetischen Besatzungszone wurde auch eine Währungsreform durchgeführt. Die Planwirtschaft wird aber nicht ab-, sondern ausgebaut.

> **Soziale Marktwirtschaft**
>
> In einer Marktwirtschaft entscheiden Hersteller und Käufer von Gütern frei darüber, was produziert wird und welchen Preis ein Gut hat.
>
> In einer sozialen Marktwirtschaft greift der Staat bei unerwünschten Ergebnissen wie zu hohen Mieten, Arbeitslosigkeit und ungerechter Einkommensverteilung ein. Er beeinflusst die Wirtschaft. Ziel ist es, sozial auszugleichen (Wohngeld, Sozialhilfe usw.) und die Macht der einzelnen Unternehmen zu beschneiden.

Ludwig Erhard, Wirtschaftsminister 1949–1963, Bundeskanzler 1963–1966, mit dem Symbol des deutschen Wirtschaftswunders der Nachkriegszeit: seiner Zigarre

## Berlin als Symbol der Freiheit im Kalten Krieg

Der Alliierte Kontrollrat in Berlin war praktisch arbeitsunfähig. Zu groß waren die Unterschiede. Die westlichen Besatzungsmächte wünschten sich ein demokratisches und kapitalistisches Deutschland, die Sowjets ein kommunistisches Land. Im März 1948 verließ die Sowjetunion den Kontrollrat. Damit war für Deutschland als Ganzes und für Groß-Berlin keine gemeinsame Verwaltung mehr vorhanden. Ab April 1948 behinderten die Sowjets den Verkehr auf Straße, Schiene und Wasser zwischen den drei Westzonen und Westberlin immer stärker. Ab Juni 1948 kam dies einer Blockade gleich: Pkws und Lkws, Interzonenzüge und Binnenschiffe konnten nicht mehr fahren. Berlin sollte ausgehungert werden. Das sowjetische Ziel: Die westlichen Alliierten sollten sich aus Westberlin zurückziehen.

Die „Luftbrücke" während der Berliner Blockade 1948/49

Eine Zwei-Millionen-Stadt ohne Strom und Nahrungsmittel sollte sich der Sowjetunion beugen. Doch die Westmächte mit dem amerikanischen General Lucius D. Clay an der Spitze halfen. Eine **Luftbrücke** zwischen den westlichen Zonen und Berlin wurde eingerichtet. An 398 Tagen wurden mehr als zwei Millionen Tonnen Waren befördert, dafür über 170 Millionen km geflogen. Alle drei Minuten startete ein Flugzeug, im Volksmund **„Rosinenbomber"** genannt. Und die Berliner mit ihrem Oberbürgermeister Ernst Reuter hielten durch. Für Opfer und Entbehrung erhielten sie die Freiheit: Im Mai 1949 hoben die Sowjets die Blockade auf.

## Zwei deutsche Staaten als Konsequenz des Kalten Krieges

Aus den befreundeten Siegermächten waren in kurzer Zeit politische Gegner, ja Feinde, geworden. So wurde das Potsdamer Abkommen immer unbedeutender für den politischen Alltag. Der Konkurrenzkampf der Systeme – freiheitlicher Kapitalismus und diktatorischer Sozialismus – wurde nun auch in Deutschland ausgetragen. Zwei Staaten entstanden.

*Siehe auch Kap. 4.1 Verfassung von 1949, S.112*

Im Westen erarbeiteten 65 gewählte Vertreter der Landtage im **Parlamentarischen Rat** das Grundgesetz. Die Arbeit wurde laufend mit den drei Besatzungsmächten abgestimmt. Vorsitzender des Parlamentarischen Rates wurde **Konrad Adenauer** (CDU).

Das Grundgesetz und die Hauptstadt Bonn sollten nur ein Provisorium darstellen. In der Präambel zum Grundgesetz hieß es deshalb:

> „Das gesamte deutsche Volk bleibt aufgefordert, in freier Selbstbestimmung die Einheit und Freiheit Deutschlands zu vollenden."

Im Osten waren viele Politiker aus CDU, SPD und LDPD (Liberal-Demokratische Partei Deutschlands) von der politischen Entwicklung enttäuscht worden. Sie hatten einen demokratischen Aufbau erwartet und wollten sich an der Bildung eines neuen Unrechtsstaates nicht beteiligen. Deshalb waren viele aus der Ostzone in die Westzonen gegangen. Am 15./16. Mai 1949 wurde ein **Volkskongress** gewählt. Es gab nur eine Einheitsliste aus SED, CDU, LDPD und anderen. Die Sitzverteilung war vor der Wahl festgelegt worden: 25% SED, 15% CDU usw. Die Bürger konnten zur Einheitsliste nur mit Ja oder Nein stimmen. Am 7. Oktober 1949 beschloss der Volkskongress die Gründung der **Deutschen Demokratischen Republik**.

SED = Sozialistische Einheitspartei Deutschlands. Sie war auf Druck der Sowjetunion zwangsweise aus KPD und SPD gebildet worden.

### Die Bundesrepublik gewinnt den Wettkampf in Sachen Wohlstand

Die Regierung der DDR bestimmte durch ihre zentral festgelegten Pläne, welche Produkte durch welche Firmen wo und zu welchen Preisen hergestellt werden sollten. Farben und Aussehen – also Mode und Design – spielten eine untergeordnete Rolle. Das Ziel der Betriebe war nicht, viel zu verkaufen, sondern den **Plan** zu erfüllen. Auch wenn z. B. Schnürsenkel auf Halde produziert wurden, bekam die Fabrik dafür Geld, weil der Plan eingehalten wurde. Kundenwünsche konnten nur über die Ostberliner Zentrale Eingang in die Pläne finden. Dies geschah nicht oft. So standen einfache und unmoderne Produkte oft zahlreich in den Regalen, während moderne Geräte und modische Artikel fehlten.

Auch die Verteilung der Waren klappte nicht, da es keinen eigenständigen, sich an Kundenwünschen orientierenden Groß- und Einzelhandel gab. Wenn Fleisch, Obst, gute Strümpfe, Kleider und Anzüge in großer Zahl angeliefert wurden, verließen die Arbeitnehmer oft ihren Arbeitsplatz (während der Arbeitszeit, die Produktion stand dann still), um einzukaufen. Gekauft wurde auch, was im Augenblick nicht gebraucht wurde, denn man wusste nicht, wann man dies wieder kaufen konnte.

*M 2 Kaufkraft*

Wenn man die Kaufkraft vergleicht, so zeigt sich, dass die **soziale Marktwirtschaft** der Bundesrepublik Deutschland der zentral verwalteten **Planwirtschaft** der Deutschen Demokratischen Republik überlegen war.

### Freiwillige Westintegration – zwangsweiser Anschluss an die Sowjetunion

Die beiden deutschen Staaten waren schnell feste Bestandteile ihrer Blöcke. Die Integration in den Westen wurde in der Bundesrepublik offen und lange diskutiert, dann im Bundestag demokratisch entschieden. So sprach sich z. B. die SPD gegen die Wiederbewaffnung aus. Auch der Eintritt in die EWG (Europäische Wirtschaftsgemeinschaft, heute EU) war eine freie politische Entscheidung. Die Eingliederung der DDR in das östliche

Militärbündnis (Warschauer Pakt) und das östliche Wirtschaftssystem (RGW = Rat für gegenseitige Wirtschaftshilfe) geschah zwangsweise.

In der Bundesrepublik Deutschland vollzog im Wesentlichen Bundeskanzler Konrad Adenauer (Bundeskanzler 1949–1963) die Westintegration, in der Deutschen Demokratischen Republik war Walter Ulbricht der führende Politiker (1950 Generalsekretär der SED, 1953–1971 Erster Sekretär der SED).

### Kultureller Einfluss der Blöcke

Auf Essen und Trinken, Musik und Tanz, Literatur und Theater hatten die jeweiligen Führungsmächte Einfluss. Sowohl die USA (z. B. mit Coca Cola, Rock'n Roll, Hollywoodfilmen) als auch die UdSSR (z. B. mit Wodka, Soljanka, osteuropäischen Filmen) prägten den jeweiligen Teil Deutschlands.

### Mit Panzern und Stacheldraht gegen das Volk

Die politische Unterdrückung in der DDR nahm zu. Verhaftungen, Spitzeldienste der Staatssicherheit (Stasi) und die schlechte wirtschaftliche Entwicklung verärgerten die Bürger. In der Bundesrepublik dagegen gab es harte politische Auseinandersetzungen (z. B. um die Wiederbewaffnung im Zuge des NATO-Beitritts), typisch für eine Demokratie. Und wirtschaftliche Erfolge. Die Wirtschaftsleistung verdreifachte sich zwischen 1950 und 1960. Bei unter 1 % Arbeitslosigkeit herrschte Vollbeschäftigung. Bürger anderer Länder wurden gebeten, in der Bundesrepublik zu arbeiten und den Wohlstand aller zu mehren. Vor diesem Hintergrund ist die Flucht aus der DDR zu verstehen. Von 1950 bis 1960 verließen über zwei Millionen Menschen ihr Land.

Nur mit russischen Panzern konnte am **17. Juni 1953** der Aufstand der Bevölkerung gegen die SED-Herrschaft, für Freiheit und Wohlstand, niedergeschlagen werden. 1961 baute die SED ein riesiges Gefängnis auf: Am **13. August 1961** wurde die Mauer in Berlin errichtet und ein Todesstreifen mit Minen durch Deutschland gezogen. Nach dem Mauerbau gab die SED unter Walter Ulbricht den **Schießbefehl**: Menschen wurden erschossen, weil sie von der DDR in die BRD wollten.

Weitere Informationen siehe: http://www.berliner-mauer-dokumentationszentrum.de/de/index_dokz.html

13. August 1961: Der Mauerbau beginnt.

## Kommunistische Diktatur

*Erich Honecker spricht vor den Delegierten des X. Parteitages der SED.*

### DDR-Kinderlied

Sie hat uns alles gegeben.
Sonne und Wind.
Und sie geizte nie.
Wo sie war, war das Leben.
Was wir sind, sind wir durch sie.
Sie hat uns niemals verlassen.
Fror auch die Welt, uns war warm.
Uns schützt die Mutter der Massen.
Uns trägt ihr mächtiger Arm.
Die Partei, die Partei, die hat immer recht!

**A** Wahlen in der DDR

Die Deutsche Demokratische Republik war kein demokratischer Staat, sondern eine kommunistische Diktatur. Die politischen Entscheidungen wurden nicht vom Parlament (Volkskammer), sondern in der Sozialistischen Einheitspartei Deutschlands (SED) getroffen. Die Regierung (Ministerrat) war, wie das Parlament, lediglich ein Hilfsorgan für die SED. Diskussionen wie im Bundestag gab es in der Volkskammer nicht. Bereitwillig ließen sich die Abgeordneten vom Politbüro unter Leitung des Generalsekretärs der SED (1971–1989 Erich Honecker) führen.

In einer Demokratie stellt die Wahl den Bürger vor die Möglichkeit, zwischen mehreren miteinander konkurrierenden Parteien wie CDU, SPD, FDP, Grüne, Die Linke oder Republikaner wählen zu können. In der DDR dagegen gab es nur eine Einheitsliste – die Nationale Front unter Führung der SED mit den **Blockparteien** wie CDU und LDPD und Massenorganisationen wie FDGB (Freier Deutscher Gewerkschaftsbund) und FDJ (Freie Deutsche Jugend). Da die Einheitsliste vorgegeben war, stand die Zusammensetzung der Volkskammer schon vorher fest. Die SED nahm auf die Blockparteien Einfluss. Diese fragten in der Regel bei der SED nach, ob ihr die vorgesehenen Kandidaten genehm seien, bevor sie diese offiziell zur Wahl aufstellten.

Zur Begründung ihrer Herrschaft meinte die SED-Spitze: Jeder einzelne Arbeiter sei nicht fähig, das Ganze zu durchschauen. Er sehe nicht vollständig, was am Ende in seinem Interesse für ihn gut sei. Das aber könne die Partei. Sie sei der Vordenker der Arbeiterklasse. Sie habe den Staat, die Pläne der Planwirtschaft zu bestimmen.

Es könne sogar Situationen geben, in denen gegen uneinsichtige Minderheiten massiv vorgegangen werden müsse. Dies geschehe dann im Interesse der Widerwilligen, denen das richtige Bewusstsein fehle. Denn nur auf diese Weise könne das Ziel, die kommunistische Gesellschaft, erreicht werden. Wenn sie erreicht sei, würde der Staat ganz von allein absterben. In der neuen klassenlosen Gesellschaft seien keine Zwangsmaßnahmen mehr notwendig.

### Zentralismus

Für alle Parteiorgane der SED, die Volkskammer und auch für die Bezirke galt der Zentralismus. Gewählt werden konnte nur, wer als Kandidat von der SED bestätigt worden war. Dies galt auch für die Kandidaten der Blockparteien. Innerhalb der SED musste man von der nächsthöheren Ebene als Kandidat bestätigt werden. Regionale Organe konnten nur vorschlagen. Die Auswahl der Politiker oblag der nächsthöheren Ebene, letztendlich dem Generalsekretär der SED als Leiter des Politbüros. So stellten in den 50er- und 60er-Jahren

Walter Ulbricht und dann **Erich Honecker** Machtzentren dar – aufgrund des Zentralismus ohne Kontakt zum Volk.

### Freie Deutsche Jugend (FDJ)

Grundlage der Kinder- und Jugendarbeit der DDR war eine „sozialistische Erziehung". Die angestrebte „sozialistische Persönlichkeit" sollte nicht nur den SED-Staat aktiv bejahen, sondern auch vom Hass gegen den „imperialistischen Westen" durchdrungen sein. Dazu gehörte auch die Wehrerziehung in den Schulen und in der FDJ. Schon für den Kindergarten gab es verbindliche Lehrpläne im Rahmen der „sozialistischen Vorschulerziehung". Geländespiele und Wehrübungen für Pioniere und FDJ waren auch beliebt. Manche Eltern wussten ihre Kinder versorgt, sie waren zufrieden. So wird die Kinderkrippe heute von vielen ehemaligen DDR-Bürgern als eine gute politische Leistung angesehen. Viele Jugendliche empfanden die politische Erziehung als Manipulation. Andere dagegen waren gerne Pioniere und FDJ-Mitglieder. Die Mitgliedschaften gaben auch sozialen Schutz (Nestwärme). Ihre Abschaffung und die Schließung vieler Jugendzentren nach der Wende in den Jahren 1990–92 führten oft zur Orientierungslosigkeit, Aggressivität und Gewalt.

*Demonstration zum 1. Mai 1950 in Ostberlin*

| Früher Einfluss der Partei auf das Leben der jungen Menschen | | | |
|---|---|---|---|
| Kinderkrippe | bis 3 Jahre | Thälmann-Pioniere | bis 14 Jahre |
| Kindergarten | bis 6 Jahre | FDJ | ab 14 Jahre |
| Junge Pioniere | bis 10 Jahre | | |

### Überwachung des Bürgers als Staatsprinzip

Die DDR-Führung war sich der Zuneigung ihrer Bürger nicht sicher. Demokraten und Christen, überzeugte Sozialisten und nicht linientreue Kommunisten wurden beobachtet. Ein einfaches Abweichen von der Parteilinie konnte genügen, um planmäßig überwacht zu werden.

Das wichtigste Überwachungsinstrument war der Staatssicherheitsdienst (Stasi). Über 100.000 hauptamtliche Offiziere und fast 200.000 inoffizielle Mitarbeiter (IM) setzte die SED als Spitzel für die Regierung gegen das Volk ein. Ob Auszubildende oder Lehrer, Pfarrer oder Künstler, Sportler oder Werftarbeiter, ob Partei- oder Gewerkschaftssekretär: Vor Bespitzelung war niemand sicher.

Weitere Informationen siehe: www.stiftung-hsh.de, www.stasimuseum.de

### Das soziale Netz der DDR

Für ehemalige Bürger der DDR stellt das soziale Netz im Nachhinein den größten Vorteil der SED-Herrschaft dar. Miete und Heizung, Brot und Kartoffeln, ärztliche Versorgung und Kinderkrippen waren preiswert. Auch Arbeitslosigkeit gab es nicht. Denn beschäftigt wurden alle. Auch die, die eigentlich keine Arbeit hatten, denn so mancher Arbeitsplatz wurde doppelt besetzt. Dies geschah, damit alle Arbeit hatten.

M 3
*Wohnungen*

M 4
*Gesundheitswesen*

> In zahlreichen Briefen äußerten sich Leser zu der am 19./20. März veröffentlichten „Antwort der DDR auf eine Umfrage des UNO-Generalsekretärs zu Bevölkerungsfragen". **Jeder lebt hier in sozialer Geborgenheit.**
>
> Jeder Bürger der DDR weiß sich von der Kindheit bis zum Alter in sozialer Geborgenheit. Freilich, hinter der Bilanz steht fleißige Arbeit von Millionen, die auch künftig notwendig ist, wenn wir diesen Weg weiter beschreiten wollen. Hier ist jeder einbezogen und gefordert, ist Arbeitslosigkeit ein Fremdwort.
>
> Bernd Freitag, Ingenieur, VEB Starkstrom-Anlagenbau Leipzig/Halle

Quelle: Neues Deutschland, Ausgabe vom 28.03.1988

**Disziplinierung und Benachteiligung**
Beförderung, Studium, einen guten Arbeitsplatz oder eine gute Ausbildung bekamen oft nur die Angepassten. Man musste Mitglied sein in SED oder Blockpartei, in der FDJ oder der Gesellschaft für deutsch-sowjetische Freundschaft. Wer nicht eintrat oder sogar austrat, wurde benachteiligt: Verweis von der Uni, keine Beförderung des Facharbeiters zum Meister, Ablehnung einer Ausbildung usw. Wer öffentlich Kritik übte oder in kritischen Organisationen wie der IFM (Initiative Frieden und Menschenrechte) mitarbeitete, wurde bestraft oder auf vielfältige Weise terrorisiert. Nach dem DDR-Strafgesetzbuch gab es für politische Delikte bis zu zwölf Jahre Haft.

## Materialien

**M 1**
*Vertreibung*

### Sonderbefehl
**für die deutsche Bevölkerung der Stadt Bad Salzbrunn einschliesslich Ortsteil Sandberg.**

Laut Befehl der Polnischen Regierung wird befohlen:
1. Am 14. Juli 1945 ab 6 bis 9 Uhr wird eine Umsiedlung der deutschen Bevölkerung stattfinden.
2. Die deutsche Bevölkerung wird in das Gebiet westlich des Flusses Neiße umgesiedelt.
3. Jeder Deutsche darf höchstens 20 kg Reisegepäck mitnehmen.
4. Kein Transport (Wagen, Ochsen, Pferde, Kühe usw.) wird erlaubt.
5. Das ganze lebendige und tote Inventar in unbeschädigtem Zustande bleibt als Eigentum der Polnischen Regierung.
6. Die letzte Umsiedlungsfrist läuft am 14. Juli 10 Uhr ab.
7. Nichtausführung des Befehls wird mit schärfsten Strafen verfolgt, einschließlich Waffengebrauch.
8. Auch mit Waffengebrauch wird verhindert Sabotage u. Plünderung.
9. Sammelplatz an der Straße Bhf. Bad Salzbrunn-Adelsbacher Weg in einer Marschkolonne zu 4 Personen. Spitze der Kolonne 20 Meter vor der Ortschaft Adelsbach.
10. Diejenigen Deutschen, die im Besitz der Nichtevakuierungsbescheinigungen sind, dürfen die Wohnung mit ihren Angehörigen in der Zeit von 5 bis 14 Uhr nicht verlassen.
11. Alle Wohnungen in der Stadt müssen offen bleiben, die Wohnungs- und Hausschlüssel müssen nach außen gesteckt werden.

Bad Salzbrunn, 14. Juli 1945, 6 Uhr.

**Abschnittskommandant**
(-) Zinkowski
Oberstleutnant

1. Wie lange hatten die Deutschen in Bad Salzbrunn (Niederschlesien) Zeit, sich auf die Umsiedlung vorzubereiten?
2. Was durften sie mitnehmen?
3. Was mussten sie zurücklassen?
4. Was hatten die Menschen zu erwarten, die in ihrer Heimat bleiben wollten?

## Kaufkraftvergleich zwischen den beiden deutschen Staaten

**M 2** *Kaufkraft*

| Ware bzw. Dienstleistungen | Benötigte Arbeitszeit in Stunden und Minuten | |
|---|---|---|
| | BRD | DDR |
| **Industriewaren:** | | |
| Herrenoberhemd | 1:22 | 7:19 |
| Herrenstraßenschuhe | 5:26 | 24:01 |
| Herrenanzug | 10:49 | 69:38 |
| Damenfeinstrumpfhose | 0:12 | 2:49 |
| Damenkleid | 4:44 | 31:10 |
| Bettwäsche | 2:43 | 21:20 |
| Radio- und Kassettengerät | 13:36 | 207:09 |
| Farbfernsehgerät | 81:34 | 1.008:56 |
| Waschvollautomat | 59:09 | 491:04 |
| Kühlschrank | 29:54 | 272:19 |
| Bodenstaubsauger | 13:32 | 82:09 |
| Personenkraftwagen | 694:33 | 4.375:00 |
| 1 l Benzin | 0:06 | 0:18 |
| **Dienstleistungen:** | | |
| Elektrischer Strom | 2:00 | 1:20 |
| Straßenbahn-, Busfahrt | 0:08 | 0:02 |
| Briefporto | 0:03 | 0:02 |
| Tageszeitung, Abo | 1:17 | 0:39 |
| Herrenhaarschnitt | 0:46 | 0:20 |
| Besohlen von Herrenschuhen | 1:54 | 2:09 |
| **Nahrungs- und Genussmittel:** | | |
| Mischbrot | 0:12 | 0:07 |
| Weizenmehl | 0:03 | 0:11 |
| Butter | 0:36 | 1:39 |
| Margarine | 0:16 | 0:43 |
| Eier | 0:10 | 0:36 |
| Vollmilch | 0:05 | 0:07 |
| Käse (Gouda) | 0:52 | 1:43 |
| Schweineschnitzel | 1:01 | 1:47 |
| geräucherte Makrele | 0:36 | 0:37 |
| Kartoffeln | 0:18 | 0:10 |
| Äpfel | 0:09 | 0:15 |
| Zitronen | 0:16 | 0:54 |
| Nuss-Schokolade | 0:04 | 0:41 |
| Bohnenkaffee | 0:21 | 4:28 |
| Bier | 0:03 | 0:10 |
| Deutscher Weinbrand | 0:57 | 5:21 |
| Filterzigaretten | 0:14 | 0:34 |
| **Mieten:** | | |
| 2-Zimmer-Wohnung, Kaltmiete | 26:32 | 13:24 |

Quelle: Zahlenspiegel der Bundesrepublik Deutschland / Deutsche Demokratische Republik – ein Vergleich, Bundesministerium für innerdeutsche Beziehungen, 1988

1. Nennen Sie einige Waren, bei denen a) die BRD und b) die DDR günstiger abschneidet.
2. Nennen Sie einige Waren, bei denen die Bundesrepublik in gravierender Form günstiger abschneidet.
3. Diskutieren Sie, welche Bedürfnisse von welchem Land besser befriedigt wurden.

## M 3 Wohnungen

**Situation auf dem Wohnungsmarkt am 1.1.1986**

| BRD | | DDR |
|---|---|---|
| 444 | Anzahl je 1.000 Einwohner | 411 |
| 84 qm | durchschnittliche Größe | 64 qm |
| 37 qm | Wohnfläche je Einwohner | 26 qm |
| 67 % nach 1948 | Alter der Wohnungen (Fertigstellung) | 41 % nach 1945 |
| 14 % 1919–1948 | | 17 % 1919–1945 |
| 19 % vor 1919 | | 42 % vor 1919 |

Quelle: Zahlenspiegel Bundesrepublik Deutschland / Deutsche Demokratische Republik – ein Vergleich, Bundesministerium für innerdeutsche Beziehungen, 1988

## M 4 Gesundheitswesen

**Daten aus dem Gesundheitswesen**
Die Zahlen beziehen sich auf je 1.000 Einwohner

| BRD | | DDR |
|---|---|---|
| 25,6 | Ärzte | 22,2 |
| 5,7 | Zahnärzte | 6,8 |
| 2,9 | Apotheken | 1,2 |
| 111,0 | Krankenhausbetten | 102,0 |
| 9,6 | Säuglingssterblichkeit | 10,0 |
| 1,1 | Müttersterblichkeit | 1,9 |

Quelle: Zahlenspiegel Bundesrepublik Deutschland / Deutsche Demokratische Republik – ein Vergleich, Bundesministerium für innerdeutsche Beziehungen, 1988

1. Wie aus dem Kaufkraftvergleich hervorgeht, war der Wohnraum in der DDR billiger. Wie sah die Situation bei der Anzahl, Größe und Qualität der Wohnungen aus?
2. Vergleichen Sie das Gesundheitswesen der Bundesrepublik und der DDR mithilfe der Statistik.

# Arbeitsvorschlag

Freie, geheime Wahlen gibt es nicht, denn in der DDR wird nicht über einzelne Kandidaten verschiedener Parteien abgestimmt, sondern über eine alternativlose Einheitsliste mit Kandidaten der Nationalen Front. Die Zustimmung zu dieser Liste wird durch die Abgabe des unmarkierten Stimmzettels ausgedrückt. Wer „wählen" geht, betritt in der Regel kurz das Wahllokal, um Wahlbenachrichtigung und Personalausweis vorzuzeigen und dann einmal schnell den Stimmzettel zu falten und in die Wahlurne einzuwerfen. Der Volksmund prägt dafür den Begriff „Zettelfalten".

Die Wahlbeteiligung ist in der DDR stets hoch. Es gibt keine Wahlpflicht, aber der Druck, wählen zu gehen, ist hoch. Es gibt Hausgemeinschaften, die geschlossen zur Stimmabgabe schreiten. Auch der Druck, offen zu wählen, ist hoch. Wer die Wahlkabine betritt, macht sich verdächtig. Und auch sonst ist es nicht einfach, seine Ablehnung gegenüber der Einheitsliste zum Ausdruck zu bringen. Stimmzettel, auf denen einzelne oder mehrere Namen durchgestrichen sind oder neue Namen hinzugesetzt wurden, werden als Zustimmung gewertet. [...]

In fast allen Wahllokalen finden sich am Abend des 7. Mai 1989 autonome Wahlbeobachter ein, um die Auszählung der Stimmen zu überwachen. Viele von ihnen gehören Bürgerrechtsgruppen an, die unter dem Dach der Kirche agieren. Die Erkenntnisse der Einzelüberprüfungen werden ebenfalls im Schutzraum der Kirche zusammengetragen, ausgewertet und mit den offiziellen Verlautbarungen verglichen. Das Resultat ist eindeutig: In fast allen Fällen haben die Behörden die Wahlergebnisse gefälscht, obwohl das offiziell verkündete Endergebnis den bis dato höchsten Anteil an Nein-Stimmen in der Geschichte der DDR aufweist, nämlich 1,15 %. Sowohl diese Verlautbarung als auch die angebliche Wahlbeteiligung von 98,78 % widersprechen jedoch eindeutig den Beobachtungen der DDR-Bürgerrechtler. Die Differenz zu den offiziellen Angaben beträgt bis zu zehn Prozent.

Noch am Wahlabend kommt es republikweit zu vereinzelten Protesten. In der Berliner Elisabethkirche treffen sich Bürgerrechtler mit in der DDR akkreditierten West-Korrespondenten zu einer „Wahlparty". In Leipzig werden Demonstranten nach der Schließung der Wahllokale brutal festgenommen. Wenig später zirkulieren Hefte mit den Wahlergebnissen der autonomen Wahlbeobachter; einige Bürger erstatten Anzeige wegen Wahlbetrugs.

Quelle: Miriam Neumann: Die Qual der Scheinwahl, in: Friedliche Revolution.de – Magazin und Medienmonitor, 07.05.2009, Zugriff am 17.08.2009 unter: http://www.friedlicherevolution.de/index.php?id=49&tx_comarevolution_pi4[contribid]=156

### Wahlen in der DDR

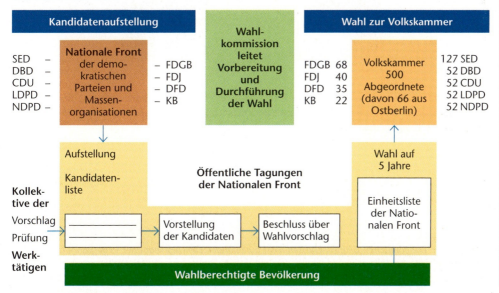

Arbeiten Sie heraus, welche Unterschiede zwischen den Wahlen in der Bundesrepublik Deutschland und den Wahlen in der DDR bestanden. Berücksichtigen Sie hierbei den Text auf Seite 154, 176 ff.

## Zur Vertiefung

### Veränderung der weltpolitischen Lage

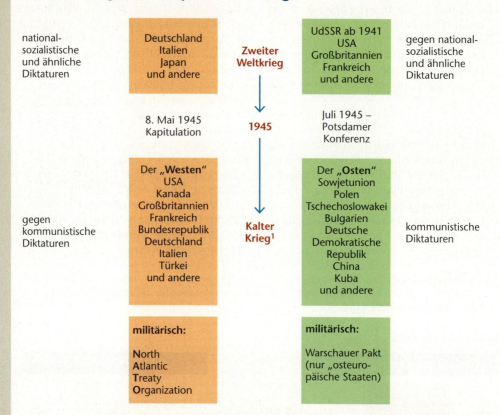

Siehe auch Kap. 6.4

Bilden Sie in Ihrer Klasse Gruppen zu je vier bis fünf Schülern bzw. Schülerinnen. Jede Gruppe stellt dann – nach eingehender Diskussion – die heutige weltpolitische Lage dar. Die Sprecher der Gruppen tragen die Ergebnisse der Gruppen dann im Plenum der Klasse vor und diese diskutiert die Ergebnisse.

[1] Kalter Krieg: Die politischen Gegner schossen nicht aufeinander. Die Lage war aber so gespannt und militärische Zwischenfälle gab es so häufig, dass mit dem Ausbruch eines Dritten Weltkrieges oft gerechnet wurde.

# 4.5 Die Auflösung des Ost-West-Konfliktes

Ein historischer Augenblick: erste gesamtdeutsche Gespräche auf Regierungsebene zwischen Bundeskanzler Willy Brandt und dem DDR-Ministerratsvorsitzenden Willi Stoph am 19. März 1970 in Erfurt (damalige DDR)

## Von der Entspannungspolitik zur Deutschen Einheit

### Die Mauer wird einen Spalt geöffnet
Im Jahre 1963 war es dem Berliner Senat unter dem regierenden Bürgermeister Willy Brandt in Verhandlungen mit der DDR gelungen, ein Passierscheinabkommen zu erreichen. Nun konnten an Feiertagen wie Ostern und Weihnachten die auseinandergerissenen Familien wieder gemeinsam feiern. In Härtefällen, z. B. bei dringenden Familienangelegenheiten wie Geburt und Tod, wurden ebenfalls Passierscheine zum Betreten Ostberlins ausgestellt.

### SALT verändert die Welt: Der Kalte Krieg wird beendet
Die USA (Präsident Richard Nixon) und die Sowjetunion (Generalsekretär Leonid Breschnew) redeten jetzt miteinander. Die **S**trategic **A**rms **L**imitation **T**alks (Gespräche über die Begrenzung hauptsächlich atomarer Waffen) ab 1969 hatten Erfolg. Aus politischen Feinden wurden Vertragspartner. SALT hatte zum Inhalt, dass die atomare Aufrüstung begrenzt wird. Spätere Verhandlungen (SALT 2) führten dann 1979 zum ersten Mal zu einem Rüstungsabbau. USA und UdSSR wurden Partner einer weltweiten Sicherheitspolitik.

### Regierungswechsel in Bonn
Die Zeit von Bundeskanzler Konrad Adenauer (unterstützt von CDU/CSU und FDP) war geprägt vom Kalten Krieg. In einer Übergangszeit regierten Kanzler Ludwig Erhard 1963 bis 1966 (CDU/CSU und FDP) und die Große Koalition unter Kurt-Georg Kiesinger

1966 bis 1969 (CDU/CSU und SPD). Der Kalte Krieg wurde beendet, die Entspannungspolitik zwischen NATO und Warschauer Pakt begann langsam. Mit Kanzler **Willy Brandt** (1969–1974, SPD und FDP) beteiligte sich die Bundesrepublik aktiv am Abbau der Konflikte zwischen Ost und West. Aufbauend auf der erfolgreichen Westintegration unter Adenauer, öffneten Brandt und sein Außenminister Walter Scheel die deutsche Politik nach Osten. Die sozialliberale Bundesregierung wollte damit ein weiteres Auseinandergleiten Deutschlands verhindern.

### Die Verträge von Moskau und Warschau 1970

Im Potsdamer Abkommen (1945) waren die deutschen Gebiete östlich der Oder-Neiße-Linie Polen und der UdSSR zur Verwaltung übergeben worden. Tatsächlich waren diese Gebiete seitdem polnisch und sowjetisch. Die Bundesregierung begann 1969 eine neue Ostpolitik: Anerkennung der Unverletzlichkeit der polnischen und russischen Westgrenze. Der Verzicht auf Gebietsansprüche, auf die Anwendung von Gewalt, schaffte Vertrauen bei unseren östlichen Nachbarn. Insbesondere hierfür erhielt Willy Brandt 1971 den Friedensnobelpreis. Die deutsche Entspannungspolitik war eingebettet in die neue weltpolitische Konstellation. Die SALT-Abkommen zwischen den USA und der UdSSR hatten den Kalten Krieg beendet.

*Bundeskanzler Willy Brandt beim Staatsbesuch in Polen: der historische Kniefall. Eine neue Periode der Ostpolitik wird eingeläutet.*

### Viermächteabkommen und Grundlagenvertrag

Die vier Siegermächte des Zweiten Weltkrieges schlossen 1971 das **Viermächteabkommen** über Berlin. Den drei westlichen Siegermächten gelang es hierbei, die Zufahrtswege von der Bundesrepublik nach Westberlin zu sichern. Auch die besonderen Beziehungen Westberlins zur Bundesrepublik wurden jetzt von der Sowjetunion akzeptiert.

> **Artikel 1 des Grundlagenvertrages zwischen der Bundesrepublik Deutschland und der Deutschen Demokratischen Republik vom 22.12.1972:**
>
> Die Bundesrepublik Deutschland und die Deutsche Demokratische Republik entwickeln normale gutnachbarliche Beziehungen zueinander auf der Grundlage der Gleichberechtigung.

Im Grundlagenvertrag erkannten sich die Bundesrepublik Deutschland und die Deutsche Demokratische Republik als Staaten in Deutschland gegenseitig an. Um die spätere Wiedervereinigung zu ermöglichen, stellte dies keine völkerrechtlich normale Anerkennung dar. Statt Botschaften wurden in den Hauptstädten Bonn und Ostberlin „Ständige Vertretungen" eingerichtet. Die DDR akzeptierte jetzt ganz, dass die Bundesrepublik Westberlin international in allen Verträgen mit vertrat. Die Mauer wurde durchlässiger. Besuche wurden erleichtert, die Sportvereine aus Ost und West trugen viele Wettkämpfe aus. Die

Entspannungspolitik Willy Brandts und seines Nachfolgers Helmut Schmidt (Bundeskanzler 1971–1982) brachte die Deutschen stärker zueinander. Durch mehrmals erhöhte Visa-Gebühren verschaffte sich die DDR hierbei die begehrte D-Mark.

## Ein Blick in die sich verändernde Bundesrepublik:
## Die Autoritäten werden infrage gestellt

Für Väter und Mütter, Abteilungsleiter und Handwerksmeister, Lehrer und Pastoren, Professoren und Politiker begann Ende der 60er-Jahre eine schwere Zeit: Ihre Autorität kraft ihres Amtes wurde nicht mehr hingenommen. Lehrlinge fragten, warum sie für die Gesellen immer das Bier holen müssten. Studenten buhten ihre Professoren aus, wenn sie politisch eine andere Meinung hatten. Eltern mussten ihren Kindern ihr Handeln erklären. Erziehung im Elternhaus sollte nun ohne Strafen durch Überzeugung der Kinder erfolgen. Der christliche Glaube wurde weiter von der Kanzel verkündet, aber auf Gemeindeversammlungen und Kirchentagen wurde um die richtige Auslegung öffentlich und ausdauernd gerungen. Auch für die Lehrer begann eine neue Zeit: Schüler stellten viele Lerninhalte infrage. Anstatt zu pauken, wurde mehr diskutiert. Kurz ausgedrückt: Die Autoritäten wurden infrage gestellt. Die Politik im Bundestag war geprägt von der Großen Koalition (CDU/CSU und SPD) und einer kleinen Opposition (FDP). Politische Auseinandersetzungen fanden nun auch auf der Straße statt: Die **außerparlamentarische Opposition (APO)** lehnte den Vietnamkrieg und die Notstandsgesetze ab, kritisierte die oft einseitige Berichterstattung der Zeitungen aus dem Springer-Konzern und verlangte mehr Geld für die Bildung der Kinder aus Unter- und Mittelschicht. Einige Gedanken der APO setzten sich durch und wurden von der sozialliberalen Koalition umgesetzt. Ein Ergebnis dieser Zeit war das Aufkommen der Bürgerinitiativen.

## Der Kommunismus bricht zusammen

Wirtschaftliche Schwierigkeiten prägten Mitte der 80er-Jahre die Sowjetunion. Gemessen an der Wirtschaftskraft gab die Sowjetunion fünfmal so viel für Rüstung aus wie die Bundesrepublik Deutschland und war damit ein diktatorisch regiertes Land, dessen arme Bewohner den Rüstungswettlauf durch wirtschaftliche Opfer ermöglichen mussten. Die Mehrheit der sowjetischen Führung sah 1985 die Notwendigkeit von Reformen und wählte **Michail Gorbatschow** zum Vorsitzenden des Politbüros der KPdSU.

### Glasnost und Perestroika

Statt der in der Sowjetunion bis dahin üblichen geheimen Treffen abseits der Bevölkerung führte Gorbatschow einen neuen Stil ein: öffentliches Eintreten für politische Ziele, Informationen für alle Bürger und sogar Diskussionen über Ziele und Informationen. Diese Offenheit wurde **Glasnost** genannt.

Auch die notwendigen Reformen begann Gorbatschow bald: Die einzelnen Betriebe erhielten mehr Spielraum für eigene Entscheidungen, über die auf Betriebsversammlungen zum Teil sogar diskutiert wurde. Dadurch entstand Konkurrenz zwischen den Betrieben, die die Löhne von ihren Ergebnissen abhängig machen konnten. Diesen Beginn eines Umbaus der Wirtschaft und der Gesellschaft nannte man **Perestroika**.

Die Zeichen des Wandels in der Sowjetunion wurden im Ostblock (z. B. Polen und Ungarn) schnell erkannt. Man machte mit auf dem Weg zu mehr Demokratie und Marktwirtschaft. Die DDR blieb aber – wie China – hart auf kommunistischem Kurs. Die NATO-Staaten des Westens wirkten einige Zeit orientierungslos, viele glaubten Gorbatschow nicht. Außenminister **Hans-Dietrich Genscher** setzte dagegen auf die Glaubwürdigkeit Gorbatschows: Er forderte eine Zusammenarbeit zwischen Ost und West, um Glasnost und Perestroika zu unterstützen. Langsam setzte sich die Position des deutschen Außenministers in Deutschland und dann im gesamten Westen durch.

### Ungarn öffnet den Eisernen Vorhang – die Einheit Deutschlands wird möglich

Die Entspannungspolitik setzte sich durch. Schnell ging es in Polen, in der Tschechoslowakei und vor allem in Ungarn. Nachdem dieses Land den Eisernen Vorhang für seine Bürger geöffnet hatte, reisten im Sommer 1989 viele DDR-Bürger als Urlauber dorthin – voller Hoffnung auf die Möglichkeit einer Ausreise in den freien Westen. Sie besetzten die Botschaft der Bundesrepublik Deutschland. Ebenso geschah dies in den Botschaften in Warschau und Prag, außerdem in der Ständigen Vertretung in Ostberlin. Als immer neue Flüchtlinge kamen und außerdem viele über die „grüne Grenze" zwischen Ungarn und Österreich in den Westen fliehen konnten, kündigte Ungarns Außenminister Gyula Horn einseitig das Reiseverkehrsabkommen mit der DDR auf: In der Nacht vom 10. zum 11. September 1989 wurde auch für die DDR-Bürger die Ausreise aus Ungarn in den Westen möglich. Im selben Monat gelangten so 25.000 Menschen in die Freiheit, waren der Zwangsherrschaft von SED und Stasi entkommen. Ohne viel eigenes Zutun hatte sich für die Deutschen 1989 die Welt verändert. Die Deutschen in der DDR – 28 Jahre durch Mauer und Stacheldraht eingesperrt – wollten in Freiheit leben und verließen nun scharenweise ihre Heimat. War die DDR-Führung früher sicher gewesen, dass sowjetische Panzer bei freiheitlichen Bestrebungen wie am 17. Juni 1953 die Bürger mit Waffen unter die kommunistische Herrschaft zwingen würden, war es jetzt anders. Michail Gorbatschow hatte dem Westen gegenüber Wort gehalten.

## Der Weg zur Deutschen Einheit

### Eine friedliche Revolution beginnt

Jahrelang war die offene und risikobehaftete Opposition in der DDR in erster Linie eine Sache der evangelischen Kirche, die sich für Friedensgebete und politische Versammlungen geöffnet hatte. Auch kritische Sozialisten und Bürgerrechtler waren gegen den kommunistischen Staat aufgetreten. Die Blockparteien wie CDU und LDPD waren den Kommunisten ergeben – die SED hatte sie fest im Griff.

1989 war es anders. Jetzt wagten es mehr Menschen zu protestieren. Ein Zentrum der neuen Opposition war neben Ostberlin Leipzig. An dieser Stadt lässt sich gut aufzeigen, wie sich die Opposition in der DDR entwickelte:

- 80er-Jahre:
  kirchliche Friedensbewegung: „Schwerter zu Pflugscharen"

- ab 1988:
  Demonstrationen außerhalb der Kirchen: für Umweltschutz und gegen Umweltzerstörung

*Demonstration am 4. November 1989 auf dem Ostberliner Alexanderplatz*

- 1989:
Demonstranten fordern ihre Ausreise aus der DDR. Erste öffentliche Proteste gegen die in der DDR üblichen Fälschungen der Wahlen

- 4. September 1989:
Nachdem im Sommer viele Menschen von Ungarn über Österreich in die Bundesrepublik geflohen waren, begannen in Leipzig die „Montagsdemonstrationen": Nach dem Gottesdienst in der evangelischen Nikolaikirche strömten über 1.000 Menschen durch die Straßen. Sie forderten „Reisefreiheit statt Flucht", „Stasi raus" und trugen Plakate mit der Aufschrift „Wir bleiben hier".

Nach der Öffnung der Grenze zwischen Ungarn und Österreich durch den ungarischen Außenminister Gyula Horn am 10. September 1989 schwoll die Zahl der Demonstranten an: bis auf 400.000 Teilnehmer am 6. November 1989. Nun hatten sich die politischen Ziele der Demonstrationen geändert und auch die Teilnehmer waren zum Teil andere. Nicht mehr der Ruf nach Reformen in der DDR stand obenan, sondern die Abschaffung des sozialistischen Staates und die Einheit Deutschlands. Der seit vielen Jahren bestehende Wunsch nach westlichem Wohlstand wurde ausgedrückt in der Forderung nach Einführung der D-Mark. Nun beteiligten sich auch die Mitglieder der Blockparteien stärker als bisher an den öffentlichen Diskussionen.

## Gorbatschow gegen Honecker: Die Mauer fällt

Der Anfang vom Ende der DDR wurde vom sowjetischen Regierungschef Michail Gorbatschow eingeleitet: Die Sowjetunion hörte auf, die SED-Diktatur von Honecker, Krenz und Modrow zu unterstützen. Glasnost und Perestroika sollten nicht nur in der Sowjetunion gelten: Auch die Führung der DDR sollte Freiheit und Demokratie zulassen.

Am 7. Oktober 1989 fanden in Ostberlin die Feiern zum 40-jährigen Bestehen der DDR statt.

Wie üblich bei ähnlichen Anlässen, wurden aus dem ganzen Land die Menschen nach Berlin gebracht. Dort musste dann auf Bestellung vor Erich Honecker und seinen Ehrengästen wie Michail Gorbatschow gejubelt werden.

Über 100.000 Menschen hatten der DDR – meist über Ungarn – schon den Rücken gekehrt. Eine Woche vor den Feierlichkeiten waren etwa 8.000 Menschen über die Botschaften in Warschau und Prag mit Sonderzügen in die Bundesrepublik gebracht worden. Und da sprach der SED-Generalsekretär Erich Honecker von der DDR als einem Beispiel für „Stabilität und Sicherheit in Europa". Michail Gorbatschow sah dies anders und sagte (in freier Übersetzung): „Wer zu spät kommt, den bestraft das Leben." Damit meinte er, dass Reformen in der DDR überfällig seien. Honecker meinte

*40. Jahrestag der DDR in Ostberlin am 7.10.1989*

dagegen: „Totgesagte leben länger!" Nun standen keine sowjetischen Panzer mehr bereit, um auf Wunsch der SED auf Bürger der DDR zu schießen.

Die Nachbarn der DDR waren dem Beispiel der Sowjetunion gefolgt und hatten mit dem Umbau der Gesellschaft begonnen. Die Grenzen zu Polen und zur Tschechoslowakei hatten sich geöffnet. Stacheldraht und Mauer durch Deutschland wurden nun umgangen. Der große Bruder in Moskau half nicht mehr. Immer mehr Menschen verließen ihr Land.

Die SED war nicht mehr Herrin der Lage. Sie war sich nicht mehr sicher, ob ihre Soldaten und Polizisten auf die Bürger schießen würden. Der politische Druck der Opposition war groß. Immer öfter wurde die Ablösung der Regierung gefordert. So trat Erich Honecker zurück. Der jüngere Egon Krenz wurde sein Nachfolger als Generalsekretär der SED. Neuer Ministerpräsident wurde Hans Modrow. Aber auch das half nichts mehr: Die Bürger der DDR hatten ihren „real existierenden Sozialismus" satt. Sie wollten nicht mehr.

Eine Entscheidung zum Öffnen der Mauer ist wahrscheinlich nie getroffen worden. Am Abend des 9. November 1989 kündigte das SED-Politbüromitglied Schabowski vor laufenden Fernsehkameras die Möglichkeit von Westreisen für alle an. Das war das Signal. Die Menschen warteten nicht ab. So strömten Hunderttausende DDR-Bürger von Lübeck bis Hof über die Staatsgrenzen in die Bundesrepublik.

Die verunsicherten Grenzpolizisten waren ohne klare Weisungen. Die Berliner diskutierten anfangs mit ihnen. Sie wollten nach drüben und sie gingen nach drüben.

**Deutschland feiert**

*Ob in Berlin am Brandenburger Tor oder in Lübeck am Kohlmarkt: Die Begeisterung der Deutschen aus Ost und West war groß. Freunde und Verwandte schlossen sich in die Arme, fremde Menschen tanzten miteinander. Die Trabis und Wartburgs eroberten die grenznahen Städte.*

Viele Bürger fuhren spontan nach Berlin, um die nationale Einheit zu feiern. An den vielen Übergängen zur ehemaligen Staatsgrenze der DDR begrüßten Westdeutsche ihre Landsleute mit Sekt und guter Laune. Die Freude, ja Euphorie war groß. Hinter vielen Scheibenwischern von Trabis und Wartburgs steckten zur Begrüßung Geldscheine. Die Menschen aus Ost und West kamen sich näher. In den Städten entlang der Grenze zwischen Lübeck und Hof kam es nicht nur zu spontanen Feiern auf den Plätzen der Innenstädte, sondern auch zu spontanen Einladungen. In den überfüllten Restaurants wurde zünftig gefeiert, und viele private Kontakte wurden geknüpft. Bei gegenseitigen Besuchen lernte man sich kennen. Die Menschen merkten dabei aber auch, wie weit man sich in Ost und West auseinandergelebt hatte. Trotzdem galt der Satz von Altkanzler Willy Brandt: „Jetzt wächst zusammen, was zusammengehört."

## Schnelle Vereinigung

Die Bundesregierung mit Kanzler Helmut Kohl an der Spitze hatte, wie fast alle Deutschen, die Öffnung der Mauer zu diesem Zeitpunkt nicht erwartet. Keiner hatte fertige Pläne für die deutsche Einheit in den Schubladen. Am 28. November 1989 legte Helmut Kohl dem Deutschen Bundestag sein 10-Punkte-Programm eines allmählichen Zusammenwachsens der beiden deutschen Staaten vor. Noch war offen, wie lange die beiden deutschen Staaten nebeneinander bestehen bleiben sollten. Sollte es einen losen Zusammenschluss (einen Staatenbund) geben? Oder sollte es eine Vereinigung geben oder die DDR der Bundesrepublik beitreten? Die DDR-Bürger wünschten einen schnellen Zusammenschluss, weil ihre Wirtschaft schneller als erwartet zusammenbrach und auch ihre Verwaltung mehr und mehr an Autorität verlor. Deshalb verfolgte vom Dezember 1989 an die Regierung Kohl/Genscher das Ziel, die Vereinigung der beiden deutschen Staaten als Beitritt der DDR zur Bundesrepublik so schnell wie möglich zu vollziehen.

Bei der ersten freien Volkskammerwahl in der DDR am 18. März 1990 machte die CDU den schnellen Beitritt zu ihrem Programm. Insbesondere auf diese Wahlaussage ist der hohe Sieg der CDU-nahen Allianz für Deutschland (48,1 %) zurückzuführen. Bundeskanzler Helmut Kohl trat aufs Gaspedal. Zielbewusst wurde die große historische Aufgabe angepackt. Schon am 1. Juli 1990 wurde die D-Mark in der DDR im Rahmen einer Wirtschafts-, Währungs- und Sozialunion eingeführt. Damit war ein Wunsch der Ostdeutschen erfüllt.

**M 1**
*Währungsunion*

## Zwei-plus-Vier-Vertrag

Zum Beitritt der DDR zur Bundesrepublik war die Zustimmung der Siegermächte des Zweiten Weltkrieges notwendig. So wie der Kalte Krieg Deutschland geteilt hatte, so wurde nun im Zeichen der Entspannungspolitik die Einheit in Freiheit vollzogen. Die beiden deutschen Staaten handelten – oft nach der Regie des damals dienstältesten Außenministers der Welt, Hans-Dietrich Genscher – mit den vier Siegermächten des Zweiten Weltkrieges den lange ersehnten Friedensvertrag aus. Er wurde „Vertrag über die abschließende Regelung in Bezug auf Deutschland" genannt. Die Sowjetunion hatte erst nach einem Besuch von Bundeskanzler Kohl, Außenminister Genscher und Finanzminister Waigel zugestimmt.

**M 2**
*Zwei-plus-Vier-Vertrag*

## Die Einheit wird vollzogen: der Beitritt der DDR

> Bundespräsident v. Weizsäcker am 3. Oktober 1990: „Unsere Einheit wurde niemandem aufgezwungen, sondern friedlich vereinbart. Sie ist Teil eines gesamteuropäischen geschichtlichen Prozesses, der die Freiheit der Völker und eine neue Friedensordnung unseres Kontinents zum Ziel hat."

Nach der Volkskammerwahl am 18. März 1990 war die DDR zum ersten Mal ein demokratischer Staat. Beide deutsche Staaten handelten zielstrebig den Beitritt der DDR zur Bundesrepublik aus. Schon am 31. August 1990 wurde der Einigungsvertrag unterschrieben.

Der Einigungsvertrag besteht aus 46 Artikeln und umfasst mit den Ausführungsbestimmungen und Erläuterungen 1.000 Seiten. Alle Fragen im Zusammenhang mit dem Beitritt der DDR am 3. Oktober 1990 sind hier geregelt worden.

## Aus dem Einigungsvertrag

**Artikel 1**
**Länder**
(1) Mit dem Wirksamwerden des Beitritts der Deutschen Demokratischen Republik zur Bundesrepublik Deutschland gemäß Artikel 23 des Grundgesetzes am 3. Oktober 1990 werden die Länder Brandenburg, Mecklenburg-Vorpommern, Sachsen, Sachsen-Anhalt und Thüringen Länder der Bundesrepublik Deutschland [...]
(2) Die 23 Bezirke von Berlin bilden das Land Berlin.

Die Zusammenführung eines demokratischen und kapitalistischen Landes mit einem diktatorisch regierten sozialistischen stellte und stellt eine große historische Aufgabe dar. Die unterschiedlichen Systeme hatten die Deutschen geprägt. Auf vielen Gebieten hatten sie sich auseinandergelebt: auf der einen Seite Bürger, die es seit Langem gewohnt waren, Risiken einzugehen und Entscheidungen selbst zu treffen, auf der anderen Seite Bürger, die nicht arbeitslos werden konnten und in den Lebensbereichen Schule, Ausbildung, Beruf und Arbeitsplatz vom Staat mehr oder weniger geleitet worden waren. Zusammengeführt wurden wettbewerbsfähige, am Weltmarkt orientierte Industrien mit Unternehmen, die nach den Bedürfnissen der ehemaligen Sowjetunion hatten arbeiten müssen. Hinzu kam, dass die ehemaligen Ostblockländer als Abnehmer für die Industrie der neuen Bundesländer weitgehend ausfielen. Eine gewaltige Aufgabe war auf die Deutschen zugekommen.

So wurden z. B. die staatlichen, planwirtschaftlich geführten Unternehmen **privatisiert**. Und die Bürger in den neuen Bundesländern sahen sich plötzlich auf allen Ebenen einem für sie neuen Lebensumfeld gegenüber: ob Krankenkassen oder Rentenversicherung, freier Wohnungsmarkt oder hohe Preise für Grundnahrungsmittel, niedrige Preise für Autos und Elektroartikel, vieles war neu und ungewohnt – eben anders. Die Zusammenführung der Deutschen musste und muss immer noch finanziert werden, denn insbesondere die Modernisierung der ostdeutschen Wirtschaft kostet viel. So beträgt z. B. der **Solidaritätszuschlag** für den Aufbau Ost für die Arbeitnehmer bei der Lohn- und Einkommensteuer 5,5 % der Steuerschuld, bei der Körperschaftsteuer (Besteuerung der Unternehmensgewinne) ebenfalls 5,5 %. Durch den Finanzausgleich der Bundesländer erhalten die ärmeren von den reicheren Ländern Finanzmittel.

Hilfe kam aber auch von der Europäischen Union. Alle neuen Bundesländer werden von der EU im Rahmen des europäischen Fonds für regionale Entwicklung finanziell gefördert. Dies ist möglich, weil die Länder mit ihrer wirtschaftlichen Leistungsfähigkeit weit unter EU-Durchschnitt liegen und damit zu den rückständigen Regionen gehören. Ob Modernisierung der Werften in Mecklenburg-Vorpommern, Bau einer neuen Pkw-Fabrik in Thüringen oder einer chemischen Fabrik in Sachsen-Anhalt, die EU war dabei und finanzierte mit und tut es noch heute.

## 4.5 Die Auflösung des Ost-West-Konfliktes

Die Europäische Union hat sich langsam, aber kontinuierlich entwickelt. Sie wird immer größer. Viele wichtige Entscheidungen fallen deshalb nicht mehr in Bonn, sondern in Brüssel. Die Zukunft des geeinten Deutschland liegt in Europa.

## Materialien

### Staatsvertrag zur Währungs-, Wirtschafts- und Sozialunion

**M 1** Währungsunion

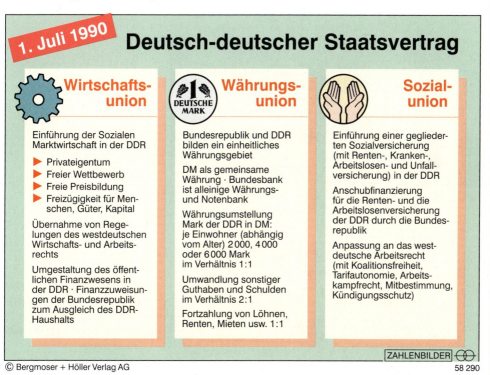

### Wesentliche Bestandteile des Zwei-plus-Vier-Vertrages

**M 2** Zwei-plus-Vier-Vertrag

Der Vertrag wurde am 12. September 1990 in Moskau zwischen den beiden deutschen Staaten sowie den USA, Großbritannien, Frankreich und der UdSSR abgeschlossen:

- Das vereinigte Deutschland reduziert die Bundeswehr auf 370.000 Mann.
- Im Gebiet der fünf neuen Bundesländer dürfen ausländische NATO-Truppen nicht stationiert werden.
- Deutschland bestätigt seinen Verzicht auf Herstellung und Besitz von atomaren, chemischen und biologischen Waffen.
- Die Bundesrepublik bestätigt die polnische Westgrenze (Oder-Neiße-Linie) als deutsche Ostgrenze.

1. Was wird im Staatsvertrag geregelt?
2. Vergleichen Sie die Inhalte des Potsdamer Abkommens mit denen des Zwei-plus-Vier-Vertrages.

## Arbeitsvorschlag

1. Welche neun Länder grenzen an die Bundesrepublik Deutschland?
2. Nennen Sie die Hauptstädte dieser Länder.
3. Welches Land gehört nicht zur EU?

**Kompetenztest zur Deutschen Einheit**

*Erarbeiten Sie sich den zeitlichen Ablauf der deutschen Einheit, indem Sie den Daten die richtigen Ereignisse zuordnen:*

| Daten: | Ereignisse: |
|---|---|
| 10.09.1989 | Die DM wird in der DDR eingeführt |
| 09.11.1989 | Abschluss des Einigungsvertrages |
| 28.11.1989 | Ungarn öffnet die Grenzen |
| 18.03.1990 | Abschluss des Zwei-plus-Vier-Vertrages |
| 01.07.1990 | Beitritt der DDR zur Bundesrepublik |
| 31.08.1990 | Die Mauer ist offen |
| 12.09.1990 | Zehn-Punkte-Programm der Bundesregierung |
| 03.10.1990 | Erste freie Volkskammerwahl in der DDR |

# Zur Vertiefung

## Umfrage: Heimat – wo ist das? Als was fühlen Sie sich?

Führen Sie in Ihrer Klasse eine Umfrage durch. Diese sollte geheim sein. Womit identifizieren Sie sich am meisten?

- Europäische Union
- Schleswig-Holstein (oder ein anderes Bundesland)
- Bundesrepublik Deutschland
- der Ort, in dem Sie wohnen

Es sind bis zu zwei Antworten möglich. Jeder schreibt seine Antworten auf ein Blatt ohne Namen.

Sammeln Sie die Wahlzettel ein. Werten Sie diese noch nicht aus. Führen Sie ein zweites Mal die Umfrage durch. Jeder Schüler / jede Schülerin darf diesmal aber nur eine Antwort geben. Werten Sie beide Umfragen getrennt aus.

Fragen zu Ihrem Ergebnis:

1. *Gibt es zwischen der Umfrage 1 und der Umfrage 2 Unterschiede?*
2. *Falls Sie Lust haben, begründen Sie gegenseitig Ihr Wahlverhalten.*
3. *Was meinen Sie, wie hätten Ihre Eltern und Großeltern abgestimmt?*

## Deutschlandfahne

Schwarz und Rot waren die Farben der Jenaer Burschenschaft. Viele ihrer Mitglieder hatten als Freiwillige an den Befreiungskriegen gegen Napoleon im Lützower „Freikorps" teilgenommen. Dessen Farben waren Schwarz und Rot. Im Jahre 1816 schenkten dann Jenaer Frauen den Burschenschaftlern eine rot-schwarz-rote Fahne mit einem goldenen Eichenzweig. So wurden die Farben Schwarz, Rot und Gold zum Zeichen für die Sehnsucht nach nationaler Einheit.  Die Abgeordneten der Frankfurter Paulskirchenversammlung entschieden sich 1848 für Schwarz-Rot-Gold, die Farben, die für Nation und Demokratie standen. Im Kaiserreich ab 1871 drückte man sich vor Entscheidungen. Erst 1892, unter Kaiser Wilhelm II., entschied sich die Reichsregierung gegen Schwarz-Rot-Gold und für Schwarz-Weiß-Rot: Schwarz und Weiß waren die preußischen Farben, Rot-Weiß die Farben der drei Hansestädte.

In der Weimarer Republik wurde Schwarz-Rot-Gold zur Reichsfarbe, aber Schwarz-Weiß-Rot blieb die Flagge der Handelsschiffe. 1933 wurde nach der Beseitigung der Demokratie die kaiserliche schwarz-weiß-rote Reichsfahne wieder eingeführt, es wurde aber außerdem die schwarz-weiß-rote Hakenkreuzfahne gezeigt. Nach der Festigung nationalsozialistischer Herrschaft wurde 1935 die Hakenkreuzfahne alleinige Reichsflagge.

1949 führte die Bundesrepublik Deutschland die Tradition der Burschenschaften fort: Schwarz-Rot-Gold sind wieder die Nationalfarben (Artikel 22 GG: „Die Bundesflagge ist schwarz-rot-gold.").

*Erstellen Sie eine Tabelle, in der Sie untereinander schreiben: Burschenschaften, Kaiserreich, Weimarer Republik, NS-Zeit, Bundesrepublik Deutschland. Tragen Sie dann jeweils rechts daneben die Farben ein, die in der jeweiligen Zeit gezeigt wurden.*

### Das Lied der Deutschen

Nach der Reichsgründung 1871 gab es in der Kaiserzeit keine offizielle deutsche Nationalhymne. Erst in der Weimarer Republik wurde vom Reichspräsidenten Friedrich Ebert 1922 das Deutschlandlied von Heinrich Hoffmann von Fallersleben mit der Melodie von Joseph Haydn zur Nationalhymne erklärt.

Hoffmann von Fallersleben hatte 1841 das Deutschlandlied bewusst als Gegenstück zu den einzelnen Fürstenhymnen geschaffen. Mit der Hymne hatte er die Reichseinheit gegen den Eigennutz der Fürsten gefordert.

In der Zeit des Nationalsozialismus blieb das Deutschlandlied zwar Nationalhymne, daneben stand jedoch das Horst-Wessel-Lied[1]. War das Deutschlandlied 1841 ein Symbol für Einheit und Freiheit, wurde es nun auch zum Symbol für außenpolitischen Größenwahn. Insbesondere die erste Strophe (Deutschland, Deutschland über alles, über alles in der Welt …) stieß bei den Bürgern im In- und Ausland auf Ablehnung. Deshalb wird seit 1952 nur die dritte Strophe als Nationalhymne gesungen.

1. Warum schrieb Hoffmann von Fallersleben 1841 das Deutschlandlied?
2. Wann erfüllte sich die Hoffnung auf Gründung eines deutschen Reiches?

---

[1] Horst-Wessel-Lied, benannt nach seinem Urheber und als politisches Kampflied der NSDAP im „Dritten Reich" gesungen.

# 5 Leben und Mitwirken im demokratischen Staat

*Plenum des Landtages von Schleswig-Holstein in Kiel an der Förde*

# 5.1 Demokratie lebt vom Mitmachen

| Grundrechte (im Grundgesetz festgeschrieben) | | |
|---|---|---|
| persönliche und wirtschaftliche Freiheitsrechte | politische Bürgerrechte | Gleichheitsrechte (soziale Grundrechte) |
| zum Beispiel:<br>• Schutz der Menschenwürde<br>• Recht auf freie Entfaltung der Persönlichkeit<br>• Glaubens-, Gewissens- und Informationsfreiheit<br>• Meinungs- und Pressefreiheit, Freiheit der Kunst und Wissenschaft<br>• Brief-, Post- und Fernmeldegeheimnis<br>• Freizügigkeit im ganzen Bundesgebiet<br>• Freiheit der Berufswahl<br>• Unverletzlichkeit der Wohnung<br>• Schutz des Eigentums und des Erbes | zum Beispiel:<br>• Wahlrecht auf allen politischen Ebenen (Gemeinde, Kreis, Land, Bund und Europa)<br>• Versammlungsfreiheit<br>• Vereinigungsfreiheit<br>• Petitionsrecht<br>• Asylrecht | zum Beispiel:<br>• Gleichheit aller Menschen<br>• Verbot der Diskriminierung aufgrund von Geschlecht, Sprache, Herkunft, Religion, Behinderung<br>• Schutz von Ehe und Familie<br>• Recht der Eltern auf Erziehung der Kinder<br>• Sozialstaatlichkeit<br>• Sozialpflichtigkeit des Eigentums<br>• Enteignung und Überführung in Gemeineigentum<br>• körperliche Unversehrtheit |
| Durch die Freiheitsrechte sind wir geschützt. | Durch die Bürgerrechte sind wir aufgerufen, mitzumachen. | Die Gleichheitsrechte fordern uns auf, unsere Ansprüche durchzusetzen. |

## Grundrechte nutzen!

Die Grundrechte stellen die Grundlage für das politische Leben in Deutschland dar. Sie finden ihre Grenze dort, wo die Rechte des anderen anfangen. So ist zum Beispiel das Eigentum geschützt. Zum Wohle der Allgemeinheit darf aber enteignet werden.

Es gibt die Grundrechte. Sie sind wichtig. Aber die Freiheit des einen kann die Freiheit des anderen oft einschränken bzw. beseitigen. Deshalb gilt in einer Demokratie:

**Freiheit ist ohne Ordnung nicht möglich und die Ordnung ist ohne Freiheit wertlos.**

*M 1 Grundrechte und ihre Grenzen*

Die Ordnung, unsere im Grundgesetz festgeschriebene Verfassung, und die nachgeordneten Gesetze stellen den **notwendigen Kompromiss** zwischen den einzelnen Grundrechten dar. In einer Demokratie wird immer wieder neu um diese Kompromisse gerungen. Deshalb werden unsere Gesetze den Notwendigkeiten angepasst. Dabei wird der richtige Mittelweg gesucht.

### Von Theokratie über Ständestaat, Absolutismus und Timokratie zur Demokratie

Früher war das anders. Die Herrschenden leiteten ihre Macht von Gott ab. Sie war ihnen angeblich als Gnade von Gott verliehen und sie bezeichneten sich selbst als Beauftragte der Vorsehung. Religiös fundamentalistische Herrscher begründen noch heute so oder ähnlich ihre politische Macht. Diese Art von Herrschaft nennt man **Theokratie** (Gottesherrschaft).

Im Laufe der Geschichte haben zuerst Minderheiten Rechte und politischen Einfluss für sich selbst durchgesetzt, so z. B. die Stände des Adels, der Kirche und der Großbürger (**Ständestaat**).

Die Gesellschaft lebte bis zum 18. Jahrhundert in einer starren Ordnung, auch „Ständeherrschaft" genannt. Jeder war durch Geburt an seinen Platz gestellt und hatte seine Aufgabe zu erfüllen. Keiner konnte ausbrechen aus dieser „gottgegebenen Ordnung". Die Kirche verkündete diese Lehre. Die Untertanen mussten glauben und gehorchen. Die Herrschenden befahlen.

Macht verführt zum Missbrauch. Wenn der Herrscher meinte, er müsse sich vor den anderen Herrschern hervortun, so gab er die Anweisung, ein neues Schloss zu bauen. Er engagierte einen berühmten Baumeister, den er fürstlich bezahlte. Die Bauarbeit leistete das Volk. Dazu waren die Untertanen verpflichtet, auch wenn sie dabei ihre eigene Arbeit vernachlässigen mussten und so manchmal nicht dazu kamen, ihre Felder zu bestellen. Wir bewundern heute solche Burgen und Schlösser. Der Name des Herrschers wird bei Führungen genannt. Nur wenige denken beim Bestaunen all der Pracht an das Elend der wirklichen Erbauer.

*Siehe auch Kap. 4.1*

Zweifel an dieser gottgewollten Ordnung tauchten auf. Eifrige Astronomen stellten fest, die Erde dreht sich. Mutige Seefahrer entdeckten, dass die Erde keine Scheibe ist, von der man herunterfällt, wenn sich das Schiff zu weit herauswagt. Die Erde steht nicht im Mittelpunkt des Weltalls, sondern ist selbst nur ein winziger Stern im großen Meer der Sterne. Die Kirche verbot diese neue Lehre und bekämpfte sie mit aller ihr zur Verfügung stehenden Macht und mit Gewalt. Und schließlich wurde die Autorität der Kirche selbst infrage gestellt. Die Herrschenden konnten allerdings noch Jahrhunderte ihre Macht verteidigen und sogar steigern. Der Ausspruch des Sonnenkönigs, **Ludwig XIV.**, macht das sehr deutlich: „**Der Staat bin ich.**" Er vereinigte alle drei Gewalten in sich (**Absolutismus**).

Die Reichen (Großbürger) erstritten sich Rechte von König und Adel wie z. B. das Wahlrecht nach der Höhe der Steuern (in Preußen 1850). Eine Herrschaftsform, in der die politischen Rechte nach Vermögen, Einkommen oder Steuern verteilt werden, nennt man **Timokratie**.

*Siehe auch Kap. 4.1*

In Deutschland wurde 1919 zum ersten Mal die **Demokratie** eingeführt. Die Weimarer Verfassung sah das Wahlrecht für Männer und Frauen vor. Jede Stimme war gleich viel wert. Die Einführung der Grundrechte schützte die Bürger.

**M 2**
*Entwicklung der Grundrechte*

## Direkte Demokratie
Demokratie bedeutet: Die Betroffenen entscheiden selbst über ihre Angelegenheiten. In Urzeiten versammelten sich die Germanen zum Thing. Dort wurde geredet, beschlossen und auch Gericht abgehalten. Demokratie findet auch statt, wenn die Familie über ihre Urlaubsreise berät oder der Ruderverein über den Kauf eines neuen Bootes entscheidet.

**M 3**
*Demokratie*

Der Prozess der Entscheidung läuft dabei im Prinzip immer so ab:
- Über das Problem wird geredet (diskutiert); jede oder jeder kann mitmachen.
- Dann wird abgestimmt: Was die Mehrheit will, wird beschlossen; die Minderheit akzeptiert den Beschluss.

Eine solche „**direkte Demokratie**" ist nur in kleinen, überschaubaren Gruppen möglich. In Schleswig-Holstein ist dies beim Bürgerentscheid umgesetzt worden.

**V**
*Bürgerentscheide in Halstenbek*

Auf kommunaler Ebene (Gemeinden, Kreise und Städte) können die Bürger oft selbst entscheiden. Wenn 10 % der Bürger es mit ihrer Unterschrift verlangen (Bürgerbegeh-

*In Gemeinden der Schweiz findet direkte Demokratie unter freiem Himmel statt. Hier die Bürgerversammlung von Glarus*

ren), wird ein Bürgerentscheid durchgeführt. Dann entscheidet nicht das gewählte Kommunalparlament, sondern die Bürger selbst – z. B. über die Schulform, den Bau einer Turnhalle oder die Baumschutzsatzung. Die erforderliche Mehrheit beträgt beim Bürgerentscheid 20% der Wahlberechtigten. Über 100 Bürgerentscheide wurden in Schleswig-Holstein schon durchgeführt.

### Parlamentarische Demokratie

Demokratie in großen Gruppen ist **indirekte Demokratie**. Das Volk herrscht nicht direkt. Das geht schon rein technisch gar nicht anders; denn wo und wann soll sich das gesamte Volk versammeln?

Aber: „Alle Staatsgewalt geht vom Volke aus" – so steht es im Grundgesetz, Art. 20 (2). Das Volk vergibt durch Wahlen den Auftrag (das Mandat auf Zeit), zu diskutieren und zu beschließen, an **Abgeordnete**. Die Abgeordneten vertreten (repräsentieren) das Volk. Sie versammeln sich und bilden damit das **Parlament**. Daher nennt man diese Art der Demokratie **parlamentarische oder repräsentative Demokratie**.

### Wahlen: Bürgerinnen und Bürger vergeben den Auftrag zum Handeln

*siehe auch Kap. 4.1*

Das Recht, durch Wahlen auf politische Entscheidungen Einfluss zu nehmen, musste hart erkämpft werden. Früher hatten z. B. die Frauen und die Armen kein Wahlrecht. Davor wurde überhaupt nicht gewählt. Heute haben wir die Möglichkeit, selbst mitzubestimmen, welche Politik gemacht wird. Durch Wahlen überträgt das Volk seine Macht auf das Parlament, jedes Mal begrenzt für eine bestimmte Zeit. Daher ist es wichtig, dass Wahlen nach demokratischen Grundsätzen verlaufen. Denn nur dann besteht auch die Garantie, dass das Parlament so zusammengesetzt ist, wie das Volk dies will.

### Wahlgrundsätze:

Demokratische Wahlen müssen nach ganz bestimmten Grundsätzen ablaufen. Das Grundgesetz bestimmt: „Die Abgeordneten […] werden in allgemeiner, unmittelbarer, freier, gleicher und geheimer Wahl gewählt." (Art. 38 [1])

- **Allgemein:** Jeder darf wählen, Männer und Frauen, Arme und Reiche, informierte und nicht informierte Bürgerinnen und Bürger. Wahlberechtigt ist z. B. bei der Bundestagswahl nur, wer die deutsche Staatsangehörigkeit besitzt, mindestens 18 Jahre alt ist und mindestens seit drei Monaten im Wahlgebiet wohnt. Außerdem dürfen sich EU-Bürger an Kommunalwahlen beteiligen.

- **Unmittelbar:** Das Volk wählt direkt die Abgeordneten – und nicht erst Wahlmänner oder Wahlfrauen, die dann die Abgeordneten wählen.
- **Frei:** Die Bürgerinnen und Bürger entscheiden selbst, ob sie wählen gehen oder nicht und wem sie ihre Stimme geben. Es findet kein Zwang wie im Dritten Reich oder im Kommunismus statt.
- **Gleich:** Jede Stimme zählt gleich viel, dies gilt für Arm und Reich. Es werden keine Unterschiede mehr gemacht.
- **Geheim:** Niemand soll wissen, was jemand gewählt hat. Deshalb muss die Wählerin/der Wähler (einzeln) in der Wahlkabine das Kreuz auf den Stimmzettel machen. Dieser darf nur gefaltet in die Wahlurne geworfen werden.

## Parlamente auf allen Ebenen

In unserer Gesellschaft gibt es viel zu beschließen. Daher gibt es auf allen Ebenen Parlamente und immer wieder muss gewählt werden, weil die Parlamente – als Volksvertretung – auf demokratische Art ihr Mandat vom Volk erhalten müssen.

**Parlamente** gibt es

- in den **Gemeinden:** z. B. die Gemeindevertretung oder die Stadtvertretung (in einigen Städten Bürgerschaft genannt), in den Kreisen den Kreistag. Sie werden als **Kommunalparlamente** bezeichnet. Kommune, das ist die (politische) Gemeinde. Gewählt werden die Parlamente in der Kommunalwahl. Für die Gemeindevertretung und für den Kreistag gibt es je einen eigenen Stimmzettel. Sie entscheiden über die Probleme vor Ort, z. B. über die Fußgängerampel vor dem neuen Einkaufscenter und die Müllentsorgung.
- in jedem der 16 Bundesländer: Jedes Land hat einen eigenen **Landtag** – gewählt in der Landtagswahl. Für diese Wahl hat jedes Bundesland sein eigenes Wahlgesetz. Das Landesparlament tagt in der Landeshauptstadt, der Landtag von Schleswig-Holstein in Kiel. Hier wird über Themen entschieden, die die kommunale Ebene nicht bewältigen kann, z. B. über die Einführung von Regional- und Gemeinschaftsschulen.

*Der Schleswig-Holsteinische Landtag in Kiel von der Fördeseite gesehen*

- auf der Bundesebene: Für die Bundesrepublik Deutschland zuständig ist der **Deutsche Bundestag** mit Sitz in Berlin. Er beschließt Gesetze, die alle angehen, z.B. die Höhe des Erziehungsgeldes. An der Gesetzgebung ist auch der **Bundesrat**, die zweite Kammer unseres Parlamentes, beteiligt. Seine Mitglieder werden nicht gewählt, sie werden von den Landesregierungen in den Bundesrat entsandt. Deshalb wird der Bundesrat auch als „unechte zweite Kammer des Parlaments" bezeichnet.

- auf der europäischen Ebene: Die Bürger der Europäischen Union wählen das „**Europäische Parlament**". Es tagt in Straßburg, manchmal auch in Brüssel. Das Europäische Parlament berät über Bereiche, die nur europaweit zu bewältigen sind, z.B. über europäische Verkehrsverbindungen wie die Fehmarnbelt-Querung nach Dänemark. An der europäischen Gesetzgebung ist neben dem Parlament der Ministerrat – wie der Bundesrat eine unechte zweite Kammer – beteiligt.

### Das Prinzip Subsidiarität

Es wird deutlich, dass das Volk nicht alles selbst diskutieren und beschließen kann. Dafür haben wir die Parlamente gewählt. Diese Arbeit sollen die Abgeordneten für uns machen. Und zwar immer das Parlament, das dem Problem am nächsten ist und daher auch eine angemessene Lösung findet.

Der Grundsatz gilt: Entschieden werden soll möglichst vor Ort. Erst wenn die untere Ebene ein Problem nicht lösen kann – weil es zu umfassend ist –, muss die nächsthöhere Ebene entscheiden. Dieses Prinzip nennt man „Subsidiarität". So entscheidet die Gemeindevertretung über den Ausbau der Gemeindestraße, der Kreistag über den Ausbau der Kreisstraße, der Landtag über die Landesstraße, der Bundestag über die Bundesstraße und das Europäische Parlament über die Europastraße.

### Viele machen mit

Weil es so viele Parlamente gibt, gibt es auch viele Abgeordnete. Es stimmt daher eigentlich nur im Prinzip, dass in der parlamentarischen Demokratie das Volk seine Macht an die „Mandatsträger" abgegeben hat. Viele Tausende Bürgerinnen und Bürger waren und sind bereit, sich zur Wahl zu stellen. Werden sie gewählt, sind sie direkt an wichtigen Entscheidungen beteiligt. Und noch viel mehr machen mit:

- Die Kommunalparlamente bilden Ausschüsse für bestimmte Aufgaben, z.B. den Schul- oder den Umweltausschuss. Dort arbeiten auch einige Frauen und Männer mit, die von den Parteien als Experten benannt werden, aber nicht Mitglied der Gemeindevertretung sind. Auch in den Dorfvorständen ist der Einsatz der Bürger groß.

- Der Bundestag veranstaltet vor großen Gesetzesvorhaben öffentliche Anhörungen. Hierzu werden Experten geladen, die ihre Meinung vortragen. Das Parlament entscheidet zwar nachher allein, aber das Wort der Fachleute hat großes Gewicht.

- Bei manchen Problemen melden sich Bürger selbst unmittelbar zu Wort. Wenn eine Bürgerinitiative eine Fußgängerampel fordert, der Sportverein eine Stellungnahme zum Bau der Turnhalle abgibt, die Feuerwehr ein neues Gerätehaus fordert, ein Umweltverband die Renaturierung eines Baches anregt, dann hat das Einfluss auf die Entscheidung der Abgeordneten.

### Die Ehrenamtlichen

Die einen engagieren sich als Maschinisten beim Technischen Hilfswerk, die anderen arbeiten für den Bund für Umwelt und Naturschutz (BUND) z.B. bei der Entrohrung von Bachläufen mit. Viele Jungen und Mädchen bringen sich bei den Freiwilligen Feuerwehren, der Schülervertretung (SV), den Jugendorganisationen der Parteien und in vielen anderen Organisationen ein. Da merkt man erst, wie aufwendig es ist, Schatzmeister oder Schriftführer zu sein. Andere sind nicht ehrenamtlich tätig. Dazu ist auch niemand verpflichtet. Allerdings sind oft die Nichtaktiven die Besserwisser. Sie machen es den Aktiven manchmal schwer. Die ehrenamtliche Arbeit wird dadurch nicht leichter.

### Die Parteien wirken bei der politischen Willensbildung des Volkes mit (GG Art. 21)

Bürger haben unterschiedliche Meinungen. Damit kann kein Bürgermeister oder Bundeskanzler etwas anfangen. Er muss wissen, was ausgeführt werden soll. Wie wird aus vielen unterschiedlichen Meinungen, z. B. über die Verkehrsführung, ein brauchbares Ergebnis? Wenn Einzelhändler und Anwohner, Spediteure und der Allgemeine Deutsche Fahrradclub ADFC, Fußgänger und ADAC ihre Interessen durchsetzen wollen, wenden sie sich deshalb an die politischen Parteien. Dann wird die Verkehrsführung in den Mitgliederversammlungen diskutiert. Auch hier gibt es unterschiedliche Standpunkte. Am Ende der Diskussion entsteht ein Beschluss der Partei: die Art der Verkehrsführung, die die Mehrheit der Mitgliederversammlung für richtig hält.

**M 4**
*Parteien*

In dem Parlament der Gemeinde treffen dann die unterschiedlichen Auffassungen der Parteien aufeinander. Selten kann sich eine Partei alleine durchsetzen. Um eine Mehrheit zu erreichen, muss oft ein Kompromiss gefunden werden. Dies ist nicht einfach, weil alle etwas nachgeben müssen. Aber jetzt kann ein Beschluss gefasst werden. Diesen muss der Bürgermeister mit der Verwaltung ausführen.

Eine Demokratie lebt von der Konkurrenz verschiedener Meinungen und Anschauungen. Als das Volk im 18./19. Jahrhundert verstärkt politische Mitbestimmung forderte, schlossen sich die Bürger mit ähnlichen Meinungen zusammen. Daraus entwickelten sich die unterschiedlichen Parteien. Mit ihnen entstand die moderne Demokratie.

### Die Medien

Wählerinnen und Wähler wollen sich ein Bild machen von den Parteien und ihren Kandidaten. Wahlplakate, Wahlanzeigen und Werbespots sind einseitig, sie genügen nicht. Verlangt wird eine möglichst objektive Information.

**M 5**
*Hören, schauen, lesen*

Das sollen **Medien** leisten:
Ob Fernsehen oder Radio, Zeitung oder Internet, ob Buch oder Anzeigenblatt, sie alle sollen objektiv informieren. Objektiv heißt, dass nichts bewusst weggelassen wird. Auch, dass Information von Meinung und Kommentar getrennt wird. Medien sollen die unterschiedlichen gesellschaftlichen Gruppen wie Parteien, Unternehmen, Gewerkschaften und Kirchen kontrollieren. Je durchschaubarer diese werden, desto besser für die Demokratie! In Wirklichkeit ist heute vieles anders.

**Wer hat Einfluss?** Bei Zeitungen, insbesondere bei kleinen und Anzeigeblättern, haben die großen Anzeigenkunden – wie Kaufhäuser – oft einen Einfluss auf die veröffentlichte Meinung des Blattes. So werden z. B. bei der Verkehrsführung in der Innenstadt und bei Parkplätzen z. T. einseitige Interessen durchgesetzt. Besitzt der Eigentümer einer Zeitung gleichzeitig einen Fernsehkanal, dann unterstützt die Zeitung mit positiven Hinweisen und Kommentaren einseitig seinen Sender. Die Zuschauer können diese Manipulation nicht oder nur schwer erkennen.

Wird ein Fernsehkanal von einem politisch ehrgeizigen Besitzer geführt, so hat dieser Macht: für sich selbst und für seine politischen Freunde.

### Die Parteien stellen ihre Kandidatinnen und Kandidaten zur Wahl

Lange Zeit vor der nächsten Wahl beginnt in den Parteien die Diskussion: Wer soll als Kandidatin oder als Kandidat aufgestellt werden? Die Bewerberinnen und Bewerber müssen der Parteibasis bekannt sein. Wer neu einsteigen will, muss sich profilieren. Die politische Karriere beginnt für die meisten ganz unten: im Ortsverband der Partei. Hier ist viel zu tun: beim Seniorennachmittag Kaffee einschenken, am Info-Stand in der Fußgängerzone stehen, Handzettel verteilen und Plakate kleben. Dazu gehören selbstverständlich auch gute Redebeiträge in der Mitgliederversammlung sowie die Bereitschaft und die Fähigkeit, Anträge für die Kreisparteiversammlungen zu formulieren.

Die Mitgliederversammlung der Partei wählt dann rechtzeitig vor der Wahl ihre Kandidaten. Zuständig ist immer das Gremium der Partei, in dessen Bereich die Wahl stattfindet. Bei der Kommunalwahl ist dies der **Ortsverein** der Partei. Bei Landtags- oder Bundestagswahlen beschließt der **Kreisparteitag** über den Wahlkreiskandidaten, der **Landesparteitag** entscheidet über die Besetzung der Landesliste. Die einzelnen Gruppen innerhalb der Partei versuchen, ihre Vertreter möglichst günstig zu platzieren. Oft finden in der Versammlung parteiinterne Absprachen statt: Auf Platz eins kommt der Spitzenkandidat, dann folgt ein Vertreter der Landwirte, dann will die Jugendorganisation eine Bewerberin platzieren, die Parteisenioren wollen auch vertreten sein usw. Das alles muss allerdings streng nach demokratischen Regeln verlaufen, sonst ist die Kandidatenaufstellung ungültig.

Die Listen werden beim Wahlleiter eingereicht. Sie gelten dann für die gesamte Wahlperiode des Parlamentes. Scheidet ein Abgeordneter aus dem Parlament aus, so wird sein Sitz über die Liste neu besetzt. Es rückt der Nächste oder die Nächste von der Liste nach.

In den Wahlkreisen können sich auch einzelne unabhängige Kandidaten ohne Mitwirkung einer Partei beim Wahlleiter melden. Sie müssen dazu eine Reihe von Unterschriften einreichen von Bürgern, die ihre Kandidatur unterstützen. Bei der Wahl haben allerdings solche Kandidaten kaum eine

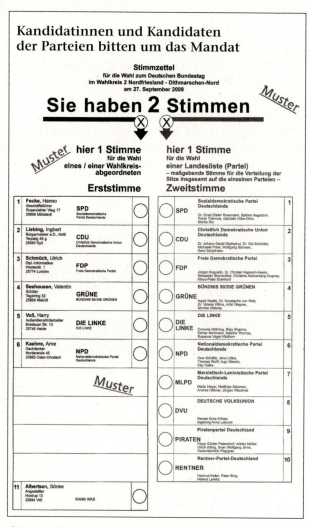

*Stimmzettel zur Bundestagswahl am 27. September 2009*

5.1 Demokratie lebt vom Mitmachen 181

Chance. Tatsächlich entscheiden in Deutschland also die Parteien, wer kandidiert. Wenn die Wähler einer Partei ihre Stimme geben, dann akzeptieren sie damit die von der Partei aufgestellten Kandidatinnen und Kandidaten. Weil die Parteien einen so großen Einfluss in unserem politischen Leben haben, nennt man unser System auch **Parteien-Demokratie**.

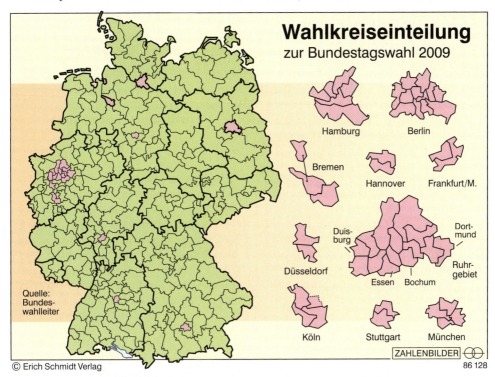

**Bundestagswahl**

**Erststimme** im Wahlkreis:
Gewählt ist der Kandidat, der die meisten Stimmen erhält. Die Stimmen aller anderen Kandidaten gehen verloren. Mit den Erststimmen wird die Hälfte aller Bundestagssitze (299) gewählt. Deshalb gibt es auch 299 Wahlkreise.

Erststimme = Mehrheitswahlrecht (MWR)

**Zweitstimme:**
Gewählt werden die Parteien. Die Sitze werden nach dem Verhältnis der für sie abgegebenen Stimmen nach dem Verfahren Sainte-Laguë/Schepers verteilt. Die Gesamtzahl der Sitze (598) ist die Anzahl aller Parlamentssitze.

Zweitstimme = Verhältniswahlrecht (VWR)

**M 6**
*Zählverfahren*

**M 7**
*Auswirkungen MWR/VWR*

**Kombiniertes Wahlrecht**
(personalisiertes Verhältniswahlrecht)

Den Parteien stehen in der Regel mehr Mandate nach dem Verhältniswahlrecht zu, als sie Mandate nach dem Mehrheitswahlrecht erhalten haben. Dann werden die Sitze mit den Kandidatinnen und Kandidaten besetzt, die auf den Landeslisten der Parteien stehen. Erhält eine Partei nach dem MWR mehr Sitze, als ihr nach dem VWR zustehen, entstehen Überhangmandate. Dadurch wird das Parlament größer. Nach der Wahl bilden die gewählten Bundestagsabgeordneten das Parlament: den Bundestag.

**M 8**
*Bundestagswahlergebnis 2009*

**M 9**
*Abgeordnete*

## Materialien

**M 1**
*Grundrechte und ihre Grenzen*

### 1. Amokläufe an Schulen: Erfurt und Winnenden

Ein Erfurter Gymnasium hatte einen 19-Jährigen der Schule verwiesen. Einige Monate später – im April 2002 – tötete er in einem Amoklauf zwölf Lehrkräfte, eine Sekretärin, eine 14-jährige Schülerin und einen Polizisten. Dann erschoss er sich selbst.

Im März 2009 erschoss ein 17-Jähriger mit einer Großkaliberwaffe fünfzehn Menschen. Darunter waren neun Schüler und drei Lehrerinnen seiner ehemaligen Realschule in Winnenden. Am Schluss erschoss er sich selbst. Seine Freizeit hatte er oft mit Gewaltfilmen, sogenannten „Killerspielen", verbracht. Die Mordwaffe hatte er sich – sein Vater ist Sportschütze – leicht besorgen können.

Wenn Ähnliches zukünftig verhindert werden soll, müssen wir tiefer schauen. Ja, die Gewaltvideos und brutalen Computerspiele sind ein Problem, aber ein Problem, das man nur dann vernünftig diskutieren kann, wenn man auch darüber spricht, warum so viele Jugendliche sich von dieser Art Spielen angezogen fühlen. […]

*Quelle: Wolfgang Müller, in: NDR Info vom 11.03.2009*

„Doch trotz allem Entsetzen und Erschütterung, denen sich keiner von uns entziehen kann", so der Präsident des Deutschen Schützenbundes, „müssen wir an die wirklichen Gründe für die Auslösung dieser Tat herangehen und nicht einfach nur einem schnellen populistischen Reflex nachgehen und das propagieren, was am besten öffentlich zu verkaufen ist, nämlich eine erneute Verschärfung des Waffenrechts […]."

*Quelle: Stellungnahme des DSB-Präsidenten zum Amoklauf in Winnenden, 15.03.2009, Zugriff am 17.08.2009 unter: http://www.schuetzenkreis-luedenscheid.de/index2.php?option=com_content&do_pdf=1&id=59*

Ein striktes Verbot von Großkaliber-Waffen für Sportschützen hat der Bund Deutscher Kriminalbeamter (BDK) gefordert. […] Schließlich, so der BDK-Spitzenfunktionär, sei es kein Grundrecht, mit gefährlichen Schusswaffen Sport zu treiben. „Ich glaube, niemand käme auf die absurde Idee, mit Handgranaten Zielübungen zu machen und daraus abzuleiten, Handgranaten legal besitzen zu dürfen."

*Quelle: NDR Presse und Information vom 26.03.2009, Zugriff am 10.08.2009 unter: www.firmenpresse.de/pressinfo80288.html*

Ministerpräsident Oettinger (CDU) sprach sich für ein hartes Vorgehen gegen Gewalt in elektronischen Medien aus. „Ich bin zu sehr restriktiven Maßnahmen bereit."

*Quelle: Zeit online / dpa vom 17.03.2009, Zugriff am 10.08.2009 unter: http://www.zeit.de/online/2009/12/winnenden-ermittlungen*

1. Welche Grundrechte werden berührt?
2. Was halten Sie von einem Verbot von Killerspielen? Begründen Sie Ihre Antwort.
3. Sollen Großkaliberwaffen verboten werden? Begründen Sie Ihre Antwort.
4. Wie sollten sich die Schulen vor Amokläufern schützen?
5. Sind Amokläufe überhaupt zu verhindern?

## 2. Kinderpornografie

### Regierung verschärft Kampf gegen Kinderpornos im Netz

**Berlin/Kiel** – Der Zugang zu Kinderporno-Seiten im Internet soll deutlich schwieriger werden. Das Bundeskabinett beschloss gestern Eckpunkte zur schärferen Bekämpfung solcher Inhalte. Demnach sollen alle deutschen Internet-Anbieter per Gesetz dazu verpflichtet werden, den Zugriff auf kinderpornografische Seiten zu erschweren. „Wir werden nicht länger tolerieren, dass die Vergewaltigung von Kindern massenhaft im Internet in Deutschland abrufbar ist", sagte Familienministerin Ursula von der Leyen (CDU).

Für Schleswig-Holstein weist die Kriminalstatistik für das vergangene Jahr 262 Fälle von Besitz und Beschaffung von Kinderpornografie und 88 Fälle von Verbreitung dieser Machwerke aus. Wobei ein Fall mehrere Hundert oder sogar Tausend Tatverdächtige weit über Schleswig-Holstein hinaus haben kann. Die Kieler Jugendministerin Gitta Trauernicht (SPD) sieht im Schutz der Kinder vor sexueller Ausbeutung ein so hohes Rechtsgut, dass Eingriffe in die Grundrechte der Meinungs- und Informationsfreiheit zu tolerieren seien.

*Quelle: Arnold Petersen, in: Lübecker Nachrichten, 26.03.2009, S. 1*

### Kinderpornos im Internet: So funktioniert die Blockade

[...]
**Wie funktionieren die Sperren?** Wer gesperrte Seiten anklickt, wird auf eine Stopp-Seite umgeleitet. Dort wird aufgeklärt, warum der Zugang blockiert ist. Das Stopp-Signal soll zur Ächtung der Kinderpornografie beitragen.

**Wer legt die Sperren fest?** Allein das Bundeskriminalamt (BKA). Es soll den Providern laufend aktualisierte Listen übermitteln. Vorbild sind skandinavische Länder und Großbritannien. Dort sind im Durchschnitt 1.500 Anbieter gelistet und gesperrt.

**Wie wirksam sind die Sperren?** Experten halten sie für weitgehend wirkungslos. Versierte Internetnutzer würden immer Wege finden, blockierte Seiten zu umgehen, räumt auch die Familienministerin ein. Entscheidend sei jedoch, den Massenzugang zu verstopfen, um den Anbietern die Einnahmen zu verderben. [...]

**Worum kreist die Debatte?** Rechtsexperten halten Sperren ohne klare gesetzliche Grundlage für heikel. Denn das Grundgesetz garantiert Kommunikationsfreiheit. Auch Justizministerin Brigitte Zypries (SPD) beharrte deshalb auf gesetzlichen Regeln, die jetzt erarbeitet werden. Zweifel an der Wirksamkeit der Sperre und dem Ansatz kommen hinzu. Um Kinderleid zu mindern, müsse vor allem die Produktion der Pornos bekämpft werden. Von der Leyen hält dagegen. Werde der Vertrieb gestört, fließe weniger Geld, was wiederum die Gefahr für Kinder mindere.

*Quelle: Arnold Petersen, in: Lübecker Nachrichten, 26.03.2009, S. 6*

### Würde geht vor freie Meinung

Sie steht zwar an erster Stelle unseres Grundgesetzes, die Menschenwürde, doch wie sieht die Wirklichkeit aus? Obwohl die sexuelle Ausbeutung von Kindern eines der schlimmsten Verbrechen gegen die Menschlichkeit ist, fehlt es dem Staat in Zeiten des „world wide web" an Möglichkeiten, dieses Grundrecht ausreichend zu schützen und zu ahnden. ...

Kein Geringerer als Friedrich Schiller gebrauchte die Worte: „Beherrschung der Triebe durch die moralische Kraft ist Geistesfreiheit und Würde heißt ihr Ausdruck in der Erscheinung." [...]

Quelle: Lübecker Nachrichten, 05./06.03.2009, S. 60, Leserbrief von Klaus Peter Mielke

1. Welche Grundrechte werden berührt?
2. Welches Grundrecht wird nach Auffassung des Leserbriefschreibers Mielke zu wenig geschützt?
3. Welche Grundrechte sollten nach Auffassung von Jugendministerin Trauernicht eingeschränkt werden?
4. Vergleichen Sie die Positionen von Zypries und von der Leyen in der Debatte.
5. Was ist Ihre Meinung? Soll der Zugriff auf kinderpornografische Seiten der Internetanbieter erschwert oder verboten werden?

## 3. Verfolgung von Minderheiten

In den letzten Jahren sind fast zwei Millionen Christen aus dem Irak geflohen. Christen und andere nichtmuslimische Religionen sind dort nur noch mit etwa drei Prozent vertreten, während sie vor 100 Jahren noch etwa 25 Prozent ausmachten. Die Christen zählen überwiegend zu den orientalisch-christlichen Gemeinschaften: Chaldäisch-Katholische Kirche, Assyrische Kirche des Ostens, Alte Apostolische Kirche des Ostens, Armenier, römische und syrische Katholiken, Altsyrisch-Orthodoxe, Protestanten und andere nichtmuslimische Gruppen sind seit 2003 zunehmend unter Druck geraten. Manche wurden als Ungläubige bezeichnet und zur Konversion zum Islam aufgefordert."

Quelle: Marcus Stöcklin, in: Lübecker Nachrichten, 26.03.2009

Früher, in Bagdad, hatte Mazin Lorenz Fernandez (39) einmal ein gutes Leben. Zwei Fabriken gehörten ihm, in denen er Einkaufskisten aus Plastik herstellte. Er hatte 36 Angestellte, besaß drei Häuser, sechs Autos. „Morgens stand ich auf und ging in die Fabrik. Abends trank ich mit meinen Freunden Kaffee oder rauchte eine Wasserpfeife."

[...] Mazin und seine Familie mussten fliehen aus Bagdad, sie waren dort eines Tages ihres Lebens nicht mehr sicher. Islamische Milizen patrouillierten oft durch ihr Wohngebiet. Und sie mochten Fernandez und seine Familie nicht: weil sie chaldäisch-katholische Christen sind. Und weil seine Frau sich nicht verschleierte. „Eines Tages", sagt Mazin, „fanden wir einen Zettel in unserem Briefkasten. Darauf stand: ‚Entweder ihr verlasst euer Haus oder ihr werdet sterben.'" [...]

Sabah al Kameeh (41), gelernter Goldschmied, hat erfahren, dass seine neue Heimat Greifswald sein soll. Mit seiner Frau Ebtesem (29), die Mathematiklehrerin ist, seiner Tochter Noor (4) und seinem Sohn Edmon (1) wird er in der Universitätsstadt in Vorpommern bald eine Wohnung beziehen können.

In Bagdad musste er alles stehen und liegen lassen. Seinen Betrieb, sein Haus. „Selbst das Gold in meiner Werkstatt ließ ich zurück." Nur das nackte Leben konnten er und seine Familie retten.

„Ich war mit drei Freunden zusammen, als die Milizen kamen und mich mit einer Kalaschnikow niederschlugen." Wieso sie ihn nicht getötet haben, weiß Sabah al Kameeh bis heute nicht. „Meine Freunde wurden erschossen." Auch Ebtesem, seine Frau, fürchtete um ihr Leben: „Sie sagten zu mir: ‚Du musst dich verschleiern und dem Islam beitreten. Oder wir müssen dich leider umbringen.'" […]

Quelle: Marcus Stöcklin, in: Lübecker Nachrichten vom 26.03.2009, S. 3

1. Welches Grundrecht wird berührt?
2. Warum wurden Mazin Lorenz Fernandes und Sabah al Kameeh im Irak verfolgt?
3. Warum mussten sie um ihr Leben fürchten?
4. Kennen Sie andere Länder, in denen diese Grundrechte nicht ausgeübt werden können?

### Entwicklung der Grundrechte

Die Würde des Menschen ist keine europäische Erfindung. Ihr Ursprung liegt in mehreren Erdteilen, aber die abendländisch-christliche Tradition hat die Grundrechte in Europa und Nordamerika stärker als in anderen Kulturen durchgesetzt.

Hier einige Stationen (lesen Sie von unten nach oben):

**M 2**
*Entwicklung der Grundrechte*

| | |
|---|---|
| 1949 | Die Grundrechte wurden umfassend im Grundgesetz der Bundesrepublik Deutschland verankert. |
| 1948 | Erklärung der allgemeinen Menschenrechte durch die Vereinten Nationen (UN) |
| 1919 | Die Weimarer Verfassung gewährte zum ersten Mal für Deutschland die Grundrechte. Dies galt für Männer und Frauen. Politische Rechte wie das Wahlrecht wurden im Sinne der Gleichheit der Menschen vergeben. Die Machtübertragung auf Reichskanzler Adolf Hitler 1933 hob die Grundrechte wieder auf. |
| 1789 | Französische Revolution: Die Erklärung der Menschen- und Bürgerrechte fand 1791 Eingang in die Verfassung des Dritten Standes (Großbürgertum), allerdings mit einem Zensuswahlrecht für Männer. |
| 1788 | Immanuel Kant veröffentlichte die „Kritik der praktischen Vernunft", eine politische Sittenlehre. Er rief die Menschen auf, sich ihres eigenen Verstandes zu bedienen, also selbst nachzudenken. Nach Kant sollten alle Menschen die politischen Freiheitsrechte besitzen. |
| 1776 | Die Amerikanische Unabhängigkeitserklärung enthielt die erste Zusammenstellung eines Grundrechtskataloges, z. B. „Alle Menschen sind von Natur aus in gleicher Weise frei und unabhängig und besitzen bestimmte angeborene Rechte. […]" Das bedeutete Chancengleichheit, aber z. B. nicht wie heute gleiches Wahlrecht für alle, sondern Wahlrecht im Sinne des männlichen Besitzbürgertums. |
| 1679 | Habeas-Corpus-Akte: Das englische Parlament setzte gegen den König durch, dass die Verhaftung eines jeden Untertanen überprüft werden konnte. Der von der Polizei verhaftete Bürger erhielt also das Recht, eine richterliche Überprüfung seiner Verhaftung durchzusetzen. Damit wurden die Untertanen vor Willkür geschützt. |

*Siehe auch Kap. 4.3*

*Siehe auch Kap. 4.1*

| 1517 | Reformation: Martin Luther übersetzte die Bibel in das Deutsche. Die Christen sollten die Bibel selbst lesen können und auch selbst auslegen dürfen. Diese Freiheit des Christenmenschen war nur eine religiöse, keine politische. |
|---|---|
| 1215 | Magna Charta Libertatum (Der Große Freibrief) schützte die Geistlichkeit und die Barone in England gegen Übergriffe der Krone. Die englischen Freien erhielten vom König das Recht, dass jeder Freie nur von seinesgleichen gerichtet werden durfte. |

*Erarbeiten Sie sich die Stationen auf dem Weg zu den heutigen Grundrechten.*
*Finden Sie dabei heraus, für wen und für was die Rechte jeweils galten bzw. nicht galten.*

**M 3** **Demokratie**

*Demokratie*

### Zur Theorie der Demokratie

Demokratie (griech. Volksherrschaft: demos = Volk; kratein = herrschen) im Gegensatz z. B. zur Diktatur (lat. Alleinherrschaft; z. B. Adolf Hitler) und Timokratie (griech. Herrschaft der Besitzenden; z. B. Dreikassenwahlrecht in Preußen)

Wie ein jeder weiß, heißt „Demokratie" auf Deutsch „Volksherrschaft" oder „Volkssouveränität", im Gegensatz zu „Aristokratie" (Herrschaft der Besten oder der Vornehmsten) und „Monarchie" (Herrschaft eines Einzelnen). Aber der Wortsinn hilft uns nicht weiter. Denn nirgends herrscht das Volk: Überall herrschen die Regierungen (und leider auch die Bürokratie, das heißt die Beamten, die nur schwer oder gar nicht zur Verantwortung gezogen werden können). Außerdem sind Großbritannien, Dänemark, Norwegen und Schweden Monarchien und gleichzeitig sehr gute Beispiele von Demokratien. [...] Worauf kommt es denn wirklich an? Es gibt eigentlich nur zwei Staatsformen: solche, in denen es möglich ist, die Regierung ohne Blutvergießen durch eine Abstimmung loszuwerden, und solche, in denen das nicht möglich ist. Darauf kommt es an, nicht aber darauf, wie man diese Staatsform benennt. Gewöhnlich nennt man die erste Form „Demokratie" und die zweite Form „Diktatur oder Tyrannei" [...]
Jede Regierung, die man wieder loswerden kann, hat einen starken Anreiz, sich so zu verhalten, dass man mit ihr zufrieden ist. Und dieser Anreiz fällt weg, wenn die Regierung weiß, dass man sie nicht so leicht loswerden kann.

*Quelle: Karl Popper, in: Der Spiegel, Nr. 32/1987. Karl Popper, Philosophieprofessor, gestorben 1994, gilt als einer der wichtigsten Theoretiker und Sozialwissenschaftler.*

Demokratie heißt nicht Volksherrschaft, das ist Quatsch. Demokratie heißt: Es gibt keine Schicht mehr, die bevorzugt ist zu regieren. Und wenn es das nicht geben soll, bleibt nichts anderes übrig als Volkswahlen. Die Parteien sollen die Sortierapparate der politischen Meinungs- und Willensbildung sein.

*Quelle: Theodor Eschenburg – Politikwissenschaftler und Kritiker – kurz vor seinem 90. Geburtstag in einem Interview in: Die Zeit Nr. 43, 21.10.1994*

1. Was heißt Demokratie auf Deutsch?
2. Wer herrscht nach Popper überall?
3. Worauf kommt es nach Popper wirklich an?
4. Welchen Anreiz haben Regierungen, die wissen, dass man sie abwählen kann?

## Parteien

**M 4**
*Parteien*

> **Die Parteien**
> Die Parteien wirken bei der politischen Willensbildung des Volkes mit. Ihre innere Ordnung muss demokratischen Grundsätzen entsprechen. (Art. 21 [1] GG)

Im Artikel 21 des Grundgesetzes steht die Theorie. Beispiele aus der politischen Praxis haben Sie auf den vorhergehenden Seiten gelesen.
1. Welchen Auftrag haben politische Parteien in der Bundesrepublik Deutschland?
2. Die Stadt hat die Verkehrsführung geändert: Der ADFC ist sauer. Der ADAC tobt. Die Anwohner sind enttäuscht. Warum findet eine einzelne Interessengruppe selten ihre Vorstellung im politischen Beschluss wieder?

3. Diskutieren Sie, ob die staatliche Parteienfinanzierung sinnvoll ist.

## Hören, schauen, lesen

**M 5**
*Hören, schauen, lesen*

1. Wie sieht es in Ihrer Klasse aus: Ermitteln Sie, welche Medien Sie nutzen.
2. Wir leben in einer Informationsgesellschaft.
   a) Beschreiben Sie die Karikatur.
   b) Was will der Karikaturist mit dem Bild zum Ausdruck bringen?

### M 6
*Zählverfahren*

**Zählverfahren**

Nach der Wahl wird ausgerechnet, wie viel Sitze den Parteien zustehen. Bei der Bundestagswahl werden dafür die Zweitstimmen verwendet und nach dem Verfahren **Sainte-Laguë/Schepers** ausgerechnet. Es werden nur solche Parteien berücksichtigt, die mindestens 5% der gültigen Zweitstimmen erhalten haben (5%-Hürde), oder die mindestens drei Wahlkreise direkt über die Erststimmen erobert haben (Direktmandate).

---

Beispiel für die Berechnung bei einem Parlament mit acht Sitzen:

| | |
|---|---|
| Partei A | 10.000 Zweitstimmen |
| Partei B | 6.000 Zweitstimmen |
| Partei C | 1.500 Zweitstimmen |
| insgesamt | 17.500 Zweitstimmen |

Zuerst wird ein **vorläufiger Zuteilungsdivisor** ermittelt.

vorläufiger Zuteilungsdivisor: $\rightarrow \dfrac{\text{Summe der Zweitstimmen}}{\text{Anzahl der Parlamentssitze}} = \dfrac{17.500}{8} = 2.187{,}5$

Dann werden die Sitze verteilt (mit üblichen Rundungen) $\rightarrow \dfrac{\text{Zweitstimmen der Partei}}{\text{vorläufigen Zuteilungsdivisor}}$

---

| Partei | | Sitze |
|---|---|---|
| A | $\dfrac{10.000}{2.187{,}5}$ | = 4,57 = 5 |
| B | $\dfrac{6.000}{2.187{,}5}$ | = 2,74 = 3 |
| C | $\dfrac{1.500}{2.187{,}5}$ | = 0,68 = 1 |
| gesamt | | 9 |

Da die Berechnung neun Sitze ergibt, aber nur acht Sitze zu vergeben sind, muss der vorläufige Zuteilungsdivisor so lange heraufgesetzt werden, bis das Ergebnis den acht Parlmentssitzen entspricht. Der Zuteilungsdivisor ist jetzt 2.300.

| Partei | | Sitze |
|---|---|---|
| A | $\dfrac{10.000}{2.300}$ | = 4,35 = 4 |
| B | $\dfrac{6.000}{2.300}$ | = 2,61 = 3 |
| C | $\dfrac{1.500}{2.300}$ | = 0,65 = 1 |
| gesamt | | 8 |

Bei anderen Wahlen, z.B. bei der Landtags- und Kommunalwahl in Schleswig-Holstein, werden die Sitze nach dem Höchstzahlenverfahren des Mathematikers **d'Hondt** ausgezählt. Das wird so gemacht:

Die Stimmen für die Parteien werden nacheinander geteilt durch 1, 2, 3, … Dann werden die Sitze in der Reihenfolge der Zahlen vergeben (die höchste Zahl erhält den 1. Sitz, die nächsthöchste den 2.), bis alle Sitze vergeben sind.

Und so sieht das Ergebnis aus, wenn beim gleichen Wahlergebnis die Sitze nach d'Hondt verteilt werden:

| Teiler | A | Rang-ordnung der Sitze | B | Rang-ordnung der Sitze | C | Rang-ordnung der Sitze |
|---|---|---|---|---|---|---|
| :1 | 10.000 | 1. | 6.000 | 3. | 1.500 | |
| :2 | 5.000 | 2. | 3.000 | 5. | | |
| :3 | 3.333 | 4. | 2.000 | 8. | | |
| :4 | 2.500 | 6. | | | | |
| :5 | 2.000 | 7. | | | | |
| :6 | 1.667 | | | | | |
| :7 | 1.288 | | | | | |

*Das gleiche Wahlergebnis, aber die Sitze werden nach unterschiedlichen Verfahren verteilt. Vergleichen Sie die Ergebnisse:*
1. *Welche Parteien werden durch welches Verfahren begünstigt?*
2. *Verallgemeinern Sie Ihre Erkenntnisse.*

## Auswirkungen Mehrheitswahlrecht/Verhältniswahlrecht

Auswirkungen des Mehrheitswahlrechts

- Das Mehrheitswahlrecht begünstigt die Herausbildung von zwei großen Parteien. Wer von beiden die Wahlen gewinnt, stellt üblicherweise die Regierung, der Verlierer geht in die Opposition. Meistens verfügt der Wahlsieger über eine große Mehrheit im Parlament. In diesem Fall kann die Regierungspartei alleine, also ohne Koalitionspartner, die Politik gestalten.
- Das Mehrheitswahlrecht benachteiligt kleine Parteien und erschwert die Neugründung von Parteien. Dadurch sind Minderheiten im Parlament unterrepräsentiert und neue Ideen finden oft nur schwer Eingang in die Politik.
- Die Stimmen, die für die unterlegenen Parteien abgegeben werden, werden bei der Sitzverteilung nicht mehr berücksichtigt. Damit kann es zu Verfälschungen des Wählerwillens kommen, weil der Anteil einer Partei an den Wählerstimmen nicht automatisch ihrem Anteil an den Parlamentssitzen entspricht.
- Um einen Parlamentssitz zu gewinnen, müssen die Kandidaten in ihrem Wahlkreis eine Mehrheit gewinnen. Dies ist nur möglich, wenn sie sich um einen engen Kontakt mit ihren Wählerinnen und Wählern bemühen und deren Interessen im Parlament vertreten.

Auswirkungen des Verhältniswahlrechts:

- Alle Parteien sind entsprechend ihrem Anteil an der Wählerschaft im Parlament vertreten. Damit sind auch Minderheiten angemessen vertreten. Allerdings erweist es sich manchmal als schwierig, eine Regierung zu bilden, die eine verlässliche Mehrheit für ihre Politik findet.
- Neue Parteien kommen eher ins Parlament. Die Konkurrenz zwischen den Parteien wird dadurch belebt. Gleichzeitig bekommen auch immer wieder extreme Parteien eine Chance, Parlamentssitze zu erringen, wenn sie genügend Protestwähler für sich gewinnen können.

**M 7**
*Auswirkungen MWR/VWR*

- Wer einen Sitz im Parlament gewinnen will, muss auf einer Parteiliste nominiert sein, die von dem zuständigen Parteitag aufgestellt wird. Unabhängige Kandidaten haben kaum eine Chance.

**Ergebnisse der Unterhauswahlen in Großbritannien 2005 (Mehrheitswahlrecht)**

| Partei | Stimmen (%) | Sitze | Sitze (%) |
|---|---|---|---|
| Labour | 35,3 | 356 | 55,1 |
| Konservative | 32,3 | 198 | 30,6 |
| Liberaldemokraten | 22,1 | 62 | 9,5 |
| Sonstige | 10,3 | 30 | 4,6 |
| Summe | | 646 | |

Quelle: BBC, Zugriff am 04.02.2010 unter: http://news.bbc.co.uk/2/hi/uk_news/politics/vote_2005/constituencies/default.stm

**Ergebnisse der Bundestagswahlen 2005 (personalisiertes Verhältniswahlrecht)**

| Partei | Stimmen (%) | Sitze | Sitze (%) |
|---|---|---|---|
| CDU/CSU | 35,2 | 226 (7 Ü) | 36,8 |
| SPD | 34,2 | 222 (9 Ü) | 36,2 |
| FDP | 9,8 | 61 | 9,9 |
| Linke | 8,7 | 54 | 8,8 |
| B90/Grüne | 8,1 | 51 | 8,3 |
| Sonstige | 3,9 | | |
| Summe | | 614 | |

Ü = Überhangmandate

Quelle: Der Bundeswahlleiter, Zugriff am 04.02.2010 unter: http://www.bundeswahlleiter.de/de/bundestagswahlen/BTW_BUND_05/ergebnisse/bundesergebnisse/b_tabelle_99.html

*Welche Vor- und Nachteile haben das Mehrheitswahlrecht und das Verhältniswahlrecht aus Ihrer Sicht?*

## M 8 Bundestagswahlergebnis 2009

**Wahlergebnis der Bundestagswahl vom 27.09.2009**

Wahlberechtigt: 62.168.489    gewählt haben: 44.005.575    Wahlbeteiligung: 70,8 %

| Parteien | Zweitstimmen | Anteil in % | Sitze im Bundestag (Abgeordnete) nach | | + Überhangmandate | gesamt |
|---|---|---|---|---|---|---|
| | | | Erststimmen (Wahlkreise direkt) | Zweitstimmen | | |
| CDU/CSU | 14.658.515 | 33,8 | 218 | 215 | 24 | 239 |
| SPD | 9.990.488 | 23,0 | 64 | 146 | | 146 |
| FDP | 6.316.080 | 14,6 | 0 | 93 | | 93 |
| Linke | 5.155.933 | 11,9 | 16 | 76 | | 76 |
| B90/Grüne | 4.643.272 | 10,7 | 1 | 68 | | 68 |
| andere | 2.606.902 | 5,9 | 0 | 0 | | 0 |
| gesamt | 43.371.190 | | 299 | 598 | 24 | 622 |

**Überhangmandate** entstehen, wenn eine Partei in einem Bundesland mehr Direktmandate gewinnt, als ihr nach dem Anteil der Zweitstimmen zustehen.

## Wahlergebnis in Schleswig-Holstein:

2009 wurden die Sitze, die dem Land Schleswig-Holstein zustanden, so berechnet:
Wahlberechtigt: 2.229.675    gewählt haben: 1.644.531    Wahlbeteiligung: 73,8 %

Schleswig-Holstein entsendet 22 Abgeordnete in den Deutschen Bundestag. Die Hälfte der Abgeordneten wird direkt gewählt. Daher ist das Land Schleswig-Holstein in 11 Wahlkreise eingeteilt.

Und diese Abgeordneten wurden mit der Erststimme in ihrem Wahlkreis gewählt:

| | | |
|---|---|---|
| Wahlkreis 1 | Flensburg-Schleswig | Wolfgang Börnsen (CDU) |
| Wahlkreis 2 | Nordfriesland-Dithmarschen-Nord | Ingbert Liebing (CDU) |
| Wahlkreis 3 | Steinburg-Dithmarschen-Süd | Rolf Koschorrek (CDU) |
| Wahlkreis 4 | Rendsburg-Eckernförde | Johann David Wadephul (CDU) |
| Wahlkreis 5 | Kiel | Hans-Peter Bartels (SPD) |
| Wahlkreis 6 | Plön-Neumünster | Philipp Murmann (CDU) |
| Wahlkreis 7 | Pinneberg | Ole Schröder (CDU) |
| Wahlkreis 8 | Segeberg/Stormarn-Nord | Gero Storjohann (CDU) |
| Wahlkreis 9 | Ostholstein | Ingo Gädechens (CDU) |
| Wahlkreis 10 | Lauenburg/Stormarn-Süd | Norbert Brackmann (CDU) |
| Wahlkreis 11 | Lübeck | Gabriele Hiller-Ohm (SPD) |

Nach der Wahl wird zunächst festgestellt, wie viele Sitze dem Bundesland zustehen. Grundlage sind die gültigen Zweitstimmen. Da in Schleswig-Holstein die Wahlbeteiligung über dem Bundesdurchschnitt lag, wurde dem Land ein Sitz mehr zugeteilt als ursprünglich vorgesehen. (Mecklenburg-Vorpommern mit einer Wahlbeteiligung von 63,1 % hat dagegen zwei Sitze verloren.)

23 Sitze wurden aufgrund der Zweitstimmen den Parteien zugewiesen, die CDU errang noch ein Überhangmandat:

| | Stimmen | Sitze gesamt | davon aus den Wahlkreisen direkt | davon über die Liste |
|---|---|---|---|---|
| CDU | 518.366 | 9 | 9 | 8 |
| SPD | 430.614 | 6 | 2 | 6 |
| FDP | 261.804 | 4 | 0 | 4 |
| B90/Grüne | 203.657 | 3 | 0 | 3 |
| Linke | 127.216 | 2 | 0 | 2 |
| andere | 67.528 | 0 | 0 | 0 |
| gesamt | 1.609.185 | 24 | 11 | 23 |

## Die Abgeordneten des Deutschen Bundestages

### Die Stellung der Abgeordneten

Sie sind Vertreter des ganzen Volkes, an Aufträge und Weisungen nicht gebunden und nur ihrem Gewissen unterworfen (GG Art. 38 [1, 2. Satz])

In der Theorie unserer Verfassung bedeutet das: Abgeordnete sind dem Wohl aller verpflichtet, nicht nur ihren Wählerinnen und Wählern oder ihrer Partei.

M 9
*Bundestagsabgeordnete*

In der parlamentarischen Praxis finden die offenen Auseinandersetzungen hinter den verschlossenen Türen der Fraktionen statt. Hier wird um den Standpunkt gerungen. Am Ende der Meinungsbildung steht oft ein Kompromiss. Mit Mehrheit wird der Beschluss gefasst. Dann tritt im Bundestag die Fraktion geschlossen auf. Die Minderheit fügt sich meistens. Diese gängige Praxis nennt man „Fraktionsdisziplin", den Druck, der manchmal auf mögliche Abweichler ausgeübt wird, nennt man „Fraktionszwang".

### Schutzrechte für die Abgeordneten

Abgeordnete müssen frei reden und frei entscheiden können. Das ist selbstverständlich. Damit dies gewährleistet ist und sie daran nicht gehindert werden, erhalten sie einen besonderen Schutz.

Sie dürfen wegen einer Äußerung oder einer Abstimmung nicht vor Gericht gestellt werden (**Indemnität**: GG Art. 46 [1]). Sie dürfen auch nicht einfach verhaftet werden (**Immunität**: GG Art. 46 [2]). Auch können sie nicht gezwungen werden, die Namen von Personen preiszugeben, die ihnen politisches Material zugespielt haben (**Zeugnisverweigerungsrecht**: GG Art. 47).

### Recht auf Entschädigung und Büroausstattung

Die Abgeordneten haben Anspruch auf eine angemessene, ihre Unabhängigkeit sichernde Entschädigung … (GG Art. 48 [3]).

Für Büros im Wahlkreis, für die Zweitwohnung in Berlin gibt es eine steuerfreie Pauschale in Höhe von 3.647,00 Euro (Stand 2009). Am Parlamentssitz in Berlin kommt die Bundestagsverwaltung für die Personal- und Sachkosten des Büros auf.

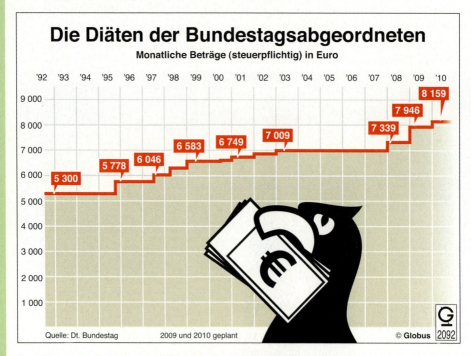

1. Erläutern Sie die Stellung des Abgeordneten in Theorie und Praxis.
2. Nennen und erklären Sie die Rechte der Abgeordneten.
3. Diskutieren Sie die Vor- und Nachteile einer niedrigen oder hohen Bezahlung von Abgeordneten.

# Arbeitsvorschlag

Vergleichende Übersicht der Parteiprogramme der im 17. Bundestag vertretenen Fraktionen (in Stichworten)

| Partei<br>Programm | CDU/CSU | SPD | FDP | Die Linke | B90/Grüne |
|---|---|---|---|---|---|
| Grundwerte | Christliches Menschenbild, Bekenntnis zur Familie, demokratischer Patriotismus | Solidarität und Gerechtigkeit, Bändigung und Kontrolle von Macht und Einfluss | Eigenverantwortlicher Mensch, mehr Freiheit für den Einzelnen und weniger staatliche Bevormundung | Grundrecht auf würdige Arbeit für alle, mehr direkte Demokratie | Mensch als Teil der Natur, Unantastbarkeit der Menschenwürde, Selbstbestimmung |
| Wirtschaft | Arbeitsmarkt deregulieren, Förderung der Selbstständigkeit, Abbau der Bürokratie | Förderung des Wachstums, Qualifizierungsmöglichkeit für Arbeitslose, Anspruch der Frauen auf Erwerbstätigkeit | Beseitigung der Hemmnisse für Innovationen, drastische Steuersenkungen | Steuerlast von unten nach oben umverteilen, Globalisierung gerecht gestalten | Qualifizierung von Arbeitskräften, Senkung der Lohnnebenkosten, Investition in Arbeit |
| Bildung | Gegliedertes Schulsystem, Bildung muss auch Erziehung sein | Umfassende Chancengleichheit, keine Studiengebühren | Eigenverantwortung und Wettbewerb aller Bildungseinrichtungen | Einheitsschule, völlige Lehr- und Lernmittelfreiheit, keine Studiengebühren | Bildungsreform, flächendeckende Ganztagsschulen |
| Sozialsystem | Subsidiarität, Erhalt der Privatversicherung | Bürgerversicherung | Mehr Eigenverantwortung des Einzelnen durch Selbstvorsorge und Kostenbeteiligung | Grundeinkommen und Grundrente, gesetzlicher Mindestlohn, Abschaffung von Hartz IV | Bürgerversicherung, Grundeinkommen |
| Innere Sicherheit | Mehr Opfer- als Täterschutz, schärfere Tatverfolgung | Bekämpfung der Kriminalität mit Besonnenheit und Augenmaß | Oberste Aufgabe ist Freiheitssicherung, Sicherheit nicht als Selbstzweck | Gleiche Rechte für alle, Deutschland als großzügiges Einwanderungsland, gegen Abschiebehaft | Soziale Prävention, liberale Drogenpolitik, Humanisierung des Strafrechts |

| Partei<br>Programm | CDU/CSU | SPD | FDP | Die Linke | B90/Grüne |
|---|---|---|---|---|---|
| Äußere Sicherheit | Solidarität im westlichen Bündnis, Modernisierung der Bundeswehr | Militärische Einsätze nur nach Ausschöpfung aller anderen Möglichkeiten, Wehrpflicht bleibt | Aussetzung der Wehrpflicht, aber modern ausgerüstete Bundeswehr für UN-Einsätze | Kollektive Kriegsdienstverweigerung, keine Auslandseinsätze der Bundeswehr, Verkleinerung auf 100.000 Mann | Abschaffung der Wehrpflicht, Militäreinsatz nur als Ausnahme |

Quelle: Prof. Dr. Peter Schade, StD Hans-Joachim Stark: Geschichte in der Gegenwart, Lehr- und Arbeitsbuch für Geschichte und Gemeinschaftskunde, Bildungsverlag EINS, Troisdorf 2007, S. 390

1. Worauf legen die einzelnen Parteien viel Wert?
2. Gehen Sie die sechs Programmpunkte systematisch durch. Welche Parteien haben unterschiedliche Ansichten? Welche Parteien haben ähnliche Ansichten?
3. Nehmen Sie Stellung: Welche Parteien sollten Ihrer Ansicht nach eine Regierungskoalition bilden?
4. Gibt oder gab es in Ihrer Gemeinde, Nachbargemeinde, Stadt oder in Ihrem Kreis unterschiedliche Auffassungen der Parteien zu Themen wie Schulform, Baumschutzsatzung, Müllentsorgung usw.? Berichten Sie Ihrer Klasse.

## Zur Vertiefung

### Bürgerentscheide in Halstenbek

Die Gemeinde Halstenbek hatte 1992 beschlossen, eine Sporthalle mit eleganter gläserner Kuppel in der Form eines Eis zu bauen. 1997 stürzte die Kuppel ein, der Volksmund nannte die Ruine „**Knickei**". Das wieder aufgebaute gläserne Kuppeldach stürzte 1998 erneut ein.

Zweimal eingestürzt sollte die Sporthalle in Eiform mit neuen konstruktiven Verbesserungen ein drittes Mal aufgebaut werden. Halstenbeker Bürger fanden nun, dass es besser sei, eine konventionelle Halle zu bauen. Sie schafften es, die erforderlichen Unterschriften (Bürgerbegehren) für den Bürgerentscheid zusammenzubringen.

Daraufhin lehnte die Kommunalaufsicht des Kreises Pinneberg die Durchführung des Bürgerentscheides ab. Das Verwaltungsgericht entschied aber gegen die Kommunalaufsicht, also für die Durchführung des Bürgerentscheides. Dieser kam 2002 zustande. Die Befürworter des umstrittenen Baus gewannen knapp, die Halle in Form eines Eis sollte nun vollendet werden.

Die Wiederaufbaupläne wurden von der Gemeindeverwaltung Halstenbek mit erheblich höheren Kosten vorgelegt. Deshalb stoppte die Gemeindevertretung die Finanzmittel für den Wiederaufbau. Die Kosten sollten durch ein neues Ausschreibungsverfahren gesenkt werden, hierbei war die Eiform des Daches noch möglich, aber nicht mehr vorgeschrieben.

Nun wurde ein neues Bürgerbegehren gestartet. Es kamen wieder genügend Unterschriften zusammen. Die Gemeinde Halstenbek legte gegen die Durchführung des Bürgerentscheides Widerspruch ein. Darauf vermittelte der Landrat. Ein runder Tisch wurde gebildet. Langwierige Verhandlungen und Auseinandersetzungen begannen. Am Ende stand das Ergebnis. Der zweite Bürgerentscheid wurde 2005 durchgeführt: Eine klare Mehrheit war gegen den Wiederaufbau der Ruine in Form eines Eis.

Und nun steht in Halstenbek seit 2008 eine preiswerte konventionelle Drei-Feld-Sporthalle.

*Teile des futuristischen Daches der Halstenbeker Sporthalle, die nach zweimaligem Einsturz als „Knick-Ei" bundesweit bekannt wurde, sollen am 28.01.1999 mit einem Kran abgetragen werden.*

*Beantworten Sie auch mithilfe des Textes auf S. 175 die folgenden Fragen:*
1. *Wie viel Prozent der Wahlberechtigten sind für das Bürgerbegehren erforderlich?*
2. *Welche Mehrheit ist beim Bürgerentscheid erforderlich?*
3. *Welche Rolle hat das Verwaltungsgericht gespielt?*
4. *Erkundigen Sie sich, ob in Ihrer Gemeinde oder Nachbargemeinde Bürgerentscheide durchgeführt worden sind. Wenn ja, berichten Sie Ihren Klassenkameraden.*
5. *Sind Bürgerentscheide sinnvoll?*

Weitere Informationen unter http://www.knickei.de, Zugriff 13.04.2009

## 5.2 Demokratie muss organisiert werden: Staatsorgane in der Bundesrepublik Deutschland und in der Europäischen Union

*Bundestag: Plenarsitzung*

## Die Staatsgewalt wird ausgeübt

Innerhalb des Parlamentes bilden die Abgeordneten einer Partei – oder verwandter Parteien – eine **Fraktion**.

Im Bundestag z. B. bilden die Abgeordneten von CDU und CSU eine Fraktionsgemeinschaft. Im Europaparlament haben sich die CDU- und CSU-Abgeordneten mit den Abgeordneten der übrigen konservativen Parteien zur Fraktion der EVP, der Europäischen Volkspartei, zusammengeschlossen. Die SPD ist Mitglied der SPE, der Fraktion der sozialdemokratischen Parteien Europas.

### Der Bundestag
Der Bundestag tagt als **Plenum** (plenum, lat. = voll), das sind alle Mitglieder des Bundestages (MdB), die sich im Plenarsaal versammeln. Hier wird abgestimmt. Die eigentliche Arbeit wird in den **Ausschüssen** geleistet, z. B. im Finanzausschuss, im Umweltausschuss, im Ausschuss für Wirtschaft oder im Sozialausschuss. Hier versammeln sich die Fachleute der Fraktionen. Die Ausschüsse sind kleiner als das Plenum. Die einzelnen Fraktionen sind anteilsmäßig in gleicher Stärke wie im Plenum vertreten. Weil die Ausschüsse oft gleichzeitig mit dem Plenum tagen, ist der Plenarsaal oft nur wenig besetzt.

**Aufgaben des Bundestages:**
- Wahl des Bundeskanzlers
- Kontrolle der Regierung, z. B. durch Untersuchungsausschüsse
- Gesetzgebung
- Haushaltsrecht: Beschluss über die geplanten Einnahmen und Ausgaben des Bundes für ein Jahr
- Beteiligung an der Wahl des Bundespräsidenten und der Richter am Bundesverfassungsgericht
- Wahl der oder des Ausländerbeauftragten und der/des Wehrbeauftragten und vieles mehr

Weitere Informationen siehe: www.bundestag.de

*M 1 Bundeskanzler: Wahl und Abwahl Vertrauensfrage*

### Regierungsbildung in der Demokratie
Wenn bei einer Wahl keine Partei allein die Mehrheit der Sitze errungen hat, beginnen Gespräche und Verhandlungen zwischen den Fraktionen. Ziel ist es, eine regierungsfähige Mehrheit durch den Zusammenschluss (Koalition) von mehreren Fraktionen zustande zu bringen. Bei den Koalitionsverhandlungen geht es um das Regierungsprogramm (was soll wie gemacht werden?) und um Personen (wer soll Kanzler werden, wer bekommt ein Ministeramt?). Wenn sich eine Mehrheit gefunden und geeinigt hat, dann wählt der Bundestag mit der Mehrheit dieser Regierungsparteien den Regierungschef – hier also den Bundeskanzler. Er wird vom Bundespräsidenten ernannt und vor dem Bundestag vereidigt.

*M 2 Bundeskanzler seit 1949*

*M 3 Bundespräsidenten seit 1949*

Der **Bundeskanzler** stellt sein **Kabinett** zusammen: Er sucht sich seine Ministerinnen und Minister aus. Sie werden vom **Bundespräsidenten** ernannt und vor dem Bundestag vereidigt.

*M 4 Bundespräsident*

Bundeskanzler und Minister bilden zusammen die Regierung.

5.2 Demokratie muss organisiert werden: Staatsorgane in der Bundesrepublik Deutschland und in der EU

**Grundgesetz, Artikel 65**
Der Bundeskanzler bestimmt die Richtlinien der Politik und trägt dafür die Verantwortung.

V 1
*Amt auf Zeit*

Die Minister sind in ihrem Bereich verantwortlich.

Weitere Informationen siehe: www.bundesregierung.de

## Das Kabinett nach der Bundestagswahl 2009

Die Bundeskanzlerin Angela Merkel wird bei der Leitung des Bundeskanzleramtes durch den Chef dieses Amtes – dem Bundesminister für besondere Aufgaben Ronald Pofalla – und dem Staatsminister Eckhart von Klaeden unterstützt.

Die einzelnen Bundesminister leiten ihre Ministerien mit ihren beamteten und parlamentarischen Staatssekretären. Die beamteten Staatssekretäre sind Fachbeamte, die ihren Minister in allen internen Angelegenheiten und allen Verwaltungsmaßnahmen vertreten. Die parlamentarischen Staatssekretäre aus dem Kreis der Bundestagsabgeordneten können ihren Minister vor dem Bundestag, dem Bundesrat oder in Kabinettssitzungen vertreten. Kleine Ministerien haben jeweils einen beamteten und einen parlamentarischen Staatssekretär, größere jeweils zwei. Der Außenminister und Vizekanzler Guido Westerwelle hat für sein großes Ministerium drei beamtete und zwei parlamentarische Staatssekretäre, Werner Hoyer und Cornelia Pieper, die im Außenministerium Staatsminister genannt werden.

### Die Opposition
Parteien, die nicht an der Regierung beteiligt sind, bilden die Opposition. Sie kontrollieren die Arbeit der Regierung. Wenn die Regierung Vorschläge macht, warnen sie und zählen mögliche negative Folgen auf. Wenn die Regierung Rechenschaft ablegt und aufzählt, was sie alles geschafft hat, dann zählt die Opposition auf, was versäumt wurde oder schiefgelaufen ist. Die Opposition erarbeitet Gegenvorschläge. Manchmal übernimmt die Regierung davon etwas. Die Opposition versucht, die Wähler von ihrer Politik zu überzeugen, damit sie bei der nächsten Wahl mehr Stimmen erhält und dann selbst die Regierung bilden kann.

### Die Bundesrepublik Deutschland: ein Bundesstaat

**M 5**
*Staatenverbindungen*

Vielfalt ist ein politischer Grundsatz der Bundesrepublik: Denn Schleswig-Holsteiner sind anders als Bayern, Saarländer anders als Sachsen.

Schleswig-Holsteiner essen gern Grünkohl, die Pfälzer gern Saumagen und die Bayern gern Weißwurst. Holsteiner trinken gern ein herbes Pils, die Rheinländer ein Kölsch. Plattdeutsch und Schwäbisch, Sächsisch und Hessisch, auch die deutschen Mundarten sind unterschiedlich. So auch die Lieder, die wir singen. Wer kennt in Leipzig schon das Lied vom plattdeutschen Strand?

Die Lehrpläne für die Schulen sehen in den einzelnen Bundesländern unterschiedlich aus, auch die Uniformen der Polizei und sogar die Polizeigesetze. Und die Landestheater pflegen unterschiedliche Schwerpunkte in ihren Spielplänen.

Damit diese Vielfalt bewahrt werden kann, haben die einzelnen Bundesländer ein hohes Maß an Selbstständigkeit. Dies ist ein Merkmal des **Föderalismus**, unserer **Bundesstaatlichkeit**: alleine entscheiden zu dürfen, z. B. über Kultur, Polizei- und Bildungswesen.

**A 1**
*Bundesrat*

Ein zweites Merkmal der Bundesstaatlichkeit ist die Teilhabe der Länder an der Macht des Bundes. Dies geschieht über die politische Vertretung der Länder: den **Bundesrat**. Ob die Mehrwertsteuer erhöht wird, der Anteil der Länder an dieser Steuer verändert wird, die Anteile der Einkommen- und Körperschaftsteuer, die den Ländern zustehen, verändert werden sollen, darüber entscheidet nicht nur der Bundestag, sondern auch der Bundesrat muss zustimmen. Deshalb heißen solche Gesetze **zustimmungspflichtige Bundesgesetze**.

**M 6**
*Gesetzgebung des Bundes und der Länder*

> **Grundgesetz Artikel 50**
> Durch den Bundesrat wirken die Länder bei der Gesetzgebung und Verwaltung des Bundes und in Angelegenheiten der Europäischen Union mit.

### Warum Föderalismus?
### Warum soll es so schwer sein, das Grundgesetz zu ändern?
Um die Eigenständigkeit der Bundesländer und damit die Vielfalt der Bundesrepublik zu wahren, dürfen die Bundesländer viel selbst entscheiden. Aber warum sind die Bundesländer auch an der Gesetzgebung des Bundes beteiligt? Warum müssen Bundestag und Bundesrat mit Zwei-Drittel-Mehrheit zustimmen, wenn das **Grundgesetz geändert** werden soll? Warum dürfen die Bundesländer nicht aufgelöst werden? Warum auch dann nicht, wenn alle Mitglieder von Bundestag und Bundesrat für die Auflösung der Länder stimmen würden? Weil die Verteilung der politischen Macht Schutz vor dem Aufbau einer übermächtigen Zentralgewalt gibt. So haben sowohl die Nationalsozialisten als auch die Kommunisten die Macht der Länder beseitigt: Diktaturen mögen keine Vielfalt, die

würde sich ja dem Führerwillen widersetzen. Also schützt die Bundesstaatlichkeit die Demokratie. Und Teilhabe an der Macht bedeutet auch politischen Einfluss der Länder. Einiges ist uns so wichtig, dass es nicht geändert werden darf.

**Grundgesetz Artikel 79 (3) (Verfassungsfestes Minimum)**
Eine Änderung dieses Grundgesetzes, durch welche die Gliederung des Bundes in Länder, die grundsätzliche Mitwirkung der Länder bei der Gesetzgebung oder die in den Artikeln 1 und 20 niedergelegten Grundsätze berührt werden, ist unzulässig.

### Hier wird für uns entschieden

Im Deutschen Bundestag in Berlin sind wir durch unsere Abgeordneten vertreten.

Wie heißt die/der Abgeordnete Ihres Wahlkreises?

Hier, im Bundeskanzleramt, regiert Bundeskanzlerin Angela Merkel mit ihren Ministern und Ministerinnen.

Im Straßburger Europaparlament wird z. B. über den europäischen Haushalt (Einnahmen und Ausgaben) entschieden.

In Brüssel regiert der Präsident der Europäischen Kommission José Manuel Barroso mit seinen Kommissaren.

## Die Europäische Union

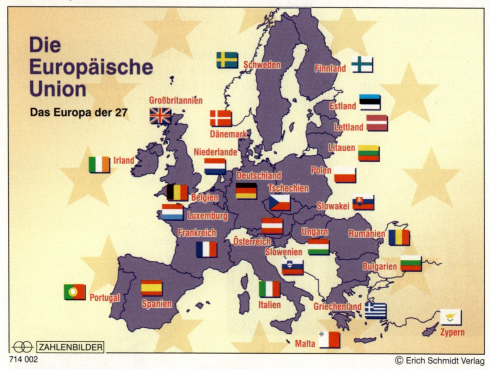

Die Europäische Union umfasst heute (Stand 2010) West- und Mitteleuropa und die meisten osteuropäischen Staaten. Die Schweiz und Norwegen wollen nicht Mitglied sein, arbeiten mit der EU aber eng zusammen. Wann begann diese Erfolgsgeschichte? Warum fing sie an?

Nach den Schrecken und Zerstörungen des Zweiten Weltkrieges mit über 50 Millionen Toten sehnten sich die Menschen in Europa nach dem Frieden. Die Gründungsväter der EU haben im Nationalismus den eigentlichen Grund für Kriege gesehen. Nicht die Gegnerschaft, sondern die Zusammenarbeit der Völker sollte Europa prägen.

Weitere Informationen siehe: www.europa.eu

**Bundeskanzler Konrad Adenauer 1951:**
Ich glaube, dass wohl zum ersten Mal in der Geschichte Länder freiwillig und ohne Zwang auf einen Teil ihrer Souveränität verzichten wollen, um die Souveränität einem supranationalen [übernationalen] Gebilde zu übertragen. Ich bin der festen Überzeugung, dass, wenn dieser Anfang einmal gemacht worden ist, man dann auch auf anderen Gebieten diesem Vorgang folgen wird und dass damit wirklich der Nationalismus, der Krebsschaden Europas, einen tödlichen Stoß bekommen wird.

*Quelle: Konrad Adenauer, Bundestagsrede vom 12.07.1951*

**Der französische Außenminister Robert Schuman 1950:**
Der jahrhundertealte Gegensatz zwischen Frankreich und Deutschland muss überwunden werden. [ … ] Wir schlagen vor, die gesamte deutsch-französische Kohle- und Stahlproduktion einer Hohen Behörde zu unterstellen, einer Organisation, die den anderen

5.2 Demokratie muss organisiert werden: Staatsorgane in der Bundesrepublik Deutschland und in der EU

Ländern Europas zum Beitritt offen steht. Dies wird ein erster Grundstein für eine europäische Föderation sein. [ … ] Europa wird nicht mit einem Schlage zustande kommen. Es wird durch konkrete Schritte entstehen.

Quelle: Robert Schuman, Erklärung vom 09.05.1950, Zugriff unter: http://europa.eu/abc/symbols/9-may/decl_de.html

### Stationen des bisherigen europäischen Einigungsprozesses

| | | |
|---|---|---|
| 1951 | EGKS | Europäische Gemeinschaft für Kohle und Stahl: Schaffung eines gemeinsamen Marktes für Kohle und Stahl |
| 1957 | EWG | Europäische Wirtschaftsgemeinschaft: Zollunion und gemeinsamer Markt |
| 1957 | Euratom | Europäische Atomgemeinschaft: gemeinsame friedliche Nutzung der Kernenergie |
| 1967 | EG | Europäische Gemeinschaft: Zusammenlegung der Organe EGKS, EWG und Euratom |
| 1979 | | Erste Direktwahl des Europäischen Parlaments |
| 1991 | EU | Europäische Union, Verträge von Maastricht: z. B. gemeinsame Währung (Euro) und damit Übertragung von Souveränitätsrechten der Mitgliedstaaten auf die EU |
| 1993 | | Vollendung des Binnenmarktes: freier Personen-, Waren-, Kapital- und Dienstleistungsverkehr |
| 2002 | | Einführung des Euro |
| 2007 | | Vertrag von Lissabon: Die europäischen Organe werden gestärkt. |

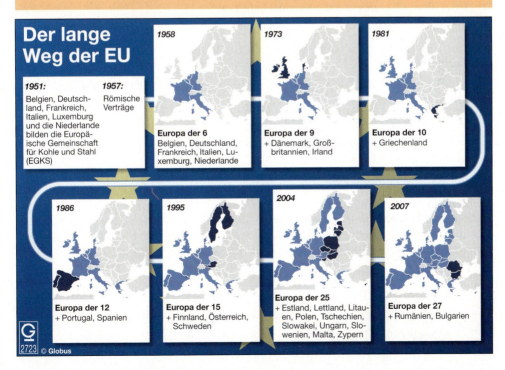

A 2
Geschichte der EU

## Die europäischen Organe

### Der Europäische Rat

*Siehe auch Kap. 4.1, S.113*

Er besteht aus den Staats- oder Regierungschefs der Mitgliedsstaaten, dem Präsidenten des Europäischen Rates (vom Rat auf 2 1/2 Jahre gewählt) und dem Präsidenten der Kommission. Vorsitz (2009): Präsident des Europäischen Rates Herman Van Rompuy.

Der Rat schlägt den Präsidenten der Kommission, der vom Europäischen Parlament gewählt wird, vor und bestimmt die Richtlinien der Politik.

### Der Ministerrat

**V 2**
*Gewaltenteilung und Gewaltenverschränkung*

Er setzt sich aus jeweils 27 Fachministern der Regierungen der Mitgliedstaaten zusammen und beschließt das europäische Recht (Gesetzgebung gemeinsam mit dem Parlament). Wenn z.B. über Agrarpolitik entschieden wird, stimmen die Agrarminister ab, wird über europäische Verkehrsfragen verhandelt, so tagen die Verkehrsminister.

Abgestimmt wird im Ministerrat unterschiedlich. In den Bereichen, in denen die Mitgliedsländer ihre Souveränität nicht auf die EU übertragen haben, sind einstimmige Beschlüsse notwendig, z.B. in der Außen-, Verteidigungs- und Steuerpolitik. Meistens wird mit qualifizierter Mehrheit abgestimmt. Dies bedeutet:

**A 3**
*Ministerrat und Parlament*

- die Mehrheit der Mitgliedstaaten muss zustimmen,
- 255 Stimmen müssen erreicht werden (siehe Tabelle S. 203),
- 62% der EU-Bevölkerung müssen vertreten sein. Es genügen also 38% der Bevölkerung um Anträge abzulehnen.

### Das Parlament

Das Europäische Parlament hat folgende Aufgaben:

- Wahl der Kommission,
- Recht auf Abwahl der Kommission durch ein Misstrauensvotum gegen die gesamte Kommission,
- Kontrolle der Kommission und des Ministerrates, z.B. durch Anfragen und Untersuchungsausschüsse,

**M 7**
*Gesetzgebung EU*

- Gesetzgebung (gemeinsam mit dem Ministerrat),
- Verabschiedung des Haushalts in Zusammenarbeit mit dem Ministerrat.

### Die Europäische Kommission

Die **Europäische Kommission** ist die Regierung der EU. Jedes Land stellt einen Kommissar, der vom Präsidenten in Absprache mit der jeweiligen Regierung benannt wird. Das Parlament muss die Kommission bestätigen. Präsident ist seit 2004 José Manuel Barroso, Vizepräsidentin ist seit 2009 die Außenbeauftragte Catherine Ashton.

Die Kommission hat folgende Aufgaben:

- Gesetze vorschlagen (Gesetzesinitiative),
- Beschlüsse ausführen,
- Kontrolle über die richtige Durchführung der europäischen Beschlüsse in den einzelnen Ländern.

## Die Mitglieder der Europäischen Kommission 2009–2014

| Name | Aufgabenbereich | Heimatland |
|---|---|---|
| José Manuel Barroso | Präsident | Portugal |
| Catherine Ashton | Vizepräsidentin, Hohe Vertreterin der Union für Außen- und Sicherheitspolitik | Großbritannien |
| Viviane Reding | Vizepräsidentin, Justiz, Grundrechte u. Bürgerschaft | Luxemburg |
| Joaquín Almunia | Vizepräsident, Wettbewerb | Spanien |
| Siim Kallas | Vizepräsident, Verkehr | Estland |
| Neelie Kroes | Vizepräsidentin, Digitale Agenda | Niederlande |
| Antonio Tajani | Vizepräsident, Industrie und Unternehmen | Italien |
| Maroš Šefčovič | Vizepräsident, Interinstitutionelle Beziehungen u. Verwaltung | Slowakei |
| Janez Potočnik | Umwelt | Slowenien |
| Olli Rehn | Wirtschaft und Währung | Finnland |
| Andris Piebalgs | Entwicklung | Lettland |
| Michel Barnier | Binnenmarkt u. Dienstleistungen | Frankreich |
| Androulla Vassiliou | Bildung, Kultur, Mehrsprachigkeit u. Jugend | Zypern |
| Algirdas Šemeta | Steuern u. Zollunion, Audit u. Betrugsbekämpfung | Litauen |
| Karel De Gucht | Handel | Belgien |
| John Dalli | Gesundheit u. Verbraucherpolitik | Malta |
| Máire Geoghegan-Quinn | Forschung, Innovation u. Wissenschaft | Irland |
| Janusz Lewandowski | Haushalt u. Finanzplanung | Polen |
| Maria Damanaki | Maritime Angelegenheiten u. Fischerei | Griechenland |
| Günther Oettinger | Energie | Deutschland |
| Johannes Hahn | Regionalpolitik | Österreich |
| Connie Hedegaard | Klimapolitik | Dänemark |
| Štefan Füle | Erweiterung u. Europäische Nachbarschaftspolitik | Tschechien |
| László Andor | Beschäftigung, Soziales u. Integration | Ungarn |
| Cecilia Malmström | Inneres | Schweden |
| Kristalina Georgijewa | Intern. Zusammenarbeit, humanitäre Hilfe u. Krisenreaktion | Bulgarien |
| Dacian Cioloş | Landwirtschaft u. ländliche Entwicklung | Rumänien |

## Anteile der Mitgliedsländer in Ministerrat, Parlament und Kommission

| Land | Einwohner in Mio. (2009) | Stimmenanteil im Ministerrat | Abgeordnete im Europäischen Parlament | Kommissions- mitglieder |
|---|---|---|---|---|
| Deutschland | 82,1 | 29 | 99 | 1 |
| Frankreich | 64,1 | 29 | 78 | 1 |
| Großbritannien | 61,6 | 29 | 78 | 1 |
| Italien | 60,1 | 29 | 78 | 1 |
| Spanien | 45,9 | 27 | 54 | 1 |
| Polen | 38,1 | 27 | 54 | 1 |
| Rumänien | 21,5 | 14 | 35 | 1 |
| Niederlande | 16,5 | 13 | 27 | 1 |
| Belgien | 10,7 | 12 | 24 | 1 |
| Griechenland | 11,3 | 12 | 24 | 1 |
| Portugal | 10,6 | 12 | 24 | 1 |
| Tschechien | 10,5 | 12 | 24 | 1 |
| Ungarn | 10,0 | 12 | 24 | 1 |
| Schweden | 9,3 | 10 | 19 | 1 |
| Österreich | 8,4 | 10 | 18 | 1 |

| Land | Einwohner in Mio. (2009) | Stimmenanteil im Ministerrat | Abgeordnete im Europäischen Parlament | Kommissionsmitglieder |
|---|---|---|---|---|
| Bulgarien | 7,6 | 10 | 18 | 1 |
| Dänemark | 5,5 | 7 | 14 | 1 |
| Slowakei | 5,4 | 7 | 14 | 1 |
| Finnland | 5,3 | 7 | 14 | 1 |
| Irland | 4,5 | 7 | 13 | 1 |
| Litauen | 3,4 | 7 | 13 | 1 |
| Lettland | 2,3 | 4 | 9 | 1 |
| Slowenien | 2,1 | 4 | 7 | 1 |
| Estland | 1,3 | 4 | 6 | 1 |
| Luxemburg | 0,5 | 4 | 6 | 1 |
| Zypern | 0,8 | 4 | 6 | 1 |
| Malta | 0,4 | 3 | 5 | 1 |
| gesamt | 499,8 | 345 | 785 | 27 |

### Europäische Union als starke Wirtschaftskraft, Währung ist der Euro

Die Wirtschaftsleistung der EU (BIP) ist größer als die der USA, Chinas oder Japans. Der größte Binnenmarkt der Welt hat überaus konkurrenzfähige Firmen entstehen lassen. Etwa zwei Drittel des deutschen Exports gehen in den EU-Raum. Auch die europäische Währung, der **Euro**, hat sich durchgesetzt und den deutschen Außenhandel gestärkt. Für die Stabilität des Euros ist die Europäische Zentralbank (EZB) in Frankfurt/Main zuständig.

*Siehe auch Kap. 7.2, S. 328*

Mitglieder der Eurozone sind:

| seit 1999 | Belgien, Deutschland, Italien, Finnland, Frankreich, Irland, Luxemburg, Niederlande, Österreich, Portugal, Spanien |
|---|---|
| seit 2001 | Griechenland |
| seit 2007 | Slowenien |
| seit 2008 | Malta, Zypern |
| seit 2009 | Slowakei |

### Europäische Union als großer Friedensraum

Eine lange Phase des Friedens liegt in Europa hinter uns. Auch für die Zukunft garantiert die Europäische Union den Frieden. Die Hoffnung von Konrad Adenauer und Robert Schumann auf Freundschaft zwischen Deutschland und Frankreich, auf Beendigung des Nationalismus, ist erfüllt worden. Die europäische Entwicklung von 1951 bis heute stellt einen kontinuierlichen Friedensprozess dar.

Die friedliche Befreiung der Menschen vom Kommunismus in Osteuropa ließ die EU größer und damit wirtschaftlich noch erfolgreicher werden. An den Rändern des ehemaligen sowjetischen Imperiums haben erfolgreiche Militäreinsätze auch dort den Frieden gebracht. Hier wurde europäisch gehandelt, die gemeinsame Außen- und Sicherheitspolitik (**GASP**) war hier erfolgreich.

*Siehe auch Kap. 6.3, S. 277*

### Europäische Union ohne Grenzen

*M 8 Schengen-Raum*

Wir reisen ohne Personenkontrollen in alle Nachbarländer. Ob nach Norden, Osten, Süden oder Westen, zur Arbeit oder in den Urlaub, an die Annehmlichkeit, kontrollfrei zu fahren, haben wir uns gewöhnt. Im **Schengener Abkommen** wurde noch mehr vereinbart. So können Asylbewerber nur in einem Staat der EU einen Antrag stellen. Hat z. B. Spanien abgelehnt, kann in Frankreich oder Deutschland kein neuer Antrag mehr gestellt werden. Auch die Verfolgung von Straftätern über die Landesgrenzen hinweg wurde geregelt und vieles mehr.

Bulgarien, Rumänien und Zypern dürfen beim Schengener Abkommen noch nicht mitmachen. Großbritannien und Irland wollen nur teilweise mitarbeiten, weil sie sich enger an die USA anlehnen. Island, Norwegen und die Schweiz sind nicht in der EU, sind aber Schengen-Mitglieder.

### Vertrag von Lissabon – eine neue „EU-Verfassung"

Die Europäer haben es schwer: Es gibt keine Verfassung, wie wir sie mit unserem Grundgesetz von 1949 in Deutschland haben. Auch die meisten anderen demokratischen Länder wie die USA oder Frankreich z. B. kennen eine solche Verfassung. Für die Europäische Union dagegen gibt es eine größere Anzahl von Verträgen, die die einzelnen Rechte ihrer Mitgliedsländer und ihrer Organe sowie ihrer Bürger regeln. Bei diesen Verträgen müssen alle Mitgliedstaaten zustimmen.

Am 13. September 2007 einigten sich die europäischen Staats- und Regierungschefs auf den Vertrag von Lissabon. Nach langen Verhandlungen kam er zustande. Viele Kompromisse mussten geschlossen werden.

**Der Vertrag von Lissabon stärkt die europäischen Organe gegenüber den Mitgliedsländern und soll Europa demokratischer und transparenter machen**

Der Vertrag von Lissabon enthält unter anderem folgende Punkte:

- Die Europäische Union erhält mit dem Lissabon-Vertrag eine eigene Rechtspersönlichkeit. Damit kann sie internationale Abkommen abschließen und internationalen Organisationen beitreten. Jetzt handelt die Europäische Union also in eigenem Namen und nicht mehr im Namen ihrer Mitgliedstaaten.

- Die Einführung eines **Präsidenten des Europäischen Rates**: Die 27 Regierungschefs wählen für 2½ Jahre einen Präsidenten. Seine Wiederwahl ist einmal möglich.

- Die Einführung eines **Hohen Vertreters für die Außen- und Sicherheitspolitik**: Er leitet den EU-Außenministerrat und ist Vizepräsident der Kommission. Für den neuen europäischen „Außenminister" wird ein eigener Europäischer Auswärtiger Dienst eingerichtet. Er soll ihm zuarbeiten.

- Abstimmungen im Ministerrat: Es sind weniger einstimmige Beschlüsse notwendig, die **qualifizierte Mehrheit** gilt für mehrere Politikbereiche. Diese qualifizierte Mehrheit wird neu geregelt. Danach bedarf ein Beschluss im Ministerrat ab 2014 einer doppelten Mehrheit: Mindestens 55 % der Mitgliedstaaten, die mindestens 65 % der Bevölkerung repräsentieren, müssen zustimmen. Damit drei große Länder, die mehr als 35 % der Bevölkerung auf sich vereinen, nicht jeden Beschluss verhindern können, gilt die 65 %-Klausel nur, wenn mindestens vier Mitgliedstaaten dagegen stimmen.

- Einführung eines **europäischen Bürgerbegehrens**: Die Bürger Europas erhalten die Möglichkeit, unmittelbar die europäische Politik zu beeinflussen. Mindestens eine Million Bürger aus „einer erheblichen Zahl von Mitgliedstaaten" können Gesetzesvorschläge zu bestimmten politischen Themen vorlegen. Die EU-Kommission ist dann aufgefordert, einen entsprechenden Entwurf dem Ministerrat und dem Parlament vorzulegen.

### Bundesverfassungsgericht stärkt das deutsche Parlament
Das Bundesverfassungsgericht hat den Vertrag von Lissabon gebilligt. Allerdings taten die Richter dies nur mit Auflagen: Soll die EU mehr Macht bekommen, d. h., werden Hoheitsrechte nach Artikel 23 GG, wie z. B. Gesetzgebungsrechte zum Asylrecht, von Deutschland auf die EU übertragen, müssen nach dem Urteil des Bundesverfassungsgerichtes Bundestag und Bundesrat jedes Mal mit Zwei-Drittel-Mehrheit zustimmen. So hat das oberste deutsche Gericht die Stellung des deutschen Parlaments gestärkt.

### Demokratiedefizit beim EU-Parlament

**V 3**
*Demokratiedefizit der EU*

Nach GG Art. 38 (1) sind bei Wahlen alle Stimmen gleich viel wert. Bei den europäischen Organen ist das anders. Dazu sagt das Bundesverfassungsgericht, das EU-Parlament sei „nicht gleichheitsgerecht gewählt" und deshalb nicht zu „maßgeblichen politischen Leitentscheidungen berufen". Damit stellt das Gericht das gesamte europäische System der Stimmenverteilung in den europäischen Organen infrage.

### Europa heute – auch kritisch gesehen
Die europäische Integration von der Montanunion zur EU hat eine lange Zeit des Friedens und des wirtschaftlichen Wohlstandes gebracht. Die Anzahl der Mitgliedstaaten stieg von sechs auf 27 (Stand 2010). In der gemeinsamen Außen- und Sicherheitspolitik (GASP) war die EU zum Beispiel auf dem Balkan erfolgreich. Beim Engagement im Irak gegen Diktator Saddam Hussein und die Terroristen kämpften neben Soldaten aus den USA auch Soldaten aus Ländern wie Großbritannien, Spanien, Italien und Polen. Länder wie Deutschland und Frankreich machten nicht mit. Auch auf anderen Gebieten wie z. B. beim Euro und beim Schengenabkommen sind nicht alle mit dabei.

Die Regierungen der Länder tun sich schwer damit, das Europäische Parlament zu stärken. Noch immer hat der Ministerrat mehr Macht als das Europäische Parlament. Dabei besitzt das Parlament durch seine Wahl eine direkte demokratische Legitimation, die Mitglieder des Ministerrates nur eine solche für ihre nationalen Aufgaben.

### Quo vadis EU – wohin gehst du, Europa?
### Vertiefung oder Erweiterung?

**V 4**
*Europa – was ist das?*

**V 5**
*Türkei in die EU*

Länder wie Kroatien, Serbien, die Ukraine und die Türkei stehen vor der Tür der EU. Vielleicht werden sie aufgenommen, vielleicht auch nicht. Oder wäre es richtiger, die Vertiefung der EU vorher voranzutreiben, das heißt z. B. dem Parlament mehr Aufgaben zu übertragen und eine gemeinsame Außen- und Sicherheitspolitik zu entwickeln? Dann hätten wir einen europäischen Außenminister.

Bisher verliefen die Vertiefung und die Erweiterung der europäischen Idee in Parallelität. Wir werden sehen, wie es weitergeht.

## Materialien

### Wahl des Bundeskanzlers

**Wenn es eine klare Mehrheit im Bundestag (2009: 622 Mitglieder) gibt:**
Nach einer Bundestagswahl schlägt der Bundespräsident dem Bundestag einen Kandidaten vor. Der Bundestag wählt – ohne vorherige Aussprache und geheim.

Gewählt ist der Bundeskanzler, wenn er im ersten Wahlgang die Mehrheit der Mitglieder des Bundestages – auch Kanzlermehrheit genannt – hinter sich bringt (GG Art. 63 [2]). Am 28.10.2009 erhielt Angela Merkel 323 Stimmen.

**Wenn es keine klare Mehrheit im Bundestag gibt:**
Erhält der Kandidat im ersten Wahlgang nicht die Stimmen der Mehrheit der Mitglieder, kann der Bundestag aus seiner Mitte Kandidaten aufstellen. Gewählt ist, wie beim ersten Wahlgang, wer die Stimmen der Mehrheit der Mitglieder des Bundestages erreicht. Ist dies nicht der Fall, findet ein dritter Wahlgang statt (GG Art. 63 [3]).

Hier gibt es zwei Möglichkeiten:
Erhält ein Kandidat die Kanzlermehrheit, so muss der Bundespräsident ihn zum Kanzler ernennen. Ist dies nicht der Fall, steht dem Bundespräsidenten die Entscheidungsgewalt zu: Wenn er es für richtig hält, kann er den Kandidaten, der die meisten Stimmen erhalten hat, zum Regierungschef ernennen. Wenn er dies nicht will, kann er den Bundestag auflösen. Dann findet eine neue Bundestagswahl statt (GG Art. 63 [4]).

**M 1**
*Bundeskanzler: Wahl und Abwahl, Vertrauensfrage*

1. Wie viele Stimmen waren am 28.10.2009 für die Kanzlermehrheit notwendig (siehe M 9 in 5.1)?
2. Über wie viele Stimmen verfügte die Koalition nach dem Wahlergebnis?

### Bundeskanzler seit 1949

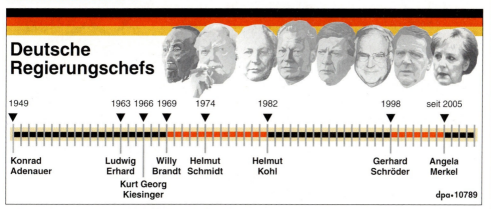

**M 2**
*Bundeskanzler seit 1949*

### Abwahl des Bundeskanzlers, Vertrauensfrage

Ein Bundeskanzler kann zurücktreten. Abwählen kann der Bundestag ihn nur, indem er einen neuen Bundeskanzler wählt: **Abwahl** durch Neuwahl, das nennt man konstruktives Misstrauensvotum (GG Art. 67). So hat Helmut Kohl im Herbst 1982 Helmut Schmidt als Bundeskanzler abgelöst.

Wenn die Mehrheiten im Bundestag unklar sind und der Bundeskanzler wissen möchte, ob er noch das Vertrauen der Mehrheit besitzt, dann stellt er die Vertrauensfrage (GG

Art. 68). Erreicht er die Kanzlermehrheit, ist alles klar. Erreicht er sie nicht, bestehen mehrere Möglichkeiten: Der Bundeskanzler kann versuchen, ohne Mehrheit weiterzuregieren. Oder er sucht sich eine neue Mehrheit (eine neue Koalition). Er kann auch dem Bundespräsidenten vorschlagen, den Bundestag aufzulösen. Das wird er dann tun, wenn er erwarten kann, aus den dann folgenden Neuwahlen gestärkt mit einer klaren Mehrheit hervorzugehen.

Der Bundespräsident entscheidet: Er kann den Bundestag auflösen, er kann es aber auch lassen. Zögert der Bundespräsident, kann der Bundestag seiner Auflösung zuvorkommen, indem er einen neuen Bundeskanzler wählt.

Drei Bundeskanzler haben bisher über die Vertrauensfrage vorgezogene Neuwahlen erzwungen:

Willy Brandt 1972, nachdem ein Misstrauensvotum gegen ihn fast gelungen wäre, Helmut Kohl 1982, kurz nachdem er durch ein Misstrauensvotum gegen Helmut Schmidt zum Kanzler gewählt worden war, und Gerhard Schröder 2005, nachdem die SPD die Landtagswahl in Nordrhein-Westfalen verloren hatte.

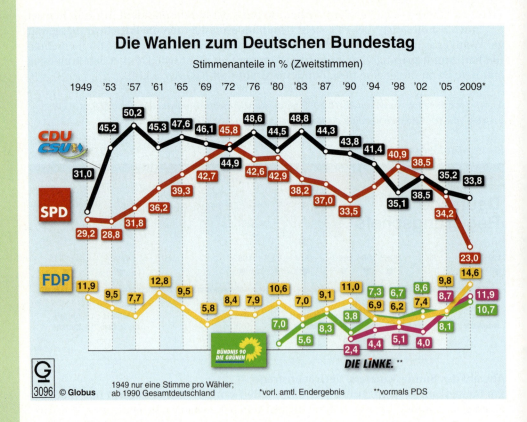

1. Welche Parteien sind wann in den Bundestag gewählt worden?
2. Wie haben sich die einzelnen Parteien entwickelt?
3. Wie hat sich der gemeinsame Anteil der beiden großen Volksparteien CDU und SPD entwickelt?

## Bundespräsidenten seit 1949

**Der Bundespräsident ist unser Staatsoberhaupt**

### Die Präsidenten der Bundesrepublik Deutschland

| Theodor Heuss (FDP) | Heinrich Lübke (CDU) | Gustav Heinemann (SPD) | Walter Scheel (FDP) | Karl Carstens (CDU) | Richard v. Weizsäcker (CDU) | Roman Herzog (CDU) | Johannes Rau (SPD) | Horst Köhler (CDU) |
|---|---|---|---|---|---|---|---|---|
| 1949* (52,0 %) 1954 (88,2 %) | | 1959* (50,9 %) 1964 (69,3 %) | 1969** (50,0 %) 1974 (51,3 %) | 1979 (51,2 %) | 1984 (80,9 %) 1989 (86,2 %) | 1994** (52,7 %) | 1999* (51,8 %) 2004 (50,2 %) | 2009 (50,1 %) |

(Abstimmungsergebnis in %) *2. Wahlgang **3. Wahlgang w Wiederwahl

dpa•10876

M 3
Bundespräsidenten seit 1949

### Der Bundespräsident

**Der Bundespräsident** hat die Aufgabe, die Bundesrepublik Deutschland zu repräsentieren.

Macht bringt das Amt wenig. Durch seine Persönlichkeit kann der Bundespräsident eigene Schwerpunkte setzen und so Einfluss in Gesellschaft und Staat gewinnen. Im Zentrum der politischen Macht steht er nur dann, wenn die Mehrheiten für einen Bundeskanzler im Bundestag unsicher sind. Und er kann sich auch weigern, Gesetze nach Beschlussfassung in Bundestag und Bundesrat zu unterzeichnen. Dann können sie nicht in Kraft treten. So unterzeichnete Bundespräsident Horst Köhler 2006 das Gesetz zur Privatisierung der Flugsicherung nicht.

Gewählt wird der Bundespräsident von der **Bundesversammlung**. Diese besteht aus allen Bundestagsabgeordneten. Dazu kommt noch einmal die gleiche Anzahl von Frauen und Männern aus den Ländern. Sie werden von den Landtagen nach dem Verhältnis der dort vertretenen Parteien gewählt. Die meisten Vertreter der Länder sind Landtagsabgeordnete, es werden aber auch andere, z. B. beliebte Sportler und Künstler, in die Bundesversammlung entsandt.

*Welche Bundespräsidenten haben über die Auflösung des Bundestages nach dem Antrag von Helmut Schmidt, Helmut Kohl und Gerhard Schröder entschieden?*

M 4
Bundespräsident

**M 5**
*Staatenverbindungen*

## Staatenverbindungen

| Staatenbund | Bundesstaat | Einheitsstaat |
|---|---|---|
| Loser Zusammenschluss souveräner (eigenständiger) Staaten zu gemeinsamen politischen Zwecken; z. B.: Vereinte Nationen (UN), Nordatlantik-Pakt (NATO), Deutscher Bund 1815–1866. | Vereinigung mehrerer Gliedstaaten mit gemeinsamen Organen. Die Gliedstaaten (z. B. Schleswig-Holstein) haben ihre Souveränität auf den Gesamtstaat übertragen, behalten aber gewisse Rechte wie Gesetzgebung für einige Politikbereiche. Es bestehen zwei staatliche Ebenen. Die Gliedstaaten sind an der Gesetzgebung des Gesamtstaates beteiligt; z. B. USA, BRD, Schweiz, Österreich. | Es gibt in Gesetzgebung, Polizei, Verwaltung usw. immer nur die Zentralgewalt und keine regionalen Gewalten – also nur eine staatliche Ebene. Lediglich Vollzugstätigkeiten werden auf regionale Verwaltungen delegiert; z. B. Frankreich, Japan, Deutsches Reich 1933–1945, DDR 1949–1990. |

### Staatenverbund

Die Mitgliedstaaten haben ihre Souveränität (Eigenständigkeit) teilweise behalten und teilweise auf den Gesamtstaat übertragen; z. B. Europäische Union (EU).

| Deutschland hat als Mitglied der EU die Souveränität z. B. für Kultur- und Schulpolitik sowie Außen- und Verteidigungspolitik behalten. | Wie andere Länder auch hat Deutschland die Souveränität für einige Politikbereiche auf die EU übertragen wie z. B.: Währung, Lebensmittelrecht, Längen- und Gewichtsmaße, Agrarmarkt, Mindesturlaub, Zoll. |
|---|---|

Man kann auch sagen, dass der Staatenverbund Europäische Union für einige Politikbereiche einen Staatenbund und für andere Politikbereiche einen Bundesstaat darstellt. Es werden immer mehr Politikbereiche auf die EU übertragen.

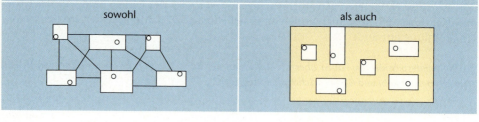

sowohl — als auch

*Beschreiben Sie die Unterschiede zwischen Staatenbund, Staatenverbund, Bundesstaat und Einheitsstaat.*

**M 6**
*Gesetzgebung des Bundes und der Länder*

### Gesetzgebung des Bundes und der Länder

Die Länder haben das Recht auf Gesetzgebung, soweit das Grundgesetz nicht dem Bund die Kompetenz zur Gesetzgebung übertragen hat (GG Art. 70). Die Länder können z. B. Gesetze über Schulwesen, Kultur, Landesplanung, Fernsehen und Rundfunk beschließen.

Weitere Informationen siehe: www.schleswig-holstein.de

## Einfache und zustimmungspflichtige Bundesgesetze

Bei einfachen Gesetzen sind Bundestag und Bundesrat an der Gesetzgebung beteiligt. Der Bundesrat kann aber nur Einspruch einlegen, der vom Bundestag überstimmt werden kann (GG Art. 77 [3] + [4]). Bei zustimmungspflichtigen Gesetzen muss neben dem Bundestag der Bundesrat zustimmen. Besonders beim Finanzwesen ist dies oft der Fall, z. B. GG Art. 105 (3) und Art. 106 (3).

## Ausschließliche und konkurrierende Gesetzgebung des Bundes

| ausschließliche Gesetzgebung (Artikel 71 und 73 Grundgesetz) | konkurrierende Gesetzgebung (Artikel 72 und 74 Grundgesetz) |
| --- | --- |
| z. B. außenpolitische Verträge, Verteidigung und Einwanderung, Währungs-, Geld- und Münzwesen, Eisenbahn- und Luftverkehr, Zoll, Maße und Gewichte | z. B. Strafrecht, Jagdwesen und Vereinsrecht, Lebensmittelrecht, Müll und Luftreinhaltung, Lärm und Naturschutz |
| Hier dürfen die Länder nur Gesetze verabschieden, wenn sie hierzu in einem Bundesgebiet ausdrücklich ermächtigt worden sind. | Hier dürfen die Länder Gesetze verabschieden, wenn der Bund von seinem Gesetzgebungsrecht keinen Gebrauch macht. Auf einigen Gebieten dürfen die Länder auch abweichende Regelungen treffen (GG Art. 72 [3]), z. B. beim Naturschutz. |

## Übertragung von Teilen der Gesetzgebungskompetenz auf die EU

Nach GG Art 23 können Bundestag und Bundesrat jeweils mit Zweidrittelmehrheit Souveränitätsrechte wie die Gesetzgebung auf die EU übertragen. Dies ist z. B. bei Zöllen, dem Währungs-, Geld- und Münzwesen, der Agrarpolitik und dem Lebensmittelrecht so gemacht worden. Das Recht auf Gesetzgebung dazu liegt jetzt also bei Ministerrat und Parlament der EU.

1. Auf welchen Gebieten dürfen die Länder Gesetze verabschieden?
2. Unterscheiden Sie einfache und zustimmungspflichtige Bundesgesetze.
3. a) Wer darf das Grundgesetz ändern?
   b) Welche Mehrheit ist hierfür erforderlich?
   c) Was darf am Grundgesetz nicht geändert werden?
4. Wer darf Souveränitätsrechte auf die EU übertragen?

Beachten Sie auch den Text auf S. 198.

## Gesetzgebung der EU

Das Recht zur Gesetzesinitiative besitzt nur die Kommission. Ministerrat und Parlament können aber solche Vorschläge für Gesetze von der Kommission anfordern.

Für das Zustandekommen von Rechtsakten sind immer Beschlüsse des Ministerrates nötig. In den meisten Fällen muss der Ministerrat das Europäische Parlament am weiteren Verfahren beteiligen.

Seit dem Vertrag von Lissabon ist das die Regel. Die Europäische Union hat jetzt ein „ordentliches Gesetzgebungsverfahren".

M 7
*Gesetzgebung der EU*

Die Europäische Union beschließt:

| Verordnung | Richtlinie | Entscheidung |
|---|---|---|
| Sie gilt in der EU unmittelbar. Das bedeutet: Die Verordnung erhält sofort in allen Ländern Gesetzeskraft, z. B. Verordnungen zum Lebensmittelrecht: Bier, Nudeln, Wurst. Durchführungsverordnungen werden auch von der Kommission erlassen. | Die EU setzt einen Rahmen, d.h., er nennt das politische Ziel, die einzelnen Länder erarbeiten und beschließen dann Gesetze. Beispiel: Mindesturlaub vier Wochen, Änderung Bundes-Urlaubsgesetz: Urlaub 24 statt vorher 18 Werktage. | Betrifft Einzelfälle, z. B. finanzielle Förderung einer Werft. |

**M 8** Schengen-Raum

*Schengen-Raum*

1. Welche Länder haben das Schengen-Abkommen unterzeichnet?
2. Welche dieser Länder sind keine EU-Länder?
3. Welche EU-Länder sind nicht Mitglieder im Schengen-Raum?
4. Wollen sie nicht oder dürfen sie nicht? Begründen Sie Ihre Aussage.

5.2 Demokratie muss organisiert werden: Staatsorgane in der Bundesrepublik Deutschland und in der EU

# Arbeitsvorschlag

## Untersuchen Sie: Wo eigentlich sitzt die Macht?

A 1
*Bundesrat*

**Der Bundesrat**
GG Art 51: Zusammensetzung
(1) Der Bundesrat besteht aus Mitgliedern der Regierungen der Länder, die sie bestellen und abberufen. Sie können durch andere Mitglieder ihrer Regierungen vertreten werden.
(2) Jedes Land hat mindestens drei Stimmen, Länder mit mehr als zwei Millionen Einwohnern haben vier, Länder mit mehr als sechs Millionen Einwohnern haben fünf, Länder mit mehr als sieben Millionen Einwohnern sechs Stimmen.

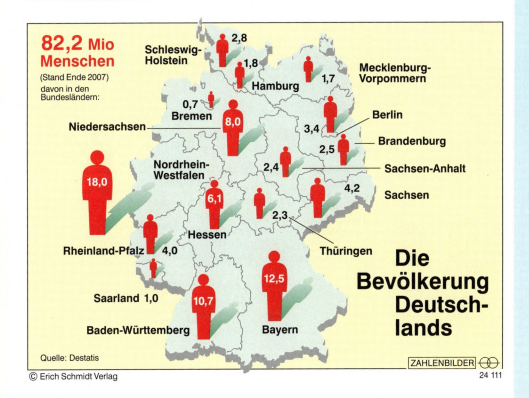

Im Bundesrat sollen die Interessen der Länder zur Geltung gebracht werden. Das geschieht z. B. bei der Verteilung der Steuern auf Bund und Länder oder beim Länderfinanzausgleich, bei dem die wirtschaftlich starken Bundesländer zahlen und die schwachen Länder unterstützt werden. Wenn es um Finanzen geht, muss neben dem Bundestag fast immer der Bundesrat zustimmen.

*Legen Sie eine Tabelle nach folgendem Muster an. Tragen Sie alle Bundesländer mit ihren Daten ein. Wenn Sie nicht alles kennen, fragen Sie, sehen Sie z. B. im Atlas nach und recherchieren Sie im Internet.*

| Bundes-land | Haupt-stadt | Einwoh-ner | Stim-men im Bundes-rat | Regie-rung (Koali-tion) | Regie-rungs-chef | Stimmen im Bundesrat (zurzeit parteipolitisch bestimmt durch …) | | |
|---|---|---|---|---|---|---|---|---|
| – | – | – | – | – | – | CDU- oder CSU-geführt | CDU/ SPD | SPD-geführt |

1. Finden Sie heraus, über welche Mehrheit die Bundesregierung im Bundestag verfügt.
2. Wer hat die Macht im Bundesrat?
3. Wer besitzt zurzeit die politische Macht im Bundestag und im Bundesrat, um Gesetze durchzusetzen?

**A 2**
*Geschichte der EU*

1. Erläutern Sie die wichtigen Stationen des europäischen Einigungsprozesses.
2. Vollziehen Sie – auch geografisch – die Stationen der Erweiterung von 1951 bis 2007 nach.

**A 3**
*Ministerrat und Parlament*

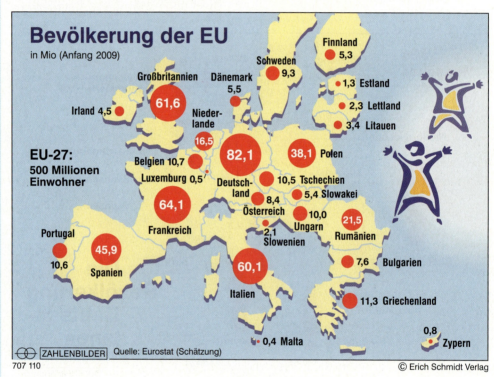

1. Mit welchen Staaten kann Deutschland Beschlüsse, die im Ministerrat mit qualifizierter Mehrheit gefasst werden, verhindern?
2. Wie viele kleine Länder sind nötig, um einen Beschluss verhindern zu können?
Wie viel Prozent der Bevölkerung machen die 14 kleinsten Länder aus?
3. Rechnen Sie aus, wie viele Bürger ein Abgeordneter aus Deutschland, den Niederlanden, Lettland und Malta mit seiner Stimme im Parlament repräsentiert.
4. Rechnen Sie aus, wie viele Bürger eine Stimme im Ministerrat aus Deutschland, den Niederlanden, Lettland und Malta repräsentiert.
5. Diskutieren Sie: Finden Sie das System der Abstimmung im Ministerrat (qualifizierte Mehrheit) richtig? Begründen Sie Ihre Aussage.

5.2 Demokratie muss organisiert werden: Staatsorgane in der Bundesrepublik Deutschland und in der EU   **215**

# Zur Vertiefung

### Amt (Macht) auf Zeit

Der Bundespräsident darf nur einmal wiedergewählt werden. Seine Amtszeit beträgt höchstens zehn Jahre. Für Kanzler und Minister ist die Amtszeit nicht begrenzt. Der US-Präsident darf dagegen nur einmal wiedergewählt werden.

Das Mandat eines Abgeordneten kann beliebig oft gewonnen werden. Manche Abgeordnete bleiben Jahrzehnte im Bundestag.

1. Welche Vor- und Nachteile ergeben sich Ihrer Ansicht nach aus einer Begrenzung von Amtsdauer und Mandatszeit?
2. Nehmen Sie Stellung: Sollen Amtsdauer und Mandatszeit begrenzt werden?

**V 1**
*Amt auf Zeit*

### Gewaltenteilung und Gewaltenverschränkung

|  | legislative (gesetzgebende) Gewalt | exekutive (ausführende) Gewalt | judikative (rechtsprechende) Gewalt |
|---|---|---|---|
| **EU** | EU Parlament<br>EU Ministerrat | EU Kommission | EU-Gerichtshof |
| **Deutschland** | Bundestag<br>Bundesrat | Bundesregierung | Bundesverfassungsgericht |
| **Bundesland** | Landtag | Landesregierung | Landesverfassungsgericht |
| **Kreis, Stadtkreis, Stadt, Gemeinde** |  | Kreistag<br>Stadtvertretung<br>Bürgerschaft<br>Gemeindevertretung<br>Landrat und Bürgermeister |  |

**V 2**
*Gewaltenteilung und Gewaltenverschränkung*

*Siehe auch Kap. 4.1, S. 110*

Beispiele für Gewaltenverschränkung:

→ Eine Person übt zwei unterschiedliche Gewalten auf einer politischen Ebene aus = horizontale Gewaltenverschränkung

↗ Eine Person übt zwei unterschiedliche Gewalten auf zwei unterschiedlichen Ebenen aus = vertikale Gewaltenverschränkung

Bei der judikativen Gewalt wird das Prinzip der Gewaltenteilung immer eingehalten. Zwischen Legislative und Exekutive besteht in Deutschland – im Gegensatz z. B. zu den USA mit durchgängiger horizontaler und vertikaler Gewaltenteilung – eine Gewaltenverschränkung.

1. Geben Sie jeweils ein Beispiel für die
   a) horizontale                                  c) horizontale
   b) vertikale Gewaltenverschränkung   d) vertikale Gewaltenteilung.
2. Diskutieren Sie: Ist die gegebene Gewaltenverschränkung in Deutschland sinnvoll?
3. Sollte die Gewaltenteilung durchgängig eingeführt werden?

## V 3 Demokratiedefizit der EU

*Demokratiedefizit in der EU*

Viele Jahrhunderte hat es gedauert, bis die Menschen im westeuropäisch geprägten Teil der Erde gleichberechtigt waren. Erst etwa 1919 war es so weit. Ob Mann oder Frau, ob Arm oder Reich, ob Bischof oder Atheist, ob Adliger oder Bürgerlicher, die Stimmen aller Menschen sind gleich viel wert bei den Wahlen zur ersten Kammer eines Parlamentes. Dies ist bei den Wahlen zum deutschen Bundestag, dem amerikanischen Repräsentantenhaus, dem britischen Unterhaus und der französischen Nationalversammlung so, natürlich auch in allen anderen demokratischen Ländern. In der zweiten Kammer – wie in Deutschland beim Bundesrat und in den USA beim Senat – ist das nicht so. Hier wird auf die kleinen Bundesländer (Bundesstaaten) Rücksicht genommen. Die Stimmen in den kleinen Ländern wie Hamburg oder Bremen sind mehr wert als die Stimmen in den großen Ländern wie Nordrhein-Westfalen oder Bayern.

Das Bundesverfassungsgericht kritisiert das Wahlrecht zum europäischen Parlament. Es ist nicht gleichheitsgerecht gewählt worden: Ein Abgeordneter, z. B. aus Malta oder Zypern, repräsentiert mehr Bürger als ein Abgeordneter aus Deutschland oder Frankreich.

Der Bundestag hat mehr Macht als die Vertretung der Bundesländer, der Bundesrat. In der EU ist das anders: Das Parlament hat weniger Macht als der Ministerrat als Vertretung der Länder.

1. Diskutieren Sie: Sollten in der EU bei den Wahlen zum Parlament die Stimmen gleich viel wert sein? Begründen Sie Ihre Antwort.
2. Wer sollte mehr Macht haben, das Parlament oder der Ministerrat? Begründen Sie Ihre Antwort.

## V 4 Europa – was ist das?

*Europa – was ist das?*

Europa geografisch zu definieren ist leicht. Vom Nordkap im Norden bis Sizilien, Malta und Zypern im Süden, von der Atlantikküste im Westen bis zum Ural im Osten. Demokratie und Toleranz sind weit verbreitet. Bei uns werden die Gotteshäuser anderer Religionen nicht gestürmt und nicht zerstört. Die Existenz einer religiösen Sittenpolizei ist undenkbar und die europäische Kultur hat auch die Länder geprägt, die vom alten Kontinent aus besiedelt worden sind: die USA, Kanada, Australien und Neuseeland. Unsere Demokratie, unsere Kultur ist langsam entstanden, weist Brüche wie das Dritte Reich auf, hat aber viel Kontinuität in der demokratischen Entwicklung. Drei großartige Errungenschaften seien genannt:

- Die Griechen lehrten uns, was Wissenschaft bedeutet. Aussagen müssen begründet werden. Und man darf die zu begründende Aussage nicht als Begründung für diese Aussage heranziehen (Zirkelargumentation). In den Naturwissenschaften nennt man das „Beweis".

- In der Reformation forderte Martin Luther die Menschen dazu auf, die Bibel zu lesen und sie auch selbst zu interpretieren (Exegese). Damit befreite er sie von der religiösen Bevormundung.

- Aufklärung und Französische Revolution forderten die Menschen auf, auch politisch sich nicht mehr bevormunden zu lassen. Kant: Bediene dich deines eigenen Verstandes.

Nach dem Ersten Weltkrieg waren Westeuropa und die von Europa aus besiedelten Länder mehrheitlich demokratisch geworden. Das Christentum ließ die Trennung von Staat und Kirche (Laizismus) zu. Wir, das Volk, sind der Souverän. In Wahlen übertragen wir unsere Macht auf Repräsentanten, auf die Parlamentarier. Und wenn sie uns nicht mehr gefallen, wählen wir sie ab. Bestimmen Diktatoren oder selbst ernannte Regierungsgelehrte die Politik, sind diese nicht abwählbar.

Europa und die europäisch geprägten Teile dieser Erde sind die wirtschaftlich erfolgreichsten – wohl auch, weil Europa so tolerant und demokratisch ist.

1. Was lehrten uns die Griechen?
2. Welche Freiheit forderte Luther?
3. Welche Freiheit forderten die Aufklärung und die Französische Revolution?
4. Erklären Sie den Unterschied zwischen Laizismus und Theokratie.

**Soll die Türkei der EU beitreten? Pro und Kontra**

**V 5**
*Türkei in die EU?*

### Längst in Europa angekommen

In der EU leben 3,6 Millionen türkischstämmige Menschen. Entgegen allen Behauptungen, dass sie nicht bereit zur Integration seien, besitzen mehr und mehr die Staatsangehörigkeit des jeweiligen EU-Landes. Momentan gilt dies für 1,1 Millionen Eingebürgerte. In den EU-Staaten leben inzwischen 13 Millionen Muslime. Der Islam ist keine außereuropäische Religion, dies zeigt eben nur der Blick auf den Balkan.

Die Türkei ihrerseits ist durch internationale Verträge fest im westlichen Staatensystem verankert. Seit 1996 besteht eine Zollunion mit der EU. Als NATO-Mitglied spielt sie eine wichtige Rolle in einer unruhigen Region.

Im Innern steht die Türkei Europa näher, als die noch bestehenden Defizite im Menschrechts- und Minderheitenschutz denken lassen. Ihr Rechtssystem ist nach dem Vorbild des Schweizer Zivilrechts und des deutschen Handelsrechts aufgebaut.

*Quelle: Faruk Sen, in: Die Zeit vom 28.11.2002*

### Wir erweitern uns zu Tode

Mit der Türkei würde ein Land Mitglied der EU, das geografisch überwiegend nicht zu Europa, sondern zu Asien gehört. Die politische Kultur der Türkei unterscheidet sich weiter scharf von der des Westens. Zwar ist die Türkei der einzige durch freie Wahlen legitimierte, rein weltliche Nationalstaat im islamischen Nahen Osten. Bis heute aber beruht diese Errungenschaft auf einem hohen Maß an Zwang. Das Militär übt im politischen Entscheidungsprozess eine Vetomacht aus, die mit westlichen Vorstellungen von Demokratie unvereinbar ist.

Eine EU-Mitgliedschaft der Türkei würde beide Seiten, die Europäische Union und die Türkei, politisch und emotional überfordern. Historische Prägungen sind nicht auswechselbar; Identitäten lassen sich nicht verordnen. Eine privilegierte Partnerschaft käme den Interessen beider Seiten sehr viel mehr entgegen.

*Quelle: H.A. Winkler, in: Die Zeit vom 07.11.2002*

**Mit welchen Argumenten spricht sich Sen für und Winkler gegen den Beitritt der Türkei in die EU aus?**

## 5.3 Recht in der Gesellschaft

### Recht ordnet die Freiheit

Wenn viele Menschen und damit Interessen aufeinander stoßen, müssen Rahmenbedingungen geschaffen werden, damit jeder „zu seinem Recht kommt". Im Klassenverband gibt es Klassenregeln, in der Schule gibt es die Hausordnung und im Betrieb gibt es die Betriebsordnung. Diese Bedingungen sollen dazu beitragen, dass es gerecht zugeht. Damit alle Schleswig-Holsteiner bzw. alle Einwohner eines Gebietes gerecht behandelt werden, gibt es rechtliche Rahmenbedingungen.

Diese rechtlichen Rahmenbedingungen sollen also Gerechtigkeit schaffen. Das ist ein hoher Anspruch, der aber nicht immer verwirklicht werden kann. Denn in der vielschichtigen Gesellschaft sind sich die Menschen nicht darüber einig, was das denn ist, „Gerechtigkeit".

Recht in unserer Gesellschaft besteht zum größten Teil aus **Gesetzen**. Sie sind von Menschen gemacht und können geändert werden. Ziel ist es, das Leben in der Gesellschaft zu ordnen. Alle Bürger sollen möglichst friedlich miteinander umgehen. Das ist oft nicht einfach. Wenn es zu Konflikten kommt, dann soll jeder zu seinem Recht kommen.

Unser Recht ist also zweckgebunden: Es soll den Rechtsfrieden aufrechterhalten – mehr nicht. Wenn unser Recht gut funktioniert, dann sichert es für uns Bürger möglichst viel Freiheit – für die Autofahrer die Freiheit, ungehindert zu fahren, für die Demonstranten die Freiheit, ihre Meinung wirkungsvoll zum Ausdruck zu bringen. Wenn beide Freiheiten sich widersprechen, muss das Recht den Konflikt lösen. Das ist im äußersten Fall Aufgabe der **Gerichte**. Sie sind dabei an Recht und Gesetz gebunden – so steht es in unserem Grundgesetz.

Recht schafft also Ordnung. Es soll eine Ordnung sein, die möglichst viel Freiheit für möglichst alle schafft. Zu viel Ordnung erstickt die Freiheit, aber absolute Freiheit für alle führt zum Chaos. Kriminelle würden die Unordnung ausnutzen, denn sie könnten ja nicht bestraft werden. Das Recht soll Ausgleich schaffen, nach dem Motto: So viel Freiheit wie möglich, so viel Ordnung wie nötig.

**M 1**
*Zu viel Freiheit?*

### Gerichte lösen Konflikte

Wer sich trotz der rechtlichen Rahmenbedingungen ungerecht behandelt fühlt, dem steht der Rechtsweg offen. Das heißt, dass Gerichte darüber entscheiden, was im Einzelfall gerecht ist.

Gerichte gibt es, damit Bürger z. B. nach einem Verkehrsunfall den Schaden vom Unfallgegner ersetzt bekommen. Die Richter der Gerichte sind bei der Entscheidungsfindung an die Gesetze gebunden. Fälle, in denen sich Personen vor Gericht gleichberechtigt gegenüberstehen, fallen unter das **Privatrecht**. Wenn vor Gericht Streitigkeiten zwischen Bürgern und dem Staat bzw. dessen Institutionen (Finanzamt, Polizei usw.) geregelt werden sollen, wird dies als **öffentliches Recht** bezeichnet.

Entsprechend kann die Gerichtsbarkeit unterteilt werden in die zivile Gerichtsbarkeit und die Strafgerichtsbarkeit. Konflikte z. B. zwischen Mieter und Vermieter fallen unter die **Zivilgerichtsbarkeit**. Verbrechen wie Raub, Erpressung, Körperverletzung fallen unter die **Strafgerichtsbarkeit**.

**M 2**
*Zivilverfahren und -instanzen*

**M 3**
*Strafverfahren und -instanzen*

**M 4**
*Gerichte*

**M 5**
*Urteil Bundesverfassungsgericht*

Ein besonderes Gericht stellt das **Bundesverfassungsgericht** dar. Es wacht über die Einhaltung unseres Grundgesetzes. Die Richter werden zur Hälfte von Bundestag und Bundesrat gewählt, denn hier wird über unsere Grundrechte geurteilt.

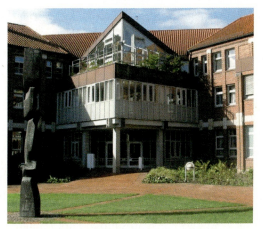

Frontansicht des Verwaltungsgerichts von Schleswig-Holstein

Wenn ein Teil des Parlaments nach dem Beschluss eines Gesetzes der Auffassung ist, dass dieses Gesetz nicht mit dem Grundgesetz übereinstimmt, kann er das Bundesverfassungsgericht anrufen. Denn dieses oberste Gericht ist zuständig für die Auslegung des Grundgesetzes. Auch wenn sich Bundestag, Bundesrat, Länderregierungen oder einzelne Fraktionen des Bundestags darüber streiten, wer für die Gesetzgebung zuständig ist, können sie sich an das Bundesverfassungsgericht wenden.

Ist ein Gericht im Zweifel, ob ein Gesetz dem Grundgesetz entspricht, so darf der Richter nicht nach Belieben entscheiden. Er ist an die Gesetze gebunden. Er kann aber den Prozess unterbrechen und durch das Bundesverfassungsgericht seinen Zweifel klären lassen.

Fühlen sich einzelne Bürger in einem Grundrecht verletzt, z. B. durch ein Bundesgesetz, können sie **Verfassungsbeschwerde** einlegen.

Wenn bei Menschenrechtsverletzungen auch vor dem Bundesverfassungsgericht in Deutschland kein zufriedenstellendes Urteil zu erreichen ist, dann gibt es eine letzte Möglichkeit: eine Klage vor dem **Europäischem Gerichtshof für Menschenrechte** in Straßburg. Seine Entscheidung wird von den staatlichen Organen in Deutschland anerkannt.

Dadurch, dass die Europäische Union immer mehr Einfluss auch auf nationaler Ebene erhalten hat, müssen einige Gesetze dem europäischen Recht angepasst werden. Entstehen bei der Auslegung der Gesetze Streitigkeiten, ist der **Europäische Gerichtshof** in Luxemburg zuständig und anzurufen.

### Richter sprechen Recht

Weil so viele unterschiedliche Fälle vor Gericht zu entscheiden sind, gibt es neben den „ordentlichen" Gerichten auch solche, die sich auf bestimmte Bereiche spezialisiert haben: auf das Arbeitsrecht, das Sozialrecht und auf Streitigkeiten mit Behörden: die **außerordentlichen Gerichte**.

Wer mit einem Urteil nicht einverstanden ist, kann sich in den meisten Fällen wehren. In der Fachsprache heißt das: Die unterlegene Partei kann gegen ein Urteil Rechtsmittel einlegen. Bei einer **Berufung** wird vom nächsthöheren Gericht der Prozess noch einmal aufgerollt, das heißt, es sind neue Tatumstände aufgetaucht, die bei dem Urteil berücksichtigt werden müssen. Bei einer **Revision** wird nur geprüft, ob die Prozessführung korrekt war und ob alle Gesetze richtig angewandt worden sind.

Dass wir all diese Möglichkeiten haben, ergibt sich aus unserem Grundgesetz. Das Grundgesetz enthält einen unveränderlichen Verfassungskern, in dem steht, dass Deutschland ein Rechtsstaat ist. Das heißt:

- Die Staatsgewalt ist an Recht und Gesetz gebunden, was durch die Gewaltenteilung garantiert wird.
- Staatliche Maßnahmen müssen durch unabhängige Gerichte überprüft werden können.
- Die Rechtsstellung des Einzelnen muss durch garantierte Rechte (Grundrechte) gesichert sein.

### Strafe muss sein!

**M 6**
*Eine Tat – mehrere Urteile*

Eine Straftat, z. B. der Diebstahl einer Hose in einem Bekleidungsgeschäft – ein typischer Ladendiebstahl –, mag etwas Objektives sein, denn die Hose ist ein Objekt. Der Straftäter ist aber ein Mensch, ein Subjekt. Die Schuld, die der Dieb auf sich lädt, ist subjektiv. Sie hängt z. B. von den Lebensumständen ab, in denen er sich befindet. Vor Gericht soll das alles erforscht werden; denn am Ende des Prozesses wird nicht die Tat bestraft, sondern der schuldige Täter. So kann es vorkommen, dass eine vergleichbare Tat unterschiedlich bestraft wird, weil die Schuld der Täter unterschiedlich war.

Wenn über Urteile in der Presse berichtet wird, kann der Leser nicht einschätzen, aufgrund welcher persönlichen Schuld das Strafmaß gefunden wurde. Ein Geschädigter mag das Urteil gegen den Straftäter, der ihn im Streit verletzt hat, zu milde finden, weil er an seine Schmerzen denkt und die Zeit, die er vielleicht im Bett liegen musste. Der Richter muss nach der Schuld des Täters die Strafe bemessen; denn sie ist die Grundlage für das Strafmaß.

### Strafen für Erwachsene stehen im Strafgesetzbuch (StGB)

Der Straftäter muss bestraft werden. Die Strafe soll gleichzeitig so auf ihn wirken, dass er in Zukunft die Gesetze befolgt. Nach unserem Strafrecht gibt es – für Erwachsene – zwei Arten von Strafe: Freiheitsstrafe und Geldstrafe. Wenn eine Geldstrafe wirken soll, dann muss sie den Verurteilten, je nach Schwere der Tat, hart treffen. Eine Strafe von 1.000,00 Euro kann für einen „Normalverdiener" hart sein, der Großverdiener lacht über sie. Strafe muss gerecht sein. Wenn zwei Personen die gleiche Straftat begehen, dann sollen sie auch – soweit möglich – die gleiche Strafe erhalten. Daher wird heute die Höhe der Geldstrafe nach Tagesverdienstsätzen berechnet:

**M 7**
Rechtlich relevante Lebensaltersstufen

1. Die Anzahl der Tagessätze richtet sich nach der Straftat.
2. Die Höhe des Tagessatzes richtet sich nach dem Einkommen des Täters.

Nur bei besonders schweren Straftaten – Verbrechen – soll Freiheitsstrafe verhängt werden oder wenn der Täter durch eine Geldstrafe nicht zu beeindrucken ist, das heißt, wenn er schon vorbestraft ist.

**M 8**
Jugendkriminalität

Jugendliche Straftäter werden anders bestraft als Erwachsene. Ziel ist die (nachzuholende) Erziehung.

**M 9**
Ursachen für Jugendkriminalität

### Strafe?

Oberstes Ziel der Bestrafung soll die Wiedereingliederung in die Gesellschaft sein. Wie lässt sich dieses Ziel erreichen, wenn man den Verurteilten hinter Gefängnismauern von der Gesellschaft isoliert? Das mag richtig sein bei Straftätern, vor denen die Gesellschaft geschützt werden muss. Für die Mehrzahl der Verurteilten wäre es besser, sie gezielt zu befähigen, ein Mitglied der Gesellschaft zu werden. Sie sollen zu einem Bürger erzogen und ausgebildet werden, der sich an die Gesetze hält und sich in die demokratische Gemeinschaft integrieren kann.

**M 10**
Jugendgerichtsbarkeit

**A 1**
Strafe oder Prävention?

Strafe soll auch dazu dienen, für eine Tat zu sühnen. Das steht zwar heute nicht mehr in den Gesetzen, ist aber noch lebendig im Gefühl vieler Mitbürger. Sühne hat mit Wiedergutmachung zu tun. Es müssen Möglichkeiten gefunden werden, Bestrafungen so zu organisieren, dass sie sowohl den Straftätern nutzen als auch den Geschädigten und der Gesellschaft.

**A 2**
Präventionsprojekte in Schleswig-Holstein

# Materialien

## Aufmarsch der Neonazis erlaubt

Pinneberg – Alle juristischen Versuche, den angemeldeten Aufmarsch von Neonazis heute in Pinneberg zu verhindern, sind gescheitert. Das Oberverwaltungsgericht (OVG) Schleswig hat gestern die Beschwerde des Kreises Pinneberg gegen

**M 1**
Zu viel Freiheit?

die Aufhebung des Verbots durch das Verwaltungsgericht Schleswig zurückgewiesen. Der Kreis argumentiert, es seien nicht ausreichend Polizeikräfte verfügbar, um die öffentliche Sicherheit zu gewährleisten. Das Versammlungsrecht stelle hohe Anforderungen an die Darlegung eines polizeilichen Notstandes, befand der vierte Senat des OVG und verwies auf mögliche Auflagen zur Dauer und Route. Gewerkschaften, Kirchen und zahlreiche weitere Organisationen haben für heute zu Demonstrationen gegen den Aufmarsch von Neonazis in Pinneberg aufgerufen.

Quelle: dpa/lno in: Kieler Nachrichten vom 06.06.2009, S. 15

*Welche Rechte konkurrieren hier?*

**M 2**
*Zivilverfahren und -instanzen*

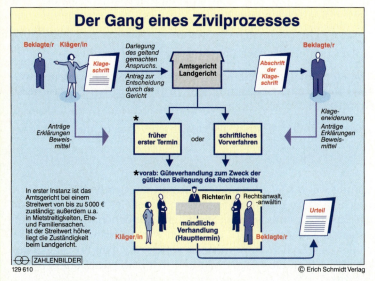

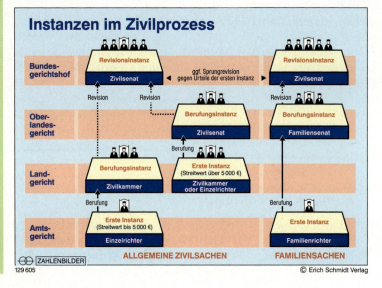

1. Überlegen Sie sich einen Konflikt, der zu einem Zivilprozess führen kann.
2. Erläutern Sie den Ablauf eines Zivilprozesses.
3. Nach der Urteilsverkündung geschieht Folgendes:
   – Parteien sind mit dem Urteil nicht einverstanden.
   – Es tauchen neue Beweise auf.
   – Es wird bekannt, dass der Richter mit dem Angeklagten verwandt ist.
   Welche Möglichkeiten gibt es, dass das Verfahren wieder aufgenommen wird?

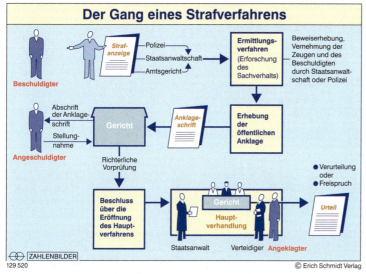

**M 3**
*Strafverfahren und -instanzen*

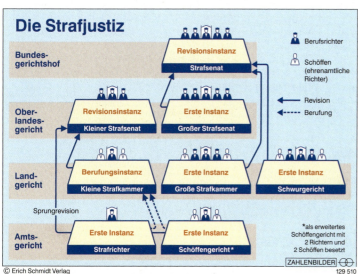

1. Überlegen Sie sich einen Konflikt, der zu einem Strafprozess führen kann.
2. Erläutern Sie den Ablauf eines Strafprozesses.
3. Nach der Urteilsverkündung geschieht Folgendes:
   – Parteien sind mit dem Urteil nicht einverstanden.
   – Es tauchen neue Beweise auf.
   – Es wird bekannt, dass der Richter mit dem Angeklagten verwandt ist.
   Welche Möglichkeiten gibt es, dass das Verfahren wieder aufgenommen wird?

## M 4 Gerichte

| Ordentliche Gerichte | | Außerordentliche Gerichte | | | |
|---|---|---|---|---|---|
| Zivilgerichte | Strafgerichte | | | | |
| **Bundesgerichtshof** Karlsruhe | | **Bundesarbeitsgericht** Kassel | **Bundesverwaltungsgericht** Berlin | **Bundessozialgericht** Kassel | **Bundesfinanzhof** München |
| **Oberlandesgericht** Schleswig **Landgerichte** SL, KI, HL, IZ **Amtsgericht** In allen größeren Gemeinden | | **Landesarbeitsgericht** Kiel **Arbeitsgerichte** KI, HL | **Oberverwaltungsgericht** Schleswig **Verwaltungsgericht** SL | **Landessozialgericht** Schleswig **Sozialgerichte** SL, KI, HL, IZ | **Finanzgericht** Kiel |
| **Diese Gerichte sind zuständig für** | | | | | |
| Streitigkeiten zwischen Zivilpersonen | Bestrafung | Streitigkeiten zwischen Arbeitgeber und Arbeitnehmer | Klagen gegen Entscheidungen von Verwaltungen | Klagen gegen Entscheidungen der Sozialversicherungen | Klagen gegen Entscheidungen der Finanzbehörden |
| **Beispiele** | | | | | |
| Ersatz eines Unfallschadens, Mietstreitigkeiten<br><br>Das Familiengericht verhandelt über Scheidungen und Scheidungsfolgen sowie über die elterliche Sorge. | Trunkenheit am Steuer, Diebstahl, Körperverletzung<br><br>Das Jugendgericht urteilt über jugendliche Straftäter, auch Heranwachsende können nach dem Jugendgerichtsgesetz (JGG) verurteilt werden. | Fristlose Kündigung, Abbruch des Ausbildungsvertrages, Streitigkeiten aus Tarifverträgen | Höhe der Sozialhilfe, Baugenehmigungen, Nichtbestehen der Gesellenprüfung, schlechte Zensuren im Schulzeugnis | Höhe der Rente, Arbeitslosengeld, Zahnersatz, Berufsunfähigkeitsrente | Einkommensteuerbescheid |

## M 5 Urteil Bundesverfassungsgericht

### BUNDESVERFASSUNGSGERICHT
### Millionen Berufstätige bekommen alte Pendlerpauschale zurück

Dieses Urteil wirkt wie ein kleines Konjunkturprogramm: Das Bundesverfassungsgericht hat die umstrittene Kürzung der Pendlerpauschale für unwirksam erklärt. Nun muss die Regierung vorläufig den alten Steuerrabatt in voller Höhe gewähren – 16 Millionen Berufstätige profitieren davon.

Karlsruhe – Kaum ein Urteil ist mit so viel Spannung erwartet worden, wie das heutige: Die Abschaffung der Pendlerpauschale ab dem ersten Kilometer auf dem Weg zur Arbeit verstößt gegen das Grundgesetz. Das hat das Bundesverfassungsgericht in Karlsruhe am Dienstag entschieden und damit die seit 2007 geltende Neuregelung verworfen.

Die vom Gesetzgeber angeführte Begründung für die Streichung der Entfernungspauschale reiche nicht aus, entschieden die Karlsruher Richter am Dienstag. Es liege ein Verstoß gegen das Gebot der Gleichbehandlung vor. Der Gesetzgeber müsse rückwirkend zum 1. Januar 2007 neue Regelungen dazu finden. Bis dahin gilt den Richtern zufolge die alte Pendlerpauschale fort.

**Alle Fahrten wieder steuerlich absetzbar**
Damit können die etwa 16 Millionen Berufspendler wieder alle Fahrten zwischen Arbeitsplatz und Wohnort mit einer Pauschale von 30 Cent steuerlich geltend machen. Die gekippte Regelung hatte dagegen vorgesehen, dass ab 2007 erst Fahrten ab dem 21. Kilometer abgesetzt werden können. 2,5 Milliarden Euro hätte der Staat jährlich so gespart.

Das Bundesfinanzministerium reagierte umgehend auf das Urteil: Die Pendlerpauschale werde bis Ende 2009 wieder nach altem Recht gelten, teilte das Ministerium mit. [...]

Quelle: sam/ddp/dpa/Reuters, 9.12.2008, Zugriff am 10.8.2009 unter: http://www.spiegel.de/wirtschaft/0,1518,595285,00.html

1. Was ist eine Pendlerpauschale?
2. Wieso wurde das Bundesverfassungsgericht angerufen?
3. Wie lautet das Urteil? Wie wird es begründet?

**Fall 1:**
„Einmal den Fahrschein bitte."
– „Ich möchte bitte nachlösen. Ich brauche einen Fahrsch..." –
„Nein. Nachlösen ist innerhalb der Bahn hier nicht möglich."
– „Aber ..., aber, ich komme nicht von hier. Ich wusste nicht, dass man nicht nachlösen kann!" –
„Nein, tut mir leid, das ändert nichts."
– „Aber ..., aber ..., aber ..." –
Wie das Amtsgericht Frankfurt a. M. entschied [...], half die Ortsfremdheit des Fahrgastes nichts. Das Gericht schenkte dem „Schwarzfahrer" keinen Glauben, dass dieser aufgrund der Ortsfremdheit unwissentlich und unverschuldet „schwarzgefahren" sei, da er angenommen habe, er könne durch Nachlösen einen gültigen Fahrschein erwerben. Sofern der Verkehrsverbund mit unübersehbaren Hinweisen auf den Fahrscheinverkauf an Automaten und auf das Verbot des Betretens ohne gültigen Fahrschein hinweise, könne man sich nicht auf vermeintliche Unkenntnis berufen. [...]

Somit müssen auch ortsfremde Fahrgäste das erhöhte Beförderungsentgelt zahlen, wenn diese ohne gültigen Fahrschein erwischt werden.

**Fall 2:**
**Erhöhtes Beförderungsentgelt von Kindern und Minderjährigen**
Doch was macht man, wenn es sich um minderjährige „Schwarzfahrer" handelt? Ändert dies etwas an der Zahlungsverpflichtung des erhöhten Beförderungsentgeltes [...]?

**M 6**
Eine Tat
– mehrere
Urteile

Diese Rechtsfrage ist in der Rechtsprechung umstritten und wird unterschiedlich gelöst: Das Amtsgericht Jena entschied [...] gegen einen Anspruch der Verkehrsbetriebe auf erhöhtes Beförderungsentgelt gegenüber Minderjährigen. Es begründete dies damit, dass Fahrgäste unter 18 Jahren rechtswirksame Verträge, die sie finanziell verpflichten (und genau darum geht es bei einem Beförderungsvertrag), in der Regel nur mit Einverständnis der Eltern als gesetzliche Vertreter schließen können. Zwar würden die Eltern das Einverständnis zur Nutzung der öffentlichen Verkehrsmittel geben und somit auch zur notwendigen Abschließung der dazugehörigen Beförderungsverträge. Dieses umfasse jedoch im Zweifel nicht etwaige „Schwarzfahrten". Ein Beförderungsvertrag käme somit bei einer „Schwarzfahrt" nicht zustande, was folglich einen Anspruch auf erhöhtes Beförderungsentgelt ausschließt. [...]

Übereinstimmung fand jedoch auch die Begründung des Anspruchs auf Erstattung eines Betrages von dem minderjährigen „Schwarzfahrer", welcher in der Höhe dem jeweils regulären Fahrpreis entspreche. Dieses ergebe sich aus den bereicherungsrechtlichen Vorschriften, da der minderjährige „Schwarzfahrer" ohne Rechtsgrund (es wurde ja kein rechtswirksamer Vertrag geschlossen – siehe oben) die Dienste des Verkehrsunternehmens in Anspruch genommen hatte.

**Anders** hat diese rechtliche Problematik das Amtsgericht Köln [...] gesehen. Das Gericht bejahte einen Anspruch der Verkehrsbetriebe auf ein erhöhtes Beförderungsentgelt gegen den minderjährigen „Schwarzfahrer". Im Urteil wurde ein rechtswirksamer Beförderungsvertrag zwischen Verkehrsbetrieben und Minderjährigem bejaht, da die Einwilligung der gesetzlichen Vertreter in Form der Generaleinwilligung zu einem Kreis von noch nicht individualisierten Geschäften rechtswirksam sei. Der Einwand, dass diese Einwilligung eben gerade nicht für „Schwarzfahrten" gelte, verstoße gegen § 242 BGB („Treu und Glauben") und sei somit unwirksam. Damit würde unzulässigerweise versucht werden, das Risiko, ob der Minderjährige bezahlt oder nicht, auf die Verkehrsbetriebe zu übertragen. Der Minderjährigenschutz würde dadurch nicht vernachlässigt werden, da der Minderjährige auch bei anderen Rechtsgeschäften, zu welchen er die Einwilligung seiner gesetzlichen Vertreter bedürfe, nicht vor den Rechtsfolgen geschützt werde.

Diese Darstellung zeigt, dass die Problematik, ob die Verkehrsbetriebe einen Anspruch auf erhöhtes Beförderungsentgelt gegen einen minderjährigen „Schwarzfahrer" haben, in der Rechtsprechung unterschiedlich gewertet wird. Sicher ist aber, dass, sofern der Minderjährige mindestens 14 Jahre alt ist, sich dieser bei „Schwarzfahrten" gemäß § 265a StGB strafbar macht.

*Quelle: Justin Roenner: Schwarzfahren, in: 123recht.net vom 5.1.2006, Zugriff am 10.8.2009 unter: http://www.123recht.net/article.asp?a=15439&p=2&ccheck=1)*

1. *Erläutern Sie, welches Delikt begangen wurde.*
2. *Erläutern Sie, warum es zu unterschiedlichen Beurteilungen kommt.*

### M 7 Rechtlich relevante Lebensaltersstufen

Personen, die rechtsfähig sind, sind Träger von Rechten und Pflichten (z. B. Recht auf Leben, Recht auf Eigentum und Pflicht, Steuern zu zahlen). Davon ist die Geschäftsfähigkeit zu unterscheiden. Wer geschäftsfähig ist, kann rechtswirksam Willenserklärungen abgeben, z. B. einen Kaufvertrag schließen, also Verpflichtungen begründen. Eine Person ist deliktfähig, wenn sie wegen einer unerlaubten Handlung zu Schadenersatz verpflichtet werden kann. Strafmündig sind Personen, die zu einer Strafe verurteilt werden können.

## 5.3 Recht in der Gesellschaft

| Rechtsfähigkeit (beginnt mit der Geburt und endet mit dem Tod) | | | |
|---|---|---|---|
| Geschäftsunfähigkeit | Beschränkt geschäftsfähig | | Volljährig; voll geschäftsfähig. Aktives und passives Wahlrecht |
| Deliktunfähigkeit | Beschränkt deliktfähig (Sonderregelung Straßenverkehr) | | Voll deliktfähig |
| Strafunfähigkeit | | Strafmündig als Jugendlicher | Strafmündig als Heranwachsender / Voll strafmündig (als Erwachsener) |

0 1 2 3 4 5 6 7 8 9 10 11 12 13 14 15 16 17 18 19 20 21 22 23 24 25
Alter

1. Erläutern Sie das Schaubild.
2. In welcher rechtlichen Lebensaltersstufe sind Sie? Und Ihre Mitschüler? Was bedeutet das für Sie?

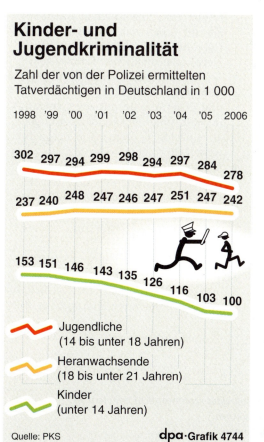

### Kinder- und Jugendkriminalität

Zahl der von der Polizei ermittelten Tatverdächtigen in Deutschland in 1 000

| | 1998 | '99 | '00 | '01 | '02 | '03 | '04 | '05 | 2006 |
|---|---|---|---|---|---|---|---|---|---|
| Jugendliche (14 bis unter 18 Jahren) | 302 | 297 | 294 | 299 | 298 | 294 | 297 | 284 | 278 |
| Heranwachsende (18 bis unter 21 Jahren) | 237 | 240 | 248 | 247 | 246 | 247 | 251 | 247 | 242 |
| Kinder (unter 14 Jahren) | 153 | 151 | 146 | 143 | 135 | 126 | 116 | 103 | 100 |

Quelle: PKS  dpa-Grafik 4744

**M 8** Jugendkriminalität

1. Erläutern Sie die Grafik. Was ist dargestellt?
2. Warum werden Kinder und Jugendliche kriminell? Diskutieren Sie in der Klasse.

**M 9**
*Ursachen für Jugendkriminalität*

### Presseerklärung vom 9. Januar 2008
### VDR [Verband deutscher Realschullehrer] fordert:
### Gesellschaftliche Ursachen der Jugendkriminalität bekämpfen!

Mittlerweile jahrzehntelang wurden die Schulen dafür verantwortlich gemacht, dass Kinder und Jugendliche nicht den Verhaltensvorstellungen der älteren Generation entsprachen. Tradierte Erziehungsziele wie Fleiß und Zuverlässigkeit, Gemeinschaftssinn, Höflichkeit und Achtung der Mitmenschen usw. wurden als nicht mehr zeitgemäß, weil einer reaktionären Epoche entstammend, öffentlich abgewertet.

Die Einhaltung gesellschaftlicher Normen galt nicht mehr als erstrebenswert.

Das Ergebnis sehen wir heute: Immer mehr Jugendliche – nicht alle! –, die weder vor ihren Eltern noch vor ihren Lehrern und erst recht nicht vor anderen Menschen und deren Leistungen Respekt haben, die nur durch Unterhaltungseffekte zum Lernen zu bewegen sind, weder Leistungsbereitschaft noch Verantwortungsbewusstsein zeigen und schnell zur Gewalt neigen.

Dass es dazu gekommen ist, ist Schuld einer von den „68ern" in die Irre geführten falschen Bildungs- und Jugendpolitik. Nun endlich, angesichts auffälliger Jugendkriminalität, schlechter PISA-Ergebnisse und der Unzufriedenheit der Wirtschaft mit der Ausbildungsfähigkeit der Schulabgänger sehen auch Politiker ein, dass es so nicht weitergeht.

Richtig ist, dass Jugendkriminalität, wie jede Art von Kriminalität überhaupt, nicht durch Entschuldigen, Tolerieren und Gut-Zureden zu bekämpfen ist, sondern nur durch die konsequente Durchsetzung gesetzlicher Normen. Insofern ist es ein erster Schritt in die richtige Richtung, das Jugend- und bei über 18-Jährigen auch das Erwachsenenstrafrecht wenigstens konsequent anzuwenden.

Aber das ist lediglich Herumdoktern an den Symptomen. Es gilt jedoch vor allem, die Ursachen der Fehlentwicklung zu beseitigen.

**Darum fordert der VDR:**
- Gleiche Bildungschancen für alle Kinder und Jugendlichen unabhängig von ihrer sozialen und ethnischen Herkunft in einem gut ausgebauten vielfältigen staatlichen Schulsystem
- Anerkennung der Verantwortung der gesamten Gesellschaft für die Bildung und Erziehung der jungen Generation statt isolierter Schuldzuweisungen an einzelne Gruppen wie beispielsweise Lehrer, Eltern oder Medien
- Ehrliche und tabulose Analyse des gegenwärtigen Zustandes und Herstellung eines gesamtgesellschaftliches Konsenses zu den Zielen und Mitteln der Bildung und Erziehung

V.i.S.d.P.: Reinhard Labahn, Pressesprecher

Quelle: Verband deutscher Realschullehrer, Zugriff am 10.08.2009 unter: http://www.vdr-sh.de/not_dynamic/pdf/2008-01-09_Jugend.pdf

1. Wer ist nach Meinung des VDR für die Jugendkriminalität verantwortlich? Erläutern Sie.
2. Welches Verhalten bemängelt der VDR bei Jugendlichen?
3. Welche Maßnahmen können laut VDR Abhilfe schaffen?
4. Wie stehen Sie zu dieser Presseerklärung? Stimmen Sie zu?

## 5.3 Recht in der Gesellschaft

**M 10**
*Jugendgerichtsbarkeit*

1. Worin unterscheidet sich die Jugendgerichtsbarkeit von der Erwachsenengerichtsbarkeit?
2. Welche Jugendstrafen sind möglich?
3. Diskutieren Sie in der Klasse, ob solche Bestrafungen Jugendliche von einer weiteren Straftat abhalten.

# Arbeitsvorschlag

**A 1**
*Strafe oder Prävention*

### Keine Alternative zur Prävention

Justizminister Uwe Döring und Innenminister Lothar Hay haben sich am Freitag in Itzehoe (Kreis Steinburg) bei Staatsanwaltschaft, Jugendgerichtsbarkeit, Jugendgerichtshilfe und der Polizei über die Möglichkeiten im Umgang mit kriminellen Jugendlichen informiert. [...]

„Der Staat muss klar und schnell auf Straftaten reagieren und gegebenenfalls den vorhandenen Strafrahmen ausschöpfen", sagte Döring. Nur wenn die Strafe „auf dem Fuß" folge, könne sie den gewünschten Erziehungseffekt bei den Jugendlichen haben. [...]

**Keine Alternative zur Prävention**
Hay und Döring zeigten sich besorgt, dass in Teilen der Gesellschaft der Respekt vor dem Leben und der Gesundheit anderer Menschen offenbar weiter abnehme. Polizei, Staatsanwaltschaft und Gerichte könnten dieses Problem allein nicht lösen. Härtere Strafen führten ebenso wenig zum Ziel. „Im Kampf gegen die Jugendkriminalität steht Prävention im Vordergrund", sagte Hay. Sie müsse so früh wie möglich beginnen. „Staat und Gesellschaft müssen gemeinsam dafür sorgen, dass aus jugendlichen Ersttätern keine Intensivtäter werden", sagte Döring. Wenn junge Menschen bereits einige Stationen einer kriminellen Karriere durchlaufen hätten, könne es oft schon zu spät sein.

**Die Strafverfolgungsbehörden in Schleswig-Holstein sind gut aufgestellt**
Die Polizei in Schleswig-Holstein nimmt nach Aussage des Innenministers ihren gesetzlichen Auftrag zur Verhinderung und Bekämpfung von Jugendkriminalität sehr ernst. „Wir sind gut aufgestellt", sagte Hay. In den größeren Städten des Landes gebe es besondere Ermittlungsgruppen, in denen Beamte der Schutz- und Kriminalpolizei gemeinsam Straftaten jugendlicher Intensivtäter bearbeiteten. In allen Ermittlungsdienststellen der Polizeidirektionen kümmerten sich spezielle Jugendsachbearbeiter um kriminelle Jugendliche. Der größte Teil dieser landesweit rund 370 Beamtinnen und Beamten sei für diese Arbeit besonders aus- und fortgebildet.

**Repression ja, aber differenziert**
Im Bereich der Repression haben sich nach Überzeugung von Döring und Hay das Diversionsverfahren, das Vorrangige Jugendverfahren sowie das Intensivtäterkonzept bewährt.

Das **Diversionsverfahren** wird in der Regel bei Jugendlichen angewandt, die bei Taten erstmals auffällig geworden sind. Es kann auch noch bei jungen Gewalttätern sinnvoll sein, die den Schritt zu einer kriminellen Karriere noch nicht vollzogen haben. „Im gesamten Jugendverfahren, auch im Diversionsverfahren steht der erzieherische Gedanke im Vordergrund", sagte Döring. Die Spannbreite der staatlichen Maßnahmen reicht vom erzieherischen Gespräch über konkrete Angebote der Jugendhilfe, einer Entschuldigung beim Opfer und einer Schadenswiedergutmachung bis zur Auflage von gemeinnütziger Arbeit.

Das **Vorrangige Jugendverfahren** setzt den Grundsatz um, dass die Strafe möglichst schnell auf die Tat folgen muss. „Dabei soll möglichst innerhalb von vier Wochen nach der Vernehmung die Hauptverhandlung stattfinden", sagte Döring. Damit das klappt, arbeiten Polizei, Staatsanwaltschaft, Gericht und Jugendgerichtshilfe eng zusammen. Das Vorrangige Jugendverfahren kommt hauptsächlich zum Einsatz, wenn der Jugendliche ein besonderes kriminelles Verhalten an den Tag legt und die Gefahr weiteren strafbaren Handelns unverzüglich unterbunden werden muss.

Das **Intensivtäterkonzept** geht von der Erkenntnis aus, dass viele Straftaten von einer eher kleinen Gruppe junger Täter begangen werden, den sogenannten Mehrfach- und Intensivtätern. Beim diesem Konzept gilt das Täter-Wohnort-Prinzip. Das heißt: Dieses Täterfeld wird von wenigen Ermittlern bearbeitet, deren Zuständigkeit nicht wechselt. „Damit ist – wie auch bei Staatsanwaltschaft und Gericht – sichergestellt, dass die Sachbearbeitung konzentriert, kompetent und zeitnah erfolgt", sagte Justizminister Döring. [...]

Quelle: Cop2Cop – Aktuelles zur Inneren Sicherheit, Polizei, Security, Justiz, Feuerwehr und deren Interessenvertretungen, 25.01.2008, Zugriff am 10.08.2009 unter: www.cop2cop.de/2008/01/25/keine-alternative-zur-pravention/

1. Wie soll nach den ehemaligen schleswig-holsteinischen Justiz- und Innenministern mit Straffälligen umgegangen werden?
2. Erläutern Sie die drei Repressionsmöglichkeiten.
3. Diskutieren Sie in der Klasse, ob diese Maßnahmen zielführend sind.

## „Schwungrad der Prävention"

**A 2**
*Präventionsprojekte in Schleswig-Holstein*

Die Landespolizei ist nach Ansicht von [Innenminister] Hay das „Schwungrad der Prävention" in Schleswig-Holstein. Viele Präventionsprojekte in den Kommunen gingen auf die Initiative engagierter Polizeibeamter zurück. „Das verdient Anerkennung und den Respekt der Gesellschaft", sagte der Minister. Der Landesrat für Kriminalitätsverhütung habe seit Mitte der Neunzigerjahre verstärkt Projekte zur Eindämmung von Jugendgewalt angestoßen, die von den örtlichen Polizeidienststellen zusammen mit Organisationen der Jugendhilfe, Vereinen und anderen Institutionen verwirklicht worden seien. Als Beispiel nannte Hay die Projekte „Prävention im Team (PIT)", die Arbeitsgemeinschaft gegen Gewalt an Schulen, die allerdings auch repressiv wirkt, sowie das Elmshorner Projekt „Reden statt Schlagen – Freiheit ohne Gitterstäbe".

### Prävention im Team (PIT)
Das Projekt – eine Zusammenarbeit der Landespolizei mit dem Institut für Qualitätsentwicklung an Schulen Schleswig-Holsteins – regt Kinder und Jugendliche an, über das Zusammenleben mit anderen nachzudenken und dabei die altersgemäße Verantwortung zu sehen und zu übernehmen. Indem das Selbstwertgefühl und die soziale Kompetenz gestärkt werden, sollen junge Menschen wirksam von Gewalt, Diebstahl und Sucht abgehalten werden.

PIT wird seit 1997 an vielen Schulen Schleswig-Holsteins durchgeführt. „Junge Menschen können so erleben, dass Eltern, Lehrkräfte und Polizisten gemeinsam mit ihnen im Team an der Lösung gesellschaftlicher Fragen arbeiten", sagte Hay. In der Landespolizei sind für die Mitarbeit in dem Projekt bereits über 400 Beamtinnen und Beamte geschult worden.

### Arbeitsgemeinschaft gegen Gewalt an Schulen (AGGAS)
Es handelt sich in erster Linie um ein Kooperationskonzept, das Rückfälligkeit vermeiden soll. Die Wirkung des Konzepts entfaltet sich immer wieder neu vor dem Hintergrund aktueller Verstöße in der Schule. „Straftatbestände werden konsequent und für den Klassenverband anschaulich mit allen Folgen für Täter und Opfer aufgearbeitet", sagte Hay.

Wiederholungs- und Nachahmungstaten sowie sonstige jugendtypische Straffälligkeit sollen hierdurch verringert, der Opferschutz und das sozial-emotionale Klima dagegen gestärkt werden.

Werden Gewalttätigkeiten oder sonstige Straftaten in der Schule angezeigt, erscheint ein Sachbearbeiter der Polizei regelmäßig und möglichst zeitnah „vor Ort", um die Sache umfassend zu bearbeiten. Für Schüler soll der verlässliche Eindruck entstehen: Wenn man Opfer geworden ist, bekommt man Hilfe, schnell und zuverlässig. Der Täter fühlt sich nur kurz als „Held". Angemessene Sanktionen und Vorhalte folgen meist kurzfristig. „Wir haben das Projekt in Lübeck erprobt und wollen es nun landesweit ausdehnen", sagte Hay. Regelmäßig eingebunden sind Eltern, Lehrer und Polizei.

**Reden statt Schlagen – Freiheit ohne Gitterstäbe**
Polizisten der Stadtwache Elmshorn haben 2002 zusammen mit Betreibern des Jugendtreffs „Stromhaus Elmshorn" und Angehörigen des Vereines „Gefangene helfen Jugendlichen" das Projekt „Reden statt Schlagen – Freiheit ohne Gitterstäbe" ins Leben gerufen. Im Blickpunkt stehen speziell junge Mehrfach- und Intensivtäter.

Im Laufe der jeweils zehn Tage dauernden Maßnahmen erhalten die Jugendlichen im Alter von 14 bis 18 Jahren die Gelegenheit, an einem Anti-Gewalt-Training teilzunehmen. Danach stehen Besuche in der Justizvollzugsanstalt Hamburg-Fuhlsbüttel und Gespräche mit den Inhaftierten über deren kriminelle Karrieren auf dem Programm. „Das Konzept zeigt Erfolg", sagte Hay. 80 Prozent der gefährdeten Jugendlichen, die an dem Projekt teilnahmen, seien nicht wieder durch schwerere Straftaten auffällig geworden. [...]

Quelle: Cop2Cop – Aktuelles zur Inneren Sicherheit, Polizei, Security, Justiz, Feuerwehr und deren Interessenvertretungen, 25.01.2008, Zugriff am 10.08.2009 unter: www.cop2cop.de/2008/01/25/keine-alternative-zur-pravention/

1. Erläutern Sie die Projekte PIT, AGGAS und „Reden statt Schlagen", indem Sie die Maßnahmen und Ziele darlegen.
2. Bewerten Sie die Wirksamkeit solcher Maßnahmen.
3. Welche Voraussetzungen müssen geschaffen werden, damit Kriminalität nicht mehr attraktiv ist?

## Zur Vertiefung

### Sylter Internetparty: Und wer zahlt nun die Zeche?

Westerland – Der Initiator der größten unorganisierten Beachparty auf der Nordseeinsel Sylt sieht den angekündigten Schadenersatzforderungen gelassen entgegen. „Ich grinse darüber. Ich sehe mich nicht als Veranstalter", sagte Christoph Stüber am Montag. Der 26 Jahre alte Schleswiger hatte im Internet zu der Party aufgerufen, rund 5.000 junge Menschen folgten ihm. Dabei kam es am Sonnabend auch zu Schlägereien und Alkoholexzessen. Die Veranstaltung folgte dem Prinzip eines „Flashmob", es gibt also keinen Veranstalter und jeder kann spontan daran teilnehmen. Stüber sagte, für die zu erwartenden Gerichtsverfahren habe er sich einen Anwalt genommen. [...]

Die Gemeinde Sylt hatte angekündigt, die Kosten von 20.000 Euro und mehr an den 26 Jahre alten Schleswiger weiterzugeben und dies auch gerichtlich durchsetzen zu wollen. Zudem müsse Klarheit geschaffen werden, wie solche Partys künftig zu behandeln seien, sagte der Sylter Ordnungsamtsleiter Hans Wilhelm Hansen. Auch die Nord-Ostsee-Bahn (NOB) prüft, inwieweit das Unternehmen die Kosten für Reinigung und Personal weitergeben kann.

*Quelle: dpa vom 15.06.2009, Zugriff am 10.08.2009 unter: http://www.kn-online.de/schleswig_holstein/aus_dem_land/97257_Sylter-Internetparty-Und-wer-zahlt-nun-die-Zeche.html*

**Roberto Caravalli, 17.06.2009, 22:51**
5.000 Leute sind immerhin 15.000 Euro Kurtaxe für Westerland – davon kann man ja schon einen Haufen Unkosten begleichen (dafür ist die Kurtaxe gem. KAG übrigens auch da). Und das Thema „Veranstalter", „Einladung" und „Ich bin da, wer noch" wird sicher ein Gericht zügig klären können – ich sehe den Herrn Stüber da nicht unbedingt „in der Pflicht". Man wird ja wohl noch anderen Leuten mitteilen dürfen, wo man am Wochenende ein Bier zu trinken gedenkt – und das man sich über etwas Gesellschaft freuen würde. Das ist weder eine Einladung noch eine Veranstaltung.

**Sansibar, 16.06.2009, 20:37**
Langsam reicht es. Wenn solch ein Hartz-IV-Empfänger […] ständig nur Party machen will […] dann hat er selber schuld. Ich hoffe, dass er eine gute Strafe bekommt, die er auch tragen kann. Vielleicht sollte er dann weniger zu Werder Bremen fahren, was einen sowieso wundert, wie ein Hartz-IV-Empfänger zu drei Spielen im Monat fahren kann. Die Party wurde von ihm organisiert, er hatte sogar Shirts usw. herstellen lassen, also war es organisiert … und er muss die Zeche tragen. Sorry, dafür gibt es kein Mitleid, des Weiteren möchte ich nicht von den Schäden in der Dünenwelt reden usw.

**MRS, 16.06.2009, 13:28 Uhr**
Wenn ich das richtig verstanden habe, war das ja gar keine (genehmigte) Veranstaltung sondern nur ein per Internet vereinbartes „Get-together" an einem x-beliebigen Ort. Ergo gibt es auch keinen Veranstalter und ergo ist jeder Teilnehmer für seinen Müll und die Kosten für die Beseitigung selbst verantwortlich. Wenn die Verursacher von den Behörden nicht ermittelt werden, kann man sich nicht einfach einen der Teilnehmer herauspicken und ihm die Gesamtrechnung präsentieren. Was den Polizeieinsatz angeht, teile ich die Meinung von Bender: Holstein zahlt keinen Cent, wenn 300 Polizisten hier in Kiel auf die eingeladenen Chaoten aufpassen müssen oder eben diese Chaoten auf dem Weg ins Stadion Sachbeschädigung begehen – warum sollte man dann jetzt dem Kerlchen für so etwas eine Rechnung präsentieren dürfen? Und im Falle des Fußballspiels ist Holstein sogar eindeutig der Veranstalter. Da würde ich doch mal sagen: Gleiches Recht für alle.

**Karen, 16.06.2009, 11:29 Uhr**
Wenn die Veranstalter oder die Einladenden jedes Mal ohne Kosten davonkommen, wie ja bereits in Kiel im April geschehen, als die WG-Party etwas größer wurde, werden solche Veranstaltungen immer weitergehen. Da frage ich doch fast, warum ich immer zu Hause feier. Kann doch auch einfach alle im Internet einladen und dann auf dem Exer feiern. Aufräumen wird schon jemand. Nee sorry, bin auch noch jung (dachte ich zumindest), aber bin der Meinung, Verantwortung sollte übernommen werden. Aber leider wird es

dazu bestimmt nicht kommen. Mal sehen, wo die nächste Party stattfindet, wenn es vor der Haustür von einigen hier so Verständnisvollen ist, möchte ich mal die Reaktionen sehen.

Kommentare dazu auf www.kn-online.de

1. Diskutieren Sie in der Klasse, wer für den Schaden aufkommen soll. Staat oder „Partyaufrufer"?
2. Schreiben Sie einen Kommentar zu diesem Zeitungsartikel.

## 5.4 Der Sozialstaat ermöglicht die Demokratie

**Sozialstaat:
damit alle mitmachen können**

Die Bundesrepublik ist ein demokratischer und sozialer Bundesstaat.

So steht es im Grundgesetz, Art. 20 (1). Der Staat soll also nicht nur demokratisch, sondern er muss auch sozial sein.

### Ist der Staat sozial?

Im demokratischen Staat geht die Staatsgewalt vom Volk aus. Das Volk sind wir – und zwar alle. Daher müssen alle Bürger teilhaben können am gesellschaftlichen und politischen Leben. Normalerweise schaffen wir das aus eigener Kraft. Wer aber alleine zu schwach ist, dem müssen Gesellschaft und Staat helfen. Denn nur dann funktioniert die Demokratie. Der Sozialstaat schafft die Voraussetzung für das Leben in der pluralistischen Gesellschaft und die Teilhabe an der Demokratie.

Zum demokratischen Staat passt die Marktwirtschaft als Wirtschaftssystem. Denn nach der Theorie ist der Markt an sich schon sozial, weil er sich z. B. nach den Wünschen der Verbraucher richtet. Daher ist es wichtig, dass es den Markt gibt. Und Konkurrenz muss da sein.

Aber wenn die Großen sich gegenseitig auf die Füße treten, dann sollen trotzdem die Kleinen und Schwachen nicht ins Abseits gedrängt werden. Sie sollen auch an den „Segnungen des Marktes" teilhaben können. Das gelingt nicht ohne den Schutz und manchmal nur durch die Fürsorge des Staates. Daher heißt unser Wirtschaftssystem: **soziale Marktwirtschaft**.

## 5.4 Der Sozialstaat ermöglicht die Demokratie

### Gesetze schützen die Schwachen

Wer noch nicht oder nicht mehr im Konkurrenzkampf bestehen kann, braucht Hilfe: Kinder und Jugendliche, Alte, Kranke, Menschen mit Behinderungen, ...

Dazu dienen z. B. das Jugendarbeitsschutzgesetz, das Mutterschutzgesetz, das Kündigungsschutzgesetz. Dazu gehören z. B. auch das Mieterschutzgesetz, das Verbraucherkreditgesetz. Sie schützen – ganz allgemein – die schwächeren Vertragspartner.

**M 1**
*Jugendarbeitsschutzgesetz*

**M 2**
*Elterngeld und Elternzeit*

Dazu gehören die Sozialversicherungen, die nach dem Prinzip der Solidarität organisiert sind. Hier zahlen die Arbeitnehmer und ihre Arbeitgeber Beiträge. Wer arbeitslos und damit zum „Versicherungsfall" wird, hat dadurch Anspruch auf Leistungen.

Dazu gehören auch die vielen anderen Sozialleistungen, die den sozialen Ausgleich in unserer Gesellschaft zum Ziel haben: den Ausgleich zwischen Arm und Reich.

*Siehe auch Kap. 2.3 ab S. 48 und S. 55*

### Armut – was ist das?

Armut bedeutet erstens kein ausreichendes Einkommen zu haben, zweitens die Grundbedürfnisse nicht befriedigen zu können. Arbeitslose habe kein ausreichendes Einkommen, aber durch das Sozialsystem der BRD und die entsprechende Transferzahlung wie Hartz IV oder Sozialhilfe können trotzdem die Grundbedürfnisse befriedigt werden. Ein weiterer Punkt sind die Lebenschancen. In Deutschland steht allen Menschen das Bildungssystem offen und weiterführende Bildungsgänge wie Studium usw. werden staatlich bezuschusst (Bafög), damit keiner ausgeschlossen ist. In Ländern mit geringer Entwicklung sieht dies anders aus.

### Formen von Armut

**Absolute Armut** herrscht, wenn noch nicht einmal die Grundbedürfnisse gedeckt sind, was zu Hunger und damit zum Tod führen kann. Die absolute Armut ist in den Industriestaaten quasi nicht mehr vorhanden.

Personen, die in Deutschland leben, aber Einkommen unter einer bestimmten Grenze beziehen, sind für unsere Verhältnisse arm. Dies wird **relative Armut** genannt. Die Kinder tragen keine Markenklamotten, sondern Kleidung von Discountern. Ihre Grundbedürfnisse werden zwar gestillt, sie haben also Nahrung und Kleidung, gelten aber als arm.

Unter **verdeckter Armut** versteht man, dass Personen nicht zugeben, dass sie arm sind und deshalb keine entsprechenden Leistungen erhalten. Die Menschen gehen beispielsweise lieber von Mülltonne zu Mülltonne und suchen sich Pfandflaschen, mit deren Erlös sie ihr Leben finanzieren, als dass sie aus Scham oder Unkenntnis entsprechende Gelder beantragen.

**Armut – woher kommt sie?**
Diese Frage lässt sich nicht einfach beantworten. Es gibt viele Ursachen. Meist kommen mehrere zusammen, um einen Menschen oder eine Familie verarmen zu lassen. Auf den folgenden Seiten werden immer wieder Ursachen genannt.

Armut hat viele Gesichter: Bettler in den Großstädten; alte Frauen, deren Rente nicht reicht; Alleinerziehende; Kranke und Menschen mit Behinderungen; Menschen ohne richtige Schulbildung und Berufsausbildung; Alkoholiker und Drogenabhängige.

Die Armut ist weiblich – meinen einige Sozialexperten. Denn besonders häufig sind Frauen betroffen. Das Gegenstück – der Reichtum – ist männlich!

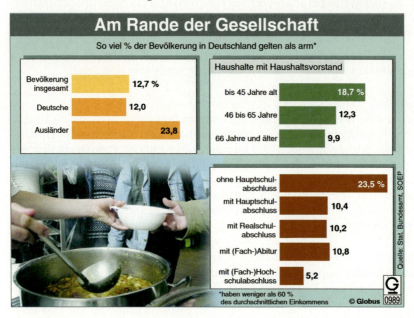

Armut kann krank machen: körperlich und seelisch – oft ist beides der Fall. Damit Armut nicht in die Isolation führen muss, unterstützen öffentliche Institutionen und private Organisationen die Menschen, die Hilfe suchen. In jedem größeren Ort gibt es z. B. die Tafel sowie das Deutsche Rote Kreuz oder den Arbeitersamariterbund. Hier können Notleidende ihre Grundbedürfnisse wie Essen, Kleidung usw. befriedigen.

### Hilfe zum Dabeisein

Wer kein eigenes oder nur ein sehr kleines Einkommen hat, der ist oft hilfsbedürftig. Dann müssen Eltern oder Kinder unterstützen. Können auch diese nicht zahlen, besteht Anspruch auf Hilfe zum Lebensunterhalt. Zum Beispiel Sozialhilfe soll dem Hilfesuchenden ermöglichen, am Leben in Gemeinschaft mit anderen Bürgern teilzunehmen. Armut darf nicht ausgrenzen, so will es das Sozialgesetzbuch (SGB).

*Siehe auch Kap. 2.3, ab S. 55 ff.*

Das Leitprinzip des menschenwürdigen Daseins wird in § 1 Satz 2 SGB I dem Gesetz zielsetzend vorangestellt:

> Es soll dazu beitragen, ein menschenwürdiges Dasein zu sichern, gleiche Voraussetzungen für die freie Entfaltung der Persönlichkeit, insbesondere auch für junge Menschen, zu schaffen, die Familie zu schützen und zu fördern, den Erwerb des Lebensunterhalts durch eine frei gewählte Tätigkeit zu ermöglichen und besondere Belastungen des Lebens, auch durch Hilfe zur Selbsthilfe, abzuwenden oder auszugleichen.

Um dies zu erreichen wurden eine Reihe von Sozialgesetzen verfasst:

| Soziale Vorsorge | Soziale Entschädigung | Soziale Förderung | Soziale Hilfe |
|---|---|---|---|
| Krankenversicherung Unfallversicherung Rentenversicherung Pflegeversicherung Arbeitsförderung/ Arbeitslosenversicherung | Kriegsopferversorgung SED-Unrechtsopfer-Entschädigung Soldatenopferversorgung Impfgeschädigtenversorgung Kriminalopferversorgung | Ausbildungsförderung Kindergeld Erziehungsgeld Unterhaltsvorschuss Wohngeld Schwerbehindertenhilfe | Sozialhilfe Kinder- und Jugendhilfe |

**M 3** *Angewiesen auf Vater Staat*

**M 4** *Wohngeld*

Ob Kühlschrank oder Einschulung des Kindes, ob Bekleidung oder Trauring, die Würde des Menschen (Art. 1 GG) als soziale Persönlichkeit steht im Mittelpunkt. Die Sozialämter fragen also nicht, was ein Bürger braucht, um als Individuum überleben zu können. Vielmehr wird danach gefragt, was die Hilfesuchenden benötigen, um als Bürger in Würde am gesellschaftlichen Leben teilnehmen zu können.

Hilfsbedürftige, die erwerbsfähig sind, haben Anspruch auf Arbeitslosengeld II, auch Hartz IV genannt. Erwerbsfähig ist jeder, der mehr als drei Stunden am Tag arbeiten kann. Wer nicht arbeiten kann und hilfsbedürftig ist, erhält Sozialhilfe.

**M 5** *Hartz IV*

Hilfesuchende haben einen Rechtsanspruch auf einen monatlichen Regelsatz, auf Ersatz von Miete, Heizung, bestimmten Versicherungen, Bekleidung und einiges mehr.

**M 6** *Sozialhilfe*

Wer in wirtschaftliche Not geraten ist, soll durch die Hilfe der Gemeinschaft wieder auf die eigenen Beine kommen. Das funktioniert auch zum großen Teil.

Kinderreiche Familien, Alleinerziehende, Ausländer und Arbeitslose geraten häufiger in Armut als andere Bevölkerungsgruppen. Ältere Menschen galten eine Zeit lang ebenfalls als besonders armutsgefährdete Bevölkerungsgruppe. Durch Rentenerhöhungen und Ansparmöglichkeiten durch jahrzehntelangen Frieden sieht es zurzeit so aus, dass ältere

**M 7** *Armut in Schleswig-Holstein*

**M 8**
*„Ich mach später mal Hartz IV"*

Menschen mittlerweile seltener arm sind als der Bevölkerungsdurchschnitt. Allerdings geraten Frauen deutlich häufiger in Sozialhilfeabhängigkeit als Männer. Besonders Kinder wachsen oft in Armut auf. Armut hat sich also von der älteren Generation auf die jüngere verlagert.

### Sozialer Ausgleich: staatliche Umverteilung

Das soziale Netz kostet viel Geld. In den letzten Jahren sind die Ausgaben für soziale Leistungen stark gestiegen, obwohl einzelne Leistungen gekürzt wurden.

*Siehe auch Kap. 2.3, ab S. 49*

Woher kommt das Geld? Der Staat kann langfristig nur ausgeben, was er von seinen Bürgern eingenommen hat. Zur Finanzierung der Leistungen ist ein gewaltiges System der Umverteilung eingerichtet worden. Hier sind viele Angestellte und Beamte beschäftigt. Mit immer neuen Aufgaben ist der Apparat verstärkt worden. Bezahlt wird am Ende alles von den aktiven Beitragszahlern der Sozialversicherungen und von Steuerzahlern. Der Staat ist nur der Organisator.

Was die Leistungsempfänger erhalten, haben die Versicherungen und Finanzämter den Zahlungskräftigen abgenommen. Hier gilt in wichtigen Bereichen das Leistungsprinzip. Das bedeutet, wer ein hohes Einkommen hat, kann auch hohe Beiträge bei den Sozialversicherungen leisten und hohe Einkommensteuer zahlen.

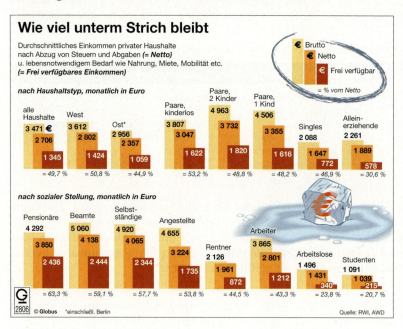

Bei der Festlegung der Einkommensteuern – zu ihnen gehören die Lohnsteuern – werden zusätzliche Gesichtspunkte berücksichtigt: Wer nur für sich selbst zu sorgen hat, zahlt mehr als die Mutter, die noch ein Kind versorgen muss. Daher sind die Lohnsteuerklassen nach dem Familienstand gegliedert. Und: Wer wenig verdient, zahlt keine Lohnsteuer, wer sehr viel verdient, dem werden auch viel Steuern abgezogen.

**M 9**
*Umverteilung des Einkommens*

**M 10**
*Rechtsstaat und Sozialstaat*

Das geschieht nicht nur, um das soziale Netz zu finanzieren. Auch für andere Bereiche wird viel Geld gebraucht, weil wir Bürger immer mehr Leistungen vom Staat erwarten, z.B. bezahlbare Wohnungen oder kulturelle Einrichtungen. Das Schwimmbad muss geheizt werden, die Schule auch ... Wo bleiben die Fahrradwege, ...?

## Materialien

### Jugendarbeitsschutzgesetz

**M 1**
*Jugendarbeitsschutzgesetze*

**Jugendarbeitsschutz**
Kernregelungen des Jugendarbeitsschutzgesetzes

**Geltungsbereich** des JArbSchG:
Ausbildung und Beschäftigung von Jugendlichen unter 18 Jahren

**Arbeitszeit**
- 40 Stunden in der Woche bis zu 8½ Stunden am Tag
- 5-Tage-Woche
- Schichtzeit (Arbeitszeit und Pausen) höchstens 10 Stunden am Tag
- Arbeitsbeginn ab 6 Uhr, Arbeitsschluss spätestens um 20 Uhr
- Ruhepausen
- Verbot der Samstags- und Sonntagsarbeit
- Jahresurlaub

**Gesundheits- und Gefahrenschutz**
- Ärztliche Untersuchungen
- Beurteilung der Arbeitsbedingungen durch den Arbeitgeber
- Schutz gegen Gefahren am Arbeitsplatz
- Züchtigungsverbot

**Beschäftigungsverbot**
für Kinder unter 15 Jahren
Keine gefährlichen Arbeiten
Keine Akkordarbeit
Keine Arbeit unter Tage

**Freistellung zum Berufsschulunterricht**

ZAHLENBILDER
© Erich Schmidt Verlag
280 040

---

1. Für wen gilt das Jugendarbeitsschutzgesetz?

2. Beurteilen Sie die folgenden Fälle:
    a) Ein 16-Jähriger, der in Ausbildung steht, arbeitet täglich neun Stunden.
    b) Ein 17-jähriger kräftiger Jugendlicher leistet während seiner Ausbildung Akkordarbeit gegen zusätzliche Bezahlung von 5,00 Euro je Stück. Der Erziehungsberechtigte ist einverstanden und legt das zusätzliche Geld für die weitere schulische Laufbahn an.
    c) Die 17-jährige Sonja erhält von ihrem Ausbilder 10,00 Euro pro Stunde, wenn sie, anstatt zur Berufsschule zu gehen, an diesen Tagen im Betrieb arbeitet.

3. Informieren Sie sich, ob es Ausnahmen zu den in der Grafik abgebildeten Regelungen gibt.
    a) Darf z. B. ein Auszubildender im Einzelhandel samstags arbeiten?
    b) Muss ein Bäckerlehrling schon um 4:00 Uhr seinen Dienst antreten?
    c) Darf ein Jugendlicher Überstunden leisten?

**M 2**
*Elterngeld und Elternzeit*

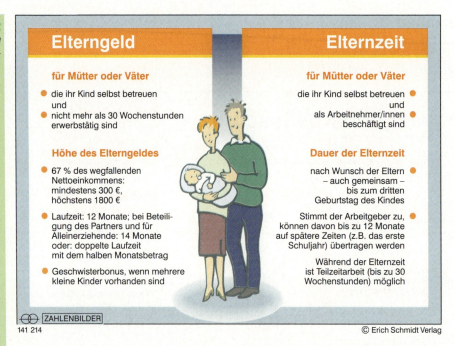

Das Anfang 2007 eingeführte Elterngeld soll auch Paare mit höherem Einkommen davon überzeugen, dass sich Kinder lohnen. Es bietet einen Ersatz für Einkommensverluste während der Betreuung eines Babys und kann bis zu 1.800 Euro im Monat betragen. Unabhängig davon haben junge Eltern als Arbeitnehmer wie bisher die Möglichkeit, eine berufliche Auszeit zu beantragen, um sich intensiver mit ihrem Kind beschäftigen zu können.

**M 3**
*Angewiesen auf Vater Staat*

### 5.4 Der Sozialstaat ermöglicht die Demokratie

M 4
*Wohngeld*

Damit sich auch Haushalte mit geringerem Einkommen eine angemessene Wohnung leisten können, übernimmt der Staat in Form des Wohngelds einen Teil ihrer Mietkosten oder Eigenheimlasten. Am 1. Januar 2009 traten Verbesserungen im Wohngeldrecht in Kraft. Erstmals wird bei der Berechnung des Wohngelds eine pauschale Heizkostenkomponente berücksichtigt. Die bisherige Staffelung der anrechenbaren Miete nach dem Baujahr entfällt.

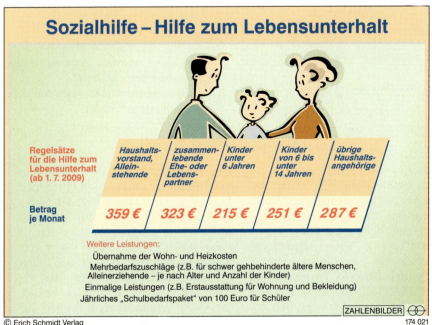

M 5
*Sozialhilfe*

Die Sozialhilfe ist das letzte Sicherungsnetz für nicht erwerbsfähige Menschen. Als Hilfe zum Lebensunterhalt deckt sie den laufenden Grundbedarf an Ernährung, Kleidung, Wohnung usw. Die dafür maßgeblichen Regelsätze wurden zum 1. Juli 2009 angehoben. Die soziale Mindestsicherung in Deutschland besteht aus vier verschiedenen Hilfesystemen. Mit ihren Leistungen tragen sie zur Deckung des Existenzminimums unterschiedlicher Personengruppen bei – Arbeitsloser, Asylbewerber, Sozialhilfebedürftiger, Kriegsbeschädigter. Ende 2006 nahmen 8,3 Millionen Menschen existenzsichernde staatliche Leistungen in Anspruch; davon bezogen allein 7,3 Millionen Hilfen aus der Grundsicherung für Arbeitsuchende. Fasst man die Leistungen der Hilfesysteme zusammen, wurden für die soziale Mindestsicherung im Jahr 2006 45,6 Mrd. Euro ausgegeben.

### M 6 Armut in Schleswig-Holstein

Schleswig-Holstein ist nach der Armutsliste das viertreichste Bundesland. Allerdings gibt es starke regionale Unterschiede. Die Armutsquote variiert von 8,3 % im Süden bis 17,7 % im Osten.

1. In welchen Regionen Schleswig-Holsteins herrscht besonders viel Armut?
2. In welchen Regionen Schleswig-Holstein gibt es relativ wenig Armut? Warum?

### M 7 „Ich mach später mal Hartz IV"

Arme Eltern – keine Chancen: Allzu oft geht die simple Gleichung leider auf. Wie Hauptschüler in Deutschland damit umgehen, dass ihr Weg ins Elend schon mit dem ersten Schultag beginnt. [...]

Skiba [Direktor einer Münchener Hauptschule] hat eine typische Hauptschul-Klientel: Über 65 Prozent seiner Schüler sind Ausländer, die mit der deutschen Sprache Schwierigkeiten haben. Viele Kinder kommen aus zerrütteten Familienverhältnissen, in denen das einzige Einkommen aus der Hartz-IV-Überweisung der Agentur für Arbeit besteht. Und als Hauptschüler, das ist vielen schon in der fünften Klasse klar, werden sie von der Zahlung auch später oft genug abhängig bleiben. Auf die Frage, was sie einmal machen wollen, hat Skiba schon öfter zu hören bekommen: „Ich? Ich mach später mal Hartz IV."

**Knapp sieben Euro am Tag**
Rund 1,9 Millionen Kinder unter 15 Jahren leben in Deutschland in Hartz-IV-Haushalten. Ihre Eltern bekommen für sie kein Kindergeld, sondern 208 Euro Sozialgeld im Monat. Das sind am Tag 6,80 Euro, die für Essen, Bücher, Spielzeug und Garderobe reichen müssen. [...]

In solche Familien hineingeboren, haben Kinder schlechte Chancen, sich aus der Armut zu befreien. Denn die sogenannte Einkommensarmut geht häufig einher mit Bildungsferne und Unkenntnis des Schulsystems. Eltern wissen oft gar nicht, wie der Übertritt nach der vierten Klasse funktioniert oder welche Fördermaßnahmen sie für ihr Kind in Anspruch nehmen könnten. „Wenn diese drei Faktoren zusammenkommen, haben Mädchen und Jungen quasi keine Chance mehr", bestätigt Gerda Holz, wissenschaftliche Mitarbeiterin am Institut für Sozialarbeit und Sozialpädagogik in Frankfurt.

**Soziale Selektion**
Holz hat untersucht, wie sich Armut auf die Bildungschancen von Kindern auswirkt. „Bei gleicher Leistung bekommen Kinder aus armen Familien durchweg schlechtere Noten", erklärt die Sozialarbeiterin und Politologin. Nur zwölf Prozent wechseln demnach nach der Grundschule auf ein Gymnasium. Bei Kindern aus finanziell besser gestellten Familien sind es mehr als dreimal so viele. „Das liegt unter anderem daran, dass Lehrer bei der Selektion soziale Urteile fällen", erklärt Holz. Einem Schüler aus einer armen Familie werden automatisch schlechtere Chancen eingeräumt, es bis zum Abitur zu schaffen. „Das ist wohlmeinende Diskriminierung: Wenn die Eltern doch schon so viele Probleme mit dem Geld haben, arbeitslos sind, da wollen die Lehrer diesen Haushalt nicht noch mit dem Druck eines Gymnasiums belasten."

Andere Studien gehen in die gleiche Richtung. Nach einer Untersuchung des Deutschen Studentenwerkes steht schon am ersten Tag der ersten Klasse weitgehend fest, welches der Kinder es später einmal wie weit bringen wird. Schüler aus der Unterschicht landen mit großer Wahrscheinlichkeit auf der Hauptschule, Kinder aus Migrantenfamilien können froh sein, wenn sie überhaupt einen Schulabschluss bekommen.

Auch Ulrich Trautwein, Forschungsgruppenleiter am Max-Planck-Institut für Bildungsforschung in Berlin, bestätigt die Selektion nach Arm und Reich. „Der wichtigste Faktor beim Übertritt ist natürlich die Schulleistung. Aber wenn Schüler auf der Kippe stehen, denken Lehrer durchaus, dass Akademiker schon mal eher Nachhilfe für ihre Kinder finanzieren können." Zudem seien sie für Diskussionen um die Zukunft ihres Kindes besser gewappnet. „Wenn es darum geht, beim Lehrer zu erreichen, dass ihr Kind doch ein Gymnasium besuchen darf, sind sie oft viel geschickter und wortgewandter." [...]

Quelle: Julia Bönisch: „Ich mach später mal Hartz IV", in: Süddeutsche Zeitung vom 15.07.2008, Zugriff am 10.08.2009 unter: http://www.sueddeutsche.de/politik/697/302693/text/

*Welche Faktoren bestimmen häufig den Bildungsweg?*

**M 8**
*Umverteilung des Einkommens*

### Umverteilung des Einkommens

Mit dem Einkommensteuertarif verfügt das deutsche Steuersystem über ein wirkungsvolles Instrument der Umverteilung. Er sorgt dafür, dass Großverdiener vom Fiskus [Staat] entsprechend ihrer Leistungsfähigkeit stärker zur Kasse gebeten werden. So trägt nach Berechnungen des Bundesfinanzministeriums das obere Viertel der Steuerpflichtigen mehr als drei Viertel zum gesamten Einkommensteueraufkommen bei. Die obere Hälfte der Steuerpflichtigen schultert fast 94 % der Einkommensteuerlast, die untere Hälfte nur etwa 6 %.

1. Diskutieren Sie in der Klasse, ob es gerecht ist,
   a) Menschen, die viel arbeiten und daher ein hohes Einkommen erzielen, mehr von ihrem Geld abzuziehen,
   b) Menschen, denen es nicht möglich ist, selbst Einkommen zu erzielen, Geld zukommen zu lassen.
2. Unter welchen Umständen und wem würden Sie einen Teil Ihres Geldes geben?
3. Finden Sie es in Ordnung, wenn der Staat Sie dazu zwingt, etwas von Ihrem Geld abzugeben?

**M 9**
*Rechtsstaat und Sozialstaat*

### Rechtsstaat und Sozialstaat

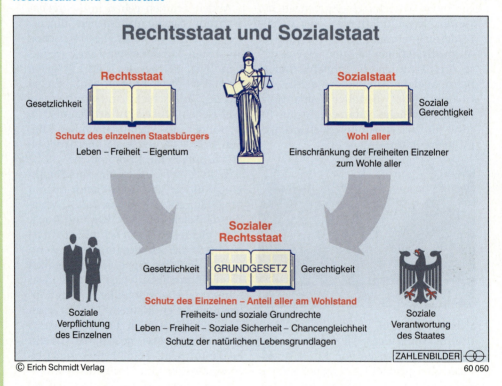

Erläutern Sie, inwiefern Rechtsstaat und Sozialstaat miteinander konkurrieren bzw. die gleichen Ziele verfolgen.

# Arbeitsvorschlag

## Hartz IV

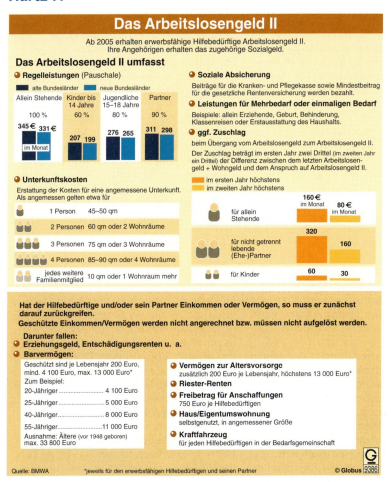

1. Welche Leistungen umfasst das Arbeitslosengeld II?
2. Welche Voraussetzungen müssen erfüllt sein, um Arbeitslosengeld II zu erhalten?
3. Informieren Sie sich bzw. notieren Sie sich,
    a) wie hoch die Miete für eine 60-qm-Wohnung ist,
    b) wie viel Geld Sie im Monat für Lebensmittel ausgeben,
    c) wie hoch die Kosten für Wasser, Strom und Heizung pro Monat sind,
    d) wie viel Sie für Handy, Telefon, Internet zahlen,
    e) wie hoch sind Ihre Ausgaben für Kleidung und Körperpflege,
    f) wie viel Sie für Bus, Bahn, Mitfahrgelegenheit, Auto, Moped usw. pro Monat zahlen,
    g) wie hoch Ihre sonstigen Ausgaben sind, z. B. für Zeitschriften, Zigaretten, Partys, elektronische Spiele, Kino, Disko, Sportveranstaltungen usw.?
4. Würde das Arbeitslosengeld II reichen, um Ihren Lebensunterhalt zu finanzieren?
5. Wie sieht es mit der finanziellen Vorsorge aus? Wollen Sie sich später einmal ein schönes Auto, ein eigenes Haus oder eine große Urlaubsreise gönnen?

# Zur Vertiefung

## Das Verstummen der Armen

Hochkonjunktur für Schuldzuweisungen und Versprechungen: Am Reizthema Armut kommt derzeit keine deutsche Partei vorbei. Doch ausgerechnet die Betroffenen sind immer weniger an der Debatte beteiligt.

Das neu erwachte Schreckgespenst der deutschen Politik hat viele Gesichter: Das einer Rentnerin, die sich kaum mehr die Heizkosten leisten kann. Einer Migrantenfamilie ohne Geld für eine ordentliche Wohnung. Eines Jugendlichen ohne Schulabschluss, eines Arbeiters mit Dumpinglohn. Eines Kindes einer Alleinerziehenden, die ihm weder gesundes Essen noch Bücher kaufen kann.

[...] Der größte Teil der Bevölkerung empfinde die gegenwärtige Verteilung des Reichtums als ungerecht, konstatiert der Berliner Demokratieforscher Bernhard Weßels [...] – das Thema könne somit Wahlen und politische Mehrheiten mitentscheiden.

Der Streit um die Stimmen der Armen ist bereits entbrannt. Prekarisierung [schlecht bezahlte, unsichere Arbeitsplätze] und die „working poor" [arbeitende Arme] werden zu Kampfbegriffen. Doch besonders auf einen Aspekt stürzen sich Politiker am liebsten: „Kinderarmut ist regelrecht zum Modethema avanciert", sagt der Kölner Armutsforscher Christoph Butterwegge [...]. „Kinder kann man nicht selbst für ihr Schicksal verantwortlich machen, sie gelten als würdige Arme." Fremder Hilfe würdiger als diejenigen, „denen man die Schuld selbst in die Schuhe schiebt und denen man vorwirft, dass sie zu faul seien, nicht mit Geld umgehen könnten oder dass sie sich in der Hängematte des Sozialstaats ausruhen", so Butterwegge.

### Es geht um das Welt- und Menschenbild der Parteien

An der Frage, wem wie und wie lange geholfen werden soll – und woher das Geld dafür kommen soll – scheiden sich die Geister. „Gerechtigkeit ist das große Thema für alle Parteien", so Weßels. Aber welche Gerechtigkeit? In der Armutsdebatte geht es um nichts weniger als das Welt- und Menschenbild der Parteien.

Mit dem Slogan „Sozial geht nur national" geht die rechtsextreme NPD auf Wählerfang und verspricht eine „nationale Antwort auf die Globalisierung". Beschworen wird eine Gerechtigkeit für Deutsche – für Migranten hätte solch ein Sozialstaat keinen Platz. In dieser Ideologie verläuft der Bruch weniger zwischen „Oben und Unten" als zwischen „Innen und Außen", so Butterwegge, der seit vielen Jahren über den Rechtsextremismus forscht.

„Hartz IV muss weg!", ruft von der anderen Seite des politischen Spektrums die Linkspartei, denunziert das Arbeitslosengeld II als „Armut per Gesetz". Mit der Forderung nach Mindestlöhnen steht sie zwar in einer Reihe mit Gewerkschaftern, Sozialdemokraten und Grünen. Doch sie will viel mehr: eine radikale, solidarische Umverteilung, die der Arm-Reich-Schere den Garaus machen soll. Schuld an den Missständen gibt sie der Globalisierung, Großkonzernen und neoliberalem Sozialabbau durch die Regierung. Ziele sind höhere Gehälter, höhere Renten, womöglich „ein bedingungsloses Grundeinkommen" für alle.

### Windeln und Reitpferde

Unfinanzierbar und weltfremd sei das, hört man die politische Mitte schimpfen. Während ihre Mitglieder und Wähler in Scharen davonlaufen, ringen die Volksparteien um vorzeigbare und zugleich realisierbare Maßnahmen.

Was sowohl SPD als auch Christdemokraten im Gegensatz zur Linkspartei „relativ klar gestrichen haben, sind Ansprüche auf soziale Gleichheit", sagt Weßels. Die CDU baut wie eh und je auf Chancengleichheit und Leistungsprinzip – dazu auf ein eher karitatives Auffangnetz. Von ihrem einstigen Gleichheitsanspruch hätten sich mittlerweile auch die Sozialdemokraten mit Debatten über den vorsorgenden Sozialstaat wegbewegt. Dieses Konzept laufe darauf hinaus, „die Leute zu befähigen und am Ende doch beim Leistungsprinzip zu landen".

Um die Bürger zu beruhigen, werden Steuer- und Beitragssenkungen versprochen, doch was die Große Koalition bislang zur Armutsbekämpfung tut, stößt auf viel Kritik. Butterwegge fasst einige zentrale Angriffspunkte zusammen: „Weniger als ein Tropfen auf den heißen Stein" sei etwa die einzige bisher in Kraft getretene Maßnahme gegen Kinderarmut, die Entfristung des Kinderzuschlags zum 1. Januar 2008. Auch würden Arme, „die jeden Euro und jeden Cent in den alltäglichen Konsum stecken", durch die 2007 erhöhte Mehrwertsteuer besonders belastet. „Auf Windeln muss der volle Mehrwertsteuersatz bezahlt werden – auf Reitpferde hingegen nicht", so Butterwegge.

Er kritisiert eine „Steuerpolitik nach dem ‚Matthäus-Prinzip'": Denjenigen, die viel haben, werde noch mehr gegeben – und umgekehrt. Eklatantes Beispiel sei die Entlastung der „Kinder von Millionären und Milliardären" von der betrieblichen Erbschaftsteuer. Auch in den aktuellen Vorschlägen könne man Heuchelei erkennen: Von Erleichterungen etwa bei der Einkommensteuer hätten Arme nichts.

Die Koalition versuche, über die Armutsdebatte ihre eigene Politik zu legitimieren – nach dem Motto, „sonst wäre es noch schlimmer gekommen".

So streiten Politiker und Experten intensiv über Ursachen und Konsequenzen der Armut in Deutschland. Doch ausgerechnet die Betroffenen sind an der öffentlichen Debatte kaum beteiligt. Die Wahlbeteiligung von Menschen mit einem Haushaltseinkommen unter 1.000 Euro etwa liegt 20 bis 30 Prozent unter der Wahlbeteiligung höherer Einkommensgruppen, sagt Weßels.

[...] Weßels fürchtet statt der Radikalisierung mehr die Nichtbeteiligung der Armen. Misstrauen gegen Politiker sei in allen Bevölkerungsschichten üblich – die Enttäuschung Schlechtergestellter in Bezug auf die etablierten Parteien also erwartbar. Doch ein zweiter Trend führe zu „einer paradoxen Situation". Entscheidend sei nämlich, „dass diejenigen, die mit der Politik unzufrieden sind und eigentlich auch etwas ändern wollen würden, sich zurückziehen – das ist das Fatale". Frage man danach, ob einfache Bürger überhaupt Einfluss auf die Politik hätten, verneinen das laut Weßels inzwischen 80 Prozent der Befragten aus den unteren Einkommensgruppen – im Vergleich zu kaum weniger erschreckenden 40 Prozent der Wohlsituierten.

[...] In den vergangenen 60 Jahren hätten die Deutschen die Demokratie „mit dem Modell der sozialen Marktwirtschaft identifiziert, mit Wohlstand, damit, dass es allen besser geht, dass alle etwas vom Kuchen abbekommen". Wenn dieses Versprechen nun aufgegeben werde, die Kluft zwischen Arm und Reich immer weiter wachse, könnten sich einzelne Gesellschaftsschichten in eigene Universen zurückziehen und Parallelgesellschaften von Armen und Reichen bilden – eine Gefahr für den sozialen Frieden. Umgekehrt: „Die Armut zu bekämpfen hieße auch, die Demokratie funktionsfähiger und eine funktionierende Bürgergesellschaft erst möglich zu machen."

Quelle: Irene Helmes: Das Verstummen der Armen, in: Süddeutsche Zeitung vom 04.07.2008, Zugriff am 10.08.2009 unter: http://www.sueddeutsche.de/politik/539/302535/text/

1. Warum ist Armut ein Wahlkampfthema?
2. Stellen Sie in einer Übersicht dar, welche Partei wie gegen Armut kämpfen will.
3. Nehmen Sie zu den Maßnahmen der einzelnen Parteien kritisch Stellung.
4. Was ist unter dem Leistungsprinzip zu verstehen?
5. Wie reagieren Arme laut Weßels auf die Wahlprogramme?
6. Was hat Wohlstand mit Demokratie zu tun?

# 6 Sich einsetzen für eine friedliche Welt

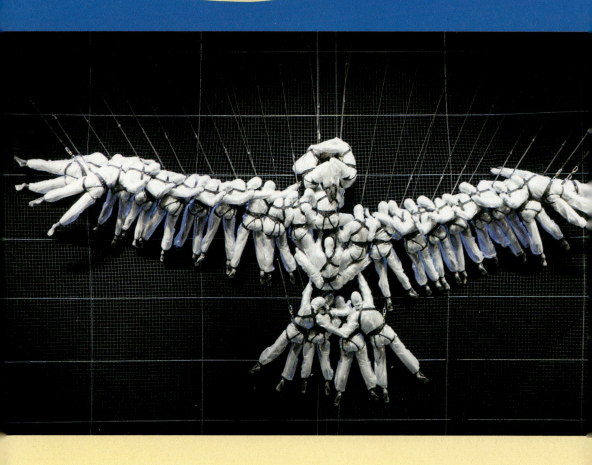

# 6.1 Konflikte und Kriege

## Wer ist verantwortlich für die Konflikte dieser Welt?

Wenn Konflikte offen zutage treten, ist dies meist ein Ergebnis aus vielen Spannungen und Gegensätzen. Konflikte sind also nicht nur auf einen einzelnen Anlass zurückzuführen, sondern entstehen aus einer Anzahl von Motiven und Gründen. Daher ist es wichtig, Konflikte und Kriege aus den unterschiedlichen Perspektiven der Beteiligten zu betrachten.

Im Folgenden sollen zunächst die Beteiligten und die Merkmale der Konflikte näher untersucht werden, um im Anschluss daran die Voraussetzungen für ein friedliches Zusammenleben zu erarbeiten.

### Beteiligte
In den Konflikten und Kriegen der heutigen Zeit sind unterschiedliche Personen, Gruppen, Organisationen und Staaten beteiligt.

Die **Kriegsunternehmer (Warlords)** führen einen Krieg, um daran zu verdienen. Sie erhalten ihre Einnahmen auf unterschiedliche Weise. Indem sie während des Konfliktes ein Gebiet kontrollieren, erzielen sie oft auf kriminelle Weise Profite. Eine herausragende Einnahmequelle ist z. B. der Erlös aus dem Verkauf von Drogen, die in diesem Gebiet angebaut werden, wie es in Afghanistan der Fall ist.

Auch der Menschenhandel ist profitabel. Weitere Einnahmen sind außerdem die Erpressung von Schutz- und Lösegeld. Schutzgelder erheben die Warlords beispielsweise von

M 1
*Einnahmequellen der Warlords*

Geschäftsleuten und Hilfsorganisationen. Diese können durch die Zahlungen an die Warlords ihren Handel bzw. Hilfsgütertransporte ungestört weiterführen. Lösegelder erhalten die Warlords, indem sie Touristen entführen und das Land, aus dem die Touristen stammen, erpressen.

**M 2**
*Piraten*

Warlords treten auch als Piraten auf. Die gekaperten Schiffe werden erst nach Zahlung des Lösegelds an die Eigentümer (Reeder) übergeben.

Natürlich können Warlords nicht alleine einen Krieg führen. Sie werden von Söldnern und Kindersoldaten unterstützt.

**Söldner** sind Personen, die von den Warlords, aber auch von Staaten für ihren Kampf bezahlt werden. Für einige Söldner spielt schlicht die Abenteuerlust eine Rolle. Andere Söldner wiederum handeln aus religiösen oder ideologischen Gründen.

**M 3**
*Kindersoldaten weltweit*

Jugendliche und Kinder werden ebenfalls von Warlords zum Kampf eingesetzt. Die Warlords rüsten die Kinder und Jugendlichen mit Waffen aus und trainieren sie. Für viele Halbwüchsige ist der Besitz einer Waffe oft die einzige Möglichkeit, an Nahrung und Kleidung zu kommen. Für die Warlords sind sie wichtige Kämpfer, denn Kinder lassen sich auch auf sehr gefährliche Aktionen ein. Ihr Risikobewusstsein ist sehr gering. Ein weiterer Beweggrund der Jugendlichen ist überdies das Ausleben von Macht. Die Möglichkeit, über Leben und Tod zu entscheiden, wirkt wie eine Droge. In diesem Zusammenhang spielt auch die Erfüllung sexueller Bedürfnisse eine Rolle. Gerade **Kindersoldaten** neigen zu besonders brutaler sexueller Gewalt, wie Vergewaltigung und Verstümmelung der Geschlechtsorgane. Außerdem sind sie billig. Das Anspruchsdenken dieser Kinder und Jugendlichen ist nicht sehr hoch. Die Waffen sind leicht und einfach in der Handhabung, sodass es keiner längeren Ausbildung bedarf.

Die genannten Kriegsbeteiligten benötigen den Krieg, um ihre Existenzgrundlage zu sichern. Für sie wäre es schädlich, wenn der Krieg enden würde. Ihre Lebensgrundlage wäre zerstört. Daher sind sie an einer ständigen Fortführung des Krieges interessiert.

Wieso ist es möglich, dass diese Personen und Gruppen Krieg führen können? Die Voraussetzung dafür ist, dass der **Staat**, in dem dieser Krieg geführt wird, keine Möglichkeit mehr hat, sie davon abzuhalten. Die Regierung des Landes, in dem diese Konflikte ausgetragen werden, ist also machtlos gegenüber dieser kriminellen Energie. Und somit ist das Land indirekt an diesem Krieg beteiligt. Diese Machtlosigkeit kann unterschiedliche Ursachen haben. Eine Möglichkeit besteht darin, dass die Staatsgewalt selbst am Krieg verdient, indem die Warlords den Staat dafür bezahlen. Der Staat ist in diesem Fall also bestechlich (korrupt) und käuflich. Zum anderen verfügt die Regierung nicht über das Gewaltmonopol des Staates, d. h. die Möglichkeit, die Gewalt einzudämmen.

**M 4**
*Flüchtlingsorganisationen*

Unbeabsichtigt spielen auch **Flüchtlingsorganisationen** eine Rolle in den neuen Kriegen. Ihre Flüchtlingslager werden in der Nähe der Kriegsgebiete aufgeschlagen, um die Bevölkerung mit Nahrungsmitteln und medizinischer Hilfe zu versorgen. Allerdings werden somit auch die Kriegsparteien entsprechend versorgt. Zum einen rekrutieren die Warlords aus den Lagern neue Krieger und zum anderen bilden der Schutz der Hilfskonvois oder deren Beschlagnahmung ebenfalls eine Unterstützung der Warlords. Auch sind es durchaus Warlords selbst, die diese Flüchtlingslager betreiben und sichern.

**A**
*Karikatur*

Und so ist auch die **Bevölkerung der westlichen Industrienationen** beteiligt an den Konflikten in der Welt, denn sie spendet Hilfsgelder. Durch die Medien wird den Menschen das Leid der Welt vor Augen geführt und sie fühlen sich verpflichtet, die Hungrigen, Obdachlosen und Kriegsversehrten zu unterstützen. Die **Medien** werden oft von den Konfliktparteien beeinflusst, um entsprechende Unterstützung in ihrer Gesellschaft zu erhalten.

Weitere Beteiligte an den Konflikten sind Staaten außerhalb des Kriegsgebietes. Auf unterschiedliche Weise werden sie in den Konflikt hineingezogen. Wie die Hilfsorganisationen unterstützen auch sie hilfsbedürftige Opfer von Konflikten, aber damit, wie oben erläutert, auch die Warlords. Außerdem sind Staaten in Konflikte verwickelt, weil sie eine Kriegspartei finanziell, wirtschaftlich oder militärisch unterstützen. Diese **Anlehnungsstaaten** verpflichten sich, in ihren Zielsetzungen bestimmte Entwicklungen, wie z. B. demokratische Staatsformen, zu fördern. Auch Deutschland ist ein Anlehnungsstaat – u. a. von Israel. Die Bundesrepublik zahlt jedes Jahr an Israel Transferzahlungen aufgrund der Judenverfolgung und Shoa in der Zeit des Nationalsozialismus in Deutschland. Außerdem zahlte die EU an Palästina vorübergehend Gelder aufgrund dessen demokratischen Aufbauversuchs. Deutschland als Mitgliedsland der EU unterstützte somit zwei große Konfliktparteien in der Krisenregion im Nahen Osten. Der Iran ist z. B. eine Anlehnungsmacht der Hisbollah, welche im Süden des Libanons ansässig ist und – genauso wie die Hamas – gegen die Existenz eines israelischen Staates ist.

*Überfülltes Flüchtlingslager in Darfur*

**M 5**
Anlehnungsmächte

Siehe auch Kap. 4.3, S. 129 ff.

Neben den staatlichen Aktivitäten gibt es auch **privatwirtschaftliche Unternehmen**, die an den Krisen und Konflikten verdienen. Insbesondere sind es Unternehmen, die sich auf die Herstellung von Waffen, Panzern und anderen kriegswichtigen Materialien spezialisiert haben.

**M 6**
Privatwirtschaftliche Unternehmen

## Merkmale der Kriege und Konflikte

Die Kriege zeichnen sich in der Regel durch bestimmte Merkmale und Strategien aus. Dadurch können diese Konflikte von den großen europäischen Kriegen unterschieden werden.

Die Krisen und Konflikte dieser Welt werden größtenteils von nichtstaatlichen Organisationen geführt. Das bedeutet, dass die Regierung des Landes, in dem dieser Konflikt ausgetragen wird, schwach ist. Die Obrigkeit kann ihr Land und die Bevölkerung vor der Auseinandersetzung nicht bewahren. Die Ursachen hierfür sind – wie oben bereits ausgeführt – unterschiedlich.

Im Ersten und Zweiten Weltkrieg kämpften Staaten gegeneinander. In den aktuellen Kriegen gibt es somit eine **Entstaatlichung** der Kriege.

Ein weiteres Kennzeichen der Kriege ist das ungleiche Kräfteverhältnis zwischen den Konfliktparteien. Im Afghanistan-Krieg kämpfen sehr gut ausgebildete NATO-Soldaten mit hochtechnischen Waffen gegen die terroristische Organisation Taliban, die mit sehr einfacher Ausrüstung ihren Gegnern gegenübertritt. Dennoch ist es den NATO-Soldaten nicht möglich, die Taliban-Mitglieder längerfristig zu kontrollieren. Diese Ungleichheit wird auch als **Asymmetrie** bezeichnet. Zum einen ist die Ausbildung und Ausrüstung der NATO-Soldaten nicht auf die örtlichen Gegebenheiten spezialisiert und die Spezialgeräte können nicht eingesetzt werden. Zum anderen ist der Rückhalt in der Bevölkerung für die Taliban durchaus vorhanden, denn auf die Bevölkerung wirken die Soldaten wie Besatzer.

*Siehe auch Kap. 4.4, S. 147 ff.*

Eine Symmetrie innerhalb eines Krieges gab es u. a. im Kalten Krieg, in dem sich die Sowjetunion mit ihren Satellitenstaaten und die USA mit ihren Verbündeten gegenüberstanden. Die ständige Angleichung ihres Kräfteverhältnisses führte zum Wettrüsten.

Ein weiteres Merkmal der Kriege ist die Autonomisierung. Hierunter ist zu verstehen, dass der Krieg sich verselbstständigt. Es ist kaum möglich, ein Ende der Kampfhandlungen festzustellen, denn viele Kriegsparteien haben ein Interesse daran, den Krieg fortzuführen.

Auch hier kann der Unterschied zu den großen europäischen Kriegen des vergangenen Jahrhunderts deutlich aufgezeigt werden. In diesen Kriegen gab es jeweils einen klaren Auslöser und Beginn der Kampfhandlungen und einen Waffenstillstand, auf den eine längere Friedenszeit folgte.

Außerdem ist eine **Verbilligung** der aktuellen Kriege festzustellen. Die Waffen und die Ausbildung der Soldaten sowie deren Verpflegung sind weitaus günstiger. In diesen Konflikten werden größtenteils leichte Waffen wie automatische Gewehre und Landminen sowie einfach gebaute Bomben genutzt. Diese Waffen sind billig auf dem Weltmarkt zu erwerben. Die internationale Staatengemeinschaft versucht, den Handel mit diesen Kriegsmaterial zu unterbinden. Dies scheitert allerdings oft daran, dass die Hersteller dieser Waffen mehr an ihren Gewinn und weniger an das Kriegsleid denken. Die Waffenhersteller liefern diese Waffen also oft unerlaubt an die Warlords. Diese wiederum erwirtschaften das Geld für die Waffen ebenfalls mit unerlaubten Geschäften wie z. B. Drogenhandel und Menschenhandel. Dieser unerlaubte weltweite Handel wird auch „Schattenglobalisierung" genannt.

Hinsichtlich der Strategien wurden bereits die Rolle von Flüchtlingslagern, der Einsatz leichter Waffen und die Rekrutierung von Kindern und Jugendlichen genannt.

Außerdem wird in den aktuellen Konflikten **sexuelle Gewalt** strategisch eingesetzt. Wenn das Interesse einer Konfliktpartei auf eine „ethnische Säuberung" abzielt, ist die „wirtschaftlich billigste" Methode die sexuelle Gewalt. Durch die Vergewaltigung und Schwängerung der Frauen und Massaker an der männlichen Bevölkerung soll die Fortpflanzung einer bestimmten Bevölkerungsgruppe unterbunden werden. Die sexuelle Gewalt wird von der militärischen Führung nicht nur geduldet, sondern auch angeordnet und organisiert. Durch die Demütigung des Gegners soll die soziale Gemeinschaft des Kriegsgegners zerschlagen und der Kampfgeist gebrochen werden.

Eine weitere Strategie der neuen Kriege ist die **Instrumentalisierung der Medien**. Das heißt, an die Medien werden absichtlich bestimmte Bilder weitergegeben, um die „Zuschauer", vor allem die Bevölkerung der westlichen Industrienationen, zu lenken. Werden hungernde Kinder und obdachlose Menschen gezeigt, ist die westliche Bevölkerung oftmals sofort bereit, finanziell zu helfen in Form von Spendengeldern. Werden schwer verwundete Kinder nach einem US-amerikanischen Raketenangriff gezeigt, sinkt die Unterstützung für die USA. Hier haben Bilder auch entscheidenden Einfluss auf politische Wahlen. Ob die Bilder nachgestellt sind oder der Wirklichkeit entsprechen, ist für die Zuschauer oft nicht zu unterscheiden.

Abgesehen von der Beeinflussung der weltweiten Bevölkerung können die Medien auch direkt gegen den Feind eingesetzt werden, um diesen zu demütigen und dessen Kampflust zu dämpfen. Außerdem erhalten Terroristen durch ihre Medienpräsenz nach erfolgten Anschlägen Rückhalt in ihrer Gesellschaft bzw. die Werbung weiterer Anhänger kann dadurch erleichtert werden. Die Medien werden somit von den Terroristen als Kommunikationsmittel strategisch eingesetzt.

Ein weiteres Phänomen der neuen Kriege ist die **Schattenglobalisierung**. Darunter ist das Handeln mit illegalen Gütern, wie Waffen, Drogen, Menschen, bestimmten Rohstoffen, Tier- und Pflanzenarten, auf dem Weltmarkt zu verstehen, also ein grenzüberschreitender Schwarzmarkt. Trotz Embargos und Boykotten dieser Waren werden auf illegalen Wegen Märkte für ebensolche geschaffen. Privatwirtschaftliche Unternehmen umgehen diese Boykotte, indem sie die Waren über Drittländer an das Zielland verkaufen. Beispielsweise besteht ein deutsches Waffenembargo gegen den Irak. Das heißt, Waffen, Munition und sonstige Rüstungsmaterialien dürfen von Deutschland aus nicht an den Irak geliefert werden. Da gegenüber Syrien ein solches Embargo nicht besteht, ist eine Lieferung mittels eines syrischen Zwischenhändlers an den Irak möglich.

**M 7**
*Schattenglobalisierung*

# Materialien

## Die Ausbeuter ächten

**M 1**
*Einnahmequellen der Warlords*

„Fluch des Rohstoffs" oder resource curse – so nennen Experten die Kluft zwischen dem Reichtum vieler Länder an Bodenschätzen und der Armut ihrer Bevölkerung. In über 50 Nationen, die vom Export ihrer Rohstoffe abhängig sind, leben 1,5 Milliarden Menschen von weniger als zwei Dollar am Tag – denn je größer die Nachfrage nach Holz, Kupfer, Öl oder Diamanten, desto größer der Anreiz für Machthaber, sich zu bereichern, statt die Gewinne in die Infrastruktur oder eigene Industrien zu stecken.

Die Gier nach Bodenschätzen kann zudem Kriege auslösen oder verschärfen. Liberias Bürgerkrieg zog sich über 14 Jahre hin, weil Expräsident Charles Taylor seine Armee und Kindermilizen durch den Export von Diamanten und Tropenholz finanzieren konnte. Das funktionierte wegen mangelnder Kontrollen selbst dann noch, als die UN Handelssanktionen verhängt hatten. Im Kongo befeuerte die internationale Nachfrage nach Gold, Kupfer und Diamanten einen Plünderkrieg, an dessen Folgen zwischen 1997 und 2002 mindestens vier Millionen Menschen gestorben sind. Im Osten des Landes herrscht bis heute kein Frieden. Dort haben sich die Kämpfe wieder zugespitzt – auch weil der Kriegszustand für Rebellen und Militär profitabler ist als der Frieden. Denn sie kontrollieren den Abbau von Bodenschätzen.

Wie man diesen Kreislauf von Rohstoffhandel und Krieg durchbricht, hat Ende der Neunzigerjahre eine internationale Kampagne gegen „Blut-Diamanten" gezeigt. Sie forderte den Boykott von Edelsteinen aus Angola, mit deren Verkauf die Rebellen der Unita ihre Kassen füllten. Die Diamantenbranche, besorgt ums Image ihrer Produkte, zog sich aus dem angolanischen Markt zurück. Seit 2003 ist der sogenannte Kimberley-Prozess in Kraft. Darin verpflichten sich Exportnationen, die Herkunft ihrer Rohdiamanten zu dokumentieren und die Steine mit staatlichen Zertifikaten zu versehen. Die Industrie hat sich mit einem Bekenntnis zur freiwilligen Selbstkontrolle angeschlossen. Das System ist nicht wasserdicht, doch ist es heute ungleich schwerer, Diamanten aus Konfliktgebieten auf den Markt zu schmuggeln. Verfahren zur staatlichen Kennzeichnung anderer Rohstoffe wie Kupfer werden erprobt, aber noch nicht angewandt. Allerdings verrät ein solches Zertifikat nichts über die Arbeitsbedingungen der Schürfer oder die Verwendung der Profite: Bodenschätze aus Angola oder Liberia sind heute nicht mehr Teil einer Kriegswirtschaft, doch „sauber" sind sie angesichts der Ausbeutung der Arbeiter und der Geschäftspraxis von Investoren und Politikern keineswegs.

Aus „Konfliktrohstoffen" sind vielerorts „Elendsrohstoffe" geworden. In Liberia sicherte sich ArcelorMittal, der weltgrößte [indische] Stahlproduzent, in einem Deal mit der korrupten Übergangsregierung 2005 nicht nur die Abbaulizenzen für die Eisenerzvorkommen des Landes, sondern auch das Recht, Ausfuhrpreise selbst festzulegen – und damit Zoll- und Lizenzgebühren auf ein Minimum zu drücken. Zudem ließ sich das Unternehmen von Steuern und Umweltgesetzen befreien. Boykottaufrufe helfen in solchen Fällen wenig. Dringend nötig wären verbindliche internationale Regeln – gerade jetzt, da der Rohstoffboom Ländern wie dem Kongo oder Liberia die Chance böte, dem Ressourcenfluch zu entkommen. Richtlinien zur sozialen Verantwortung von Unternehmen haben sowohl die UN wie auch die OECD aufgestellt, bloß sind sie völlig unverbindlich. Mehr Biss hat eine internationale Initiative für Transparenz im Bergbau- und Erdölsektor (EITI). Staaten und Konzerne verpflichten sich hier, Verträge, Einnahmen und Zahlungen offenzulegen.

Forderung nach Rechenschaftspflicht und öffentlicher Druck sind heute die wichtigsten Waffen gegen jene, die am „Fluch des Rohstoffs" verdienen. Im Fall ArcelorMittal hat das funktioniert. Liberias demokratisch gewählte Präsidentin Ellen Johnson Sirleaf setzte gleich nach ihrem Amtsantritt 2006 neue Verhandlungen durch. Das Ergebnis: Der Konzern muss sich an Gesetze zum Umwelt- und Arbeitsschutz halten und Steuern zahlen. Er darf die Ausfuhrpreise des Eisenerzes nicht selbst festlegen und soll mindestens 3.000 Arbeitsplätze schaffen.

Quelle: Andrea Böhm, in: Die Zeit, Nr. 40 vom 25.09.2008

1. Inwiefern kann der Reichtum an Bodenschätzen Kriege unterstützen?
2. Welche Bodenschätze sind hierzu geeignet?
3. Wie kann der Staat bzw. die allgemeine Staatengemeinschaft dies verhindern?

**M 2**
*Piraten*

## Die Strafen sind lächerlich

Sicherer kann man als Entführer nicht leben. [...]
 Zum Berufsrisiko des Piraten gehört es seit jeher, hart für seine Untaten bestraft zu werden. [...]

 Heutzutage ist es weniger riskant, Pirat zu sein. Zwar hat der UN-Sicherheitsrat Anfang Juni die Marineverbände, die im Rahmen der NATO-Operation Enduring Freedom (OEF) rund um das Horn von Afrika Terroristen bekämpfen sollen, ermächtigt, nebenbei auf Piratenjagd zu gehen. Doch von einer einheitlichen Strategie kann nicht die Rede sein, wie vor allem das Beispiel der deutschen Marine zeigt. Gegen Seeräuber dürfen die deutschen Schiffe nicht vorgehen – das ist laut Grundgesetz Aufgabe der Polizei. Eingreifen dürfen sie nur bei einem unmittelbar bevorstehenden oder laufenden Angriff. Prävention und Verfolgung sind der Marine dagegen verwehrt.

Zurzeit streitet die Bundesregierung noch über die Modalitäten für eine Beteiligung an der Anti-Piraterie-Mission der EU, die demnächst beginnen soll. Unklar ist, wie die Kompetenzen zwischen Marine und Polizei verteilt werden sollen. So gab es schon Überlegungen, Beamte der Bundespolizei ständig auf den deutschen Kriegsschiffen mitfahren zu lassen. Sie wären gesetzlich befugt, die von den Soldaten gestellten Piraten festzunehmen – aber erst, nachdem sie einem deutschen Haftrichter vorgeführt wurden. Nun scheint sich eine andere Lösung abzuzeichnen, bei der die Polizisten immer nur dann eingeflogen werden sollen, wenn „deutsches Rechtsgut" betroffen ist, also deutsche Schiffe, Matrosen oder Waren. Am Ende dieses komplizierten Prozederes könnten die Seeräuber erst in einem deutschen Gefängnis landen, um danach als Asylbewerber im Land zu bleiben. Sie stattdessen an die Behörden in Somalia zu übergeben, erscheint aussichtslos: Es gibt dort keine funktionierende Justiz.

Also haben die Piraten nicht viel zu befürchten. Werden sie erwischt, „verlieren sie ihre Waffen, bekommen eine warme Mahlzeit, werden vom Arzt untersucht und an Land gesetzt. Sicherer kann man als Entführer nicht leben", sagt Noel Choong, der Direktor des Internationalen Büros für Seeschifffahrt in Malaysia. Gefährlich wird es für die Gangster nur, wenn sie dumm genug sind, sich zu wehren. [...]

Quelle: Andrea Böhm: Die Strafen sind lächerlich, in: Frankfurter Allgemeine Zeitung Nr. 47 vom 23.11.2008 (Auszug)

1. Warum ist es für die westlichen Industrienationen oft schwierig, Piraten angemessen zu begegnen?
2. Mit welchen Konsequenzen ist die Festnahme eines Piraten verbunden?

### Kindersoldaten

In fast allen aktuellen Konflikten werden Kinder missbraucht. Am schlimmsten ist die Situation vermutlich in Birma. Zehntausende von Kindern werden von der Militärregierung und nichtstaatlichen bewaffneten Gruppen gezwungen, gegen die eigenen Leute zu kämpfen. Kaum vorstellbar, welche Traumata die dabei gemachten Erfahrungen bei den jungen Menschen hinterlassen müssen. Ein klitzekleiner Trost: Seit dem letzten Weltreport „Kindersoldaten" vor vier Jahren ist die Zahl der bewaffneten Konflikte, in denen Kinder eingesetzt werden, von 27 auf 17 Länder gesunken. Doch noch immer sind ungefähr 250.000 unter 18-Jährige betroffen. Seit dem 12. Februar 2002 ist gemäß einem Zusatzprotokoll der UN-Kinderrechtskonvention der Missbrauch von Kindern als Soldaten verboten. Der Zusammenschluss internationaler Organisationen, der diesen Kriegsverbrechen Einhalt gebieten will, fordert, dass dieses Verbot auch durchgesetzt wird und die Verantwortlichen vor internationale und nationale Gerichte gebracht werden.

M 3
*Kindersoldaten*

**Kindersoldaten**
Länder, in denen Kinder und Jugendliche unter 18 Jahren in bewaffneten Konflikten als Soldaten eingesetzt werden*, weltweit ca. 250 000

Quelle: Coalition to Stop the Use of Child Soldiers, 2008    *April 2004 bis Okt. 2007

1. In welchen Staaten sind Kinder direkt am Krieg beteiligt?
2. Warum werden Kinder von den Warlords als Soldaten eingesetzt?
3. Welche Folgen hat dies für die Kinder?
4. Wie versucht die internationale Staatengemeinschaft Kinder vor dieser Art Missbrauch zu schützen?

**M 4**
*Hilfslieferungen*

### Immer mehr Angriffe auf Hilfskonvois in Darfur

Khartum, 25. Juli 2007 – Das UN World Food Programme (WFP) verurteilte heute die dramatische Eskalation der Attacken auf humanitäre Helfer und Nahrungsmittelkonvois in Darfur. Sie gefährdet WFP dabei, Hilfe zu Millionen hungriger Menschen in der von Gewalt zerrütteten Region im Sudan zu bringen.

„Innerhalb der letzten zwei Wochen wurden neun Nahrungsmittelkonvois in ganz Darfur von bewaffneten Kriminellen überfallen", sagte Kenro Oshidari, WFP-Landesdirektor im Sudan. „WFP-Mitarbeiter und Vertragspartner werden mit beängstigender Häufigkeit mit Waffengewalt angehalten, aus ihren Fahrzeugen gezerrt und überfallen."

Oshidari rief alle Parteien des Darfur-Konflikts auf, sich für die Sicherheit der humanitären Helfer einzusetzen, damit die UN-Nahrungsmittelhilfe-Organisation und andere Hilfsorganisationen ihre überlebensnotwendige Arbeit fortsetzen können.

„Diese abscheulichen Angriffe müssen gestoppt werden. Sie haben genau die Menschen zum Ziel, die versuchen, den am meisten Gefährdeten in Darfur zu helfen", fügte er hinzu. In diesem Jahr wurden bereits 18 WFP-Konvois von bewaffneten Kriminellen überfallen und vier Fahrzeuge geraubt. Sechs WFP-Fahrzeuge, darunter Lkws und kleinere Fahrzeuge, wurden gestohlen. Zehn Mitarbeiter und Vertragspartner wurden entweder festgehalten oder verschleppt.

Die Operation in Darfur ist die größte des UN World Food Programme. 790 Mitarbeiter unterstützen jeden Monat mehr als zwei Millionen Menschen mit Nahrungsmittelhilfe. WFP unterhält auch Verträge mit kommerziellen Logistikfirmen, um Nahrungsmittel in die Region zu bringen. In diesem Jahr plant WFP bis zu 450.000 Tonnen Nahrungsmittel im Wert von circa einer halben Milliarde US-Dollar in Darfur zu verteilen.

Durch die schlechte Sicherheitslage konnte WFP im Juni 170.000 Menschen nicht erreichen. Dies ist ein deutlicher Anstieg im Vergleich zum letzten März, als bereits 60.000 Menschen nicht versorgt werden konnten. Als Folge der Attacken auf Konvois in den letzen Wochen wurde die Straße zwischen Nyala, der Hauptstadt des Staates Süddarfur, und der Stadt Kass zum Sperrgebiet für UN-Mitarbeiter erklärt. In Norddarfur waren Nahrungslieferungen in die Stadt Kabkabiya betroffen.

Laut UN-Sicherheitsbeauftragten sind Überfälle auf Fahrzeuge inzwischen die Hauptbedrohung für die Sicherheit der Helfer in Darfur. Der jüngste besorgniserregende Trend ist es, dass die Räuber Fahrzeuge stehlen und die Insassen verschleppen. Dies gibt den Kriminellen Zeit, sich in Sicherheit zu bringen, bevor die Betroffenen Alarm schlagen können. Bis heute wurden alle WFP-Mitarbeiter freigelassen, einige wurden jedoch verletzt und mussten im Krankenhaus betreut werden.

Das UN World Food Programme (WFP) ist die größte humanitäre Organisation der Welt. Unsere Nahrungsmittelhilfe erreicht jährlich rund 90 Millionen hungernde Menschen, darunter 58 Millionen Kinder in den ärmsten Ländern der Welt.

*Quelle: Welternährungsprogramm der Vereinten Nationen, Zugriff am 10.8.2009 unter: http://one.wfp.org/german/?NodeID=42&k=172*

1. Warum werden die Hilfslieferungen überfallen?
2. Wie schützen sich die Organisationen vor Überfällen auf ihre Hilfslieferungen?
3. Inwiefern können Hilfslieferungen die Fortführung von Kriegen unterstützen?

## Geberkonferenz zu Gaza
### Gelder allein helfen nicht

In Ägypten tagt eine Geberkonferenz: Alle wollen zahlen, aber nicht an die Hamas. Solange die Grenzübergänge geschlossen sind, bleibt der Wiederaufbau eine Illusion.

**KAIRO taz** Die gute Nachricht zuerst: Der Gazastreifen ist kaum von der weltweiten Wirtschaftskrise betroffen. „Das hat damit zu tun, dass Gaza aufgrund der Isolation durch die Wirtschaftsblockade mit dem Rest der Welt keine Bankverbindungen unterhält und kaum Handel treibt", heißt es in einem neuen Bericht des Internationalen Währungsfonds (IWF) über Gaza.

Doch genau diese israelische Wirtschaftsblockade macht das Unterfangen der 80 Geberländer, die am Montag einen Tag lang im ägyptischen Badeort Scharm al-Scheich zusammensitzen werden, um den Wiederaufbau des Gazastreifens voranzutreiben, fast unmöglich. Und das trotz hochkarätiger Besetzung. Erwartet werden neben US-Außenministerin Hillary Clinton und UN-Generalsekretär Ban Ki Moon auch der französische Staatschef Nicolas Sarkozy, die EU-Außenbeauftragten Javier Solana und Benita Ferrero-Waldner, der Außenminister Russlands, Sergei Lawrow, Deutschlands Frank-Walter Steinmeier sowie deren Amtskollegen der Arabischen Liga.

**M 5**
*Anlehnungsmächte*

An gutem Willen der internationalen Geber mangelt es nicht. Saudi-Arabien hat eine Milliarde Dollar versprochen, die USA 900 Millionen. Die EU hatte am Freitag mitgeteilt, dass sie in diesem Jahr 436 Millionen Euro für die Palästinenser ausgeben will.

Das alles wird nichts nützen, wenn sich die Rahmenbedingungen der nun seit 20 Monaten andauernden israelischen Wirtschaftsblockade nicht ändern, warnt der Chef der UNO in Gaza, John Ging. „Solange die Grenzen nicht offen sind, wird sich die Lage nicht verbessern", sagt er. Im vergangenen Jahr hatte die UNO 97 Millionen Dollar für Infrastrukturmaßnahmen zur Verfügung. „Wir haben keinen einzigen Dollar ausgegeben, weil kein Baumaterial in den Gazastreifen hereinkommt", klagt er.

Dieses Problem wird inzwischen auch von den Geberländern erkannt. Ferrero-Waldner forderte am Freitag nach einem Treffen mit Clinton in Washington eine „bedingungslose Öffnung" aller Zugänge und sprach davon, dass auch die neue US-Außenministerin in dieser Frage „sehr klar" gewesen sei.

Der prominente ägyptische Journalist Hassanein Heikal warnte nach dem Ende des Krieges, dass mit den Hilfsgeldern für den Wiederaufbau der zweite Teil des Krieges gegen die palästinensische Hamas anbrechen werde. Denn selbst wenn die Grenzen geöffnet werden, wollen die internationalen Geldgeber die Hilfsgelder an der Hamas vorbei kanalisieren, die im Gazastreifen die Macht innehat. Symptomatisch für diese Zwickmühle: In Scharm al-Scheich ist die Hamas gar nicht erst eingeladen.

Der amtierende EU-Ratsvorsitzende und tschechische Außenminister Karel Jan Schwarzenberg erklärte, dass die EU-Hilfsgelder nur an eine Regierung des palästinensischen Präsidenten Mahmud Abbas (Fatah) ausgeschüttet würden. „Der Wiederaufbau des Gazastreifens wird sicher nicht der Hamas übergeben werden", sagte er. Geld würde nur an eine Regierung ausgezahlt, „die die Zustimmung von Abbas findet", fügte Schwarzenberg hinzu und deutete damit einen Ausweg an. Derzeit laufen in Ägypten Verhandlungen zwischen Fatah und Hamas über die Bildung einer Einheitsregierung. Auch der EU-Außenbeauftragte Javier Solana sagte am Samstag in Ramallah im Westjordanland, dass der erprobte Verteilungsmechanismus über die Regierung von Abbas der wirkungsvollste sei.

Quelle: Karim El-Gawhary, in: taz vom 1.3.2009

1. Welche Gründe hat Israel, über Gaza eine Wirtschaftsblockade zu verhängen?
2. a) Informieren Sie sich mithilfe des Internets über die Hamas und die Fatah.
   b) Erläutern Sie darauf aufbauend, warum die EU nicht bereit ist, der Hamas die Hilfsgelder zukommen zu lassen.
   c) Welche Interessen haben die jeweiligen Anlehnungsstaaten an Israel und Gaza?

**M 6**
*Einflussnahme privatwirtschaftlicher Unternehmen*

## Entsicherte Welt

**Herr Wood, nachdem sich Amnesty International zuletzt für die weltweite Ächtung von Chemie- und Hightechbomben eingesetzt hat, bekämpfen Sie nun den illegalen Handel von Kleinwaffen. Sollten Sie sich nicht mit größeren Kalibern beschäftigen?**
Keineswegs. Die meisten Menschen auf der Welt können nicht wie in Deutschland über die Straße gehen, ohne damit

rechnen zu müssen, dass jemand auf sie schießt. In Afrika, Zentralamerika, Kolumbien, Südostasien, dem Nahen Osten und dem Kaukasus machen bewaffnete Banden hemmungslos von Sturmgewehren und Maschinengewehren Gebrauch; etwa neunzig Prozent aller Kriegstoten der vergangenen zehn Jahre gehen auf ihr Konto.

**Als Manager des „Control Arms"-Teams von ai ist es Ihre Aufgabe, die Lage so drastisch wie möglich darzustellen.**
Ich übertreibe nicht. Und Kleinwaffen sind neben Handfeuerwaffen ja auch Panzer, Hubschrauber, Kampfschiffe und Jetfighter. Jeden Tag kommen tausend Menschen durch sie ums Leben, Zehntausende werden von russischen AK-47- und deutschen G3-Gewehren verletzt, Hunderttausende müssen ihre Wohnungen verlassen, weil man sie bedroht. Und die bewaffneten Gruppen erhalten ihr Material stets von anderen Staaten. [...] In dem Maße, in dem der Handel nach dem Kalten Krieg undurchschaubarer wurde, ist nämlich nicht nur sein Volumen drastisch gestiegen – die Akteure werden auch immer cleverer. Weil es kein generelles Abkommen der UN zur Reglementierung des Handels mit konventionellen Waffen gibt, reisen sie auf immer neuen Wegen und über komplizierte Geflechte aus Subunternehmen von Krieg zu Krieg. Dabei umgehen die Händler die wenigen Embargos der UN zu einzelnen Ländern. Die Staatengemeinschaft macht es ihnen aber auch leicht – bereits 1999 meldete das Rote Kreuz, dass nur in zehn Ländern überhaupt Gesetze gegen internationalen Waffenhandel existieren. Ein deutscher Waffenhändler kann von Luxemburg aus jede gewünschte Waffe verkaufen – die deutsche Justiz ist dann nicht mehr zuständig. Aber selbst die wenigen existierenden Gesetze werden ständig gebrochen. Unsere Ermittler spüren genau diese Fälle auf. Dabei haben wir es selten mit großen Rüstungskonzernen wie EADS oder Rheinmetall zu tun, dafür oft mit Einzeltätern, die in kurzer Zeit mit Waffengeschäften reich werden.

**Zum Beispiel?**
Vor Kurzem konnten meine Mitarbeiter eine deutsche Firma enttarnen, die über China einen Deal mit der Elfenbeinküste vermittelte. Mit einer alten Boeing 707 wurden chinesische Waffen aus Uganda über Umwege nach Abidjan transportiert. Man muss nur eine Fabrik in einem fremden Land aufbauen, schon kann man Waffen an Menschen verkaufen, an die man eigentlich nichts verkaufen dürfte. So hatte der deutsche Waffenhersteller „Heckler und Koch" sein Know-how zur Herstellung seiner G3-Sturmgewehre an den Iran verkauft – wohin sie der dann exportiert, ist für uns nicht nachvollziehbar.

**Der Name „Heckler und Koch" taucht auch im Zusammenhang mit den illegalen Lieferungen von G-36-Gewehren an Georgien auf. [...]**
Ich kann mir gut vorstellen, dass die Waffen über die US-amerikanische Sicherheitsfirma Blackwater nach Georgien geschleust wurden. Unsere Ermittler spüren diese Vorgänge auf, indem sie Waffenbild-Datenbanken anlegen Kriegsfotografen schicken uns Bilder aus dem Kongo oder aus Georgien, auf denen Soldaten ihre Waffen so halten, dass man Seriennummern und -typen erkennen kann. Wir gleichen das mit Registern von Herstellern und Regierungen ab. Oft lassen sich so Beweise erhärten, dass etwa ein Embargo gebrochen wurde. Diese Beweise legen wir der UN vor. [...]

**Arbeiten Sie ausschließlich in London und in Afrika?**
Derzeit konzentrieren wir uns auf den Kongo. Seit über zehn Jahren herrscht

dort Krieg; vier bis fünf Millionen Menschen sind bereits ums Leben gekommen. Die Regierungen von Uganda und Ruanda unterstützen bewaffnete Rebellen, indem sie Waffen an Fallschirmen über dem Land abwerfen; dafür bekommen sie Gold, Diamanten und Coltan, ein Roherz, das man zur Herstellung von Handys braucht. Die Regierung von Simbabwe wiederum stellt dem Regime in Kinshasa Truppen und Material zur Verfügung und erhält im Gegenzug riesige Landflächen. Wir sind gerade dabei, die etwa hundert Flugzeuglandebahnen zu kartografieren, die über das ganze Land verteilt sind. Eigentlich gibt es ein Embargo, das verhindern sollte, dass Waffen von Ruanda in den Kongo gelangen. Aber es wird ignoriert – indem die Gewehre über Uganda und andere Staaten geliefert werden. Sie werden umgeleitet, von hochrangigen Mitgliedern des Militärs und den Regierungen dieser Staaten. [...]

**Welche Rolle spielt Deutschland als drittgrößter Waffenexporteur der Welt beim Handel mit Kleinwaffen?**
Gerade Firmen aus deutschsprachigen Ländern sind mit neuen Technologien gut am Markt vertreten. Nehmen Sie Glock, eine Firma aus Österreich, deren Pistolen man tausendfach in Osttimor fand, bevor sie einfach verschwunden sind. Besonders wichtig ist auch die Ausstattung mit deutschen Komponenten. Wir konnten Filmmaterial aus Simbabwe schmuggeln, das zeigt, wie die Regierung auf Demonstranten schießen lässt – mit Wasserwerfern aus deutscher Fertigung, in Israel hergestellt und von einer chinesischen Firma verkauft. Die deutsche Regierung ist darüber wahrscheinlich nicht einmal informiert, aber selbst wenn sie es wäre – sie könnte nichts dagegen tun, weil die bestehenden Gesetze zum Waffenhandel völlig unzureichend sind. Nachdem 1995 diejenigen Konzerne identifiziert wurden, die das Militär in Ruanda unterstützten, das für den Genozid verantwortlich war, wurde niemand verurteilt. [...]

Quelle. Interview von Ingo Mocek mit Amnesty-International-Detektiv Brian Wood, in: Neon, Ausgabe Januar 2009, S. 21 ff. (Auszüge)

1. Welche Rolle spielt Deutschland im internationalen Waffenhandel?
2. Welche Waffengattung ist in den aktuellen Kriege hauptsächlich im Einsatz? Warum?
3. Was wird gegen den Waffenhandel getan?

**M 7**
*Schattenglobalisierung*

## Illegale Waffenlieferungen aus Deutschland in den Iran

Teheran/Pretoria (rpo). Offenbar sind aus Deutschland illegal Waffen in den Iran geliefert worden. Im Streit um sein Atomprogramm scheint Teheran das internationale Angebotspaket zur Konfliktlösung ablehnen zu wollen.

UN-Inspektoren wurde der Zutritt zu iranischen Atomanlagen verweigert.

Iranische Geschäftsleute haben nach einem Bericht des ARD-Fernsehmagazins „Fakt" Navigationssysteme aus Deutschland in den Iran geliefert. Wie der Mitteldeutsche Rundfunk am Montag in Leipzig mitteilte, waren sie für den Einsatz in Raketen bestimmt. Der Sender beruft sich auf die Staatsanwaltschaft Düsseldorf. Demnach gehen die Ermittler davon aus, dass die Beschuldigten wussten oder zumindest billigend in Kauf nahmen, dass die GPS-Geräte für den Einsatz im militärischen Drohnenprogramm des Landes bestimmt waren.

Sieben der speziell gefertigten Navigationssysteme seien bereits in den Iran geliefert worden, drei weitere hätten von Zollfahndern beschlagnahmt werden können, hieß es weiter in der Mitteilung. Laut MDR gelten die Hightech-Geräte als Herzstück der unbemannten Fluggeräte. Die iranischen Drohnen könnten mit einer Reichweite bis zu über 100 Kilometern sowohl für Aufklärungsmissionen als auch für Sprengstoffattacken genutzt werden. Nach Recherchen des Magazins seien Drohnen iranischer Herkunft bereits mehrfach von der Hisbollah gegen Israel eingesetzt worden.

**Nuklearprogramm wird fortgesetzt**
Der Iran werde sein Nuklearprogramm „mit Gottes Hilfe, mit Geduld und Mühe kraftvoll fortsetzen und die Früchte ernten", sagte einen Tag vor der angekündigten Reaktion Teherans auf das internationale Angebot das geistliche Oberhaupt des Landes, Ayatollah Ali Chamenei. „Arrogante Mächte unter Führung der USA" hätten Angst vor dem vielfältigen Fortschritt in islamischen Staaten, sagte Chamenei laut dem iranischen Staatsfernsehen.

Außenminister Manuschehr Mottaki sagte bei einem Besuch in Pretoria, die Entscheidung über die Antwort sei bereits gefallen. Er machte jedoch keine Angaben darüber, ob seine Regierung das Angebot annehmen werde. Teheran wolle auf der Grundlage von Zusammenarbeit, Verhandlungen und der Respektierung der Rechte Irans auf eine eigene Atomindustrie zu einer umfassenden Lösung gelangen, sagte Mottaki lediglich.

Wie aus Kreisen der Internationalen Atomenergiebehörde IAEA verlautete, hat der Iran nun auch noch UN-Inspekteuren den Zutritt in eine seiner Atomanlagen verweigert. Den Kontrolleuren sei erstmals der Zugang in die Forschungsanlage von Natans untersagt worden. Die IAEA-Diplomaten sprachen von einem weiteren Rückschlag für die internationalen Bemühungen um eine Beilegung des Streits um das iranische Atomprogramm.

**Das Angebots-Paket**
Die Vetomächte Frankreich, Großbritannien, USA, China und Russland sowie Deutschland haben Teheran wirtschaftliche Anreize wie Hilfe beim Bau von Kernkraftwerken und die Aufhebung bisher geltender Handelsbeschränkungen angeboten. Im Gegenzug soll der Iran auf die Urananreicherung verzichten; die dafür vom Sicherheitsrat gesetzte Frist läuft am 31. August aus.

Außenminister Frank-Walter Steinmeier (SPD) äußerte bei seinem Besuch in Kabul Zweifel an einer positiven Reaktion Teherans. Er hoffe, dass die Antwort die Parteien zurück an den Verhandlungstisch bringe, sagte er. Nach den Ereignissen der letzten Woche sei er jedoch skeptisch.

Der Iran hatte am Sonntag im Rahmen eines landesweiten Manövers eine taktische Kurzstreckenrakete getestet, was vor allem in den USA scharf kritisiert wurde. Die USA bezichtigen Teheran, unter dem Deckmantel der zivilen Nutzung Atomwaffen herstellen zu wollen.

*Quelle: rpo/afp2: Illegale Waffenlieferungen aus Deutschland in den Iran, in: rp-online.de vom 21.08.2006, Zugriff am 22.08.2009 unter: http://www.rp-online.de/public/article/politik/ausland/359571/Illegale-Waffenlieferungen-aus-Deutschland-in-den-Iran.html*

1. **Welche Art Schattenglobalisierung wird hier beschrieben?**
2. **Warum umgehen Unternehmen Handelsbeschränkungen?**

3. Erarbeiten Sie Maßnahmen, die eine solche Umgehung von Handelsbeschränkungen unterbinden könnten.
4. Erarbeiten Sie mithilfe des Internets unter http://www.bafa.de/ausfuhrkontrolle/de/arbeitshilfen/merkblaetter/merkblatt_embargo.pdf, welche Handelsbeschränkungen gegen welche Staaten in Deutschland bestehen.

## Arbeitsvorschlag

1. Beschreiben Sie die Karikatur.
2. In welchem politischen und gesellschaftlichen Zusammenhang steht die Karikatur?
3. Was versucht der Zeichner mit der Karikatur auszudrücken? Welche Missstände zeigt er auf? Welche Wirkung hat die Karikatur?

## Zur Vertiefung

### EU und Hamas

Die Europäische Union hat ihre Zahlungen an die palästinensische Hamas-Regierung zunächst für einen Monat eingefroren. Die Zivilbevölkerung soll jedoch weiterhin unterstützt werden.

Auch die USA und Kanada haben am Freitag ihre Zahlungen an die palästinensische Autonomiebehörde vorerst eingestellt. Mit dem Stopp ihrer Direkthilfen will die EU politischen Druck auf die radikal-islamische Hamas ausüben, die nach ihrem Wahlsieg im Januar am 29. März die Regierung übernommen hat.

Bei ihrem Treffen am Montag in Luxemburg erklärten die Außenminister der Europäischen Union (EU), die Zahlungen würden erst wieder aufgenommen, wenn die Hamas erkennbar die drei von der EU gestellten Bedingungen erfülle: Gewaltverzicht, die Anerkennung Israels und die Einhaltung der bisher getroffenen Vereinbarungen mit Israel. Die Union werde jedoch weiterhin bei Grundbedürfnissen wie Trinkwasser, Elektrizität und Nahrung helfen, so EU-Außenkommissarin Benita Ferrero-Waldner. Das Flüchtlingswerk der Vereinten Nationen werde Mittel für die Wasser- und Gesundheitsversorgung der Palästinenser erhalten. Auch das Büro von Palästinenserpräsident Mahmud Abbas werde weiter unterstützt.

Mit bislang rund 500 Millionen Euro jährlich war die EU bislang der wichtigste Geldgeber der Autonomiebehörde. Vor Antritt der Hamas-Regierung waren davon für 2006 bereits 121,5 Millionen Euro freigegeben worden.

Die Hamasregierung hatte in einer am Sonntag in Gaza veröffentlichten Erklärung an die EU appelliert, den Zahlungsstopp zurückzunehmen. Durch das Einfrieren der Gelder sei das wirtschaftliche und soziale Leben in den Palästinensergebieten gefährdet. Außerdem forderte der palästinensische Außenminister Mahmud Sahar die EU auf, „die demokratische Wahl des palästinensischen Volkes anzuerkennen" und den Dialog mit der neuen Regierung aufzunehmen. Die Autonomiebehörde steht laut Ministerpräsident Ismail Hanija vor dem finanziellen Kollaps.

*Quelle: Bundeszentrale für politische Bildung, 10.4.2006, Zugriff am 10.8.2009 unter: http://www.bpb.de/themen/6SU3SX,,0,EU_und_Hamas.html*

1. **Welche Folgen hat die Einstellung der finanziellen Unterstützung für Palästina?**
2. **Warum stellt die EU die Zahlungen ein?**
3. **Darf sich die EU in Krisengebieten engagieren?**

## 6.2 Voraussetzungen für ein friedliches Zusammenleben

Welche Bedingungen müssen erfüllt sein, um ein friedliches Zusammenleben zu ermöglichen? Um diese Frage zu beantworten, werden im Folgenden die Staaten untersucht, auf deren Boden in den letzten Jahrzehnten kein Krieg stattfand. Zum Vergleich ist eine teilweise Gegenüberstellung mit den krisengefährdeten Gebieten der Welt zweckmäßig.

Die folgende Karte zeigt die Kriegsgebiete der Erde. Es fällt auf, dass die Kriege in der Regel in den „Entwicklungsländern" stattfinden. Diese Länder werden auch als „Dritte Welt" oder „Vierte Welt" bezeichnet. Der Begriff Dritte oder Vierte Welt bezeichnet die Reihenfolge der Industrialisierung. Die Staaten, in denen zuerst die Industrialisierung stattfand, werden als Erste Welt bezeichnet. Die Staaten des ehemaligen Ostblocks als Zweite Welt. Im Grunde ist der Begriff „Industrieländer" veraltet. Denn gerade die Länder der Ersten Welt sind inzwischen „postindustrielle Dienstleistungsgesellschaften" geworden.

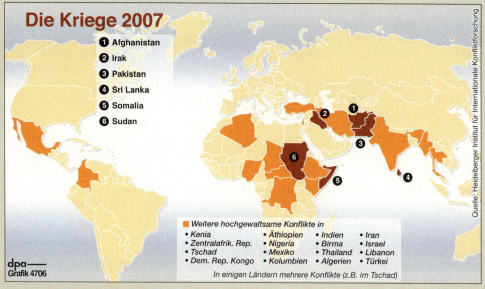

Kriege in der Welt (Stand 2007)

Vergleicht man die Staatsformen der friedlichen Staaten mit denen der konfliktbehafteten Staaten, wird deutlich, dass die meisten friedlichen Staaten eine bestimmte Art der Regierungsführung aufweisen. Diese soll zunächst analysiert werden, bevor weitere Bedingungen wie wirtschaftlicher Wohlstand, Bildung, Gesundheit, Ernährung und Umwelt betrachtet werden.

## Good Governance – gute Staatsführung

*Siehe auch Kap. 5.1, S. 174 und S. 183 f.*

Die Kennzeichen einer guten Staatsführung werden auch **Good Governance** genannt. Hierunter ist zuallererst die **Achtung der Menschenrechte** anzuführen. Die Beachtung der grundlegenden, nicht ablegbaren Rechte, welche jedem Menschen von Geburt an zustehen, wurde auf vielfältige Weise in Europa und auf der Welt festgelegt. Hier ist zunächst das Grundgesetz der Bundesrepublik Deutschland zu nennen, ebenso die Menschenrechtscharta der EU sowie der Vereinten Nationen. Hierunter fallen die Freiheit von Folter ebenso wie die Religionsfreiheit und der Minderheitenschutz.

> **UN-Charta für Menschenrechte, Artikel 55**
> Um jenen Zustand der Stabilität und Wohlfahrt herbeizuführen, der erforderlich ist, damit zwischen den Nationen friedliche und freundschaftliche, auf der Achtung vor dem Grundsatz der Gleichberechtigung und Selbstbestimmung der Völker beruhende Beziehungen herrschen, fördern die Vereinten Nationen
> 1. die Verbesserung des Lebensstandards, die Vollbeschäftigung und die Voraussetzungen für wirtschaftlichen und sozialen Fortschritt und Aufstieg;
> 2. die Lösung internationaler Probleme wirtschaftlicher, sozialer, gesundheitlicher und verwandter Art sowie die internationale Zusammenarbeit auf den Gebieten der Kultur und der Erziehung;

*Siehe auch Kap. 6.3, S. 280*

3. die allgemeine Achtung und Verwirklichung der Menschenrechte und Grundfreiheiten für alle ohne Unterschied der Rasse, des Geschlechts, der Sprache oder der Religion.

Ein weiterer Punkt des Good Governance ist die **Beteiligung der Bevölkerung an politische Entscheidungen**, welche durch eine demokratische Wahlpraxis, aber auch durch das Recht, Parteien zu bilden und seine Meinung frei zu äußern, gegeben ist. Eine freie Presse als vierte Gewalt im Staat gehört ebenfalls zu diesem Bereich.

*Siehe auch Kap. 5.1, S. 179*

Als drittes Kriterium wird **Rechtsstaatlichkeit und Rechtssicherheit** angegeben. Die Richter müssen unabhängig von der Regierung Urteile fällen können und auf jeden Menschen das gleiche Recht anwenden. Außerdem muss das Handeln des Staates berechenbar sein. Dies wird zum Beispiel durch das Festschreiben von Gesetzen ermöglicht, welche für jeden Bürger einsehbar sind.

*Siehe auch Kap. 5.3, S. 218ff.*

Dadurch, dass ein Staat diese Rechtssicherheit durchsetzen kann, also das Gewaltmonopol im Staatsgebiet hält, ist die Entfaltung von Demokratie möglich.

Weiterhin wird eine **marktorientierte soziale Wirtschaftsordnung** aufgezählt. Eine „gute Regierungsführung" schützt das Eigentum von Privatpersonen. Überdies wird der Preis durch das Zusammenspiel von Nachfrage und Angebot auf dem Markt gefunden. Der Staat gibt lediglich Rahmenbedingungen vor und mischt sich nicht in die wirtschaftlichen Aktivitäten ein. Vielmehr fördert er den Wettbewerb unter den Marktteilnehmern.

*Siehe auch Kap. 5.4, S. 234 Kap. 7.1 S. 307ff.*

Als letzten Punkt einer Good Governance wird die **Entwicklungsorientierung staatlichen Handelns** genannt. Das bedeutet, dass die Regierung stets bemüht ist, soziale Unterschiede auszugleichen. Die Armen sollen am Wohlstand im Staate teilhaben. Außerdem soll die Regierung dafür sorgen, dass die Umwelt erhalten bleibt. Ferner ist hier anzuführen, dass die Bestechlichkeit auch und vor allem im Regierungssystem beseitigt werden muss.

**M 1**
*Korruptionsindex*

Diese fünf Kriterien bilden die wesentlichen Bestandteile einer guten Regierung aus Sicht der wohlhabenden Industrienationen. Diese Merkmale stellen übrigens wichtige Förderkriterien der Entwicklungshilfe dar.

**M 2**
*Gegenbeispiel für Good Governance*

## Überblick der Förderstrategien

| Herangehensweise | Strategien |
|---|---|
| Förderung der Voraussetzungen von Good Governance | ▪ Förderung des Bildungswesens<br>▪ wirtschaftliche Reformen und Privatwirtschaftsförderung |
| Förderung von Good Governance innerhalb der bestehenden politischen Rahmenbedingungen | ▪ Parlamentsförderung<br>▪ Unterstützung lokaler und regionaler Verwaltungsstrukturen<br>▪ Förderung formaler Rechtsstaatlichkeit<br>▪ Verbesserung der Regierungs- und Verwaltungsarbeit<br>▪ Stärkung von Frauen und ihren Rechten<br>▪ Integration von Governance-Aspekten als Querschnittsthemen |
| Förderung von Good Governance durch Veränderung der politischen Rahmenbedingungen | ▪ Dezentralisierungsförderung<br>▪ Erweiterung gesellschaftlicher Pluralität<br>▪ Trennung ziviler und militärischer Zuständigkeiten<br>▪ materielle Veränderung der Rechtsstaatlichkeit<br>▪ Stärkung von Regionalinstitutionen |

Wenn dieser Kriterienkatalog auf die Staaten angewandt wird, welche ein hohes Konfliktpotenzial bergen bzw. in welchen Kriege geführt werden, ist schnell festzustellen, dass kaum eine Bedingung erfüllt wird. Die Staatsführung ist schwach oder korrupt und gewinnorientiert. Dementsprechend kommt der Wohlstand des Staates, z. B. durch dessen Rohstoffe, nur einer Minderheit zugute.

### Wirtschaftlicher Wohlstand als Friedensstifter
Der **wirtschaftliche Wohlstand** stellt auch in anderer Hinsicht eine wichtige Funktion **als Friedensstifter** dar. Die westlichen Industrienationen vermeiden Kriege aus Furcht, ihren Wohlstand zu verlieren. Der Preis, durch einen Krieg sein Vermögen zu verlieren, ist sehr hoch. Die Regierung ist von dem Wohlwollen der Bevölkerung abhängig. Würde der Wohlstand sinken, wären die Wähler nicht mehr gewillt, die bisherige Regierung zu unterstützen, sodass die Opposition an die Regierung käme. Dies führt dazu, dass die Regierungen der Industrienationen eine Kriegsbeteiligung nach Möglichkeit vermeiden.

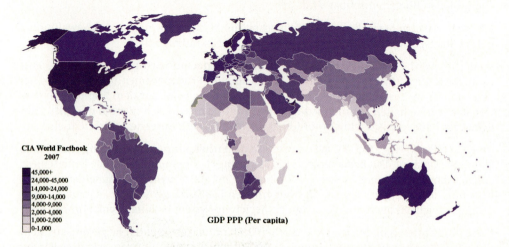

*Die oben stehende Karte zeigt den Wohlstand der Länder. Der Indikator hierfür ist das Pro-Kopf-Einkommen. GDP – Bruttoinlandsprodukt (gross domestic product); PPP – Kaufkraftparität (purchasing power paritiy); Per capita – pro Kopf, kurz: Pro-Kopf-Einkommen*

Die wirtschaftliche Entwicklung in der Ersten Welt unterscheidet sich in vielerlei Hinsicht von der der Dritten und Vierten Welt. Die Entwicklungsländer haben im Verhältnis ein wesentlich geringeres BIP und eine niedrige Investitionsquote. Außerdem importieren sie mehr, als sie exportieren. Eine Selbstversorgung ist teilweise überhaupt nicht möglich. In der Regel sind diese Staaten überdies mit hohen Auslandsschulden belastet.

### Bildungspolitik als Friedensstifter
Im Folgenden wird der soziokulturelle Bereich betrachtet. Darunter ist zum einen die **Bildungspolitik** zu verstehen. In den friedlichen Gebieten der Erde ist die Analphabetenquote sehr gering, wohingegen sie in den Krisengebieten sehr hoch ist. Die niedrige Alphabetisierung bedingt natürlich eine wesentlich schlechtere Ausbildung, die wiederum eine geringe Arbeitsqualität und damit Produktivität nach sich zieht. Dementsprechend verdienen die Arbeitnehmer für ihre einfache Arbeit nur wenig. Gerade im Textilsektor werden extrem niedrige Löhne gezahlt. In diesem Zusammenhang ist auf die Arbeitsbedingungen einzugehen. In den Niedriglohnländern gibt es Kinderarbeit. Arbeitsschutzbedingungen sind hier ebenso wenig zu finden wie die Menschenrechte.

Selbst wenn das Land einen Reichtum an Rohstoffen verzeichnen kann, profitiert nur eine kleine Oberschicht von dem Erlös. Anstatt die Rendite in Bildung, verbesserte Produktionsmöglichkeiten oder Infrastruktur zu investieren, geben die Reichen das Geld für Luxuskonsum aus. Dementsprechend ist eine Weiterentwicklung der Länder nicht zu erwarten.

In Europa liegt der Anteil der Analphabeten bei 3 %. Dementsprechend ist die Produktivität höher und die Arbeitnehmer verdienen mehr Geld. Wenn viel Geld verdient wird, kann ein Teil gespart werden, welcher den Unternehmern als Kredit für Investitionen zur Verfügung steht. Somit kann die Wirtschaft wachsen. Es kann noch produktiver gearbeitet werden usw.

**M 3**
*Armut, Hunger*

Investitionen in Bildung sind unerlässlich für einen dauerhaften Wohlstand und somit für eine friedliche Zukunft.

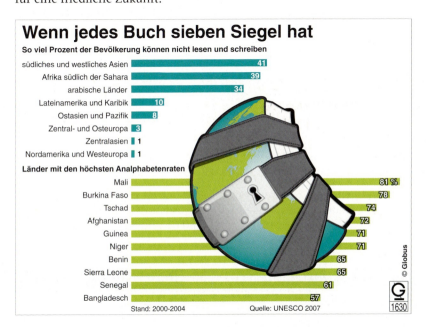

### Ausreichende Ernährung und ein funktionierendes Gesundheitssystem für den Frieden

Neben der Bildung sollen in diesem Zusammenhang auch die **Ernährung** und das Gesundheitssystem betrachtet werden, welche oft im Zusammenhang mit der Umwelt stehen.

Von den 2008 stark gestiegenen Weltmarktpreisen für Grundnahrungsmittel wie Reis, Mais und Getreide sind besonders die ärmsten Länder Afrikas, Asiens und Lateinamerikas betroffen. In den vergangenen Jahren stiegen die Nahrungsmittelpreise extrem an, im Durchschnitt um 83 %, teilweise erheblich darüber. Die Erhöhung der Preise resultierte vor allem aus Missernten infolge stark zunehmender Naturkatastrophen, gestiegenen Dünger- und Energiepreisen sowie der Erhöhung der Kaufkraft in den boomenden asiatischen Ländern.

Auch in diesem Bereich sind es wieder die armen Länder, die unter den Folgen der Preiserhöhungen leiden und deren Menschen hungern müssen. Jeden Tag sterben 100.000 Männer, Frauen und Kinder an Hunger.

In den wohlhabenden Gebieten dieser Erde sind Nahrungsmittel mehr als ausreichend vorhanden.

Durch die Unter- bzw. Mangelernährung wird außerdem die Ausbreitung von **Krankheiten** gefördert. Auch hier beginnt ein weiterer Teufelskreis. Durch Krankheiten werden die Menschen geschwächt und sie können ihrer Arbeit nicht mehr nachgehen. Das bedeutet oft die Entlassung, da es keinen Kündigungsschutz gibt. Außerdem ist die medizinische Versorgung in der Dritten und Vierten Welt, wenn überhaupt vorhanden, oft sehr schlecht organisiert und ausgestattet. Eine Lohnfortzahlung ist ebenfalls nicht zu erwarten, sodass die Menschen noch weniger Geld für Nahrung aufbringen können usw.

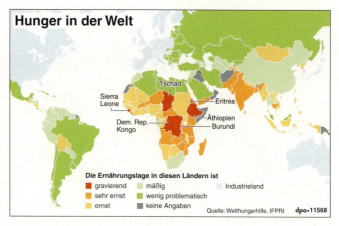

Der Kalorienverbrauch ist in Europa am höchsten (bis zu 3.820 cal pro Tag): Zum Vergleich beträgt die Kalorienaufnahme im afrikanischen Kongo 1.550 cal.

In Europa versorgen vier bis sechs Ärzte 1.000 Einwohner, in den afrikanischen und asiatischen Staaten sind es drei bis vier Ärzte auf 100.000 Einwohner, wenn überhaupt.

Ein entsprechendes Bild liefert die Lebenserwartung. Die derzeit geringste Lebenserwartung von Männern und Frauen ist im afrikanischen Swasiland (32,1 und 33,17 Jahre) festzustellen, die höchste Lebenserwartung in Europa (80,61 und 86,61 Jahre).

### Gesundheit

| Kriterium | höchster Wert | niedrigster Wert |
|---|---|---|
| Ärzte | 2.070.000 (China) | 10 (Nauru) |
| Ärzte je 1.000 Einwohner | 6,14 (Italien) | 0,03 (Äthiopien) |
| Tägliche Nahrungsaufnahme (cal) je Einwohner | 3.820 (Österreich) | 1.550 (Kongo Demokratische Republik/Zaire) |
| HIV-Infizierte | 6.930.000 (Indien) | 100 (Malediven) |
| HIV-Infizierte je 1.000 Einwohner | 256,07 (Swasiland) | 0,02 (Irak) |

### Eine intakte Umwelt als Friedensstifter

**M 4**
*Naturkatastrophen*

Neben der Ernährung beeinflussen die Hygienevorschriften und die **Umwelt** den Gesundheitszustand der Bevölkerung. Fehlende sanitäre Anlagen, verseuchtes Trinkwasser und Luftverschmutzung lassen viele Menschen erkranken und sterben. Kinder sind von diesen Verhältnissen weltweit am stärksten betroffen.

Warum können mangelhafte Ernährung, unzureichende medizinische Versorgung, und Naturkatastrophen Konflikte und Kriege auslösen? Die Unzufriedenheit in der Bevölkerung kann zu einem Sturz der Regierung führen, wenn diese die Missstände nicht abschafft.

## 6.2 Voraussetzungen für ein friedliches Zusammenleben

Ein indonesisches Kind spielt in einem mit Unrat und Abfällen jeglicher Art verschmutzten Gewässer im Gebiet von Muara Baru. Laut WHO sind im vergangenen Jahr 1,6 Millionen Kinder durch verseuchtes Wasser gestorben.

## Materialien

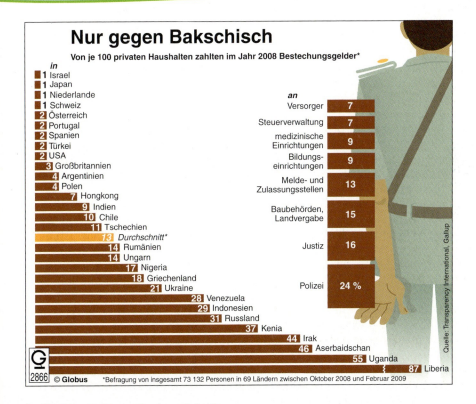

**M 1** Korruptionsindex

1. Was ist unter Korruption zu verstehen?
2. Welche Staaten der Erde sind besonders korrupt? Warum?
3. In welchen Staaten gibt es besonders wenige Fälle von Korruption? Warum?

**M 2**
*Gegenbeispiel für Good Governance*

## Volltanken in Malabo (Teil I)

[...] Der Staatspräsident ist nach langem Kontinentalflug wieder in Malabo, der Inselhauptstadt von Äquatorialguinea, gelandet. Es ist Sonntagmorgen, der Himmel ist eine triefende Wolke, und vorgestern Nacht notierte die New Yorker Rohstoffbörse das Fass Rohöl mit 74 Dollar. Ein schöner Tag.

Staatspräsident Teodoro Obiang Nguema Mbasogo ist ein hagerer Mensch. [...] Menschenrechtsorganisationen führen ihn in der Liga von Idi Amin und Pol Pot.

Es gibt einige Möglichkeiten, von der US-Liste der Schurkenstaaten gestrichen zu werden. Regimewechsel, runde Tische, Verschrottung von Waffen und Folterbänken sind denkbar, aber der einfachste Weg, als ehrenwert zu gelten, ist, Öl zu finden. Viel Öl. Denn Autofahren wollen sie alle.

Obiang steigt in seine gepanzerte Limousine. Der ehemalige Oberstleutnant ist jetzt 64 Jahre alt, und seine Prostata zwingt ihn zu regelmäßigen Aufenthalten in transatlantischen Mayo-Kliniken. Die Kliniken seines eigenen Landes sind nicht so gut. Sie sind auch nicht wirklich als Kliniken zu erkennen.

[...] Das Land hat weniger Einwohner als Düsseldorf. Aber es bekommt jährlich mehrere hundert Millionen Dollar von Ölkonzernen überwiesen. „Leider", so steht es im Länderbericht des Internationalen Währungsfonds (IWF), „leider hat dieser Reichtum noch nicht zu einer messbaren Verbesserung der Lebensbedingungen geführt."

**Wo steckt das Geld?**
Präsident Teodoro Obiang schaut durch die uneinsehbaren Scheiben seiner Limousine. Die vierspurige „Carretera del Aeropuerto" ist gesperrt, wie sonst nur, wenn sein Sohn Teodorín seinen Ferrari ausfahren will. Draußen reihen sich die neuen Lagerhäuser und Quartiere der Ausländer. Schlumberger, Exxon, Bouygues, Marathon, eine Werbetafel „Chevron – glücklich, wieder in der Republik Äquatorialguinea zu arbeiten". Alle sind sie hier, um mit ihm Geschäfte zu machen. Er muss sich gewisse Fragen nicht mehr gefallen lassen, nicht bei 74 Dollar das Barrel.

[...] Die Wagenkolonne des Präsidenten besteht aus gut zwei Dutzend Fahrzeugen, mit Leibwächtern, Soldaten, Automatikwaffen bestückt, als sollte ein kleiner Krieg gewonnen werden. Obiang hat sich seine Garde in Marokko zusammengekauft. Eigenen Leuten kann man nie wirklich trauen. Das weiß der Präsident. Er musste seinen Onkel erschießen lassen, um an die Macht zu kommen.

[...] Bevor Teodoro Obiang seinen despotischen Onkel erschießen ließ, war er auch der Direktor des Folterkellers „Black Beach Prison", jetzt ist er Präsident und fährt gerade durch Malabo und ist es leid, diese alten Geschichten immer wieder hören zu müssen. Schließlich hat Condoleezza Rice ihn neulich, am 12. April beim Empfang in Washington, „a good friend" genannt. Und die Freundschaft verbessert sich mit jedem Tag, an dem das Fass Rohöl in New York über 70 Dollar gehandelt wird.

Der Präsident fährt am umzäunten Gelände von Exxon vorbei. Dahinter die mächtige Botschaft Chinas. China ist wichtig. Es ist immer gut, mehrere Freunde zu haben. Vor allem, wenn sie jeden Tropfen Öl aufkaufen und nur lächelnd nicken, wenn man ihnen erklärt, dass ein Staat in Afrika härter angepackt werden muss als anderswo.

Immerhin war er es, der zum ersten Mal Wahlen organisierte und Parteien erlaubte, sogar für die Bubi (Minderheit, redaktionelle Anm.). Die meisten Parteiführer ließen sich kaufen. Andere wollten nicht einsehen, dass man eine Regierung nicht kritisieren darf, und mussten darüber im Gefängnis nachdenken. „Welches Recht hat die Opposition, das Wirken einer Regierung zu kritisieren?", hatte er gefragt. Der geflohene Oppositionsführer Severo Moto war gerade zu 100 Jahren Gefängnis verurteilt worden.

Bei den letzten Wahlen vor knapp vier Jahren wurde Obiang mit fast 100 Prozent wiedergewählt. Manche Wahllokale sollen auch 103 Prozent Zustimmung gezählt haben. Demokratischer Rekord.

*Quelle: Alexander Smoltczyk: Volltanken in Malabo, in: Der Spiegel 35/2006, 28.08.2006, S. 82 (Auszüge)*

1. Beschreiben Sie die Regierungsform in Äquatorialguinea.
2. Vergleichen Sie die Regierungsform mit den Anforderungen einer Demokratie.
3. Untersuchen und bewerten Sie das Verhalten westlicher Industrienationen gegenüber Äquatorialguinea.

## Volltanken in Malabo (Teil II)

Die Uno-Menschenrechtskommission verfügt über Berichte, wonach der Minister die Folter politischer Gegner überwacht haben soll. Die Regierung in Malabo ist der Auffassung, dass Folter an Gefangenen keine Menschenrechtsverletzung sei, weil Gefangene keine Rechte haben.

[...] Nach der Rangliste von Transparency International gehört Äquatorialguinea zu den sieben korruptesten Ländern der Welt. Der Vertrauensindex des Landes bewegt sich am Rande der Nachweisbarkeitsgrenze.

[...] Malabo liegt wie ein Schwitzfleck oberhalb der Hafenmole, eine träge Ansammlung von Kolonialbauten, selbst zementierten Behausungen, „Rendezvous"-Bars und nuttig aufgemachten Neubauten der Kleptokratie (Herrschaft der Plünderer, redaktionelle Anm.).

[...] Kaum jemand spricht frei in Malabo. Nicht, solange das Foltergefängnis Black Beach steht. Ölleute mussten schon hastig ausgeflogen werden, weil sie kritisch über das Regime geredet hatten.

Auch Pleasantville hat Ohren. Selbst hinter einer Klostermauer, oberhalb des Hafens, schließt der Obere die Tür, bevor er spricht. Er habe schon genug Priester wieder aus Black Beach herausholen müssen: „Wer die Wahrheit sagt, kommt ins Gefängnis." Er erzählt von Flugzeugabstürzen, über die kein Wort geredet werden darf. Von der Paradiesinsel Annabón, auf der das Regime gegen viel Geld Atommüll vergrabe.

„Letztes Jahr hat es eine Cholera-Epidemie gegeben. Wir mussten Tag und Nacht Messen lesen und die Toten begraben. Die Regierung bestreitet noch immer, dass es je eine Seuche gegeben hat. Spaniens Hilfe hatte sie abgelehnt."

Der Mönch sagt: „Der Reichtum legt sich wie eine Pest aufs Land und erstickt die lokale Wirtschaft. Es gibt keine Werte mehr. Jeder fühlt sich wichtig, wenn er dazugehört. Keiner will lernen, alle wollen nur an die Öldollars herankommen."

Ein Phänomen, das die Ökonomen den „Rohstofffluch" nennen. Warum arbeiten, wenn das Geld aus dem Boden sprudelt? Ganze Staaten verfallen in Lethargie, lassen Landwirtschaft und Handwerk verkommen und werden zu einer Gesellschaft von Ölrentiers, von Petro-Profiteuren und Pfründnern. Die

Arbeit wird von Immigranten erledigt. Es ist das Bild einer untätigen Bourgeoisie von Gnaden des Crude Oil Price, die bewegungslos zusieht, wie die Tanker am Horizont gen Westen ziehen.

[...] Obiang versprach, mit der Weltbank zusammenzuarbeiten, und ersetzte einige Verwandte in der Regierung durch Technokraten. Doch noch immer gibt es in der Hauptstadt Malabo kein fließend Wasser, kein verlässliches Stromnetz, kein Gesundheitssystem, das dieses Namens würdig wäre. „Es scheint keine Anzeichen zu geben", schreibt das Institut des „Economist" in seinem aktuellen Länderbericht, „dass Mr. Obiang ein wirkliches Interesse an Wirtschaftsreformen hat, jenseits von Rhetorik und Imagepflege."

Der IWF hat Obiang die Einrichtung eines Ressourcenfonds empfohlen, nach dem Vorbild von Botswana und Norwegen. Darin würden die Öldollars zwischengelagert und nach weisem Ratschluss verteilt. Doch das setzt die Software eines modernen Staates voraus. Funktionierende Ministerien, Rechtssicherheit, Öffentlichkeit. Nichts davon ist in Malabo vorhanden.

Es ist das Prinzip Wassertank. Die Kassen der Machtclique und ihrer erweiterten Familien sind inzwischen zum Überlaufen gefüllt. Jetzt werden auch die mittleren Schichten bewässert, und die ersten Tropfen sickern bereits weiter nach unten. Selbst in den Slums stehen Autos. Das sind nur Moleküle von der Flut des Reichtums. Aber es scheint zu reichen, die Leute ruhig zu halten. Hoffnung ist die stärkste Waffe der Repression.

Eine nennenswerte Opposition gibt es nicht. Der geflohene Vorsitzende der Fortschrittpartei, Severo Moto, sitzt in Madrid und muss mit ansehen, wie Teodoro Obiang mit allen Ehren von der EU-Kommission empfangen wird. [...]

Quelle: Alexander Smoltczyk: Volltanken in Malabo, in: Der Spiegel 35/2006, 28.08.2006, S. 82 (Auszüge)

1. Gegen welche Menschenrechte wird in Äquatorialguinea verstoßen?
2. Warum wehrt sich die Bevölkerung gegen die Unterdrückung nicht?
3. Welche Nebenwirkungen hat der „Ölrausch" für die heimische Wirtschaft?

**M 3**
*Armut, Hunger*

## IWF warnt vor weltweiten Hungerkatastrophen

Armut, Hungertote, politische Instabilität: Mit deutlichen Worten warnte der Internationale Währungsfonds vor den Folgen der explodierenden Lebensmittelpreise.
[...]
Sollte Nahrung so teuer bleiben wie bisher, „könnte die Bevölkerung einer sehr großen Zahl von Ländern mit furchterregenden Konsequenzen konfrontiert werden", sagte der Chef des Internationalen Währungsfonds (IWF), Dominique Strauss-Kahn, am Samstag (12.4.2008) auf der Frühjahrstagung von IWF und Weltbank in Washington. „Hunderttausende Menschen werden darben und Kinder werden ihr Leben lang unter Mangelernährung leiden", sagte Strauss-Kahn weiter.
[...]

**Biotreibstoff treibt Lebensmittelpreise**
In diesem Zusammenhang forderte Bundesentwicklungshilfeministerin Heidemarie Wieczorek-Zeul (SPD), den Einsatz von Biotreibstoffen zu überden-

ken. Die Wirtschaft von Staaten könne zerstört werden, und auch die politische Stabilität sei bedroht, sagte IWF-Direktor Strauss-Kahn. „Es ist nicht nur eine humanitäre und wirtschaftliche Frage, sondern auch eine, die die Demokratie betrifft."

### 83 Prozent in drei Jahren
Nach Angaben der Weltbank kletterten die Nahrungsmittelpreise in den vergangenen drei Jahren weltweit um 83 Prozent, für Weizen sogar um 181 Prozent. Als wichtigste Auslöser der Preisexplosion gelten neben der verstärken Produktion von Biotreibstoffen als Ersatz für Benzin auch veränderte Ernährungsgewohnheiten in aufstrebenden Staaten wie China, ausgedehnte Dürren etwa in Australien sowie der hohe Ölpreis, durch den sich die Lebensmittelproduktion verteuert.

Wieczorek-Zeul äußerte sich in Washington kritisch zum Thema Biotreibstoffe. „Die Beimischungsziele müssen weltweit auf den Prüfstand", sagte sie. Der rasante Anstieg der Preise für Lebensmittel sei zu 30 bis 70 Prozent auf die zunehmende Produktion von Öko-Sprit zurückzuführen. Die immer teurere Nahrung sei „eine Gefahr für Wachstum, Armutsbekämpfung, Stabilität und den Frieden in der Welt", betonte die deutsche Weltbank-Gouverneurin. „Es wird dem weltweiten Klima nichts nutzen, wenn in den Industrieländern die Autos mit Agrarkraftstoffen fahren und zugleich am Äquator die tropischen Regenwälder abgeholzt werden", sagte Wieczorek-Zeul.

### Was können die Entwicklungsländer tun?
Es sei nicht akzeptabel, dass wegen der hohen Nahrungsmittelpreise die bisherigen Erfolge der Entwicklungshilfe um Jahre zurückgeworfen würden. Die Weltbank müsse ihre Programme in betroffenen Ländern umstellen, um die unmittelbare Not der betroffenen Menschen zu lindern, sagte die Ministerin. Allerdings seien die Entwicklungsländer selbst auch in der Pflicht, ihre Landwirtschaft stärker auszubauen. Die afrikanischen Länder hätten sich vor einigen Jahren vorgenommen, zehn Prozent ihrer Mittel in den Agrarsektor fließen zu lassen. Das hätten einige inzwischen erreicht, andere jedoch noch nicht, sagte sie.

*Quelle: mg: IWF warnt vor weltweiten Hungerkatastrophen, in: Deutsche Welle weltweit vom 13.04.2008, Zugriff am 22.08.2009 unter: http://goethe-bytes.de/dw/article/0,,3263213,00.html*

## Arbeitsvorschlag

### Wieder Naturkatastrophe in Asien: Zyklon tötet Zehntausende in Burma

Erneut hat eine gewaltige Naturkatastrophe ein verarmtes asiatisches Land heimgesucht. Der tropische Zyklon Nargis, der die Westküste Burmas am Samstag verwüstet hat, hat Zehntausende Tote und Vermisste und Hunderttausende Obdachlose gefordert. Eine Flutwelle von bis zu vier Metern Höhe und Windgeschwindigkeiten von 190 Stundenkilometern rissen Wohnhäuser und andere Gebäude mit sich, zerstörten Verkehrsverbindungen und die Kommunikation und ließen Millionen ohne sauberes Trinkwasser, Nahrung, Unterkunft und Arzneimittel zurück.

Die offiziellen Opferzahlen steigen schnell, und am Dienstagabend waren es schon 22.000 Tote. Weitere 41.000 Menschen werden offiziell vermisst. Das volle Ausmaß der Katastrophe wird sich erst erweisen, wenn Rettungsteams und Hilfsorganisationen in die verwüsteten Gebiete vordringen. Die burmesische Militärjunta hat eine strikte Nachrichtenkontrolle verfügt und erlaubt internationalen Hilfsorganisationen die Einreise nur zögernd.

[...] Satellitenbilder zeigen, dass die Sturmschäden sich über ein Gebiet von 30.000 Quadratkilometern entlang dem Andamanischen Meer und dem Golf von Martaban erstrecken. Dieses Gebiet macht nur fünf Prozent der Landfläche Burmas aus, beheimatet aber fast ein Viertel seiner 57 Millionen Einwohner.

Das Delta wird kreuz und quer von Wasserläufen und Kanälen durchzogen, was den Verkehr und die Kommunikation sehr erschwert. Viele Gebiete sind nur per Boot oder Helikopter zu erreichen. Am schlimmsten sind die Armen betroffen, deren wenig stabile, strohgedeckte Bambushäuser sofort weggeschwemmt wurden.

[...] Die Regierung hat in den fünf vom Zyklon betroffenen Provinzen den Notstand ausgerufen.

Das Team von World Vision, der ersten Hilfsorganisation, die in das Land einflog, berichtete Agence France Press von „schrecklichen Szenen unten auf der Erde". Kyi Minn von World Vision sagte: „Vom Hubschrauber aus sahen sie die Leichen, das war sehr erschütternd [...] Die Folgen der Katastrophe könnten sich als schlimmer als beim Tsunami [vom Dezember 2004] erweisen, weil die fehlenden Mittel und Transportprobleme die Lage verschlimmern."

Der Sprecher der UN für humanitäre Hilfe, Paul Risely, sagte den Medien: „Wir befürchten, dass die Hilfe einen großen Teil der ländlichen Bevölkerung gar nicht erreicht. In einigen Dörfern sind 90 Prozent der Häuser zerstört oder beschädigt [...] Das größte Problem ist, die abgelegenen Gebiete zu erreichen. Das wird ein großes logistisches Problem sein [...] Wir befürchten den Ausbruch von Seuchen infolge verschmutzten Wassers. Daher ist von entscheidender Bedeutung, für sauberes Trinkwasser zu sorgen. Danach, in den nächsten Tagen, müssen Moskitonetze, Kochausrüstung und Kleidung folgen. Nahrungsmittel sind nicht einmal das Dringendste, dafür aber Wasser und Unterkunft." Bis zu einer Million Menschen sind möglicherweise obdachlos.

Associated Press berichtete über chaotische Szenen in Rangun. „Es bilden sich Schlangen, um Kerzen zu kaufen, deren Preis sich seit der Katastrophe verdoppelt hat. Die meisten Wohnungen sind ohne Wasser. Die Bewohner sind gezwungen, für Trinkwasser Schlange zu stehen, und müssen sich in den Seen der Stadt waschen. [...]"

Der Preis für Lebensmittel und Baumaterialien soll in Rangun in die Höhe schießen. Der Strom war in einer Hälfte der Stadt noch abgeschaltet. Vor den Tankstellen bildeten sich lange Schlangen. Gestern Abend teilte das Welternährungsprogramm der Vereinten Nationen mit, dass es mit der Verteilung von Hilfsgütern an die Opfer der Katastrophe in der Hauptstadt und ihrer Umgebung begonnen habe. Die meisten Küstenregionen waren aber wegen der Überflutungen und Straßenschäden noch außer Reichweite.

*Quelle: K. Ratnayake, in: World Socialist Website, 09.05.2008, Zugriff am 10.08.2009 unter: http://www.wsws.org/de/2008/mai2008/zykl-m09.shtml (Auszüge)*

1. *Welche Folgen hat die Naturkatastrophe für die Bevölkerung?*
2. *Welche Maßnahmen müssen vorbeugend getroffen werden, um solche Folgen zukünftig zu reduzieren?*

## Zur Vertiefung

**Kampagne gegen die Junta**

Die Bush-Regierung hat die Naturkatastrophe [in Burma] sofort benutzt, um die burmesische Junta zu beschuldigen, sie würde „nicht für ihre Bevölkerung sorgen". Die internationalen Medien haben sich dieser Kampagne angeschlossen und kritisieren die Militärmachthaber, weil sie nicht rechtzeitig eine Warnung herausgegeben und keine Vorbereitungen getroffen haben. Außerdem würden ihre Rettungsmaßnahmen chaotisch laufen und seien sowieso viel zu gering und Hilfsorganisationen würden viel zu langsam ins Land gelassen. Verschiedene Kommentatoren spekulierten darüber, ob der Volkszorn sich Bahn brechen und die Junta hinwegfegen werde. Ihr erstes Interesse gilt nicht dem Schicksal der burmesischen Bevölkerung, sondern den diversen politischen Zielen der Großmächte. [...]

Das oberste Interesse [des burmesischen Militärregimes] besteht in der Verteidigung seiner privilegierten Position auf Kosten der Bevölkerungsmehrheit, die in tiefer Armut lebt. Das Pro-Kopf-Einkommen des Landes beträgt nur 250 US-Dollar pro Jahr, die Lebenserwartung liegt bei 61 Jahren, 32 Prozent der Kinder sind nicht ausreichend ernährt und die Säuglingssterblichkeit liegt bei 75 pro Tausend.

Das meteorologische Amt Indiens informierte die burmesischen Behörden 48 Stunden, bevor der Zyklon auf Land traf, über seine Heftigkeit und seinen voraussichtlichen Kurs. Das burmesische Staatsfernsehen gab eine Erklärung heraus, in der es behauptete, rechtzeitig entsprechende Wetterberichte über Fernsehen und Radio verbreitet zu haben. Vermutlich, so hieß es, hätten die Warnungen jedoch viele Opfer nicht erreicht, weil sie kein Fernsehen hätten und der Strom oft ausfiele. [...]

Journalisten in Burma berichten über zögerliche Hilfsaktionen der Armee und über verärgerte Reaktionen von Einwohnern, die daran erinnern, dass das Militär im vergangenen September bei Unterdrückungsmaßnahmen gegen regierungsfeindliche Proteste ungleich schneller und effizienter gehandelt hat. Das Regime steht auch in der Kritik, weil es an dem Referendum am kommenden Samstag über eine neue Verfassung festhält. Das Referendum ist ein durchsichtiger Versuch, dem Regime eine demokratische Fassade zu verschaffen. [...] Ein pensionierter Staatsangestellter rief aus: „Wo sind die Soldaten und die Polizei? Als es vergangenes Jahr Proteste auf den Straßen gab, da waren sie sehr schnell und aggressiv."

Die Tatsache, dass die Junta begonnen hat, internationale Hilfe zu akzeptieren, ist ein Zeichen ihrer Nervosität und ihrer Furcht vor der Reaktion der Öffentlichkeit. „[...] Unser Volk steckt in Schwierigkeiten." Innenminister Generalmajor Maun Maung Swe hat um dringend benötigte Materialien für das Abdecken von Dächern, Medizin, Wasserreinigungschemikalien und Moskitonetze gebeten. Gleichzeitig schränkt das Militär die Bewegungsfreiheit ausländischer Hilfskräfte weiter ein und weist Hilfe zurück, besonders wenn sie aus den USA kommt und an politische Bedingungen geknüpft ist.

Allerdings trieft die Kritik an der burmesischen Junta oft vor Heuchelei und Zynismus. Die Kritik der Bush-Regierung an dem Regime ist von den strategischen Interessen der USA bestimmt. Sie geht davon aus, den chinesischen Einfluss im Land zurückzudrängen und eine Regierung unter Führung von Oppositionsführerin Aung San Suu Kyi zu installieren, die Washington gegenüber positiver eingestellt ist. Die Krokodilstränen für das burmesische Volk stehen in scharfem Kontrast zu der Gleichgültigkeit des Weißen Hauses gegenüber den Opfern von Hurrikan Katrina. [...]

Es steht außer Zweifel, dass das burmesische Regime den Opfern des Zyklons mit gefühlloser Gleichgültigkeit gegenübersteht, nicht anders als die Regierungen Sri Lankas, Indonesiens und Indiens im Dezember 2004. Das trifft aber doppelt auf die USA und andere Großmächte zu, die bei allen humanitären Bekundungen nur im Verhältnis zu ihrem Sozialprodukt geringfügige Summen als Hilfe zur Verfügung stellen und Naturkatastrophen in Asien und anderen armen Weltregionen schamlos für ihre eigenen politischen Zwecke ausnutzen. Man muss nur darauf hinweisen, dass die USA bisher gerade einmal drei Millionen Dollar und die EU drei Millionen Euro bereitgestellt haben.

Das Ziel solcher Hilfsaktionen, die mit großem Tamtam durchgeführt werden, besteht nicht darin, das Leiden der Armen zu beenden, sondern sie in die verzweifelte Situation zurückzustoßen, in der sie vor der Katastrophe lebten.

Quelle: K. Ratnayake, in: World Socialist Website, 09.05.2008, Zugriff am 10.08.2009 unter: http://www.wsws.org/de/2008/mai2008/zykl-m09.shtml (Auszüge)

1. Unter welchen Bedingungen lebt die Bevölkerung von Burma?
2. Inwiefern beeinflusst die Naturkatastrophe die politische Stabilität der Region?
3. Welche Kritik übt die Bevölkerung an ihrer Regierung?
4. Welche Interessen spielen bei dem Engagement der westlichen Industrienationen mit?
5. Der Text ist politisch „gefärbt". Das heißt, der Verfasser vertritt eine Meinung.
    a) Finden Sie Textpassagen, an denen dies deutlich wird.
    b) Welche Meinung vertritt der Verfasser?

## 6.3 Organisationen, deren Ziel ein friedliches Zusammenleben ist

# 6.3 Organisationen, deren Ziel ein friedliches Zusammenleben ist

## Wer fühlt sich für die Friedenssicherung verantwortlich?

Als Folge der Weltkriege haben viele Staaten den ernsthaften Wunsch nach Frieden erklärt. Dieser Wunsch führte dazu, dass verschiedene Organisationen gegründet wurden. Ihr Ziel ist es, Frieden zu stiften und zu erhalten.

Im Folgenden werden beispielhaft die Europäische Union (EU), der Nordatlantikpakt (NATO) und die Vereinten Nationen (UN) vorgestellt. Die jeweiligen Mitglieder, die wichtigsten beschlussfassenden Organe und ihre aktuellen Aktivitäten sollen hier dargestellt werden. Deutschland ist Mitglied in allen drei Organisationen.

Aber nicht nur Staaten verbünden sich für den Frieden. Es gibt ebenfalls private Organisationen, welche die Verteidigung der Menschenrechte und die Wahrung des Friedens als Ziel verfolgen. Exemplarisch soll hier Amnesty International (ai) vorgestellt werden.

### Europäische Union (EU)

In der **Europäischen Union** befinden sich zurzeit 27 europäische Staaten. Kroatien und die Türkei sowie Mazedonien gelten als aktuelle Beitrittskandidaten.

*Siehe auch Kap. 5.2, S. 200 ff.*

Die EU gründete sich zunächst als ein rein wirtschaftliches Bündnis, welches mit zunehmender Mitgliederzahl auch im politischen Bereich tätig wurde.

Um international mit einer Stimme zu sprechen, strebt die EU eine **Gemeinsame Außen- und Sicherheitspolitik (GASP)** an. Als konkrete Ziele wurden

- die Abwehr von Bedrohungen,
- die Stärkung der Sicherheit in den Nachbarstaaten und
- eine internationale Zusammenarbeit mit dem Ziel eines dauerhaften Friedens

festgelegt.

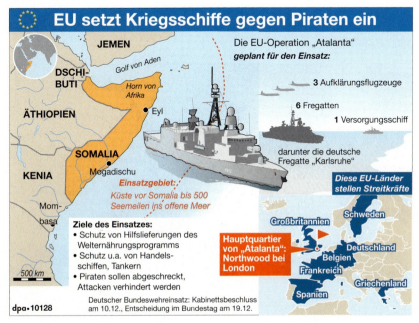

**M 1** EU-Einsatz am Horn von Afrika

Zu diesem Zweck soll langfristig eine gemeinsame Verteidigungspolitik festgelegt werden: **Europäische Sicherheits- und Verteidigungspolitik (ESVP).**

Die EU nahm schon an diversen Einsätzen teil:
- Fortsetzung des NATO-Mandats in Bosnien seit 2004,
- mit einem UN-Mandat 2006 Teilnahme an der Sicherung der ersten Präsidenten- und Parlamentswahlen im Kongo,
- bis 2009 im Tschad Schutz von Binnenvertriebenen und Darfurflüchtlingen; diese Aufgabe übergab sie am 15. März 2009 vereinbarungsgemäß an die UNO,
- seit 2008 Abwehr von Piraten vor den Küsten Afrikas.

### Die Nordatlantikpakt-Organisation (NATO)

Die **NATO** wurde 1949 von zehn europäischen Staaten (Belgien, Dänemark, Frankreich, Italien, Großbritannien, Island, Luxemburg, Niederlande, Norwegen, Portugal) sowie Kanada und den USA gegründet als Abwehr gegen die Expansionsabsichten des Kommunismus in Osteuropa.

**M 2** NATO-Strategie

Nach dem Zusammenbruch Osteuropas und der Wiedervereinigung Deutschlands veränderte sich die ursprüngliche Zielsetzung der NATO-Staaten.

Heutzutage unterstützen die NATO-Staaten Kampfeinsätze und friedenssichernde Maßnahmen im Rahmen eines UN-Mandats (z. B. in Afghanistan), übernimmt friedenssichernde Maßnahmen, wenn eine Konfliktpartei die NATO darum ersucht, führt militärische Einsätze im Bündnisfall durch und kann militärische Einsätze zur Friedenserzwingung selbst beschließen (Selbstmandatierung), z. B. in Serbien.

Letzteres ist politisch umstritten, da die Beschlüsse ohne die UN zustande kommen. Die UN behindert sich durch das Vetorecht der ständigen Mitglieder oft selbst und ist dann nicht handlungsfähig.

Im Kosovo bzw. in Jugoslawien führten die NATO-Staaten in den 1990ern einen selbst mandatierten Krieg, um die serbische Regierung zur Beendigung des Völkermords an den Kosovo-Albanern zu zwingen.

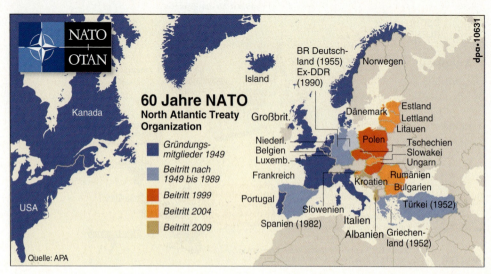

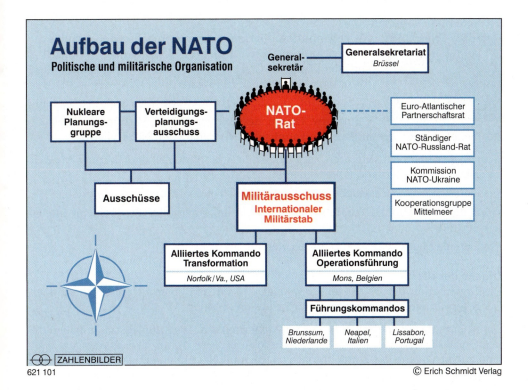

### Organe und Einsätze der NATO-Staaten

Der **Nordatlantikrat** ist ein politisches Organ und zugleich das oberste Entscheidungsorgan der NATO-Staaten. Dieser Rat tritt wöchentlich mit den ständigen Vertretern der Mitgliedstaaten, zweimal jährlich mit den Außen- und/oder den Verteidigungsministern und etwa alle zwei Jahre oder fallweise mit den Regierungschefs der Mitgliedstaaten (NATO-Gipfel) zusammen. Den Vorsitz hat der **NATO-Generalsekretär**. Seit 2009 bekleidet der Däne Anders Fogh Rasmussen dieses Amt. Die Entscheidungen des Nordatlantikrats werden durch zahlreiche Ausschüsse und Expertengruppen vorbereitet.

Das höchste militärische Entscheidungs- und Beratungsorgan ist der **Militärausschuss der NATO**, welchem die Generalstäbe der Mitgliedstaaten angehören. Für die deutsche Bundeswehr ist dies der Generalinspekteur.

Die Mitgliedstaaten der NATO können jeweils selbst entscheiden, ob sie im Bedrohungsfall Beistand gewähren. Der Nordatlantikrat ist dem Militärausschuss übergeordnet.

**Aktuelle Einsätze** der NATO-Truppen:
- Active Endeavour: NATO-Schiffe überwachen das Mittelmeer und die Straße von Gibraltar, um Schiffe vor terroristischen Anschlägen zu schützen.
- Afghanistan: Die NATO-Staaten helfen, ein funktionierendes Regierungssystem zu bilden.
- Irak: Die NATO-Staaten unterstützen den Irak bei der Ausbildung von Polizisten und Sicherheitskräften und beim Aufbau eines Polizeiapparats.
- Kosovo: Hier wirken die NATO-Staaten bei der Einrichtung und Etablierung von Polizei- und Rechtswesen mit.

### Die Vereinten Nationen (UN)

Als Organisation mit den meisten Mitgliedstaaten sind die **UN** (United Nations, Vereinte Nationen) zu nennen. Inoffiziell ist auch der Begriff UNO gebräuchlich. Das 1945 gegründete Bündnis umfasst mittlerweile 192 Staaten.

Das sind alle Staaten dieser Erde mit Ausnahme der Republik China bzw. Taiwan, des Kosovos und der Vatikanstadt sowie der Staaten, die nicht international anerkannt sind: Westsahara und Nordzypern.

Gemäß der Charta der Vereinten Nationen ist das wichtigste Ziel die Wahrung des Weltfriedens und der internationalen Sicherheit. Darüber hinaus

- sollen sich freundschaftliche Beziehungen zwischen den Nationen entwickeln,
- soll die internationale Zusammenarbeit zur Lösung internationaler Probleme intensiviert und
- sollen die Menschenrechte gefördert werden.

### Organe der UN

Die Organisation der UN ist sehr verzweigt und umfasst diverse Unterorganisationen. Der gegenwärtige **UN-Generalsekretär** heißt Ban Ki Moon.

Das mächtigste Organ der UN ist der **UN-Sicherheitsrat**. Die Mitgliedstaaten haben diesem Organ die Hauptverantwortung für die Wahrung des Weltfriedens übertragen. Während andere Organe nur Empfehlungen abgeben und zu Aktivitäten auffordern können, beschließt der UN-Sicherheitsrat friedliche und militärische Einsätze. Daher ist es wichtig, sich dieses Organ genauer anzuschauen.

Bei der Zusammensetzung der zehn wechselnden Mitglieder wird darauf geachtet, dass alle Kontinente vertreten werden und nach Möglichkeit auch alle Weltreligionen. Die ständigen Mitglieder des UN-Sicherheitsrates haben ein Vetorecht, das heißt, wenn einer dieser Staaten mit einer Entscheidung nicht einverstanden ist, kann dieser Beschluss nicht durchgeführt werden.

Der Aufbau bzw. die unterschiedlichen Rechte der Staaten innerhalb des Sicherheitsrates werden häufig kritisiert. Das Vetorecht der ständigen Mitglieder führte besonders während des Ost-West-Konflikts zu einer Handlungsunfähigkeit der UN. Aber auch gegenwärtig gestalten sich Einigungen schwer, da die ständigen Mitglieder häufig mit Konfliktstaaten verbunden sind, die sich an die ständigen Mitglieder anlehnen (Sudan an China, Israel an die USA), sodass sie sich auch heutzutage häufig gegenseitig blockieren.

Bei der Betrachtung der ständigen Mitglieder wird deutlich, dass hier nur Staaten der Nordhalbkugel vertreten und die Kontinente Südamerika, Afrika und Australien gar nicht beteiligt sind.

Da die Staaten mit einer demokratischen Staatsform weltweit in der Minderheit sind, ist positiv zu bewerten, dass innerhalb der Vetomächte Demokratien vertreten sind, welche antidemokratische Aktivitäten unterbinden können. Andererseits können Diktaturen wie China Beschlüsse im Sinne der Demokraten verhindern.

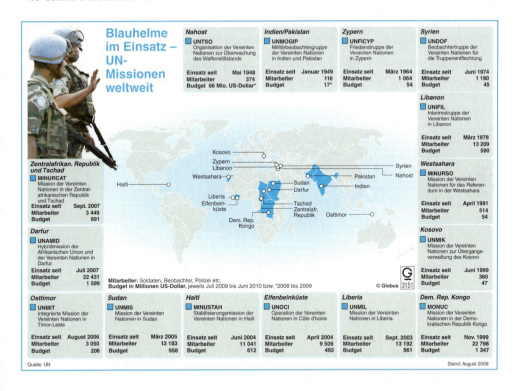

### Einsätze der UN

Zunächst wurden die Friedenstruppen der UN, auch Blauhelmsoldaten genannt, beauftragt, Frieden mit Waffengewalt zu erzwingen. Da dies nicht immer erfolgreich verlief, beauftragen die UN mittlerweile regionale Organisationen wie die EU, die NATO-Staaten oder die AU (Afrikanische Union).

Die meisten Friedenseinsätze der UN erfordern die Zustimmung der Kriegsparteien und haben sich über die Stationierung von Blauhelmsoldaten häufig zu Staataufbauprojekten entwickelt. Neben der Sicherung des Landes wird zunehmend Unterstützung bei dem Aufbau des Justizwesens, des Polizeiapparats und der Verwaltung gewährt.

### Nichtstaatliche Organisationen (NGOs)

**M 3**
*Verhältnis NGOs und UN*

Neben den staatlichen Organisationen setzen sich auch nichtstaatliche Organisationen, sogenannte **NGOs** (non-governmental organizations), für den Frieden ein. Seriöse NGOs zeichnen sich dadurch aus, dass ihre Organisation z.B. unabhängig von Regierungen und wirtschaftlichen Abkommen ist. Dies ist in vielen korrupten Entwicklungsländern notwendig. Ihre Ziele sind grenzübergreifend und ihre dauerhafte und demokratische Organisation leistet professionelle Arbeit zum Wohle der Allgemeinheit.

Im Folgenden soll Amnesty international vorgestellt werden.

### Amnesty International

*Siehe auch Kap. 5.1, S. 174*

**Amnesty International (ai)** wurde 1961 gegründet und beruft sich in seiner Tätigkeit auf die Allgemeine Erklärung der Menschenrechte der Vereinten Nation. Ai deckt Missstände auf und informiert die Gesellschaft. Durch Mobilisierung der Öffentlichkeit in Form von Appellen und Briefen an die Verantwortlichen, aber auch durch Kampagnen und Protestschreiben wird Druck aufgebaut. Die Verletzung der Menschenrechte wird gesehen und nicht verschwiegen.

**M 4**
*Allgemeine Erklärung der Menschenrechte der UN*

Durch Lobbyarbeit wird außerdem darauf gedrängt, dass Staaten und Wirtschaftsorganisationen Menschenrechte in ihre internationalen Abkommen aufnehmen.

**Organigramm von amnesty international**

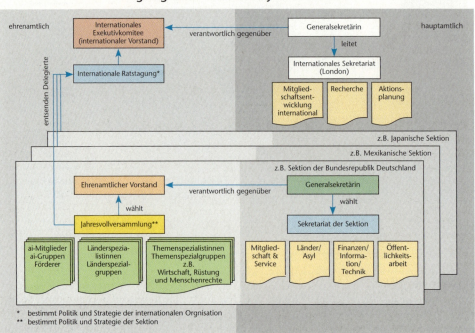

*Quelle: Amnesty International, Zugriff am 01.02.2010 unter: http://www2.amnesty.de/internet/resource.nsf/res/8C3DF89BC8BBE928C1256A99005120DC/$FILE/orga.gif*

Zurzeit hat Amnesty international nach eigenen Angaben 2,2 Millionen Mitglieder in 150 Ländern. Die Mitglieder bilden nationale bzw. regionale Verbindungen, die Sektionen genannt werden. Hier werden die Aktivitäten der Mitglieder geplant und koordiniert. Außerdem dienen sie als Verbindungsstellen zu den anderen Sektionen und dem **Internationalen Sekretariat in London**.

Oberstes Organ auf weltweiter Ebene ist der **Internationale Rat** von Amnesty International. Er besteht aus Gesandten der Sektionen und tritt alle zwei Jahre zusammen. Neben der Planung der zukünftigen Arbeit wird auch das Internationale Exekutivkomitee gewählt, welches die laufenden Geschäfte führt und Entscheidungen trifft. Es ist außerdem für das Internationale Sekretariat zuständig, an dessen Spitze die internationale Generalsekretärin steht.

**A**
*Todesstrafe und Hinrichtungen*

Die **Aktivitäten** von ai sind sehr vielschichtig und sehr zahlreich, z. B.
- berichten Experten für ai über die Menschenrechtsverletzungen im Nahostkonflikt,
- wird dazu aufgerufen, Schreiben an den Ministerpräsidenten von China zu richten, um die Freilassung des Umweltaktivisten und Schriftstellers Tan Zuoren zu erwirken. Ihm drohen gemäß ai Folter und andere Misshandlungen.
- Gehen Protestschreiben an Innenminister Thomas de Maizière, um die Abschiebung der Roma in den Kosovo zu verhindern. Auch nach dem Krieg drohen den Roma hier Diskriminierung und Gewalt.

**V**
*Amnesty International – Aktivitäten*

# Materialien

## Illegale Fischerei profitiert von EU-Einsatz am Horn von Afrika

**M 1**
*EU-Einsatz am Horn von Afrika*

Wenn die Europäische Union den Kampf gegen die Piraten vor der Küste Somalias aufnimmt, dann werden wohl nicht nur Handelsschiffe von der wachsenden Sicherheit profitieren. Nutzen wird dieser Einsatz am Horn von Afrika nach Expertenangaben zugleich auch Hunderten illegal operierenden Fisch-Trawlern aus der EU, Russland und Asien. Mit ihren Raubzügen nach dem Kollaps des somalischen Staates 1991 aber hatten diese Fischereiboote entscheidend zur Ausbreitung der Piraterie beigetragen: Arbeitslos gewordene somalische Fischer wurden damals zu Seeräubern, um ihren Lebensunterhalt zu sichern.

Nach einem Bericht der UN-Ernährungs- und Landwirtschaftsorganisation FAO drangen in den Jahren nach 1991 bis zu 700 ausländische Fischereiboote auf der Jagd nach Thunfisch, Hai und Shrimps bis dicht an die somalische Küste vor. Rücksicht auf die einheimischen Fischer nahmen sie nicht. Im Gegenteil: Laut einem Bericht der Londoner Umwelt- und Menschenrechtsorganisation Environmental Justice Foundation rammten die Invasoren die Boote einheimischer Fischer, beschossen deren Insassen mit Wasserkanonen, kappten ihre Netze und nahmen dabei selbst den Verlust von Menschenleben in Kauf.

Die somalischen Fischer hätten sich dann bewaffnet, um ihre Lebensgrundlage zu verteidigen, berichtet der kenianische Experte Andrew Mwangura, der in den Vereinigten Arabischen Emiraten erscheinenden Zeitung „The National". Mwangura, dessen Seafarers Assistance Programme in 90 Prozent aller Kaperungen zwischen somalischen Piraten und Reedern vermittelt, nennt illegales Fischen als Wurzel der Piraterie. Zunächst hätten maritime Milizen vor den rund 3.000 Kilometer langen Küsten illegal fischende Trawler aufgebracht und „Lizenz-Zahlungen" für deren Schwarzfischerei erhoben. Und weil das funktioniert habe, hätten sie später auch Handelsschiffe gekapert, sagt Mwangura.

Anette Weber, Expertin bei der Stiftung Wissenschaft und Politik für die Region, bestätigt diese Analyse. Die Verdrängung der Subsistenzfischer aus ihren Fanggründen und das gleichzeitige Fehlen staatlicher Strukturen seien Auslöser einer Spirale gewesen, die heute Piraterie zu einem lukrativen Geschäft krimineller Netzwerke mache.

Inzwischen sind die Piraten laut Mwangura bestens ausgerüstet und werden finanziert von Hintermännern, die in luxuriösen Villen in Kenia, Großbritannien oder Kanada, der größten somalischen Exilgemeinde, leben. Dass den inzwischen fünf großen Piraten-Banden immer wieder auch Fischereischiffe aus aller Welt in die Fänge geraten, liegt wiederum an den verlockenden Profiten, die in den fischreichen Gründen vor Somalia gemacht werden können.

Schätzungen der FAO zufolge plünderten internationale Schwarzfischer vor Somalia bis zu ihrer teilweisen Vertreibung durch die Piraten jährlich Fisch und Krustentiere im Wert von etwa 94 Millionen Dollar. Etliche dieser Fischräuber fahren unter fremden Billigflaggen wie etwa von Panama, Belize oder Honduras, weil keiner dieser Staaten die Einhaltung internationaler Abkommen zu Fangbegrenzungen oder dem Artenschutz überwacht. Nach einer von der australischen Regierung finanzierten und der Umweltschutzorganisation WWF erstellten Studie besitzen spanische Eigner die weltweit viertgrößte Flotte von Schiffen unter Billigflaggen und stehen unter dem Verdacht der Fisch-Piraterie.

Je sicherer Marineschiffe aus der EU die Gewässer vor Somalia machen, umso größer werden dann nach den Expertenangaben auch wieder die Profite jener Fisch-Räuber, die die Piraterie einst selbst provoziert hatten. Das Problem der Raubfischerei europäischer Thunfischfänger vor Somalia ist Weber zufolge „viel zu spät auf den Schirm der Wahrnehmung geraten". Der Grund: „Wir profitieren alle davon", sagt sie.

Quelle: APA: Illegale Fischerei profitiert von EU-Einsatz am Horn von Afrika, in: DiePresse.com vom 20.11.2008, Zugriff am 22.08.2009 unter: http://diepresse.com/home/panorama/welt/431803/index.do

1. Welche Erklärung hat die Quelle zur Entstehung der Piraterie am Horn von Afrika?
2. Wieso fördert die EU demnach illegale Fischerei?

Text 1
Pressemitteilung: Berlin, 02.04.2008

**M 2**
*NATO-Strategie*

## NATO-Gipfel in Bukarest:
### Ärzteorganisation IPPNW warnt vor gefährlicher NATO-Strategie

Mit großer Sorge verfolgt die deutsche Sektion der Internationalen Ärzte für die Verhütung des Atomkrieges (IPPNW) die Beratungen des NATO-Gipfels vom 2. bis 4. April in Bukarest. Das im Vorfeld bekannt gewordene Strategiepapier „Towards a Grand Strategy for an Uncertain World" propagiert die Bereitschaft zum atomaren Erstschlag und zu militärischen Interventionen ohne völkerrechtliche Legitimation durch den Weltsicherheitsrat. Die Autoren aus höchsten NATO-Kreisen fordern u. a. eine „Eskalationsdominanz" zur Sicherung der westlichen Kultur und Lebensweise. Diese Denkweise ist nach Auffassung der IPPNW in keiner Weise geeignet, ein friedliches und zivilisiertes Zusammenleben zu fördern, sondern entspringt einer unverantwortlichen Hybris und fehlgeleiteten Allmachtsfantasien des politisch-militärisch-industriellen NATO-Komplexes.

Matthias Jochheim, Vorstandsmitglied der IPPNW: „Die westliche Kultur kann nicht durch Besetzung fremder Länder, durch Bombardierung der Bevölkerung und Einrichtung von Folterlagern wie in Irak und Afghanistan ‚verteidigt' werden. Nur der Ausbau demokratischer Rechte und sozialer Gerechtigkeit hier bei uns sowie die friedliche Zusammenarbeit und solidarische Unterstützung gegenüber den Menschen im globalen Süden garantieren das friedliche Miteinander der Kulturen. Wir lehnen die von der NATO gewaltsam verteidigte ungerechte Wirtschaftsordnung ab, in der 20% der Menschheit in den reichen Ländern 80% der Rohstoffressourcen verbrauchen. Die Energieversorgung sollte nicht durch Militäreinsätze, sondern durch die Umstellung auf einen intelligenten Mix aus regenerativen Energien gesichert werden."

Ernste Sorge bereitet der Ärzteorganisation die gefährliche Logik des Strategiepapiers. Zum Beispiel wird darin der „Ersteinsatz von Atomwaffen" als letztes Instrument zur Verhinderung des Einsatzes von Massenvernichtungswaffen empfohlen. Solche Vorschläge aus NATO-Militärkreisen seien zu charakterisieren mit der Abkürzung „MAD" aus den 50er-Jahren des vorigen Jahrhunderts: Mutual Assured Destruction = Gegenseitig gesicherte Zerstörung, oder einfacher übersetzt: VERRÜCKT. Die IPPNW fordert stattdessen die weltweite Abschaffung aller Atomwaffen. Deutschland könnte hierzu einen wichtigen Beitrag leisten, indem die Bundesrepublik die „Nukleare Teilhabe" im Rahmen der NATO aufkündigt und den Abzug der US-Atombomben veranlasst, welche immer noch auf dem Luftwaffenstützpunkt Büchel gelagert werden.

Das NATO-Strategiepapier „Toward a grand strategy for an uncertain world" finden Sie unter: http://www.csis.org/media/csis/events/080110_grand_strategy.pdf

*Quelle: AG Friedensforschung an der Universität Kassel, Zugriff am 10.08.2009 unter: http://www.uni-kassel.de/fb5/frieden/themen/NATO/bukarest7.html*

**Text 2**
**USA und Russland**

### Großmächte rüsten ab

Die Präsidenten Obama und Medwedjew wollen Verhandlungen über ein „neues, umfassendes und rechtlich verbindliches" Abrüstungsabkommen aufnehmen.

Die Vereinigten Staaten und Russland wollen ihre strategischen Atomwaffen-Arsenale drastisch verringern. Die Präsidenten Barack Obama und Dmitrij Medwedjew vereinbarten bei ihrem ersten

Treffen am Rande des G-20-Gipfels in London, sofort Verhandlungen über ein „neues, umfassendes und rechtlich verbindliches" Abrüstungsabkommen aufzunehmen.

Diese Übereinkunft soll den Start-1-Vertrag von 1991 ersetzen, der im Dezember ausläuft. In dem neuen Abkommen wollen die USA und Russland „ein Rekordmaß an Reduzierung" erzielen, wie es in einer gemeinsamen Erklärung heißt.

Konkrete Obergrenzen für Sprengköpfe oder Trägersysteme wie Raketen und Bomber wurden nicht genannt, das neue Abkommen soll aber über den Moskauer Vertrag von 2002 hinausgehen, der die Zahl der Sprengköpfe auf 1.700 bis 2.200 Stück je Seite limitiert.

Beobachter halten es für möglich, dass die Arsenale abermals um die Hälfte reduziert werden könnten. Schon im Juli sollen Unterhändler beider Seiten erste Ergebnisse vorlegen. Obama kündigte an, dass er zu diesem Zeitpunkt Moskau besuchen werde.

Er und Medwedjew rechneten damit, den neuen Abrüstungsvertrag rechtzeitig vor Ende dieses Jahres unterschreiben zu können, sagte der US-Präsident.

Kurz vor seinem Treffen mit dem russischen Staatschef hatte Obama abermals betont, dass Moskau und Washington besser in der Lage wären, weltweit die Prinzipien des Atomwaffensperrvertrags durchzusetzen, wenn sie sich selbst zu tief greifenden Einschnitten in ihre atomare Rüstung verpflichteten.

Das Treffen, an dem auch die Außen- und Finanzminister beider Seiten teilnahmen, fand in der Residenz des amerikanischen Botschafters in London statt. Es sei in herzlicher Atmosphäre verlaufen, hieß es. Die Begegnung markierte einen Neubeginn in den Beziehungen beider Staaten, die in den vergangenen Jahren auf einen Tiefpunkt gesunken waren.

Obama äußerte die Überzeugung, dass das Verhältnis zu Moskau nicht mehr „abdriften" werde. Medwedjew zeigte sich „optimistisch" über die Kontakte zu Washington. Trotz des konzilianten Tons bestehen allerdings in zwei wichtigen Streitfragen die Differenzen fort: Russland lehnt die NATO-Erweiterung um Georgien und die Ukraine ebenso weiterhin ab wie den von den USA geplante Aufbau eines Raketenschutzschildes in Osteuropa.

Quelle: Wolfgang Koydl und Paul-Anton Krüger: Großmächte rüsten ab, in: Süddeutsche Zeitung vom 01.04.2009, Zugriff am 10.08.2009 unter: http://www.sueddeutsche.de/politik/81/463686/text/

1. Lesen Sie Text 1 und Text 2 aufmerksam.
2. Welche Positionen weisen die Texte jeweils auf?
3. Diskutieren Sie mit Ihren Mitschülern über die jeweiligen Positionen.
4. Welche Position vertreten Sie?

**M 3** Verhältnis NGOs und UN

1. Beschreiben und erläutern Sie die Karikatur.
2. Wen stellen die Personen dar?
3. Was will der Zeichner damit ausdrücken?

## Auszug aus den 30 Artikeln der Allgemeinen Erklärung der Menschenrechte

Resolution 217 A (III) vom 10.12.1948

**Artikel 1**
Alle Menschen sind **frei und gleich an Würde** und Rechten geboren. Sie sind mit Vernunft und Gewissen begabt und sollen einander im Geist der Brüderlichkeit begegnen.

**Artikel 2**
Jeder hat Anspruch auf die in dieser Erklärung verkündeten Rechte und Freiheiten ohne irgendeinen Unterschied, etwa nach Rasse, Hautfarbe, Geschlecht, Sprache, Religion, politischer oder sonstiger Überzeugung, nationaler oder sozialer Herkunft, Vermögen, Geburt oder sonstigem Stand.

Des Weiteren darf **kein Unterschied** gemacht werden auf Grund der politischen, rechtlichen oder internationalen Stellung des Landes oder Gebiets, dem eine Person angehört, [...]

**Artikel 3**
Jeder hat das Recht auf **Leben, Freiheit und Sicherheit der Person**.

**Artikel 4**
Niemand darf in **Sklaverei oder Leibeigenschaft** gehalten werden; Sklaverei und Sklavenhandel sind in allen ihren Formen verboten.

**Artikel 5**
Niemand darf der **Folter** oder grausamer, unmenschlicher oder erniedrigender Behandlung oder Strafe unterworfen werden. [...]

**Artikel 12**
Niemand darf willkürlichen Eingriffen in sein **Privatleben**, seine Familie, seine Wohnung und seinen Schriftverkehr oder Beeinträchtigungen seiner Ehre und seines Rufes ausgesetzt werden. Jeder hat Anspruch auf rechtlichen Schutz gegen solche Eingriffe oder Beeinträchtigungen.

**Artikel 13**
1. Jeder hat das Recht, sich innerhalb eines Staates **frei zu bewegen** und seinen Aufenthaltsort frei zu wählen. [...]

**Artikel 16**
1. Heiratsfähige Frauen und Männer haben ohne Beschränkung aufgrund der Rasse, der Staatsangehörigkeit oder der Religion das Recht, zu heiraten und eine Familie zu gründen. Sie haben bei der **Eheschließung**, während der Ehe und bei deren Auflösung gleiche Rechte.
2. Eine Ehe darf nur bei freier und uneingeschränkter Willenseinigung der künftigen Ehegatten geschlossen werden. [...]

**Artikel 17**
1. Jeder hat das Recht, sowohl allein als auch in Gemeinschaft mit anderen **Eigentum** innezuhaben.
2. Niemand darf willkürlich seines Eigentums beraubt werden.

**Artikel 18**
Jeder hat das Recht auf **Gedanken-, Gewissens- und Religionsfreiheit**; dieses Recht schließt die Freiheit ein, seine Religion oder Überzeugung zu wechseln, sowie die Freiheit, seine Religion oder Weltanschauung [...] durch Lehre, Ausübung, Gottesdienst und Kulthandlungen zu bekennen.

**M 4**
*Allgemeine Erklärung der Menschenrechte*

### Artikel 19
Jeder hat das Recht auf **Meinungsfreiheit** und freie Meinungsäußerung; dieses Recht schließt die Freiheit ein, Meinungen ungehindert anzuhängen sowie über Medien jeder Art und ohne Rücksicht auf Grenzen Informationen und Gedankengut zu suchen, zu empfangen und zu verbreiten. [...]

### Artikel 21
1. Jeder hat das Recht, an der Gestaltung der öffentlichen Angelegenheiten seines Landes unmittelbar oder durch frei gewählte Vertreter mitzuwirken.
2. Jeder hat das Recht auf gleichen Zugang zu öffentlichen Ämtern in seinem Lande.
3. Der **Wille des Volkes bildet die Grundlage für die Autorität der öffentlichen Gewalt**; dieser Wille muss durch regelmäßige, unverfälschte, allgemeine und gleiche Wahlen mit geheimer Stimmabgabe [...] zum Ausdruck kommen. [...]

### Artikel 25
1. Jeder hat das Recht auf einen **Lebensstandard**, der seine und seiner Familie Gesundheit und Wohl gewährleistet, einschließlich Nahrung, Kleidung, Wohnung, ärztliche Versorgung und notwendige soziale Leistungen [...]

### Artikel 26
1. Jeder hat das **Recht auf Bildung**. Die Bildung ist unentgeltlich, zum mindesten der Grundschulunterricht und die grundlegende Bildung. [...]
2. Die Bildung muss auf die volle Entfaltung der menschlichen Persönlichkeit und auf die Stärkung der Achtung vor den Menschenrechten und Grundfreiheiten gerichtet sein. Sie muss zu Verständnis, Toleranz und Freundschaft zwischen allen Nationen und allen rassischen oder religiösen Gruppen beitragen und der Tätigkeit der Vereinten Nationen für die Wahrung des Friedens förderlich sein. [...]

## Arbeitsvorschlag

1. Informieren Sie sich, warum die Todesstrafe verhängt wurde.
2. Warum verstößt die Todesstrafe gegen die Menschenrechte?

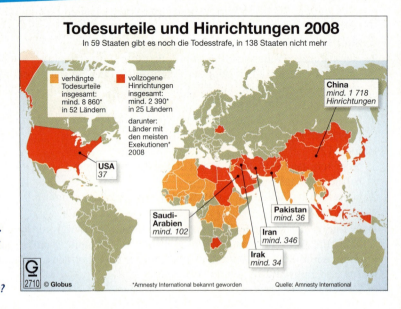

# Zur Vertiefung

## Amnesty International fordert Waffenembargo

**Nach dem Krieg im Gazastreifen kommen immer mehr Details zutage, was genau geschah. Amnesty International will Beweise haben, wonach beide Kriegsparteien Kriegsverbrechen begangen haben, mithilfe ausländischer Waffen**

LONDON – Die Menschenrechtsorganisation Amnesty International hat den UN-Sicherheitsrat aufgefordert, ein sofortiges und vollständiges Waffenembargo gegen Israel und die Hamas zu verhängen. In einer am Montag in London veröffentlichten Erklärung hieß es, sowohl Israel als auch die radikalislamische Palästinenserorganisation hätten während ihres militärischen Konflikts im Januar Kriegsverbrechen begangen. Amnesty lägen Beweise vor, dass beide Seiten aus dem Ausland stammende Waffen gegen Zivilisten einsetzten.

„Wir rufen den UN-Sicherheitsrat auf, ein sofortiges und vollständiges Embargo für Waffen zu verhängen, die für Israel, die Hamas und andere bewaffnete Palästinensergruppen bestimmt sind", erklärte der Leiter der Nahost-Sektion von Amnesty, Malcolm Smart. Dieses Embargo solle so lange gelten, bis garantiert sei, dass die Munition und das andere Kriegsmaterial nicht genutzt würden, „um schwere Verletzungen des internationalen Rechts zu begehen".

**Israel nimmt Stellung zu Vorwürfen**
Bei ihrer Militäroffensive im Gazastreifen hätten die israelischen Streitkräfte Phosphorbomben und weitere von den USA gelieferte Waffen eingesetzt, erklärte Donatella Rovera, die im Süden Israels und im Gazastreifen Untersuchungen geleitet hatte. Die Hamas und andere bewaffnete palästinensische Gruppen hätten auf von Zivilisten bewohnte Gebiete in Israel hunderte Raketen abgefeuert, die sie über Schmuggelrouten erhalten hätten oder die mit aus dem Ausland gelieferten Komponenten produziert worden seien. Auch wenn diese Raketen weniger zerstörerisch als die von Israel eingesetzten Waffen seien – „diese Raketenangriffe sind ebenfalls Kriegsverbrechen", sagte Rovera.

Das israelische Außenministerium erklärte dazu, die Amnesty-Darstellung sei „verzerrt" und erfülle nicht die professionellen Kriterien der Objektivität. Israel habe nicht absichtlich zivile Ziele getroffen; der Einsatz aller Waffen habe dem internationalen Recht entsprochen, hieß es in einer Erklärung des Ministeriums. Bei der dreiwöchigen Militäroffensive Israels im Gazastreifen, die am 18. Januar mit einer Waffenruhe endete, waren mehr als 1.300 Palästinenser und 13 Israelis getötet worden.

*Quelle: hyc/AFP: Amnesty International fordert Waffenembargo, in: Der Tagesspiegel vom 23.02.2009, Zugriff am 10.08.2009 unter: http://www.tagesspiegel.de/politik/international/Amnesty-International-Israel-Gaza;art123,2737078*

1. Informieren Sie sich über die Allgemeine Erklärung der Menschenrechte der Vereinten Nationen.
2. Gegen welche Menschenrechte wurde nach diesem Artikel im Nahostkonflikt verstoßen?
3. Amnesty International klagt Menschenrechtsverletzungen weltweit an, unabhängig davon, wer für den Ausbruch des Konflikts verantwortlich ist.
   a) Was halten Sie davon?
   b) Wer ist für den Ausbruch des Konflikts im Nahen Osten verantwortlich?
   c) Bewerten Sie die Arbeit von Amnesty International.

## 6.4 Veränderungen der Welt durch Globalisierung – Konfliktpotenzial oder Möglichkeit für dauerhaften Frieden?

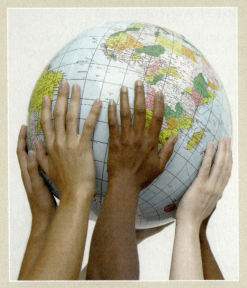

*Siehe auch Kap. 1, S. 10 ff.*

Wenn von **Globalisierung** die Rede ist, kann vieles darunter verstanden werden, da die Auslegung sehr beliebig sein kann. Eines ist es aber auf jeden Fall: weltumspannend.

Globalisierung bedeutet unter anderem weltweiter Handel. Handel gab es schon immer wie z. B. durch die Briten im Kolonialzeitalter oder durch die Hansekaufleute im Ostseeraum unter der Führung Lübecks im Mittelalter und in der frühen Neuzeit. Nur vollzieht sich der Austausch heute viel intensiver und schneller, da der Handel organisiert wird mithilfe des Computers, des Internets und des Telefons. Außerdem werden die Transporte immer schneller und umfangreicher durch Flugzeuge, Schiffe und Lkws.

Die Welt ist ein Dorf geworden. Dementsprechend war und ist unsere Gesellschaft multikulturell. Geht man in Kiel durch die Innenstadt oder an der Förde spazieren, sprechen die Spaziergänger u. a. englisch, polnisch, russisch, chinesisch, dänisch, kroatisch, türkisch, deutsch und plattdeutsch.

### Einmal um die ganze Welt

#### Globalisierung und Wirtschaft

*Siehe auch Kap. 7.1, S. 309 f.*

Der **Arbeitsmarkt** hat sich in den letzten Jahren mehr und mehr geöffnet. Der Kfz-Mechaniker aus Husum arbeitet in Dänemark, ebenso der Maurer aus Rendsburg und die Krankenschwester aus Schleswig. Deutsche Ärzte gehen bevorzugt in die Schweiz und nach Norwegen; Architekten nach Australien. Polnische Arbeiter stechen bei uns den Spargel und wir bringen unsere Kleidung zum Ändern in türkische Schneidereien. Unser Arbeitsmarkt steht Arbeitnehmern europaweit offen, aber auch international bieten wir vielen Arbeitnehmern die Möglichkeit, hier zu arbeiten. Zum einen stellt dies eine Bereicherung für uns dar, denn einige Arbeiter haben spezielle Qualifikationen, die auf unserem Arbeitsmarkt nicht angeboten werden und die wir so nutzen können.

Zum anderen resultiert daraus eine Konkurrenz für unsere Arbeitnehmer. Ungelernte Arbeiter sind austauschbar geworden. Das deutsche Wirtschaftsministerium spricht in seiner Untersuchung „Globalisierte Arbeitswelt" vom „Verlust der internationalen Wettbewerbsfähigkeit im Niedrigpreisbereich".

#### Niedriglohnarbeit

Die Wahrscheinlichkeit, dass sich die Einkommen in Osteuropa und Asien dem Niveau der heutigen Industrieländer schnell anpassen, ist gering. Die Löhne dort sind angesichts von Millionen Bauern und Slumbewohnern, die erst noch auf ihre industrielle Beschäftigung warten, selbst unter Druck. Das Lohnniveau steigt deutlich langsamer, da die **Niedriglohnarbeiter** den Arbeitsmarkt geradezu überfluten. Für diese Arbeitnehmer sind sanitäre Anlagen und die garantierte Nahrungsversorgung bereits ein großer Anreiz, auch in weniger attraktiven Berufen zu arbeiten. Durch unser Sozialsystem sind Arbeitslose

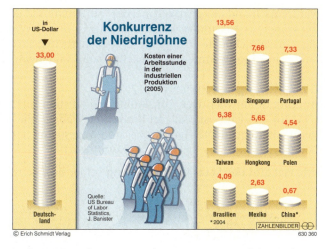

hierzulande vor Armut geschützt, dieses Sozialsystem ist aber einzigartig auf der Welt. In anderen Ländern bedeutet Arbeitslosigkeit oft Armut.

### Fortbildung ist wichtig
Um am Arbeitsmarkt konkurrenzfähig zu bleiben, müssen wir uns weiterbilden. Einfache Tätigkeiten können von vielen Menschen verrichtet werden. Spezialisierte Tätigkeiten können nur wenige ausführen. Deshalb können sie ein besseres Gehalt für ihre Arbeit fordern. Bestimmte Berufe werden von der Globalisierung nicht berührt. Kein Mensch fährt nach China zum Friseur, auch wenn der wesentlich weniger verlangt. Mülltonnen müssen vor Ort geleert und Häuser hier gebaut werden.

### Verlagerung der Produktionsstätten in Billiglohnländer
Aufgrund der hohen Löhne sind viele Textilfabriken mit einer Produktion in Deutschland nicht mehr konkurrenzfähig. Produziert wird daher in Billiglohnländern, Forschung und Entwicklung befinden sich zum Großteil in Deutschland.

Die Textilindustrie hält in Europa aber auch Produktionsstätten in Betrieb, um schnell auf Modetrends reagieren zu können. Bücher werden zwar in China gedruckt, aktuelle Zeitschriften aber nicht, weil die Transportzeit sie ihrer Aktualität berauben würde.

In einem Seminar an der Kieler Universität zum Thema Produktentwicklung sitzen mehr Inder und Chinesen als Deutsche. Der Wettlauf im Bereich Forschung und Entwicklung hat nun auch hier begonnen. Asiaten holen sich ihr Know-how bei uns und entwickeln dies in ihrem Heimatland weiter.

Deutschlands Wirtschaft lebt vom Export. 2008

war Deutschland „**Exportweltmeister**". International gesehen hat unser Land die meisten Waren ins Ausland verkauft und daher ist unsere Wirtschaft vom Welthandel abhängig. Gut ausgebildete Ingenieure und Facharbeiter, kreative Verkäufer haben Deutschland zum Exportweltmeister gemacht. Daran sollten wir weiterarbeiten.

### Globalisierung und Bildung

**Bildung** ist ein wichtiges Gut. Wohlstand entsteht nicht bei ungebildeten Arbeitern. Es sei denn, das Land ist reich an Rohstoffen. Länder, die wohlhabend sind, haben in der Regel gut ausgebildete Handwerker und Angestellte. Je höher die Qualifizierung der Arbeitnehmer, umso mehr Wohlstand ist möglich.

**Wie viel gibt der Staat für die Bildung seiner Bevölkerung aus?**

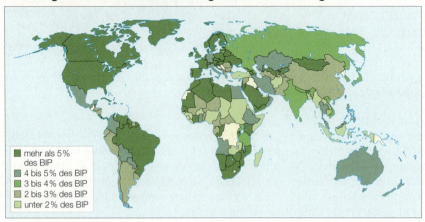

BIP – Bruttoinlandsprodukt

### Globalisierung und Sozialstaat

Oft besteht bei den Arbeitnehmern kein Anreiz, sich weiterzubilden, denn der **Sozialstaat** in Deutschland kümmert sich um Menschen, die keine Arbeit finden. Der Staat sorgt für sie durch finanzielle und materielle Zuwendungen. Diese Zuwendungen werden durch unser Sozialsystem und Steuern finanziert. Dieser Sozialaufschlag verteuert die Löhne in Deutschland. Unsere Arbeitnehmer konkurrieren aber mit Arbeitern und Angestellten, z.B. aus China, die solchen Sozialaufschlag nicht kennen. Entsprechend wird dieser Sozialaufschlag zum Nachteil für die Arbeitnehmer hierzulande.

Dadurch, dass China nicht für seine Arbeitslosen und mittellosen Landarbeiter zahlt, besteht für sie die Notwendigkeit, sich rasch wieder in den Arbeitsprozess einzugliedern. Der Staat zwingt sie durch sein Nichtstun. Eine weitere Folge ist, dass durch die enorme Anzahl an Arbeitskräften, welche dem Markt zur Verfügung stehen, die Löhne gedrückt werden können.

### Globalisierung und asiatische Regionen

Chinas Regierung vertritt die Auffassung, dass der Unternehmer so viel Geld wie möglich in seinen Betrieb investieren soll, und verzichtet daher darauf, ihn in Hinblick auf den Aufbau eines Sozialstaates in die Pflicht zu nehmen. Die Wirtschaft soll um jeden Preis wachsen.

Die **Arbeitsbedingungen** in Asien sind entsprechend rau. In Indien kann dem Arbeiter verboten werden, das Betriebsgelände zu verlassen oder zu sprechen. Verstöße gegen Regeln werden mit Entlassung, Geldbußen oder körperlichen Misshandlungen geahndet. Die übrigen Arbeitsbedingungen entsprechen nicht den internationalen Standards in Hinblick auf Sicherheit und Gesundheit, sodass Verletzungen und Todesfälle in Kauf genommen werden.

Der Aufstieg der asiatischen Staaten ist genau genommen nur der Aufstieg von Bevölkerungsteilen in Teilregionen. Die Analphabetenquote ist nach wie vor hoch, trotz der zum Teil staatlich verordneten Schulpflicht.

Teppichknüpfer in Pakistan

### Globalisierung und Konsumenten

Die Kunden, welche die Waren in Supermärkten und Bekleidungshäusern kaufen, interessiert oft nicht, woher die Ware stammt, sondern nur der Preis und ab und zu die Qualität. Den **Konsumenten** interessiert meistens nicht, unter welchen Bedingungen die Waren hergestellt wurden oder ob Menschenrechte im Herstellungsland eingehalten werden. Wollen einheimische Betriebe der ausländischen Konkurrenz standhalten, versuchen sie nach Möglichkeit die Personalkosten zu senken, um danach die Preise zu senken. Durch Personalentlassungen werden zwar kurzfristig die Kosten gesenkt, aber die Arbeitslosen belasten gleichzeitig wieder das Sozialsystem. Der Staat ist für ihren Lebensunterhalt, für Kost und Logis, Arztrechnung und Altersruhegeld verantwortlich.

*Siehe auch Kap. 3.1, S. 72 ff.*

### Globalisierung und Staat

In Europa setzt der Staat Rahmenbedingungen für die Wirtschaft, z. B. soziale Standards. Das kommunistische China lässt den Unternehmern mehr Spielraum. Der chinesische Staat ermöglicht, dass ausländisches **Kapital** nach China hereinkommt, aber nicht ohne Weiteres wieder hinausfließt. Zudem wird die chinesische Währung gegenüber Dollar und Euro künstlich billig gehalten. Die Chinesen haben ihre Währung Yuan an einen Pool von westlichen Währungen geknüpft. Das heißt, dass es einen relativ festen Wechselkurs zwischen der chinesischen Währung und der Währung der Industrienationen gibt. Aufgrund des wirtschaftlichen Aufschwungs in China müsste sich der Yuan eigentlich erhöhen, sodass es nicht mehr so billig wäre, chinesische Produkte zu kaufen. Der chinesische Staat verhindert diese Anpassung. Der Staat optimiert damit die Exportmöglichkeiten der Wirtschaft. Im Gegenzug werden Importe, also Bestellungen in Amerika und Europa, durch die Währungspolitik künstlich verteuert.

*Siehe auch Kap. 5.2, S. 204 f.*

### Globalisierung und Religion

Die Konflikte der drei Weltreligionen in der Vergangenheit reichen von der gewalttätigen Ausbreitung des Islams über die Kreuzzüge der Christen bis zum aktuellen Nahost-Konflikt. Aber auch Spannungen innerhalb einer Religion und ihren unterschiedlichen Ausprägungen bargen und bergen sowohl in der Vergangenheit als auch in der Gegenwart das Potenzial für gewalttätige Auseinandersetzungen. Die Kriege zwischen Protestanten und Katholiken in Nordirland, der Kampf zwischen Sunniten und Schiiten im Irak sind Beispiele hierfür. In diesen Konflikten werden meist die religiösen Auseinandersetzungen als Vorwand für ein aggressives Einschreiten benutzt, bei dem andere Ziele wie Gebiets-

ansprüche oder Inbesitznahme von Wasser, Erdöl, Erzen und anderen Rohstoffen verfolgt werden.

Alle Religionen achten das Gebot der Nächstenliebe, sodass der missionarische Gedanke friedlich umgesetzt werden sollte. Religiöse Fundamentalisten organisieren sich global. Aus einer Zentrale in Afghanistan wird z. B. die Anordnung gegeben, sich in Deutschland für einen terroristischen Anschlag ausbilden zu lassen. Diese Personen gliedern sich in die Gesellschaft ein, leben also unauffällig, und werden daher „Schläfer" genannt. Auf einen Befehl aus zigtausend Kilometer Entfernung schlagen sie zu und verüben Attentate. Die Schläfer tauschen sich per Internet aus und lösen durch ihre Aktivitäten weltweit die Furcht vor Terror aus.

Kämpferische Auseinandersetzungen, in denen Religion eine Rolle spielt, gibt es nach wie vor. Oft ist die Religion nicht der kriegsauslösende Grund, nimmt in dem Konflikt aber eine wichtige Rolle ein. Es sind meist Auseinandersetzungen, die immer wieder aufflackern.

| Wo? | Wann? | Welche Religionen? |
| --- | --- | --- |
| Nordirland | Seit 1969 | Innerchristlich |
| Ehemaliges Jugoslawien | Seit 1991 | Innermuslimisch, Christen usw. |
| Indien (Kaschmir) | Seit 1990 | Moslems, Hindus |
| Myanmar (Birma) | Seit 1948 | Buddhisten, Christen, Moslems |
| Pakistan | Seit 2001 | Innermuslimisch, Ahmadis, Hindus, Sikhs, Christen |
| Philippinen | Seit 1970 | Christen, Moslems |
| Sri Lanka | Seit 2005 | Hindus, Buddhisten |
| Somalia | Seit 1988 | Innermuslimisch |
| Afghanistan | Seit 1978 | Innermuslimisch, Christen |
| Iran/Kurdistan | Seit 2005 | Innermuslimisch |
| Türkei/Kurdistan | Seit 2004 | Innermuslimisch |
| Israel/Palästina | Seit 1948 | Juden, Moslems |
| Libanon | Seit 1990 | Juden, Moslems, innermuslimisch |
| Palästina | Seit 2006 | Innermuslimisch |

*Siehe auch Kap. 3, S. 71 ff.*

### Globalisierung und Umwelt

Durch den jahrzehntelangen gedankenlosen Umgang mit Abfällen, Abgasen, Abwässern usw. wurde ein Teil unserer Natur zerstört. Der Beginn der massiven Umweltverschmutzung ging einher mit der industriellen Revolution. Heutzutage ist aber nicht nur die Industrie ein großer Konsument unserer natürlichen Ressourcen. Der private Haushalt hat in vielen Bereichen der Industrie den Rang abgelaufen.

Während in vielen Industrienationen mittlerweile ein Umdenken stattfindet, holen Schwellenstaaten wie China, Indien und Russland im Verbrauch an natürlichen Ressourcen auf. Als Klärbecken dient Mutter Erde, die Wüste wird als Mülldeponie genutzt, die Industrieabgase durchlaufen als ersten Filter die Lungen der Anwohner. Würden in den Metropolen Asiens die europäischen Grenzwerte für Feinstaub, Trinkwasserqualität und die Belastung von Lebensmitteln gelten, müssten die Fabriken vielerorts schließen. Der Autoverkehr würde ganzjährig ruhen.

**M 5**
*Konkurrenz um knappe Ressourcen*

Diese Umweltschäden führen dazu, dass die Ressourcen saubere Luft und reines Trinkwasser weltweit knapp geworden sind. Da diese Güter lebensnotwendig sind, birgt die Versorgung damit Konfliktpotenzial.

## Globalisierung und Rohstoffe

Rohstoffe wie Erdöl, Erdgas und Kohle sind so knapp, dass nach Alternativen gesucht wird. Da sich ein Teil der Erdbevölkerung von diesen Rohstoffen abhängig gemacht hat und damit seinen Wohlstand aufrechterhält, kann der Zugang zu diesen Ressourcen zu Konflikten führen. Aber auch diejenigen, die Zugang zu diesen Rohstoffen haben, versuchen, sie am gewinnbringendsten zu vermarkten. Damit ist der Drang, diese Ressourcen zu besitzen, sehr hoch. Um an das sudanesische Erdöl zu kommen, ist China bereit, Waffen zu liefern, mit der die Regierung des Sudan die Christen im Gebiet Darfur verfolgt.

## Globalisierung als Konfliktpotenzial?

Aufgrund der Tatsache, dass z. B. nicht alle Bevölkerungsteile eines Staates am Wohlstand teilhaben, kann es innerhalb dieser Gesellschaften zu Aufständen und Umsturzversuchen kommen.

**M 6**
*Internationaler Waffenhandel*

Außerdem hat sich auch das Verhältnis der Staaten untereinander, die in Konkurrenz miteinander stehen, eher verhärtet als entspannt. Mit Blick auf z. B. die asiatischen Staaten sind ein misstrauisches Verhalten bzw. offene Spannungen zu erkennen. Die Teilung Koreas, die Konflikte zwischen Indien und Pakistan sowie die ungelöste Beziehung zwischen China und Taiwan sind hier als Beispiele aufzuzeigen.

Gleichzeitig steigen in diesen Staaten die Rüstungsausgaben enorm. Dies wird ermöglicht durch den globalen Waffenhandel, sei dieser legal oder illegal.

### Globalisierung als Friedensstifter?

Weltweit arbeiten Wissenschaftler zusammen. Per Internet-Chat oder durch die unbegrenzten Reisemöglichkeiten ist ein Wissenstransfer uneingeschränkt möglich. Dieses Potenzial kann genutzt werden, um z. B. die Wasserversorgung im Nahen Osten zu verbessern. Um Frieden zu bewahren, ist es wichtig, dass die Grundbedürfnisse der Menschen, wie Nahrung, sauberes Trinkwasser, Unterkunft, Gesundheit, befriedigt werden. Dann verlieren auch die Extremisten ihre Anhängerschaft.

Die weltweite Kommunikation der Polizei- und Sicherheitsapparate sichert uns vor Terroranschlägen.

Ebenfalls verbreiten sich Informationen über Umwelt- und Naturkatastrophen sekundenschnell, sodass in kürzester Zeit weltweite Unterstützung möglich ist. Das deutsche THW half z. B. beim Erdbeben in der Türkei und Pakistan 2005.

*V Knappes Wasser als Konfliktlöser?*

Die weltweit aktiven Organisationen UN, NATO und EU sorgen dafür, dass wir in Sicherheit leben, und helfen beim Aufbau demokratischer und menschenwürdiger Staaten, um Konflikte zu verhindern.

## Materialien

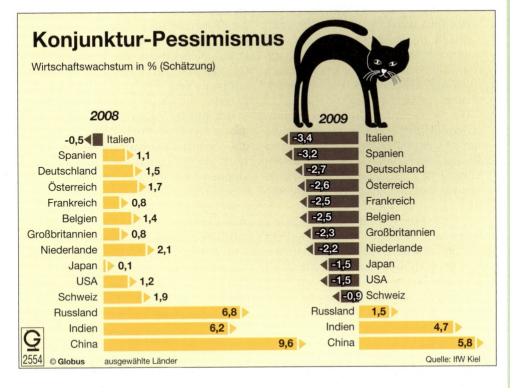

**M 1** Konjunktur-Prognosen

1. Nennen Sie Gründe, warum unter anderem westeuropäische Staaten pessimistisch in die Zukunft schauen.
2. Nennen Sie Gründe, warum Russland, Indien und vor allem China optimistisch sind.
3. Welche Aspekte führen in Russland, Indien und China zu wirtschaftlichem Wachstum?

Arbeitsbedingungen in Entwicklungsländern
### Geiz ist grausam

In Asien entsteht Billigware oft unter unmenschlichen Umständen. Auch Discounter Aldi produziert seine billigen Produkte dort – trotz der Menschenrechtsverletzungen.

Es wird wieder vieles auf die Wühltische geworfen in den nächsten Tagen: Sommerhosen für sieben Euro, Hemden für neun Euro (zwei Stück!), zwei Paar Kindersocken für 1,29 Euro – keine Woche, in der der Discounter Aldi nicht mit Angeboten zu Spottpreisen auf den Markt kommt.

Wie sich das rechnet? Eine Fallstudie gibt, wenngleich sie nicht repräsentativ ist, nun Auskunft zu einer Frage, mit der sich viele Kunden bisher lieber nicht beschäftigt haben.

Das Südwind-Institut aus Siegburg, das unter anderem von evangelischen und katholischen Gemeinden getragen wird, befragte Beschäftigte von Fabriken

**M 2** Geiz ist grausam

in China und Indonesien, in denen neben anderen auch Aldi, Europas größter Discounter, schneidern lässt.

In China gaben Beschäftigte aus fünf Fabriken in der Provinz Jiangsu Auskunft; um sie zu schützen, veröffentlichen die Forscher weder ihren Namen noch den der Fabrik noch den der Interviewer.

Die Befragten berichten von Arbeitszeiten, die um acht Uhr beginnen und um 22 Uhr enden. Pro Monat kommen sie auf zwei freie Tage, übernachten müssen sie in Schlafsälen, deren Betreten und Verlassen nach 22 Uhr verboten ist.

[...] Alle Fabriken verhängen nach Angaben der Südwind-Autorin Ingeborg Wick Geldstrafen gegen Beschäftigte, zum Beispiel, wenn sie zu spät zur Arbeit kommen oder bei der Arbeit essen – mit der Folge, dass viele von ihnen nicht einmal auf den monatlichen Mindestlohn kämen.

Löhne würden zum Teil mit wochen- oder auch monatelanger Verspätung gezahlt. Erstens, um Ausgaben zu strecken, zweitens, um die Beschäftigten von einer Kündigung abzuhalten.

Wer geht, dem würden seine noch ausstehenden Löhne nicht gezahlt. Auch sei es üblich, dass die Arbeiter zu Beginn ihrer Tätigkeit eine Kaution entrichten müssen, in Höhe von knapp zwei Monatsgehältern. Geben sie innerhalb dieses Zeitraums ihre Arbeit wieder auf, wird die Kaution einbehalten.

In drei der fünf untersuchten Fabriken sollen auch Kinder arbeiten, die jünger als 16 Jahre sind. Nicht viel besser sind die Ergebnisse aus Indonesien: Dort gaben neun von zehn Befragten an, ihr Lohn reiche nicht zur Deckung des Grundbedarfs aus. Vier von zehn Arbeiterinnen berichteten von Misshandlungen.

Aldi gibt an, das Problem erkannt zu haben. Der Süddeutschen Zeitung teilte das Tochter-Unternehmen „Aldi Einkauf" am Freitag mit, dass „wir uns zusammen mit unseren Lieferanten in einem Dialog befinden mit dem Ziel, Prozesse und Strukturen zur Einhaltung und Kontrolle nachhaltig verbesserter Arbeitsbedingungen zu entwickeln".

In Indonesien arbeitete Aldi früher mit drei der von Südwind untersuchten Fabriken zusammen, inzwischen nach eigenen Angaben aber nur noch mit einer. Eine Zertifizierungsgesellschaft habe die Arbeitsbedingungen in dieser Fabrikation geprüft und bestätigt, dass sie „sozial verträglich" seien.

Ingeborg Wick sieht ein positives Zeichen darin, dass Aldi auf die Studie reagiert. Die Evangelische Kirche nimmt aber auch die Verbraucher in die Pflicht. „Wir dürfen aus Menschenrechtsverletzungen keinen Nutzen ziehen", schreibt Oberkirchenrat Wilfried Neusel von der Evangelischen Kirche im Rheinland in seinem Vorwort zu der Studie, „selbst wenn das Haushaltsgeld knapp bemessen ist."

*Quelle: Detlef Esslinger: Geiz ist grausam, in: Süddeutsche Zeitung vom 26.05.2007, Zugriff am 10.08.2009 unter: http://www.sueddeutsche.de/wirtschaft/278/321121/text*

1. Vergleichen Sie Ihre Arbeitszeit und -dauer mit der der Beschäftigten aus den Fabriken in der Provinz Jiangsu
    a) am Tag,
    b) im Monat.
2. Welche Menschenrechtsverletzungen werden begangen?
3. Warum sind auch wir für diese Menschenrechtsverletzungen verantwortlich?

## H&M-Produktion in Bangladesch
### Näherinnen klagen über Ausbeutung, Schläge und Nötigung

**Mainz.** Fabrikarbeiter und Näherinnen eines H&M-Lieferanten in Bangladesch erheben schwere Vorwürfe. Das berichtet das ARD-Politikmagazin REPORT MAINZ.

Arbeiter der Textilfabrik „House of Sunshine" in Bangladeschs Hauptstadt Dhaka, die im Oktober entlassen wurden, sagen im Interview, dass sie von ihren Vorarbeitern geschlagen werden, wenn sie ihr Arbeitspensum nicht erfüllen. Näherinnen werfen den Fabrikaufsehern Nötigung vor. Die Frauen müssten sich mit ihren Vorgesetzten einlassen oder Bestrafungen in Form von Mehrarbeit oder Lohnabzug erdulden. Erniedrigungen und Belästigungen der weiblichen Mitarbeiter seien an der Tagesordnung. „House of Sunshine" produziert seit langem für den Modekonzern H&M. In der Fabrik arbeiten rund 1.700 Menschen.

Die Arbeiter erklären, dass sie zu Überstunden gezwungen würden. Die Überstunden überschritten regelmäßig die gesetzlich vorgeschriebenen Höchstgrenzen. Oft müsse sieben Tage die Woche gearbeitet werden. Pro Monat würden lediglich zwei freie Tage gewährt. Damit verstoße die Firma systematisch gegen geltende Rechtsvorschriften, gegen internationale Standards sowie gegen den H&M-Verhaltenskodex für Lieferanten. Der Zulieferbetrieb zahle, mit umgerechnet 40 bis 50 Euro im Monat (inklusive der Vergütung von Überstunden) – auch für die Verhältnisse in Bangladesch – einen extrem geringen Lohn.

REPORT MAINZ traf die Arbeiter und Näherinnen in Slums an. Viele von ihnen wohnen dicht gedrängt in einfachsten Behausungen ohne fließendes Wasser. Die sanitären Anlagen sind absolut unzureichend.

In einer Stellungnahme räumt H&M Deutschland gegenüber REPORT MAINZ ein, dass die Firma „House of Sunshine" „mehrere Male von H&M-Mitarbeitern besucht und untersucht" worden sei. Ein Unternehmenssprecher: „Hierbei mussten wir weitreichende Probleme und Schwierigkeiten mit der Umsetzung des Verhaltenskodex von H&M feststellen, die trotz verschiedener Maßnahmen seitens H&M anfangs keine Besserung erkennen ließen." H&M habe daraufhin vor etwa einem Jahr durchgesetzt, dass die Firma ihr Management auswechselte. „Dieser Wechsel und die starken Interventionen von H&M führten zu vielversprechenden Verbesserungen in den letzten Monaten", teilte die H&M-Pressestelle in Hamburg REPORT MAINZ mit. „So hat beispielsweise ein Worker's Welfare Committee seine Arbeit aufgenommen, ein neuer ‚Welfare Officer' wurde eingestellt und ein funktionierendes Beschwerdesystem eingerichtet."

In seiner Stellungnahme räumt H&M ein, der „übermäßige Einsatz von Überstunden" sei nach wie vor „ein bestehendes Problem" in Bangladesch.

H&M habe sich entschieden, die Zusammenarbeit mit der Firma fortzusetzen. Der Konzern kündigte an: „Nichtsdestotrotz wird die weitere Entwicklung durch H&M genau beobachtet und gleichzeitig Verbesserungen unterstützt werden."

Quelle: Report Mainz, SWR vom 10.11.2008, Zugriff am 10.08.2009 unter: http://www.swr.de/report/presse/-/id=1197424/nid=1197424/did=4178514/dfqjmg/index.html

**M 3**
H&M-Produktion in Bangladesch

1. *Über welche Menschenrechtsverletzungen beschweren sich die Arbeiterinnen?*
2. *Informieren Sie sich über den Verhaltenskodex von H&M. Welches sind die Mindestbedingungen, die in den Produktionsstätten eingehalten werden sollen? Bewerten Sie die Mindestbedingungen.*

3. Welche Maßnahmen wurden ergriffen, um die Missstände in Bangladesch abzustellen?
4. Überlegen Sie, wann in Deutschland ähnliche Arbeitsbedingungen herrschten. Wieso haben sich die Arbeitsbedingungen hier verändert?

**M 4**
*Konkurrenz um knappe Ressourcen*

Kanzleramtsminister de Maizière
## „Wachsende Konkurrenz um knappe Ressourcen"

Kanzleramtsminister Thomas de Maizière [...] wies [bei einer Konferenz] auf das Konfliktpotenzial der wachsenden Konkurrenz um knappe Ressourcen hin. Das Problem der fossilen Energieträger [z. B. Erdöl, Erdgas] sei die „ungleiche Verteilung" auf der Erde. [...]

„Das Problem ist nicht die begrenzte Reichweite der verschiedenen fossilen Energieträger, sondern deren ungleiche Verteilung", so de Maizière. Der größte Teil der Weltöl- und -gasreserven sei „auf wenige Länder konzentriert". Politisch instabile Weltregionen würden für die Versorgung immer wichtiger. So lägen allein im [Nahen und Mittleren] Osten fast zwei Drittel der Weltölreserven.

„Allein die nachgewiesenen Ölreserven Irans oder Iraks sind mehr als doppelt so groß wie diejenigen Russlands, dem aktuell mit Abstand wichtigsten Öllieferanten der EU." Die Ölreserven Saudi-Arabiens überträfen die Russlands sogar um das Vierfache. „Der Mittlere Osten ist mit diesen Reserven auch für die Ölversorgung Europas langfristig unverzichtbar."

### Die „Auseinandersetzungen" im Irak
Gleichzeitig gebe es weltweit „keine andere Region, die mit derart vielen Konflikten zu kämpfen hat: Der Nahost-Konflikt strahlt seit fast 60 Jahren auf die gesamte Region aus." Die „Auseinandersetzungen" im Irak hätten die dortige Ölproduktion schwer getroffen. In Saudi-Arabien sei der Ölsektor „in die Optik islamistisch motivierter Terroristen geraten", behauptete de Maizière.

Außerdem befänden sich große Teile der erkannten Ölvorkommen auf dem Siedlungsgebiet der schiitischen Minderheit. Angesichts der aktuellen Auseinandersetzungen zwischen Sunniten und Schiiten ergäbe sich „zusätzliches Konfliktpotenzial". Aber auch andere Öl produzierende Staaten der Region befinden sich nach Darstellung des Kanzleramtsministers „in einer Konfrontation mit einer gewaltbereiten islamistischen Opposition".

### Der Einsatz der Wasserversorgung als Drohkulisse und Kriegsgrund
Verschärfend komme hinzu, dass die ölreichste Region der Erde gleichzeitig zu den wasserärmsten gehöre. Die Verteilung des nutzbaren Wassers sei wie die Frage der Energiesicherheit eine zentrale Zukunftsfrage, „der wir uns stellen müssen". Ausreichende Süßwasservorkommen seien in weiten Teilen der Welt nicht vorhanden und die Vorräte reichten für die teilweise schnell wachsenden Bevölkerungen in Nordchina, Nahost und Teilen Afrikas bei weitem nicht aus. Neue Staudämme, wie in der Türkei, hätten nachhaltige Auswirkungen auf die Nachbarstaaten Syrien und Irak. „Die Menschheit mit Trinkwasser zu versorgen, hat somit auch eine bedeutende sicherheitspolitische Dimension", so de Maizière.

[...] Zudem sei zu befürchten, dass mögliche innerstaatliche und zwischenstaatliche Konflikte um das Wasser die regionale Stabilität beeinträchtigten. „Und das könnte Auswirkungen auch auf die Ölproduktion dieser Staaten haben."

[...] Der Handlungsbedarf für Deutschland und Europa zur Sicherung seiner Energieversorgung sei „also groß". Dabei sei von großer Bedeutung, dass „im

Wettlauf um Energie" eine zunehmende Anzahl von Staaten nicht auf marktwirtschaftliche Regeln setze, sondern versuche, „über staatliche Eingriffe nationale Interessen durchzusetzen".

[...] „Dies gilt sowohl für Energienachfrager (z. B. China) wie auch Energieexporteure. Wir beobachten mit Besorgnis, dass einige große Öl- und Gasproduzenten ihren Ressourcenreichtum als politisches Mittel entdecken." [...]

Quelle: ngo-online – Internetzeitung für Deutschland vom 16.10.2006, Zugriff am 10.08.2009 unter: http://www.ngo-online.de/ganze_nachricht.php?Nr=14531 (Auszüge)

1. Welches Konfliktpotenzial sieht der ehemalige Kanzleramtsminister im Nahen und Mittleren Osten?
2. Welche Auswirkungen hat dies auf uns?
3. Welche Maßnahmen zur Konfliktvermeidung können getroffen werden?

## Das Bombengeschäft

M 5
*Internationaler Waffenhandel*

[...] Es sind anspruchsvolle Händler, die ihre Ware alle zwei Jahre in Abu Dhabi ausstellen.

Einen kleinen Hafen lassen sie für ihre Schau errichten, dazu eine Tribüne für Paraden und ein Schießgelände mit künstlichen Sanddünen. Ausreichend Platz für Korvetten und Kampfpanzer, denn in der Hauptstadt der Vereinigten Arabischen Emirate trifft sich alle zwei Jahre die internationale Waffenindustrie.

Auf einer ihrer größten Messen, der Idex, finden Besucher das Rüstzeug für einen Landkrieg und Seegefechte. Die wertvollen Geschäftskontakte locken auch deutsche Unternehmen und Vertreter der Bundesregierung an den Golf.

Denn die säbelrasselnd aufrüstenden Herrscher im Nahen und Fernen Osten, die Fehden in Nigeria und auf den Philippinen, vor allem aber die Kriegseinsätze in Afghanistan und im Irak sorgen für ein grausames Bombengeschäft. Wissenschaftler des renommierten Sipri-Instituts in Stockholm schätzen, dass global allein im vergangenen Jahr 1,2 Billionen US-Dollar für den Kauf konventioneller Waffen wie Kampfjets und Streubomben ausgegeben wurden. Und der Congressional Research Service (CRS), die wissenschaftliche Abteilung des US-Kongresses, berichtet, dass weltweit in den vergangenen drei Jahren Verträge über Rüstungsexporte im Wert von 160 Milliarden Dollar unterzeichnet wurden.

[...] In den vergangenen zehn Jahren hätten die weltweiten Ausgaben für Kriegsgerät um 37 Prozent zugenommen, meldet Sipri.

Vor allem seit den Anschlägen vom 11. September 2001 wirken die USA wieder bis an die Zähne bewaffnet, 500 Milliarden Dollar investierte das Land im vorigen Jahr in seine Armee.

Berührungsängste vor Despoten und Feldherren haben die Waffenhändler keineswegs: Spendabelster Käufer der vergangenen fünf Jahre ist China – ein Staat, an den die Europäische Union seit 1989 Waffenverkäufe verbietet. Dem CRS-Bericht zufolge schlossen 2006 Pakistan, Indien und Saudi-Arabien die lukrativsten Kaufverträge ab, dahinter folgten Venezuela, Algerien und Israel.

Auch Deutschland, drittgrößter Waffenexporteur hinter den USA und Russland, liefert Torpedos an Pakistan und Waffen an die algerische Marine. Im Jahr 2005 exportierte die Bundesrepublik Kriegswaffen im Wert von 1,6 Milliarden Euro, heißt es im Rüstungsexportbericht. Hinzu kamen Ausfuhrgenehmigungen für militärische Ausrüstung für 4,2 Milliarden Euro – Tendenz steigend.

[...] „Die Staaten sagen: Wir müssen unsere Ausrüstung Bedrohungen wie der durch al-Qaida anpassen", so Alexander Reinhardt, Konzernsprecher bei EADS in Ottobrunn.

[...] In Deutschland verdienen die Unternehmen bislang in erster Linie mit Fregatten, U-Booten und dem ganzen Tierpark an Panzern: Fuchs, Luchs, Leopard und Wiesel.

Als Zauberwort gilt derzeit der Begriff „dual use", also Technik, die militärisch wie zivil genutzt und deshalb mit Unterstützung der Armeen erforscht werden kann. [...] Vorbild sei in dieser Hinsicht der konkurrierende Flugzeughersteller Boeing, bei dem der militärische Bereich etwa die Hälfte des Umsatzes ausmacht.

Neben Schwärmereien der Kriegsindustrie und Uniformierter von Hightechwaffen und angeblich „chirurgisch" genauen Präzisionsbomben bieten die vermeintlich „neuen Kriege" ein Wiedersehen mit der Vergangenheit: In Afghanistan und in Zentralafrika sterben ungezählte Opfer an Geschossen aus alten, gebrauchten Kalaschnikows, Uzis oder G3-Gewehren. [...]

Jedes Jahr werden mehrere Millionen Kleinwaffen hergestellt, heißt es im Jahresbericht des Schweizer Projekts Small Arms Survey. Mindestens 875 Millionen Kleinwaffen, also Pistolen, Gewehre und auch tragbare Panzerfäuste, seien im Umlauf. Waffen, die nach der Auflösung der sowjetischen und anderen Armeen nach 1989 in Massen verschwunden sind.

Jahrelang sei allerdings auch das deutsche G3 in großem Umfang in Pakistan gebaut worden, sagt Wisotzki. Deutschland habe zudem Anfang der Neunzigerjahre 300.000 Kalaschnikows aus NVA-Beständen an die Türkei verkauft. Die Waffen, mit denen weltweit Warlords, Terroristen und Kindersoldaten bewaffnet sind, stammen meist aus überschüssigen Beständen und illegalem Handel.

Quelle: Steffen Heinzelmann: Das Bombengeschäft, in: Süddeutsche Zeitung vom 25.10.2007, Zugriff am 10.08.2009 unter: http://www.sueddeutsche.de/politik/678/422439/text/ (Auszüge)

## Arbeitsvorschlag

### Zusammenhang zwischen Bildung und Wohlstand

1. Betrachten Sie die beiden Schaubilder (Grafik 1 und 2) und vergleichen Sie die jeweiligen Informationen (Aussagen?).
2. Notieren Sie schriftlich, was dieser Vergleich ergibt.
3. Welche konkreten Lebensbedingungen bestimmen laut Grafik 2 auch den Wohlstand von Menschen bzw. Gesellschaften?
4. Wie sehen Sie das?

Grafik 1

Grafik 2

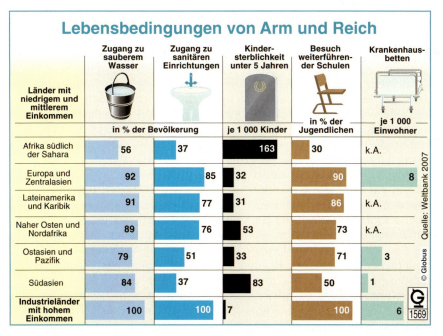

## Zur Vertiefung

### Knappes Wasser als Konfliktlöser?

Alle Jahre im Sommer ist es wieder so weit. Wer im See Genezareth baden will, muss erst einmal einige Meter auf dem vertrockneten Seegrund entlang wandern, bevor er endlich ins kühle Nass springen kann. Der israelische Wasserkommissar spricht angesichts leerer Grundwasservorräte von einer „Katastrophe".

[...] Heute liefern sich Israel und die Palästinensische Autonomiebehörde einen heftigen Streit um die Nutzung des Grundwassers im Westjordanland. Israel weigert sich, die Kontrolle über die unterirdischen Reserven aufzugeben. Zu groß ist die Angst davor, dass die Palästinenser zu viel Wasser auf einmal abpumpen würden, und dadurch, wie im Gaza-Streifen geschehen, der Salzgehalt im Trinkwasser drastisch ansteigen würde. Deshalb kontrolliert die israelische Wassergesellschaft „Mekorot" weiterhin die dortige Wasserverteilung mit der Folge, dass von den 450 Millionen Kubikmetern Wasser, die jährlich aus dem Westjordanland abgeschöpft werden, den Palästinensern nur 150 Millionen zukommen. [...] Ungefähr 60 palästinensische Dörfer verfügen über keinen festen Wasseranschluss.

[...] Oft steht die politische Lage einer vernünftigen Lösung des Wasserproblems im Wege. [...] Dabei könne auf so kleinem Raum gar nicht ohneeinander gedacht werden, meint der israelische Wasserexperte Professor Arie Issar: „In dem Wohlbefinden der Palästinenser liegt unser eigenes, während wiederum ihr wirtschaftlicher Notstand den Keim des religiösen Fundamentalismus und die Macht des Terrors in sich trägt."

Issar, Gründer des Instituts für Wüstenforschung in Sede Boqer, sieht die Wassernot nicht als einen möglichen Grund für einen weiteren Krieg. Ganz im Gegenteil: Er hofft auf eine gemeinsame wissenschaftliche Entwicklung. „Es fehlt in der Region nicht an Wasser, sondern vielmehr an Technologie und Toleranz und am Willen zum Fortschritt", sagt er. Während in Israel durch moderne Bewässerungsmethoden bereits viel Wasser eingespart werde, litten die arabischen Länder unter der technologischen Rückständigkeit. [...] „Deshalb müssen wir unsere Technologien an unsere Nachbarn liefern und dort Schulen für Wassererziehung und Landwirtschaft gründen." [...] Wassermangel könnte demnach eher ein Anlass für Frieden werden als ein Auslöser für Krieg. Bereits heute liefert Israel im Rahmen des Friedensvertrags von 1994 jährlich 50 Millionen Kubikmeter Trinkwasser nach Jordanien, die dort dringend benötigt werden, um die Bevölkerung zu versorgen.

Auch im Hinblick auf einen zukünftigen Frieden mit Syrien spielt das nasse Element eine große Rolle: Sollte es durch einen echten Frieden möglich werden, Wasser aus der Türkei per Pipeline durch Syrien nach Israel zu leiten, würde dies den israelischen Verzicht auf die Golanhöhen spürbar erleichtern. Die Golanhöhen sind heute Quelle für 30 Prozent des israelischen Wasserhaushalts. Mit dem Regenwasser, welches in der Türkei bisher noch ungenutzt ins Meer fließt, könnte man, laut Issar, den gesamten Nahen Osten mit Wasser versorgen.

Bis dieses Szenario Wirklichkeit wird, muss man jedoch auch in Israel umdenken. In den vergangenen Jahren hat es im Winter viel zu wenig geregnet. Daraufhin wurde aus dem See Genezareth, dem Hauptwasserreservoir Israels, sehr viel Wasser abgepumpt. Schon jetzt ist der Seepegel auf Rekordtief – in den heißen Sommermonaten sinkt er durch die Verdunstung jeden Tag um einen weiteren Zentimeter. [...]

Dabei gibt es Wege, ein Austrocknen Israels zu verhindern: Noch immer werden 70 Prozent des israelischen Wassers in der Landwirtschaft verbraucht. Oft werden die Felder mit Trinkwasser bewässert, weil es an Aufbereitungsanlagen fehlt. [...]

Ein [...] Umdenken hat bereits in der Wassergewinnung eingesetzt. Obwohl Israel vom Mittelmeer und vom Roten Meer umgeben ist, hat sich bisher jede Regierung geweigert, Meeresentsalzungsanlagen zu errichten. [...] Obwohl man in Israel längst über das technische Wissen verfügte, wurde lediglich in Elat eine solche, inzwischen veraltete Anlage errichtet. Jetzt ist eine zweite geplant. [...]

*Quelle: Patrick Goldfein: Das kostbare Nass, in: Aufbau Nr. 15 vom 25.07.2002, Zugriff am 10.08.2009 unter: http://www.politikcity.de/forum/showpost.php?p=397115&postcount=50 (Auszüge)*

1. *Skizzieren Sie die Wasserversorgung in der Nahostregion.*
2. *Welche Verbesserungsmöglichkeiten der Wasserversorgung gibt es?*
3. *Warum ist die Wasserversorgung eine Voraussetzung für Frieden in der Region?*
4. *Welche Grundbedürfnisse müssen noch befriedigt werden, um den Frieden zu wahren?*

# 7 Wirtschaft

*Wochenmarkt in Husum*

*Hamburger Hafen*

# 7.1 Grundsätze der sozialen Marktwirtschaft

„Wir brauchen gesundes Wachstum."   „Aber nicht nur für die Wirtschaft."

## Wohlstand und Wohlergehen für alle

*Wochenmarkt:* Die Marktstände stehen dicht an dicht, zwischen ihnen drängen sich interessierte Kundinnen und Kunden. Hier treffen sich **Angebot** und **Nachfrage**. Preise werden verglichen, die Qualität kritisch geprüft. Jeder Bauer, jeder Händler ist darauf bedacht, sein Angebot ins rechte Licht zu rücken. Die Konkurrenz ist groß. Es darf gehandelt werden. Wie es scheint, läuft auf dem Wochenmarkt alles von selbst. Keine staatliche Stelle muss sich kümmern. Aber selbst da, wo alles so selbstverständlich aussieht, gibt es staatliche Vorgaben und muss staatliche Aufsicht sein.

### Gesetze regeln den Wettbewerb

In unserer Wirtschaftsordnung gibt es eine Reihe von Gesetzen, die regeln, wann und wie Markt stattfinden soll, z. B. das Ladenschlussgesetz oder das Gesetz gegen den unlauteren Wettbewerb. Es gibt Vorschriften über die Preisauszeichnung und über Werbung. Das **Wettbewerbsrecht** ist immer weiter ausgebaut worden, das heißt, es wurden immer neue Gesetze beschlossen, weil z. B. unseriöse Geschäftsleute immer wieder versuchten, mit neuen Tricks die Verbraucher zu schädigen. Von „Haustürgeschäften" z. B. kann man innerhalb von zwei Wochen zurücktreten, damit die Kunden nach dem Besuch eines dynamischen Vertreters Zeit und Ruhe haben, sich das Ganze noch einmal zu überlegen.

Auch bei den neuen Verkaufsformen wie Telefonmarketing, Internetverkäufen und Internetversteigerungen gibt es Gesetze, die die Märkte regeln.

Bei manchen Gesetzen kann man darüber streiten, ob sie sinnvoll sind. Einigkeit besteht aber im Grundsätzlichen: Staatliche Aufsicht ist nötig, damit der Interessenausgleich auf dem Markt funktioniert.

**M 1**
*Ladenschlussgesetz*

### Das „magische Sechseck" der Wirtschaftsziele

Von der Wirtschaft verlangen wir viel: vor allem Wohlstand – möglichst für alle! Das geht nur, wenn alle Arbeit haben. Von unserem Lohn wollen wir uns möglichst viele schöne Dinge kaufen. Die müssen angeboten und daher vorher produziert werden. Die Waren sollen möglichst billig sein, sodass wir uns alles auch leisten können. Für größere Anschaffungen sparen wir gerne. Das hat aber nur Sinn, wenn in der Zwischenzeit die Preise nicht davonlaufen und uns die Inflation das Gesparte wieder auffrisst. Zum guten Leben gehören auch viele schöne Dinge, die bei uns nicht wachsen oder nicht produziert werden, die wir von weit her einführen. Und bei aller Arbeit: Urlaub machen möchten wir selbstverständlich auch und wegfahren: möglichst weit weg! Bei all dem soll – das wollen wir nicht vergessen – die Umwelt intakt bleiben. Das ist uns wichtig, denn schließlich wollen wir gesund bleiben, und das geht nur, wenn auch die Umwelt intakt ist.

Wirtschaftswissenschaftler betrachten diese Wünsche sachlich und haben entsprechend nüchterne Begriffe:

**V 1** *Wirtschaftsziele*

**Das sind die Ziele der Wirtschaftspolitik:**

1. Preisstabilität: Die Preise sollen stabil bleiben.
2. Vollbeschäftigung: Alle sollen Arbeit haben.
3. Stetiges Wirtschaftswachstum: In jedem Jahr soll mehr hergestellt werden, damit wir unsere wachsenden Wünsche erfüllen können.
4. Außenwirtschaftliches Gleichgewicht: Das Geschäft mit dem Ausland soll ausgeglichen sein.
5. Gerechte Verteilung des Volkseinkommens: Alle sollen teilhaben können am gemeinsamen Wohlstand.
6. Umweltschutz: Unsere Wirtschaft, unsere Lebensweise darf nicht auf Kosten der Umwelt gehen, denn unser Wohlergehen ist abhängig von einer lebenswerten Umwelt.

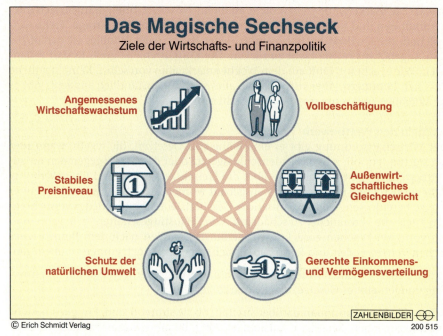

*Die Linien bedeuten mögliche Zielkonflikte.*

Schön wär`s ja, das alles zu erreichen. Aber in Wirklichkeit ist das nicht möglich. Man kann nicht alles haben, leider!

Was sich nämlich so gut anhört, das ist auch theoretisch nicht unter einen Hut zu bringen. Denn – Sie erinnern sich: Die Wirtschaft soll zwar unsere Wünsche erfüllen, aber in unserer Marktwirtschaft bestimmen die Marktgesetze den Markt. Da bilden sich z. B. die Preise nach Angebot und Nachfrage und nicht nach unseren Träumen. Preise bleiben also niemals stabil. Das ist aber auch nicht gemeint. Der Durchschnitt aller Preise soll möglichst stabil bleiben. Das ist – sicher auch nach Ihren Erfahrungen – noch nie gelungen. Preise bleiben stabil, wenn sich Angebot und Nachfrage die Waage halten, wenn sich also nichts ändert. Die Wirtschaft aber soll sich dynamisch entwickeln. Das meint das andere Ziel: Wirtschaftswachstum. Dazu muss die Nachfrage wachsen. Dann aber steigen die Preise. Alle Wirtschaftsziele gleichzeitig zu erreichen, grenzt an Zauberei, nur ein Magier könnte das zustande bringen. Daher spricht man vom **magischen Sechseck der Wirtschaftsziele**.

*M 2
Konsumausgaben*

### 1. Preisstabilität
Preise ändern sich. Rohstoffe und Aktien, Bananen und Autos, Wohnungen und CDs, Weihnachtsbäume und Müllabfuhr werden teurer und billiger. Uns Verbraucher interessiert vor allem, wie viel wir im Laden für unseren Einkauf zahlen müssen, die Verbraucherpreise also. Diese werden jeden Monat neu errechnet und öffentlich bekannt gegeben. Für die vielen unterschiedlichen Produkte gibt es nur eine einzige Zahl: den Anstieg der Lebenshaltungskosten. Um diese Zahl ermitteln zu können, muss man zunächst wissen, wofür die Durchschnittsfamilie – der Arbeitnehmerhaushalt mit mittlerem Einkommen – ihr Geld ausgibt, wie sie ihr Geld aufteilt – so viel Prozent für Miete, für Zeitungen, das Auto, für Kleidung und Nahrungsmittel – und auch noch, was sie kauft. Das haben die Statistiker erforscht und alles zusammen in den „Warenkorb" gepackt. Nun werden die Preisänderungen in den einzelnen Warengruppen zusammengetragen und anteilsmäßig in die Lebenshaltungskosten eingerechnet. Weil wir unsere Konsumgewohnheiten ändern, wird der Warenkorb regelmäßig überprüft und ab und zu neu zusammengestellt. Das macht das Vergleichen schwierig, muss aber sein.

### 2. Vollbeschäftigung
Alle, die arbeiten können und arbeiten wollen, sollen Arbeit haben.

Wenn Arbeitslosenzahlen genannt werden, dann sind das die Leute, die sich bei der Arbeitsagentur als Arbeitssuchende gemeldet haben. Das ist allerdings eine sehr ungenaue Größe.

Beispiele:
- Wenn die Wirtschaft schlecht läuft, verschieben z. B. manche Frauen ihren Wunsch, wieder in den Beruf einzusteigen. Denn sie sehen, dass es zurzeit für sie doch keine Chance gibt, eine Stelle zu finden.
- Die Bundesagentur für Arbeit (BA) hat viele Arbeitssuchende in Arbeitsbeschaffungsmaßnahmen oder in Umschulungen untergebracht. Diese Menschen haben keinen regulären Arbeitsplatz, zählen aber zurzeit nicht zu den Arbeitslosen. Sie qualifizieren sich, um arbeiten zu können.

In Deutschland ist die Arbeitslosigkeit unterschiedlich hoch. Sie trifft besonders die neuen Bundesländer. Deshalb ziehen viele Menschen um, ziehen also zur Arbeit. Jugendliche, zum Teil nicht genügend qualifiziert, sind überdurchschnittlich oft arbeitslos.

*M 3
Arbeitsmarkt*

*Mehr über Konjunktur erfahren Sie im nächsten Kapitel 7.2*

Was sind die Ursachen für Arbeitslosigkeit? Es gibt viele.

Gesamtwirtschaftlich betrachtet unterscheidet man:

- **konjunkturelle Arbeitslosigkeit:** Wenn die Wirtschaft insgesamt schlecht läuft, dann werden Arbeitskräfte entlassen. Wer entlassen ist, hat wenig Chancen, eine neue Stelle zu finden, denn kein Unternehmer will ein Risiko eingehen, das er nicht übersehen kann.
- **saisonale Arbeitslosigkeit:** Bauarbeiter im Winter haben schlechte Chancen.
An Nord- und Ostsee werden im Herbst, wenn die Saison vorbei ist, Köche, Restaurant- und Hotelfachleute entlassen. Wenn weniger Gäste da sind, gibt es weniger Arbeit. Im nächsten Sommer werden sie wieder eingestellt.
- **strukturelle Arbeitslosigkeit:** Wenn die Wirtschaft im Umbruch ist, findet oft ein Modernisierungsprozess statt. Einerseits fallen Arbeitsplätze weg, andererseits entstehen neue, z. B. der Beruf des Kaufmanns für Bürokommunikation. Ältere Arbeitnehmer, z. B. Bergleute, dagegen haben es schwer, da ihre Ausbildung und ihre Erfahrungen in den Zukunftsbranchen nicht gefragt sind. So kann es vorkommen, dass der Arbeitsmarkt gespalten ist: Es gibt Arbeitslose und trotzdem suchen bestimmte Firmen händeringend, aber vergeblich neue Arbeitskräfte.

Wenn zur gleichen Zeit mehrere Arten von Arbeitslosigkeit zusammentreffen, dann steigt die Zahl der Arbeitslosen. Wenn dann die Wirtschaft wieder Fahrt gewinnt, bleiben trotzdem Arbeitslose. Man spricht von einem Sockel der Arbeitslosigkeit, der immer bleibt – auch deshalb, weil sich während der Flaute viele Firmen umgestellt haben und dann mit weniger Leuten in ihren Büros und Werkstätten auskommen.

### 3. Stetiges Wirtschaftswachstum: das Bruttoinlandsprodukt (BIP) als Messgröße

**M 4**
*Bruttoinlandsprodukt*

In Deutschland werden in jedem Jahr viele Güter hergestellt. Autos und Fernseher, CDs und DVDs, Metallzäune und Gartenhäuser, Dachgebälke und Kühlschränke und vieles mehr. Für diese Güter werden auf dem Markt Preise erzielt. Diese werden für das BIP zusammengerechnet. Wenn die Heizung kaputtgeht, kommt der Klempner (Anlagenmechatroniker). Die Reparatur führt er aus, somit erbringt er eine Dienstleistung. Mit dem Haareschneiden erbringt die Friseurin eine Dienstleistung. Und der Verkäufer berät zum Beispiel am Obst- und Käsestand. Ärzte, Anwälte, Architekten, Ingenieure und viele andere erbringen ebenfalls private Dienstleistungen. Für alle Dienstleistungen werden Preise und Honorare erzielt. Auch sie werden für das BIP zusammengezählt.

Der öffentliche Dienst erbringt ebenfalls Dienstleistungen. Der Arbeiter vom Bauhof der Gemeinde, der den Rasen im Park mäht, die Arbeiten der Hausmeister in den öffentlichen Gebäuden, der Lehrer im Unterricht, der Polizist, der den Verkehr regelt und die Unfälle aufnimmt, der Krankenhausarzt im OP und die Verwaltungsfachangestellten, bei denen wir die Personalausweise beantragen – all ihre Leistungen werden in Preisen dargestellt, sie fließen in das BIP ein. Wenn man wissen will, wie hoch die wirtschaftliche Leistung eines Landes ist, zählt man die erzielten Preise für die in einem Jahr produzierten Güter und erbrachten Dienstleistungen zusammen. Damit erhält man das Bruttoinlandsprodukt (BIP).

Unter Wirtschaftswachstum versteht man den Anstieg des Bruttoinlandsproduktes im Vergleich zum Vorjahr. Das BIP steigt schon deshalb immer, weil die Preise ständig steigen. Man spricht hier vom nominalen Wachstum – Wachstum dem Namen (Nomen) nach. Gemeint sind die Preise. Diese Art von Wachstum interessiert niemanden. Wirtschaftswachstum wird international verglichen, um die Leistungskraft der Volkswirtschaften zu beurteilen. Daher müssen die Preissteigerungen herausgerechnet werden. Erst wenn das geschehen ist, weiß man, ob die Leistung der Wirtschaft tatsächlich gewachsen ist und um wie viel: Man erkennt das reale Wachstum.

### 4. Außenwirtschaftliches Gleichgewicht
Unsere Wirtschaft ist Teil der Weltwirtschaft, insbesondere der EU. Wir stehen mit vielen anderen Wirtschaften in unserer globalisierten Welt in Beziehung.

- Da werden Waren und Dienstleistungen gehandelt (Export = Ausfuhr/Import = Einfuhr). Vor den USA und China liegt Deutschland an der Spitze der exportierenden Länder. 2008 waren wir Exportweltmeister.
- Wir reisen und beanspruchen Dienstleistungen im Ausland und geben somit unser Geld dort aus. Die ausländischen Touristen, die zu uns kommen, geben ihr Geld bei uns aus.
- Ausländische Arbeitnehmer überweisen Gelder an Verwandte, z. B. in der Türkei. Deutsche Arbeitnehmer, die im Ausland arbeiten, überweisen einen Teil ihres Geldes nach Hause, z. B. Bauingenieure, die in Dubai Hochhäuser bauen. Das nennt man „Übertragungen".

**M 5**
*Exporte*

**V 2**
*Export und Globalisierung*

Diese drei Positionen machen den größten Teil unserer Auslandsgeschäfte aus. Sie werden zusammengefasst in der „Leistungsbilanz". Zusätzlich fließt noch Kapital hin und her, werden Devisen gehandelt. Erst alles zusammen macht die gesamt Außenwirtschaft aus.

### 5. Gerechte Verteilung des Volkseinkommens
Angestellte, Arbeiter und Beamte erhalten für ihre Arbeit Vergütungen, diese werden „Arbeitnehmerentgelte" genannt. Sie stellen die Lohnquote am gesamten Volkseinkommen dar.

Viele Angestellte, Arbeiter und Beamte, Rentner und Selbstständige besitzen Sparbücher, Aktien, Anleihen oder andere Wertpapiere. Dafür, dass sie ihr Geld sparen, erhalten sie Zinsen und Dividenden. Einige erzielen durch Hausbesitz Mieten. Dies sind die Einkommen aus Vermögen.

**A**
*Kaufkraft*

Auch die Friseurmeisterin, der selbstständige Bäckermeister, die Anwältin und der Fabrikant und viele andere verdienen Geld. Dies nennt man Unternehmereinkommen.

Arbeitnehmerentgelte, Vermögenseinkommen und Unternehmereinkommen bilden das Volkseinkommen.

### Leistungsgerechte Bezahlung – was ist das?

Ein Arzt verdient mehr als ein Friseur, eine Bankangestellte mehr als eine Verkäuferin. Warum?

**M 6–7**
*Leistungsgerechte Bezahlung*

Bei uns entscheidet der Markt über die Höhe von Lohn und Gehalt. In wachsenden Branchen und blühenden Städten wird mehr verdient als in schrumpfenden Wirtschaftsbereichen und abseits gelegenen Regionen. Und wer in seine Ausbildung investiert hat, verdient später mehr Geld. Wer in seiner Jugend auf Geld verzichtet und länger zur Schule geht oder eine Ausbildung macht, hat größere Chancen.

Wenn berufstätige Frauen Kinder bekommen, erhalten sie auch ein Entgelt. Für die Zeit des Mutterschutzes gibt es ein Mutterschaftsgeld. Bleibt nach Ablauf dieser Frist ein Elternteil zu Hause und versorgt das Kind, wird vom Staat Elterngeld gezahlt. Der Betrag für Mutterschafts- und Elterngeld wird auf der Grundlage der letzten Nettogehälter errechnet.

**M 8**
*Mutterschafts- und Elterngeld*

**V 3**
*Mindestlohn*

Neben der Leistung beeinflussen auch das persönliche Auftreten und Beziehungen die Höhe des Lohnes. Männer verdienen oft mehr als Frauen, obwohl diese einen vergleichbaren Arbeitsplatz ausfüllen. Und manche verdienen mit ihrer Arbeit so wenig, dass sie neben dem Lohn staatliche Unterstützung erhalten. Deshalb werden Mindestlöhne gefordert.

### 6. Lebenswerte Umwelt

Eine lebenswerte Umwelt wollen alle. Dieses Ziel ist sogar seit 1994 im Grundgesetz enthalten (Art 20a). Aber was lebenswert ist, lässt sich nicht mit Zahlen fassen. Umweltschutz wird von vielen als Argument gebraucht. Es scheint für entgegengesetzte Positionen nützlich: Für die einen ist z. B. die Atomenergie ein sauberer Energieträger und deshalb wünschenswert. Für die anderen ist die Kernenergie gefährlich und deshalb abzulehnen. Je nach Standpunkt schafft Umweltschutz Arbeitsplätze oder vernichtet sie, nützt dem Wirtschaftswachstum oder verhindert es.

*Im Kapitel 3 finden Sie viel zum Thema Umweltschutz*

Klar ist, dass Umweltschutz in bestimmten Bereichen Arbeitsplätze schafft, z. B. bei Müllsortieranlagen. Dort werden Arbeitsplätze zunehmen, wenn die Müllberge weiterwachsen. Positiv?

Klar ist auch, dass Umweltschutz Arbeitsplätze vernichtet.

Durch Windkraft- und Solaranlagen z. B. wird die Energie teuer. Steigt der Strompreis in Deutschland stärker als anderswo, hat es z. B. die Stahlindustrie schwerer. Steigen die Strompreise zu stark, werden die Produktionen in das kostengünstigere Ausland verlagert.

### Umweltschutz schafft Arbeitsplätze

**M 9**
*Exportschlager Windkraft*

Deutschland hat früh durch staatliche Anreize und Subventionen die Windenergie gefördert. Weil an der Küste viel Wind weht, gibt es die Windkrafträder dort häufig. Sie werden errichtet, weil Kohle- und Gaskraftwerke bei der Produktion von Strom zu viele Treibgase ausstoßen. Die Windkraft ist vom Preis her aber noch nicht konkurrenzfähig, deshalb greift der Staat ein. Die Elektrizitätsunternehmen sind gezwungen, den Windmüllern – meist Landwirte – hohe Einspeisevergütungen für den durch die Windkraftanlagen produzierten Strom zu zahlen. Weil Deutschland mit dieser Umweltpolitik vorangegangen ist, stellten sich unsere Unternehmen als erste auf die Produktion von Windanlangen ein. Heute sind wir deshalb weiter als andere. Die Windkraft ist ein Exportschlager geworden. Dies gilt auch für die Solarwirtschaft.

## Materialien

**M 1**
*Ladenschlussgesetz*

**Früher war es ganz anders: Heute haben die Läden viel länger geöffnet**

| Ladenschlussgesetz | | |
|---|---|---|
| alte Regelung | | Regelung Stand 2009 |
| 7:00 – 18:30 Uhr<br>7:00 – 14:00 Uhr | Montag bis Freitag<br>Sonnabend | 0:00 – 24:00 Uhr<br>0:00 – 24:00 Uhr |
| am 1. Sonnabend im Monat<br>von 7:00 bis 18:00 Uhr | | vier verkaufsoffene Sonntage<br>13:00 bis 18:00 Uhr,<br>ausgenommen: wichtige Feiertage |

## 7.1 Grundsätze der sozialen Marktwirtschaft

Der Sonntag ist ein christlicher Feiertag und auch ein Tag, an dem viele Familien ihre Freizeit gemeinsam gestalten. Viele gehen gern am Sonntag einkaufen. Dann müssen Verkäufer arbeiten.

1. Wie lange sind in Ihrer Gemeinde die Geschäfte geöffnet? Geben Sie mindestens drei unterschiedliche Beispiele.
2. Vergleichen Sie die Ladenöffnungszeiten Ihrer Gemeinde mit den Öffnungszeiten in den Gemeinden Ihrer Mitschüler.
3. Sollten die Geschäfte sonntags geöffnet oder geschlossen bleiben? Begründen Sie Ihre Antwort.

**Bäderregelung für Ladenöffnungszeiten**
In den Nord- und Ostseebädern können die Geschäfte werktags (Montag bis Samstag) von 0:00 bis 24:00 Uhr öffnen, an Sonn- und Feiertagen von 11:00 bis 19:00 Uhr, am Ostersonntag von 14:00 bis 18:30 Uhr, ebenso am 1. Mai (aber nur der Ladeninhaber darf arbeiten). Am Karfreitag und am ersten Weihnachtstag bleiben die Läden geschlossen.

1. Vergleichen Sie die Bäderregelung mit den normalen Ladenöffnungszeiten
   a) für Werktage,
   b) für Sonn- und Feiertage.
2. Vollziehen Sie nach: Warum hat das Land Schleswig-Holstein diese Sonderregelung sowohl für Werktage als auch Sonn- und Feiertage für die Fremdenverkehrsgebiete erlassen?

M 2
Konsumausgaben

1. Ermitteln Sie (mit Dreisatz oder Prozentrechnung), wie viel Prozent der Konsumausgaben auf die einzelnen Posten entfallen.
2. Was meinen Sie: Geben Sie Ihr Geld auch so aus oder haben Sie eine andere Einteilung?

**M 3**
*Arbeitsmarkt*

1. Stellen Sie eine Rangfolge der Bundesländer auf. Nummer eins ist das Bundesland mit der niedrigsten Arbeitslosigkeit.
2. Wo ist in Deutschland – geografisch gesehen – die Arbeitslosigkeit relativ niedrig, wo ist sie hoch?
3. Welche Unterschiede gibt es in Schleswig-Holstein? Wie sieht es in Ihrem Kreis aus?
4. Vergleichen Sie die obigen Werte mit den heutigen Zahlen unter http://www.pub.arbeitsagentur.de/hst/services/statistik/000000/html/start/karten/aloq_kreis.html.
5. Diskutieren Sie:
   a) Warum hat sich die Arbeitslosenzahl verändert?
   b) Warum ist sie unterschiedlich hoch?

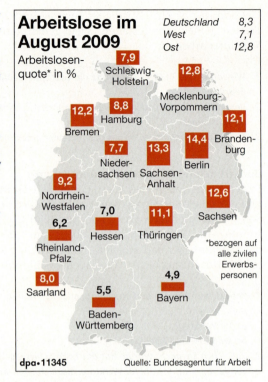

**M 4**
*Bruttoinlandsprodukt*

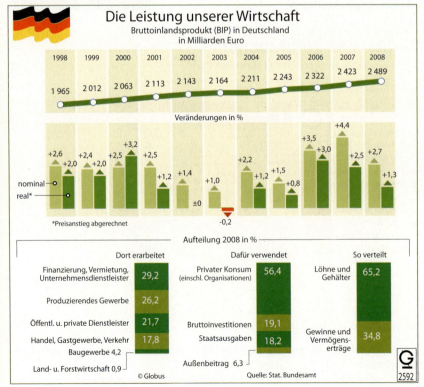

*Erarbeiten Sie sich den Text zum BIP auf S. 310.*
*a) Wie berechnet man das BIP?*
*b) Was ist der Unterschied zwischen dem nominalen und dem realen Wirtschaftswachstum? Ermitteln Sie dies für die Jahre 2003–2007.*

**M 5**
*Exporte*

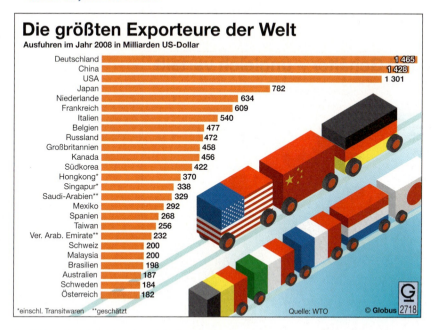

1. Ordnen Sie die Länder den Erdteilen zu.
2. Diskutieren Sie: Woran liegt es, dass deutsche Güter so gefragt sind?

**M 6**
*Leistungsgerechte Bezahlung*

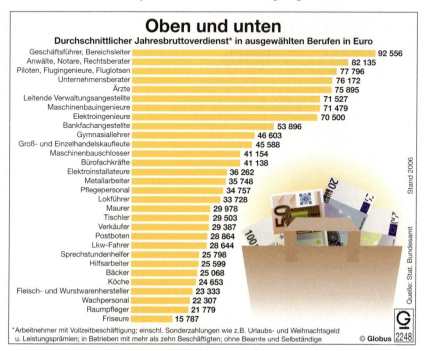

1. Ein Arzt verdient mehr als ein Friseur, eine Bankangestellte mehr als eine Verkäuferin. Warum?
2. Fragen Sie in Ihrem Verwandten- und Bekanntenkreis. Wie viele Stunden arbeiten die Angestellten, Arbeiter und Beamten in der Woche? Wie viele Stunden arbeiten die jungen selbstständigen Versicherungskaufleute und Handwerksmeister?
3. Weshalb arbeitet der selbstständige Handwerksmeister in der Regel schneller und besser als seine Gesellen?

**M 7**
*Leistungsgerechte Bezahlung*

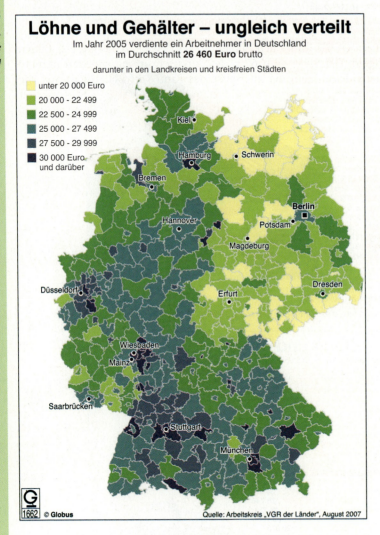

1. Finden Sie heraus: In welchen Gegenden Deutschlands wird besonders gut verdient und in welchen Gegenden Deutschlands wird besonders wenig verdient?
2. Diskutieren Sie: Wo könnten die Ursachen dafür liegen?

**M 8**
*Mutterschafts- und Elterngeld*

### Mutterschafts- und Elterngeld

Bekommen berufstätige Frauen Kinder, zahlt die gesetzliche Krankenkasse bis zu 13,00 Euro pro Tag Mutterschaftsgeld. Der Arbeitgeber erhöht diesen Betrag bis zur Höhe des Nettoverdienstes. (Stand 2009)

| Geburt | | |
|---|---|---|
| 6 Wochen davor | 8 Wochen danach | ab Geburt 12/14 Monate lang |
| Mutterschaftsgeld | | Elterngeld |
| | Das nach der Geburt gezahlte Mutterschaftsgeld wird bei der Berechnung des Elterngeldes mit angerechnet. | |

Entscheidet sich ein Partner, das Kind nach Ablauf der acht Wochen zu Hause zu betreuen, gibt es das Elterngeld: Der Staat zahlt 67% des durchschnittlich erzielten monatlichen Nettoeinkommens desjenigen, der zu Hause das Kind versorgt. Übernimmt der Partner (die Partnerin) nach Ablauf der zwölf Monate die Kinderbetreuung, verlängert sich das Elterngeld auf 14 Monate. Das Elterngeld beträgt mindestens 300,00 Euro (auch für Nichterwerbstätige) und höchstens 1.800,00 Euro pro Monat.

1. a) Wer ist berechtigt, Mutterschaftsgeld zu beziehen?
   b) Wie lange wird es gezahlt?
2. a) Wer ist berechtigt, Elterngeld zu beziehen?
   b) Wie lange wird es gezahlt?

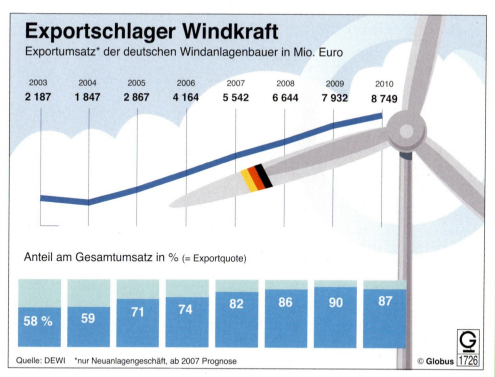

M 9
*Exportschlager Windkraft*

1. Um wie viel Prozent ist der Export von Windkraftanlagen in der Zeit von 2003 bis 2006 gestiegen?
2. Wie hat sich die Exportquote entwickelt?

# Arbeitsvorschlag

## Kaufkraft

| | Mengen-einheit | Kaufkraft der Lohnminute | | | | | | |
|---|---|---|---|---|---|---|---|---|
| | | 1960 | | | 1991 | | | 2007 | | |
| | | Preis EUR | Arbeitszeit Std. | Min. | Preis EUR | Arbeitszeit Std. | Min. | Preis EUR | Arbeitszeit Std. | Min. |
| Mischbrot | 1 kg | 0,41 | 0 | 20 | 1,82 | 0 | 11 | 2,36 | 0 | 10 |
| Markenbutter | 250 g | 0,83 | 0 | 39 | 1,06 | 0 | 6 | 1,10 | 0 | 5 |
| Zucker | 1 kg | 0,63 | 0 | 30 | 0,97 | 0 | 6 | 1,05 | 0 | 5 |
| Vollmilch | 1 l | 0,22 | 0 | 11 | 0,66 | 0 | 4 | 0,77 | 0 | 5 |
| Eier | 10 St. | 1,07 | 0 | 51 | 1,41 | 0 | 8 | 1,60 | 0 | 7 |
| Rindfleisch zum Kochen | 1 kg | 2,63 | 2 | 4 | 5,38 | 0 | 32 | 6,74 | 0 | 30 |
| Schweinekotelett | 1 kg | 3,32 | 2 | 37 | 6,31 | 0 | 37 | 7,00 | 0 | 31 |
| Brathähnchen | 1 kg | 2,82 | 2 | 13 | 2,60 | 0 | 15 | 2,65 | 0 | 12 |
| Kabeljau | 1 kg | 1,19 | 0 | 56 | 9,67 | 0 | 57 | 15,30 | 1 | 8 |
| Speisekartoffeln | 2,5 kg | 0,36 | 0 | 17 | 1,64 | 0 | 10 | 2,97 | 0 | 13 |
| Edamer | 1 kg | 2,37 | 1 | 52 | 6,53 | 0 | 39 | 6,85 | 0 | 30 |
| Bohnenkaffee | 500 g | 4,5 | 3 | 33 | 3,95 | 0 | 23 | 4,42 | 0 | 20 |
| Flaschenbier | 0,5 l | 0,32 | 0 | 15 | 0,52 | 0 | 3 | 0,66 | 0 | 3 |
| Weinbrand | 0,7 l | 6,38 | 5 | 1 | 7,55 | 0 | 45 | 7,97 | 0 | 35 |
| Herrenanzug | 1 St. | 86,41 | 68 | 0 | 215,25 | 21 | 11 | 233,74 | 17 | 15 |
| Damenkleid | 1 St. | 33,64 | 26 | 28 | 95,10 | 9 | 22 | 91,29 | 6 | 44 |
| Damenstrumpfhose | 1 St. | 1,55 | 1 | 13 | 2,76 | 0 | 16 | 3,96 | 0 | 18 |
| Herrenslipper | 1 Paar | 15,65 | 12 | 9 | 56,75 | 5 | 35 | 68,47 | 5 | 3 |
| Damen-Pumps | 1 Paar | 18,41 | 14 | 29 | 71,58 | 7 | 3 | 75,82 | 5 | 36 |
| Haushaltsstrom und Grundgebühr | 200 kWh | 12,86 | 10 | 7 | 32,36 | 3 | 11 | 43,56 | 3 | 13 |
| Normalbenzin | 1 l | 0,31 | 0 | 14 | 0,65 | 0 | 4 | 1,33 | 0 | 6 |
| Braunkohlenbriketts | 50 kg | 2,25 | 1 | 46 | 11,20 | 1 | 6 | 15,71 | 1 | 10 |
| Kleiderschrank | 1 St. | 89,99 | 70 | 49 | 376,82 | 37 | 5 | 498,85 | 36 | 49 |
| Kühlschrank | 1 St. | 198,89 | 156 | 30 | 309,33 | 30 | 27 | 327,83 | 24 | 12 |
| Waschmaschine | 1 St. | 285,30 | 224 | 30 | 542,99 | 53 | 27 | 481,82 | 35 | 34 |
| Fernseher | 1 St. | 446,88 | 351 | 38 | 803,24 | 79 | 4 | 312,01 | 23 | 2 |
| Tageszeitung | 1 Monat | 2,13 | 1 | 41 | 12,12 | 1 | 12 | 22,01 | 1 | 37 |
| Hörfunkgebühr | 1 Monat | 1,02 | 0 | 48 | 3,07 | 0 | 18 | 5,51 | 0 | 24 |
| Briefporto | 1 Brief | 0,10 | 0 | 5 | 0,51 | 0 | 3 | 0,55 | 0 | 2 |
| Herrenschuhe besohlen | 1 Paar | 5,22 | 4 | 6 | 14,27 | 1 | 24 | 21,21 | 1 | 34 |
| Haare waschen + föhnen für Damen | 1-mal | 1,87 | 1 | 28 | 10,02 | 0 | 59 | 16,37 | 1 | 12 |
| Kinobesuch | 1 Karte | 0,80 | 0 | 38 | 4,57 | 0 | 27 | 6,33 | 0 | 28 |

1. Wie hat sich die Kaufkraft für
   - Lebensmittel,
   - Textilien,
   - Energie,
   - Haushaltsgeräte,
   - Medien und Porto, den Schuster, den Friseur und für das Kino (arbeitsintensive Dienstleistungen)
   a) zwischen 1660 und 1991 entwickelt?
   b) zwischen 1991 und 2007 entwickelt?

2. Stellen Sie grafisch dar, wie viel Zeit 1960, 1991 und 2007 für folgende Produkte aufgewendet werden musste:
   - Mischbrot,
   - Brathähnchen,
   - Herrenanzug,
   - Haushaltsstrom,
   - Kühlschrank,
   - Kinobesuch.

   Die Waagerechte bildet die Zeitachse, auf der Senkrechten tragen Sie die Arbeitszeit ein. Erstellen Sie für jedes Produkt eine Grafik.

# Zur Vertiefung

**Stellen Sie eine Rangfolge der Wirtschaftsziele auf.**
**Was ist das wichtigste?**
Vier der sechs Ziele sind seit 1967 im „Stabilitätsgesetz" verankert. Die vier allein bilden ein „magisches Viereck".

Bevor Sie mit der Diskussion beginnen, lesen Sie bitte die folgenden Texte und beantworten Sie die Fragen.

V 1
*Wirtschaftsziele*

> **Gesetz zur Förderung der Stabilität und des Wachstums der Wirtschaft**
>
> Bund und Länder haben bei ihren wirtschafts- und finanzpolitischen Maßnahmen die Erfordernisse des gesamtwirtschaftlichen Gleichgewichts zu beachten. Die Maßnahmen sind so zu treffen, dass sie im Rahmen der marktwirtschaftlichen Ordnung gleichzeitig zur Stabilität des Preisniveaus, zu einem hohen Beschäftigungsstand und außenwirtschaftlichem Gleichgewicht bei stetigem und angemessenem Wirtschaftswachstum beitragen.

1. *Welche wirtschaftlichen Ziele des magischen Sechsecks werden im Stabilitätsgesetz genannt?*
2. *Welche Ziele fehlen?*
3. *Können Sie sich eine Erklärung für das Fehlen dieser Ziele denken?*

**Stellen Sie eine Rangfolge der sechs Ziele auf.**
Zuerst entscheiden Sie sich bitte alleine und schreiben Ihre persönliche Rangfolge auf einen Zettel.

Dann sammeln Sie die Wertungen Ihrer Klasse ein. Die Auffassungen werden sicherlich unterschiedlich sein.

Stellen Sie jetzt aus den Einzelmeinungen die Rangfolge der Klasse auf. Dazu schreiben Sie zuerst die sechs Ziele in beliebiger Reihenfolge an die Tafel. Dann notieren Sie von jedem einzelnen Zettel die Rangplätze hinter die Begriffe und zählen zum Schluss alle Zahlen zusammen. Ordnen Sie die Ziele neu nach der Rangfolge Ihrer Klasse. Den ersten Platz erhält das Ziel mit der kleinsten Summe.

**Diskutieren Sie Ihr Ergebnis.**
Beachten Sie dabei auch die unterschiedlichen Abstände zwischen den einzelnen Zielen. Interessant kann es werden, wenn einige abweichende Meinungen (Rangfolgen) verteidigt werden.

**V 2**
*Export und Globalisierung*

**Frau Müller kauft ein Hemd aus Sri Lanka.
Das sichert ihrem Mann die Arbeit.
Arbeitet Herr Müller denn in Asien?**

Wenn Frau Müller ihrem Mann ein Hemd kauft, dann knüpft sie an dem roten Faden, der sich durch die Weltwirtschaft hindurchzieht.

Acht von zehn Hemden, die bei uns als Import verkauft werden, kommen aus einem Land der Dritten Welt.

Die Entwicklungsländer in Afrika, Asien und Lateinamerika nehmen dafür unsere Exporte auf, zum Beispiel Textilmaschinen.

Wenn Frau Müller ein Hemd aus Colombo in Sri Lanka kauft, dann tut sie zweierlei: Sie schmückt ihren Mann und sichert seinen Arbeitsplatz. Mit dem Geld für das Hemd kann die Fabrik in Colombo die Textilmaschine bezahlen, die Herr Müller in Krefeld zusammenbaut. Herr Müller arbeitet also nicht in Asien, aber die Müllers haben Geschäftsbeziehungen dorthin. Auch wenn sie es nicht wissen. Wenn Frau Müller ihrem Mann ein Hemd kauft, gibt sie zwar Mark und Pfennig an der Kasse ab. Aber eigentlich bezahlt sie nicht mit deutscher Mark, sondern mit Herrn Müllers Zeit. Mit Herrn Müllers Arbeitszeit, in Geld bemessen. Für ein gutes Oberhemd muss Herr Müller heute knapp drei Stunden arbeiten. Früher, vor zwanzig Jahren, als deutsche Männerhemden noch aus deutschen Landen kamen, kostete ein Hemd fast doppelt so viel. […]

An seinem Hemd aus Sri Lanka hat Herr Müller aus Krefeld mitgewirkt. Mit Müllers Maschine schneidert der Singhalese Hemden schneller als früher. Und er macht es billiger, als sein deutscher Kollege es könnte oder möchte.

Das Colombo-Krefeld-Hemd, das wir hier kennenlernen, hat einen roten Faden. Er zieht sich durch die ganze Weltwirtschaft und hat auch einen Namen: Man nennt ihn internationale Arbeitsteilung.

Teilen heißt: Man kann nicht alles haben. Unseren Landsleuten in der Textilindustrie können diese Hemden aus der Dritten Welt Arbeitsplätze wegnehmen. Das ist die eine Seite. Aber an der einfachen Logik, dass andere Länder unsere Maschinen nur bezahlen können, wenn wir ihre Hemden kaufen, an dieser Logik eines freien Welthandels führt kein Weg vorbei. […]

Die Arbeitsplätze, die wir langfristig durch Einfuhren von Konsumgütern verlieren, müssen wir dort wettmachen, wo wir stark sind, wo unsere Arbeit international besonders gefragt ist: Maschinen- und Fahrzeugbau, Elektrotechnik, Chemie.

Für einen freien Welthandel müsste bei uns eigentlich jeder eintreten, der bis vier zählen kann: Jede vierte Mark nämlich wird bei uns im Export verdient.

Quelle: Presse- und Informationsamt der Bundesregierung, Anzeige anlässlich des Weltwirtschaftsgipfels in Bonn im Juli 1978

Die Anzeige hat damals – es gab noch die DM – viel Staub aufgewirbelt. Viele waren empört.

1. Wer könnte empört gewesen sein?
2. Geben Sie den Gedankengang der Presseerklärung der damaligen Bundesregierung mit eigenen Worten wieder. Was meinen Sie dazu?

V 3
Mindestlohn

**Darunter geht nichts**

**Gesetzliche** Mindestlöhne in der EU
in Euro pro Stunde, Stand Oktober 2007

|  |  |
|---|---|
| Luxemburg | 9,08 |
| Irland | 8,65 |
| Frankreich | 8,44 |
| Großbritannien | 8,20 |
| Niederlande | 8,08 |
| Belgien | 8,08 |
| Deutschland DGB-Forderung | 7,50 |
| Griechenland | 3,80 |
| Malta | 3,47 |
| Spanien | 3,42 |
| Slowenien | 3,12 |
| Portugal | 2,41 |
| Tschechien | 1,76 |
| Ungarn | 1,51 |
| Slowakei | 1,46 |
| Polen | 1,43 |
| Estland | 1,38 |
| Litauen | 1,21 |
| Lettland | 0,99 |
| Rumänien | 0,66 |
| Bulgarien | 0,53 |

Quelle: WSI

zum Vergleich:
**Tarifliche** Mindestlöhne in Deutschland nach dem Arbeitnehmer-Entsendegesetz (Stand Juli 2007)

**Bauhauptgewerbe**
■ Werker   ■ Fachwerker
West: 10,30 / 12,40
Ost: 8,90 / 9,80

**Maler und Lackierer**
■ Ungelernter   ■ Geselle
West: 7,85 / 10,73
Ost: 7,15 / 9,37

**Abbruch- und Abwrackgewerbe**
■ Hilfskraft   ■ Fachwerker
West: 9,49 / 11,60
Ost: 8,80 / 9,80

**Dachdecker**
Helfer
West u. Ost: 10,00

**Gebäudereiniger**
unterste Lohngruppe
West: 7,87
Ost: 6,36

**Postgewerbe***
■ Briefzusteller   ■ übrige Postbeschäftigte
West: 9,80
Ost: 8,40
West: 9,00
Ost: 8,00

*noch nicht für allgemein-verbindlich erklärt
© Globus 1625

In Deutschland gibt es einen tariflichen Mindestlohn nach dem Entsendegesetz nur in einigen Branchen (Stand 2008). Beispiele hierzu stehen im Schaubild auf der rechten Seite. Weil diese Mindestlöhne nicht für alle Branchen gelten, werden gesetzliche Mindestlöhne für alle Arbeitnehmer gefordert. Das gibt es bereits in vielen Ländern der EU (links im Schaubild).

1. Wäre ein allgemeiner Mindestlohn gerechter?
2. Würden dadurch Arbeitsplätze ins Ausland verlagert werden?
3. Bisher handelten Arbeitgeber und Gewerkschaften den Lohn aus.
   Diskutieren Sie: Soll der Staat Mindestlöhne für alle festsetzen?

## 7.2 Wirtschaftspolitik

Bulle und Bär als Symbol für das Auf und Ab der Aktienkurse

Geht es der Wirtschaft gut, steigt die Zahl der Arbeitsplätze.

**M 1**
Wohnungsbau

### Holzmüller bestellt neue Maschinen

Die Firma Holzschnitt stellt Profilleisten her. Gebraucht werden sie fast überall, wo mit Holz gearbeitet wird: in der Möbelindustrie, beim Hausbau für Fenster, Türen, Fußbodenleisten. Kaufen kann man sie im Baumarkt. Der Inhaber der Firma, Herr Holzmüller, ist stolz auf seine Produkte. Er verarbeitet nur ausgesuchtes, astfreies Holz und lässt sich immer mal wieder ein neues Profil für seine Leisten einfallen. Aber er hat im Laufe der Jahre festgestellt, dass die Zustimmung bei seinen Kunden sehr schwankt. Vor einem Jahr waren die Heimwerker noch sehr zurückhaltend. Mal eine Leiste, für eine unbedingt notwendige Reparatur, das war's dann aber auch.

Aber eines Abends hört er in der Tagesschau, dass die Aktien an der Börse steigen. Niemand weiß warum. Auch die Experten nicht. Am nächsten Abend die gleiche Nachricht: Der Anstieg geht weiter. Sollte etwa die Stimmung umschlagen? Aktien werden doch nur dann gekauft, wenn sich die Käufer bei den entsprechenden Firmen Gewinne erhoffen. Dann eine weitere frohe Botschaft: Bei den Auslandsvertretungen von Mercedes, Audi und BMW füllen sich die Auftragsbücher. Ein Hoffnungsschimmer weitab am Horizont?

Herr Holzmüller überprüft seinen Maschinenpark. Seine 50 Fräsmaschinen laufen und laufen, aber mit wenig Begeisterung. Mal steht eine still und wird sorgfältig gewartet und geputzt. Denn die 25 Leute in der Werkshalle müssen sich ja beschäftigen. Von der letzten Statistik weiß Herr Holzmüller: Seine Kapazitätsauslastung beträgt nur knapp 70%. Das ist wenig. Wenn hoffentlich bald mehr Bestellungen eingehen, dann würde er erst mal die Kapazität hochfahren. Aber er will ganz sichergehen. Zunächst bestellt er, wie in jedem Jahr, fünf neue Fräsmaschinen als Ersatz für die alten, die ihre zehn Jahre abgearbeitet haben und bereits abgeschrieben sind. Erstaunt ist er über das Fax, das ihm von der Maschinenfabrik ins Büro flattert: 1. Das von ihm bestellte Modell ist inzwischen aus der Produktion genommen. Der Nachfolger wird elektronisch gesteuert, arbeitet zuverlässiger und schneller, braucht zudem weniger Strom und – in anderen Firmen sei es üblich, dass ein Maschinenführer drei Fräsmaschinen bedient statt bisher nur zwei. Aber 2. – und jetzt ist Herr Holzmüller richtig ärgerlich – müsse sich die Firma mit der Lieferung etwas gedulden. Gerade laufe ein Großauftrag für China, der müsse zuerst abgewickelt werden. Als guter Kunde könne er sich aber in drei Monaten auf die Lieferung einstellen.

Der Ärger von Herrn Holzmüller dauert jedoch nicht lange. Dafür ist er zu sehr Unternehmer. Nach einigem Denken kommt Freude bei ihm auf: Wenn die Maschinenfabrik boomt, das weiß er aus Erfahrung, dann wird auch bald der Run auf seine Leisten einsetzen. Denn es wird bald wieder gebaut. Die Möbelindustrie wird ihre Produktion ausweiten. Automobilverkäufer, Maschinenbauer, Spediteure, sie alle müssen jetzt hart ran in ihren Firmen. Manche machen bereits Überstunden. Aber nach Arbeitsschluss fahren sie noch mal schnell beim Baumarkt vorbei und nehmen ein paar von seinen wunderschönen Profilleisten mit. Denn wenn man Arbeit hat und gut verdient, dann macht nach Feierabend die Arbeit zu Hause erst richtig Spaß. Da gönnt sich Herr Holzmüller am Abend mit seiner Frau eine Flasche Sekt: Er hat beschlossen zu investieren. Am nächsten Morgen faxt er froh gelaunt die Bestätigung seiner Bestellung an die Maschinenfabrik: fünf Fräsmaschinen als Ersatz und weitere zehn, weil er seine Produktion erweitern will. Denn nach der Durststrecke will er endlich wieder mal richtig Geld verdienen.

## Konjunktur: das Auf und Ab der Wirtschaft

### Konjunkturphasen
Das Auf und Ab der wirtschaftlichen Leistung (Produktion und Dienstleistungen) nennt man Konjunktur. Gemessen wird dies am Bruttoinlandsprodukt.

*Siehe auch Kap. 7.1, S. 310*

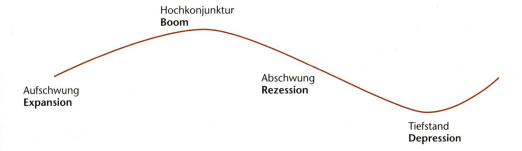

Ob Herr Holzmüller neue Maschinen bestellt, hängt von seiner Stimmung ab. Unternehmer entscheiden sich zu investieren, wenn sie in Zukunft mehr Aufträge erwarten. Nicht die augenblickliche Kapazitätsauslastung ist also ausschlaggebend. Kauft er eine neue Maschine, um seine Produktion auszuweiten, so nennt man das eine **Erweiterungsinvestition**.

Wird die Maschine bestellt, weil eine andere kaputt ist und die Reparatur nicht mehr lohnt, weil sie zu alt und bereits abgeschrieben ist, dann ist das eine **Ersatzinvestition**.

Haben kluge Ingenieure eine Maschine entwickelt, die die Umwelt weniger belastet, weil sie weniger Energie verbraucht, bestellt der Unternehmer auch neue Maschinen. Dies nennt man **Umweltinvestition**. Investiert er, um mit weniger Arbeitskräften kostengünstiger produzieren zu können, handelt es sich um eine **Rationalisierungsinvestition**. Entscheidend ist bei allen Investitionen: Der Unternehmer investiert, wenn er sich einen Gewinn davon verspricht. Wenn er heute eine neue Maschine kauft, dann ist diese in den meisten Fällen besser, d.h. leistungsfähiger und umweltschonender, als die Generation vorher. Eine Erweiterungsinvestition ist damit gleichzeitig eine Rationalisierungsinvestition und eine Umweltinvestition. Bei den meisten Ersatzinvestitionen ist das genauso.

### Wer zuerst bestellt, hat die Nase vorn
Erwartet die Boutique-Besitzerin im Ostseebad einen schönen Sommer mit vielen zahlungskräftigen Kundinnen und Kunden, dann wird sie frühzeitig für ein volles Lager sorgen. Sie bestellt ihre Sommerkollektion beim Textilfabrikanten gleich nach Weihnachten. Der hatte das vorher geahnt und, weil er ein risikobereiter Unternehmer ist, schon im Sommer vorher neue Nähmaschinen bestellt. Jetzt kann er gleich mit der Produktion loslegen.

Gewiefte Beobachter der Wirtschaft erkennen an den Auftragseingängen bei der Investitionsgüterindustrie – also den Maschinenherstellern – die zukünftige Entwicklung der Produktion und somit der Gewinne. Sie kaufen Aktien zu einem frühen Zeitpunkt.

Auftragseingänge und Aktienkurse z.B. nennt man daher Konjunktur-Indikatoren (Indikator = Anzeiger). Während Aktienkurse die Entwicklung vorwegnehmen, reagiert der Arbeitsmarkt auf die tatsächliche konjunkturelle Entwicklung später, also zeitversetzt. Lohnerhöhungen, aber auch Lohnkürzungen sind abhängig von der augenblicklichen Beschäftigungslage. Sucht der Unternehmer im Boom händeringend Leute für seine neuen Maschinen, dann haben die Arbeitnehmer eine starke Position. Sie haben gute Chancen, höhere Löhne durchzusetzen. In der Flaute ist das ganz anders.

### Konjunkturschwankungen sind nicht vorhersehbar
Keiner kann die konjunkturelle Entwicklung genau voraussagen. Fachleute versuchen das ständig. Die Bundesregierung lässt von fünf wirtschaftswissenschaftlichen Instituten die Konjunktur beobachten. Im Frühjahr und im Herbst geben diese „fünf Weisen" ihr Gutachten ab. Was dann tatsächlich daraus wird, wissen allerdings auch sie nicht.

Der Angriff islamischer Terroristen auf das World-Trade-Center in New York am 11. September 2001 bremste die Konjunktur. Dies tat auch die Finanzkrise 2008.

**A 1**
*Währungsschwankungen*

Währungsschwankungen (der Dollarkurs) können aus heiterem Himmel auftreten und die Konjunktur beeinflussen. Neue technische Entwicklungen können eine Welle von Investitionen auslösen.

Ganz wichtig ist die allgemeine **Stimmung**: die Stimmung in der Bevölkerung, noch wichtiger aber, wie die Unternehmer die Entwicklung der Stimmung vorher einschätzen.

Wenn dann der Konjunkturmotor wieder angesprungen ist, weiß am Ende wiederum niemand so genau zu sagen: Sind nun die Aktienkurse gestiegen, weil die Aussichten gut waren, oder haben die Unternehmer investiert, weil die Aktienkurse stiegen?

Die Konjunktur, das Auf und Ab der Wirtschaft, verläuft in unregelmäßigen zeitlichen Abständen. Die Ausschläge nach oben und unten sind mal stark und mal schwach. Eine Rezession zu verhindern erscheint nach bisherigen Erfahrungen unmöglich.

### Konjunktur und Globalisierung

Deutschland besitzt nur wenige Rohstoffe und viel Öl schon gar nicht. Das haben andere. Unser Öl sind unsere Exporte. Hochwertige Güter, technisch anspruchsvoll wie Flugzeuge von Airbus aus Hamburg, moderne Schiffe aus Kiel oder Flensburg und sichere Medizintechnik aus Lübeck, dies alles wird in die ganze Welt exportiert. Das sichert unsere Arbeitsplätze bei den großen Firmen. Diese machen nicht alles selbst. Sie vergeben Aufträge an die vielen leistungsfähigen mittleren und kleineren Firmen. Diese Zulieferer beschäftigen oft mehr Arbeitskräfte als die großen Firmen selbst.

Deutschlands Industrie lebt vom Export. Unser Einkommen hängt vom Verkauf unserer Produkte in andere Länder ab. Von ihnen bekommen wir Verkaufserlöse, also unseren Wohlstand. Geht es den Abnehmern deutscher Maschinen gut, kaufen sie viel und wir verdienen daran. Der Wohlstand steigt. Geht es den Kunden unserer Exporteure schlecht, kaufen sie weniger Maschinen, wir nehmen weniger ein, unser Wohlstand steigt nicht mehr oder sinkt sogar.

M 2
*Globale Handelsströme*

### Die Affen aus Absurdistan

Vor langer Zeit verkündete ein Mann in einem indischen Dorf, dass er jeden Affen für 10 Dollar kaufen würde. Die Dorfbewohner wussten, dass es im Wald sehr viele Affen gab. Und so gingen sie in den Wald und fingen Affen. Der Mann kaufte dann die ganzen Affen für den versprochenen Preis. Als sich somit der Affenbestand verringerte, suchten die Dorfbewohner nicht mehr sehr fleißig und gingen lieber ihrer alten Arbeit nach.

Daraufhin versprach der Mann, jeden Affen für 20 Dollar zu kaufen. Das hat die Menschen angetrieben, und sie gingen in den Wald und suchten und suchten. Bald darauf sind die Affen im Wald sehr rar geworden und keiner suchte mehr richtig. Und so verkündete der Mann, er würde jeden Affen für 25 Dollar kaufen. Es war schon sehr schwierig, einen Affen zu erwischen! Darum sagte der Mann, er kaufe jetzt jeden Affen für 50 Dollar. Aber da er geschäftlich in die Stadt müsse, würde ihn sein Assistent vertreten. Als der Mann dann weg war, sagte der Assistent zu den Dorfbewohnern: „Seht ihr die ganzen Affen hier im Käfig, die der Mann gekauft hat? Ich verkaufe sie euch für 35 Dollar und wenn der Mann morgen aus der Stadt kommt, könnt ihr ihm die Affen für 50 Dollar verkaufen. Super, oder?" Die Dorfbewohner brachten daraufhin alles Geld, alles Ersparte, und kauften alle Affen für 35 Dollar.

Nach diesen Geschäften haben die Dorfbewohner nie mehr wieder einen von den zwei Männern gesehen. Nur die ganzen Affen waren wieder da!

*Quelle: frei nach Manfred Block, Eutin*

*Siehe auch Kap. 2.3, S. 51*

Aus der Sicht der Wirtschaftswissenschaftler ist der Mensch ein „Homo oeconomicus", ein Mensch also, der sich wirtschaftlich verhält: Er sucht seinen Vorteil. Um Gewinn zu erzielen, macht er Geschäfte. Da er keine Verluste machen will, lehnt er es ab, schlechte

Geschäfte zu tätigen. Manchmal – wie in der Finanzkrise 2008 – verhalten sich die Menschen nicht ökonomisch, da sie auch gierig sein können. Sie wollen höhere Gewinne machen, immer höhere Zinsen erzielen. Sie glauben – wie die Dorfbewohner – ganz schnell ein gutes Schnäppchen machen zu können. Sie haben dabei aufgehört – blind vor Gier –, die Risiken zu prüfen. So entstand auch die Finanzkrise 2008. Sie beeinflusste die Konjunktur nachhaltig.

## Die Finanzkrise 2008

### Wie alles in den USA begann

**A 2** *Die Finanzkrise 2008*

Einfache Arbeiter und kleine Angestellte erhielten Hypothekenkredite. Obwohl sie kaum ein festes Einkommen hatten, konnten sie sich also ein Haus auf Kredit kaufen. Oft ohne Eigenkapital, manchmal war der Kredit sogar höher als der Preis für das Haus. Da die Preise für Häuser Jahr für Jahr stiegen, war das Risiko für die Banken gering. Konnte ein Kreditnehmer die Raten für die Hypothekenkredite nicht mehr bezahlen, verkaufte er das Haus mit Gewinn und zog aus. Als die Preise für Häuser aber fielen, gingen viele Kreditnehmer pleite.

### Wie die Risiken der faulen Kredite weitergereicht wurden

Die Hypothekenbanken hatten hohe Forderungen gegenüber ihren Schuldnern, den kleinen Leuten mit den hohen Hypotheken. Die Banken ahnten, dass sie ihre Forderungen nicht würden eintreiben können. Da kamen sie auf die Idee, ihre zweifelhaften Forderungen zu verkaufen.

Fannie Mae und Freddie Mac, die beiden großen halbstaatlichen amerikanischen Hypothekenbanken, kauften viele Hypothekenkredite auf, wollten sie aber auch wieder loswerden. Auch sie wussten wohl, dass viele kleine Hausbesitzer ihre Raten nicht würden bezahlen können. So bündelten Fannie Mae und Freddie Mac ihre faulen Kredite zu großen Paketen, nannten diese Pakete Wertpapiere und verkauften diese an damals große Investmentbanken wie Lehman Brothers. Diese verkauften sie weiter auf der ganzen Welt an andere Investmentbanken, Hedgefonds, staatliche Landesbanken und Privatbanken, an Chinesen und Japaner usw. Diese wiederum reichten sie zum Teil an Kleinanleger weiter. Bei jeder Weitergabe floss eine Vermittlungsgebühr. Der Vermittler – meist ein Investmentbanker im Namen einer Bank – wurde von dieser bei guten Geschäften mit Bonuszahlungen belohnt. Als sich im Jahr 2008 herumgesprochen hatte, dass die Wertpapiere kaum etwas wert waren, war Schluss.

**M 3** *Investmentbanker*

Einige Unternehmen gingen pleite. Auch die großen Banken gerieten in bedrohliche Situationen. Sie alle hatten nämlich kaum noch geprüft, was sich hinter den vermeintlich wertvollen Wertpapieren verborgen hatte. Nur die hohen Zinsen hatten die Gierigen gelockt.

Viele Banker wussten, wie schlecht es um sie stand. Sie wetteten deshalb auf einen fallenden Aktienkurs von Banken. Als Lehman Brothers pleitegegangen war, haben viele andere an deren Ruin verdient. Auch deutsche Banken verdienten am Niedergang von Lehman Brothers gut. Bei der VW-Aktie verspekulierten sich aber die Hedgefonds.

**M 4**
*Leerverkäufe*

### Hedgefonds wollen gegen Porsche klagen

Hamburg – Porsche drohen im Zusammenhang mit der Übernahme des größten europäischen Autokonzerns Volkswagen Schadenersatzklagen in Milliardenhöhe. Verschiedene Kanzleien stellten derzeit im Auftrag von Hedgefonds, die mit Spekulationen auf fallende VW-Kurse mehrere Milliarden Euro verloren haben, Material für Klagen gegen Porsche zusammen, berichtet das Nachrichtenmagazin „Der Spiegel". Porsche hatte jüngst über den Erwerb von Aktien und Optionen auf VW-Aktien dafür gesorgt, dass nur noch gut fünf Prozent der VW-Stammaktien frei handelbar waren. Die Fonds machen geltend, von Porsche zu spät informiert worden zu sein.

*Quelle: dpa/Lübecker Nachrichten, 30.11./01.12.2008*

Ob amerikanische Hypothekenbanken, Investmentbanken oder andere – sie ahnten, dass die kleinen Hausbesitzer in den USA ihre Kredite nicht zurückzahlen konnten. So sorgten sie für sich vor, schlossen Versicherungsverträge, z. B. mit AIG, der größten amerikanischen Versicherung, ab. Sie zahlen also Prämien für das Risiko, dass ihre Schuldner – die kleinen Hausbesitzer – nicht mehr zahlen können. In diesen Fällen haben nun die Versicherungen die Kreditausfälle zu begleichen. Als die Hauspreise fielen, immer mehr faule Kredite platzten, hatte der Versicherungsriese AIG immer mehr zu bezahlen und rutschte in den Ruin.

### Die Staaten griffen erfolgreich ein, um eine Weltwirtschaftskrise zu verhindern

**V**
*Soll der Staat stärker eingreifen?*

Die Staaten griffen im Herbst 2008 ein. Sie wollten verhindern, dass die Pleite der einen Bank andere Banken mit in den Ruin ziehen würde. So verstaatlichten nun die USA Fannie Mae und Freddie Mac sowie den Versicherungsriesen AIG und gaben Garantien für andere Banken ab. Dies taten auch die europäischen Regierungen, oft unter der Federführung der EU. So wurden auch die Einlagen wie Sparbücher und Giroguthaben und vieles mehr staatlich garantiert. Das hat den Staat – also uns – viel Geld gekostet: in Deutschland wie in Frankreich, Großbritannien oder den USA. Aber es war notwendig, um Kettenreaktionen zu vermeiden. Denn die Banken finanzieren viele Investitionen. Können diese nicht mehr finanziert werden, werden weniger Häuser, Maschinen, Fabriken und Autos gekauft. Noch mehr Arbeitsplätze wären verloren gegangen. Deshalb wurden die Banken gerettet. Auch die Leerverkäufe wurden zeitweilig verboten.

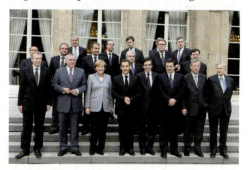
*Gipfeltreffen der Länder der Eurozone zur Finanzkrise am 12.10.2008*

### Wirtschaftspolitik: Unmögliches möglich machen

Marko hat Maurer gelernt. Sein Polier hält viel von ihm. Trotzdem wird er nach der Lehre nicht übernommen. Seine Firma, die Hochbau GmbH, hatte in den letzten Jahren viel zu tun. Doch jetzt, wo Marko im 3. Lehrjahr ist, halbieren sich die Aufträge.

> Die Hochbau GmbH muss abspecken. Zwei Jahre vorher hätte Marko Glück gehabt: Er wäre übernommen worden. Die Konjunktur hat ihm einen Strich durch die Rechnung gemacht. Für ihn und natürlich auch für den Chef seiner Firma wäre es besser, wenn das Auf und Ab der Aufträge nicht so stark wäre.

Das sehen auch die Politiker so. Deshalb wird den Regierungen zur Aufgabe gemacht, die Konjunktur zu glätten. Durch eine **antizyklische** Ausgabenpolitik soll gegengesteuert werden.

**M 5**
*Ausgabenpolitik des Staates*

Im Tiefstand soll der Staat die Konjunktur ankurbeln. Zusätzliche Aufträge, z. B. für neue Autobahnen, vorgezogene Sanierungen von alten Schulgebäuden und maroden Brücken und vieles mehr sollen dann Arbeitsplätze erhalten bzw. neue schaffen. Das geht aber nur, wenn sich der Staat in der Hochkonjunktur bei reichlich fließenden Steuern zurückgehalten und somit Schulden abgebaut hat.

Es ist nicht leicht, die antizyklische Ausgabenpolitik in die Praxis umzusetzen. Denn wenn die Steuerquellen sprudeln, wenn im Boom das Geld reichlich fließt, ist es schwierig für die Politiker, den Bürgerinnen und Bürgern klarzumachen, dass sie auf die dringend benötigte Kläranlage, die lange versprochenen Kindergartenplätze oder die überfällige Reparatur der Fahrradwege noch zwei bis drei Jahre warten sollen.

So sind die Politiker geneigt, im Boom die Mehreinnahmen nicht zu sparen, sondern gleich wieder auszugeben. Wenn dann im Konjunkturtief die Arbeitslosigkeit hoch ist und der Bau angekurbelt werden sollte, fehlt das Geld. Daher müssen Schulden gemacht werden, um die Konjunktur anzukurbeln. Im Boom ist dann wieder – wenn eigentlich Schulden zurückgezahlt werden sollten – die Versuchung groß, das Mehr an Steuern auszugeben. Die Schulden des Staates steigen dann weiter an.

**Konjunktur und EZB-Zinspolitik**

**M 6**
*Schuldenlast des Staates*

Die Europäische Zentralbank (EZB) mit Sitz in Frankfurt am Main hat die Aufgabe, die Wirtschaftspolitik zu unterstützen. Sie soll auch für Preisstabilität sorgen. Sie ist in ihrer Arbeit unabhängig.

Die Bundesregierung kann die Konjunktur durch ihre Ausgabenpolitik beeinflussen. Die EZB kann das durch ihre Zinspolitik.

Die Banken haben bei der EZB ein Konto. Hier können sie sich Geld leihen. Wenn der EZB-Leitzins sinkt, können die Banken das Geld mit niedrigerem Zinssatz an die Unternehmen und Privathaushalte weitergeben. Dann sinken die Kosten für einen Kredit: Es ist leichter, ein Reihenhaus oder eine Maschine zu finanzieren. Also wird auch mehr investiert.

> [...] Derzeit brechen die Aufträge der Industrie rasant ein, die Stimmung stürzt ab und den Konsumenten vergeht wegen der Krisenstimmung die Kauflust. Die Finanzkrise hat sich in einem noch vor Kurzem unvorstellbaren Tempo zu einer Wirtschaftskrise ausgeweitet.
>
> In dieser Situation agiert die EZB entschlossener als je zuvor und drückt den Leitzins mit rasanter Geschwindigkeit nach unten. Allein in den vergangenen zwei Monaten sank der Zins von 4,25 auf 2,50 Prozent.

*Quelle: Marion Trimborn, in: Lübecker Nachrichten, 05.12.2008, S. 9*

Wird der EZB-Leitzins erhöht, müssen die Banken die Unternehmen und Privathaushalte mit einem höheren Zinssatz belasten. Dann steigen die Kosten für einen Kredit: Es ist schwieriger, ein Reihenhaus oder eine Maschine zu finanzieren. Steigen die Kosten, wird also weniger investiert, die Konjunktur wird gebremst.

Im Dezember 2008 hatte die EZB versucht, die Konjunktur durch eine Zinssenkung anzukurbeln.

### Leitzins auf Rekordtief

Wegen der Rezession hat die Europäische Zentralbank erneut den Leitzins gesenkt. Er steht nun auf dem niedrigsten Stand der Geschichte.

Die Europäische Zentralbank (EZB) verringerte den Leitzins um 0,25 Punkte auf 1,0 Prozent. Das teilte die Notenbank nach ihrer Ratssitzung am Donnerstag in Frankfurt mit.

Mit der erneuten Zinssenkung reagiert die EZB auf die tiefe Wirtschafts- und Finanzkrise in Europa. Seit Herbst reduzierte die Notenbank den wichtigsten Zins zur Versorgung der Kreditwirtschaft mit Zentralbankgeld um insgesamt 3,25 Prozentpunkte auf ein historisches Tief.

Niedrige Zinsen verbilligen Kredite für Unternehmen und Verbraucher und können so die Wirtschaft ankurbeln. Sparguthaben werden allerdings ebenfalls niedriger verzinst. In den USA und in Japan liegen die Leitzinsen derzeit praktisch bei null. In Großbritannien beließ die Bank von England den Leitzins am Donnerstag auf dem Tiefstand von 0,5 Prozent.

Quelle: hei/dpa in: Focus online vom 07.05.2009, Zugriff am 17.08.2009 unter: http://www.focus.de/finanzen/banken/ezb-leitzins-auf-rekordtief_aid_396951.html

## Materialien

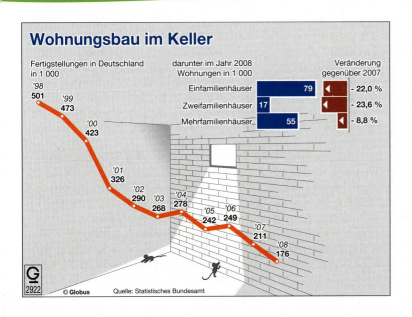

**M 1** *Wohnungsbau*

1. Beschreiben Sie die Entwicklung des Wohnungsbaus anhand der Grafik.
2. Diskutieren Sie die Gründe für die Entwicklung.

**M 2** *Globale Handesströme*

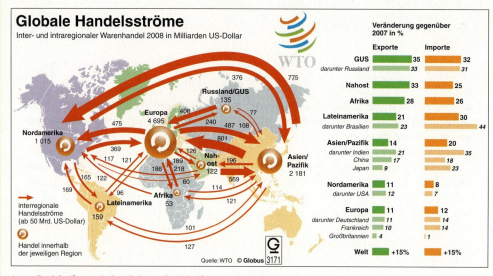

Inter (lat.) heißt „zwischen", intra (lat.) heißt „innerhalb".

1. In welche Regionen exportieren wir Europäer viele Güter?
2. Aus welchen Regionen importieren wir viel?

**M 3** *Investmentbanker*

## Die Axt kann jeden treffen

Global Village: In der Krise werden auch die erfolgsverwöhnten Jongleure des Finanzmarktes nachdenklich

Er trägt die Uniform der Erfolgreichen: Anzug, Seidenkrawatte, dunkle Schuhe, aber wenn er spricht, fallen Tropfen von der Stirn auf das frisch gebügelte Hemd. „Ich habe Angst", sagt er, „wie alle hier. Die Axt kann jeden treffen."

Keine Namen, sagt er, als sei er nicht Banker, sondern Geheimagent auf der Flucht. Oben in seinem Laden würden sie nur auf so was lauern. Sie suchten nach Gründen, Leute zu feuern. [...]

Seit dem Juli 2007 passiert nicht mehr viel auf seiner Etage. Die meisten Kollegen verbringen den Tag damit, sich um ihren Job zu sorgen. Ein paar versuchen herauszufinden, wie jene sagenhaften Immobilienabschlüsse zustande kamen, die hier jahrelang unterschrieben wurden, je schneller und waghalsiger, desto größer der Bonus. Die Verantwortlichen für die riskantesten Deals seien gefeuert, der Rest starre auf die Konstruktionen ihrer Abschlüsse, als blickten sie in dunkle Brunnen. [...]

Der Reichtum, den die schnellen Deals produzierten, war sagenhaft, sagt der Mann, der sie jetzt wieder entwirren muss. Ein Kollege, der viele Millionen verdiente, habe beispielsweise ein Fotomodell aus Russland geheiratet. Sie gründeten eine Familie, verprassten ihr Geld glücklich, bis das Model in der Zeitung las, dass die britische Milch nicht einwandfrei sei. Das Model verlangte eine eigene Kuh.

Eine Melkerin wurde eingestellt. Das Model zog mit den Kindern nach Amerika, der Karriere wegen. Von dort rief sie ihren Ehemann im Büro an. „Die Kinder vermissen die Kuh. – Lass sie schicken." Worauf sich der Kollege zur Sekretärin umdrehte und sagte: „Sorgen Sie dafür, dass das Tier in die Staaten kommt, auf der Stelle." Kredit sei nie eine Sache gewesen, der er getraut hätte.

23 Milliarden Euro an Bonuszahlungen allein in den beiden vergangenen Jahren förderten Exzesse des Konsums. Banker ließen sich von Barleuten Drinks mit Goldstaub und potenzsteigernden Kräutern mixen – das Glas zu 4.000 Pfund. Yachten ohne Helikopterlandeplatz galten als unbequem. Ferienhäuser in der Toskana wurden für Millionen gekauft, nachdem die Interessenten sie einmal besichtigt hatten – im Internet. Keller in Kensington wurden vergrößert, weil ein Schwimmbad nicht mehr schick genug war. Es musste auch noch ein Sprungbrett installiert werden. [...]

Er ist jetzt 37. Er hat eine Frau, ein Kind, ein Haus, einen Geländewagen von Honda. „Alles bezahlt", sagt er, das ist sein Trost in diesen Tagen der Angst. Wenn sie morgen den Laden dicht machen, komme er auch so über die Runden. [...]

*Quelle: Thomas Hüetlin: Die Axt kann jeden treffen, in: Der Spiegel 40/2008, S. 120*

1. Geben Sie Beispiele für den Luxus der kurzfristig überaus erfolgreichen Investmentbanker.
2. Warum hat der Investmentbanker für sich selbst keine Kredite aufgenommen?
3. Warum war der Investmentbanker bereit, im Namen der Firma und seiner Kunden Kredite aufzunehmen?
4. Was halten Sie von einem Verbot riskanter Geschäfte, bei denen Investmentbanker selbst keinerlei Risiko eingehen?


### So funktionieren „Leerverkäufe": eine Wette auf den Ruin

**M 4**
*Leerverkäufe*

- Der Beginn:
  Der Leerverkäufer einer Investmentbank oder eines Hedgefonds holt sich z. B. am 1. August bei einer Bank eine Million Aktien einer Firma. Er kauft sie nicht, nur eine Gebühr für die „Leihe" muss er bezahlen. Er ist verpflichtet, zum 1. September desselben Jahres die Aktien zurückzugeben.

- Das Geschäft, Teil 1:
  Der Leerverkäufer geht am 2. August an die Börse. Er verkauft die Aktien zum Kurs von 80,00 Euro je Stück. Nun hofft er, dass die Kurse fallen. Er hatte frühzeitig gute Informationen über die Schieflage der Firma und hilft durch das Streuen von Gerüchten nach.

- Das Geschäft, Teil 2:
  Der Kurs ist stark gefallen, die Firma fast ruiniert, das Ziel also erreicht. Am 1. September kauft der Leerverkäufer die Aktien zum Kurs von 8,00 Euro je Stück und gibt sie der Bank vertragsgemäß zurück.

1. Wie hoch ist der Gewinn der Investmentbank oder des Hedgefonds?
2. Wie wäre die Situation bei einem Kurs von 120,00 Euro je Stück am 1. September?

## M 5 Ausgabenpolitik des Staates

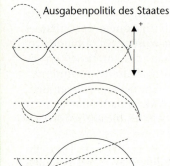

Ausgabenpolitik des Staates _____ Konjunkturkurve

1. **ant**izyklische **Konjunkturpolitik gegen** die allgemeine Konjunkturbewegung

2. zyklische **Konjunkturpolitik mit** der Konjunkturbewegung

3. zyklus-unabhängige Konjunkturpolitik **ohne Rücksicht** auf die Konjunkturbewegung

Welche Wirkung hat in den drei Fällen die Ausgabenpolitik des Staates?

## M 6 Schuldenlast des Staates

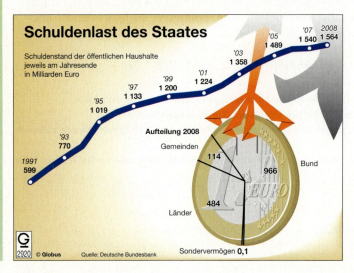

*Beschreiben Sie die Entwicklung der Schulden.*

# Arbeitsvorschlag

## A 1 Währungsschwankungen

**Beispiel 1**
Viele Güter wie z. B. Flugzeuge und Öl werden in Dollar bezahlt. Der Exporteur muss also den Verkaufserlös in Euro umtauschen. Ein Euro kostete am 20.11.2008 1,25 Dollar.

– Fall 1: Starker Euro: VW verkauft einen VW Golf in den USA für 20.000 Dollar.
  Kurs: 1 Euro = 1,25 Dollar
  Wie viel Euro erhält VW?

– Fall 2: Schwächerer Euro, der Kurs wurde etwas abgewertet.
  Er lautet jetzt: 1 Euro = 1 Dollar.
  Wie viel Euro erhält VW in diesem Fall für den VW Golf?

– Fall 3: Schwacher Euro, der Euro wurde nochmals abgewertet.
Der Kurs lautet: 1 Euro = 0,80 Dollar.
Wie viel Euro erhält VW jetzt?

Vorteilhaft oder nachteilig?
- Ein starker Euro ist also für einen Exporteur ..................
- Ein schwacher Euro ist also für einen Exporteur ..................

**Beispiel 2**
– Fall 1: Starker Euro: Ein Elektronik-Markt aus Deutschland kauft in Japan einen Blue-Ray-Player für 312,50 Dollar das Stück.
Kurs: 1 Euro = 1,25 Dollar
Wie viel Euro muss der deutsche Importeur für den Blue-Ray-Player bezahlen?

– Fall 2: Schwächerer Euro, der Kurs wurde etwas abgewertet.
Er lautet jetzt: 1 Euro = 1 Dollar.
Wie viel Euro muss der Elektronik-Markt in diesem Fall beim Einkauf zahlen?

– Fall 3: Schwacher Euro, der Euro wurde nochmals abgewertet.
Der Kurs lautet: 1 Euro = 0,80 Dollar.
Wie viel Euro muss der Elektronik-Markt jetzt zahlen?

Vorteilhaft oder nachteilig?
- Ein starker Euro ist also für einen Importeur ..................
- Ein schwacher Euro ist also für einen Importeur ..................

## Die Finanzkrise 2008
*Lesen Sie sich den Text auf S. 326 ff. durch.*

1. *Wer konnte sich Häuser auf Kredit kaufen?*
2. *Warum war das Risiko für die Hypothekenbanken anfangs gering?*
3. *Warum machten die Hypothekenbanken später Verluste?*
4. *Beschreiben Sie, wie die vielen kleinen Hypothekenkredite weitergereicht wurden.*
5. *Warum ging der Versicherungsriese AIG pleite?*
6. *Wie griffen die Regierungen ein?*
7. *Warum griffen die Regierungen ein?*

**A 2**
*Finanzkrise 2008*

## Zur Vertiefung

### Soll der Staat stärker regulieren?

Die hohen Gewinne der riskanten Geschäfte flossen in die Taschen der Investmentbanker. Ihre hohen Gehälter wurden bei überdurchschnittlichen Gewinnen der Investmentbanken aufgebessert. So etwas nennt man Bonuszahlung. Nicht nur Tausende, auch Millionen, zum Teil sogar Milliarden wurden an Bonuszahlungen aufgrund der kurzfristig erzielten hohen Gewinne der Investmentbanken an ihre Angestellten ausgezahlt.

Die langfristig anfallenden hohen Verluste in kaum vorstellbarer Höhe muss nun größtenteils der Staat, also wir, der Steuerzahler, übernehmen. Die Investmentbanker kennen nur Bonuszahlungen für Gewinne. Bei hohen Verlusten gehen sie kein persönliches Risiko ein – Maluszahlungen gibt es nicht. Sie gingen also Risiken ein, für die sie nicht finanziell zur Rechenschaft gezogen wurden. Sie spielten lange – für sich und ihre Arbeitgeber erfolgreich – mit fremdem Geld.

1. *Sollen Bonuszahlungen gesetzlich erlaubt bleiben?*
2. *Sollen Maluszahlungen gesetzlich erlaubt oder sogar gesetzlich vorgeschrieben werden?*
3. *Sollten Leerverkäufe (siehe M 4) verboten werden?*

# Sachwortverzeichnis

## A
Abfallwirtschaft 78
Abgeordnete 176, 191
Abitur 33
Absolutismus 114, 175
Adenauer, Konrad 152, 153, 161, 200
AIDS 43
Alkohol 40
allgemeine Erklärung der Menschenrechte 287
Alliierter Kontrollrat 149
Alphabetisierung 266
Altbaugebiet 102
Altersversicherung 49
Amnesty International (ai) 258, 277, 289
Analphabet 266
Analphabetenquote 293
Angebot 47, 307
Anlehnungsmächte 257
Anlehnungsstaat 251
antizyklische Ausgabenpolitik 328
Arbeiterbewegung 48
Arbeitgeberverband 48
Arbeitsbedingungen 300
Arbeitsgesellschaft 63
Arbeitslosengeld II 56, 237, 245
Arbeitslosenversicherung 49
Arbeitslosigkeit 314
Arbeitsmarkt 290
Arbeitsteilung 47, 63
Arbeitstugend 26
Arbeitsverhalten 32
Armut 97, 235, 242, 246, 291
Asymmetrie 252
Attlee, Clement 148
Ausbeutergesellschaft 54
Ausbildung 23
Ausbildungsberuf 29
Ausgabenpolitik des Staates 328
Ausschuss 196

außenwirtschaftliches Gleichgewicht 311
außerparlamentarische Opposition (APO) 163
Automatisierungstechnik 64
Autonomisierung 252

## B
Batterie 73
bäuerliche Arbeit 38
Bauernkrieg 108
Bedürfnis 51, 72
Berlin-Blockade 151
Berufsbildungsgesetz 24
Berufsschule 24, 28
Berufswahlreife 32
Berufung 220
Besatzungszone 149
Besetzung des Rheinlandes 120
Bevölkerungsentwicklung 97
Bildung 291, 292, 302
Bildungspolitik 266
Billiglohnland 291
Bill of Rights 109
Biogas 103
Biomasse 89
Bismarck, Otto von 48
Blauhelmsoldat 281
Blockpartei 154
Blut-Diamanten 253
Bonhoeffer, Dietrich 141
Bonuszahlung 326
Bornhöved 10
Brandt, Willy 131, 162
Breschnew, Leonid 161
Brüning, Heinrich 121
Bruttoinlandsprodukt (BIP) 310, 314
Bund Deutscher Mädel 138
Bundesarbeitsgericht 224
Bundesfinanzhof 224
Bundesgerichtshof 224
Bundeskanzler 196, 207

Bundespräsident 209
Bundesrat 178, 198, 213, 219
Bundesrepublik 152
Bundessozialgericht 224
Bundesstaat 210
Bundestag 178, 196, 219
Bundesverfassungsgericht 219, 224
Bundesversammlung 209
Bundesverwaltungsgericht 224
Bürgerentscheid 175, 194
Burnout 42

## C
Charta der Vereinten Nationen 280
Churchill, Winston 148
Clay, Lucius D. 151
Code Civil 115

## D
Dänen 10
DDP 118, 123
deliktfähig 226f.
Demokratie 109, 114, 128, 175
deutsch-britisches Flottenabkommen 132
deutsche Arbeitsfront 138
Deutsche Demokratische Republik 152
deutsche Einheit 167
Deutschlandfahne 171
deutsch-polnischer Nichtangriffspakt 132
d'Hondt 188
Dithmarscher 8
DNVP 118, 122
Dolchstoßlegende 119
Dreißigjähriger Krieg 109
dritte industrielle Revolution 94, 98
Dritte Welt 263

Druckluft 100
duales System 24
Düppeler Schanzen 13
Durchhaltevermögen 30
DVP 122

**E**
Ebert, Friedrich 117, 118
Eigenverantwortung 55
Einbürgerungstest 20
Einheitsstaat 210
Einigungsvertrag 168
Einkommensteuer 238
Eiserner Vorhang 148
elektrische Leistung 93
Elser, Johann Georg 131
Elterngeld 240, 311, 316
Elternzeit 240
Energie 84
Energiespeicher 99
Energieverbrauch 94
Entropie 87
Entsorgungstechnologie 77
Entspannungspolitik 162
Entstaatlichung 251
Entwicklungsland 266, 297
Erfolgsmodell 24
Erhard, Ludwig 150, 161
Ermächtigungsgesetz 130
Ersatzinvestition 324
erste industrielle Revolution 98
Erweiterungsinvestition 324
Erwerbstätige 69
Euro 204
Europäische Kommission 202
Europäischer Gerichtshof 220
Europäischer Gerichtshof für Menschenrechte 220
Europäischer Rat 202
europäisches Bürgerbegehren 205
Europäische Sicherheits- und Verteidigungspolitik (ESVP) 278
Europäisches Parlament 178, 202

Europäische Union (EU) 200, 255, 257, 263, 276, 277, 283, 296
Europäische Zentralbank (EZB) 204, 328
Europass 29
Euthanasie 137
EWG (Europäische Wirtschaftsgemeinschaft) 152
Export 325
Exporteure 315
Exportinitiative 78
Exportweltmeister 292
EZB-Zinspolitik 328

**F**
Familie 34
Fassadenmodul 100
Fehmarn 9
Fernurlaub 73
Finanzkrise 2008 326
Flensburg 13
Flüchtlingsorganisation 250
Föderalismus 198
Fotovoltaik 89
Fraktion 196
Französische Revolution 110, 113
Fraunhofer-Institut 100
Freie Deutsche Jugend (FDJ) 155
Freiheit 106
Freizeit 35, 38
Frieden 266
Friesen 8
Frustrationstoleranz 30

**G**
Galen, Clemens August von 141
gemeinsame Außen- und Sicherheitspolitik (GASP) 204, 277
Genscher, Hans-Dietrich 163
Gericht 218, 224
Germanen 6
Germanisierung 134
Geschäftsfähigkeit 226
Geschwister Scholl 131
Gesetz 218

Gesetzgebung 198, 210, 219
Gesundheit 268
Gesundheitssystem 267, 272
Gewaltenteilung 110, 215
Gewaltenverschränkung 215
Gewerbefreiheit 47
Gewerkschaft 48
Gewinnmaximierung 53
Glasnost 163
Gleichberechtigung 110
Gleichschaltung 129, 130
Globalisierung 290, 325
Good Governance 264, 270
Google 90
Gorbatschow, Michail 163
Graf Stauffenberg 131
graue Energie 85
Großbritannien 148
Großbürger 115
Großbürgertum 114
Grundgesetz 174, 198, 219
Grundlagenvertrag 162
Grundrechte 174
Gruppenarbeit 64
Gruppendynamik 35
Gruppenzwang 36, 74

**H**
Haithabu 7
Hamas 289
Handwerk 38
Hanse 11
Hartz IV 242, 245
Hermann der Cherusker 6
Hexenprobe 106
Hilfsorganisation 256, 274, 275
Hindenburg, Paul von 118, 119
Hitler 119, 122
Hitlerjugend 138
Hitler-Ludendorff-Putsch 119
Hitler-Stalin-Pakt 134
Hochschule 33
Hoher Vertreter für die Außen- und Sicherheitspolitik 205

Holocaust 136
Holstein 12
Homo oeconomicus 51, 95
Honecker, Erich 154, 155

**I**
indirekte Demokratie 176
industrielle Revolution 38
Inflation 120
Informationskompetenz 32
inoffizielle Mitarbeiter (IM) 155
Instrumentalisierung der Medien 252
Internationaler Rat von Amnesty International 283
Internationales Sekretariat in London 283
Inter-Rollenkonflikt 26
Intra-Rollenkonflikt 26
Invalidenversicherung 49
Investmentbank 326
Israel 289

**J**
Jalta 148
Juden 107, 130, 137, 142
Jugendarbeitsschutzgesetz 235, 239
Jugendgerichtsbarkeit 229
Jugendkriminalität 221, 227, 228
Jugend- und Auszubildendenvertretung 50

**K**
Kabinett 196
Kaiser Wilhelm I. 48
Kalter Krieg 147
Kanzlermehrheit 207
Kaufkraft 318
Kaufrausch 74
Kiel 13
Kiesinger, Kurt-Georg 161
Kindersoldat 250, 255
Koalition 196
Kohlendioxid 81
Kohl, Helmut 167
kombiniertes Wahlrecht 181

Kommunalparlament 177
Kommunikationsfähigkeit 31
Konferenz von Potsdam 148
Konflikt 249, 295, 300
Konfliktfähigkeit 31
Konjunktur 297, 323, 328
konjunkturelle Arbeitslosigkeit 310
Konkurrenz 47
konstruktives Misstrauensvotum 207
Konsum 80
Konsumverzicht 73
Konzentrationslager 139
Korruption 265, 269
KPD 118
Krankenversicherung 49
Kreislauf 86
Krieg 249, 263, 293
Kriegspolitik 132
Kriegsunternehmer 249
Kritikfähigkeit 31

**L**
Ladenschlussgesetz 307
Laizismus 216
Landesregierung 17, 219
Landfrau 73
Landtag 17, 177
Leerverkauf 327
Leistungsbereitschaft 31
Leistungsgesellschaft 42
Limes Saxoniae 7
Locarno-Vertrag 120
LoHaS (Lifestyle of Health and Sustainability) 80
Lübeck 10
Ludendorff 119
Luftbrücke 151
Luftverschmutzung 268

**M**
Machtübertragung 130
magisches Sechseck 308
Magna Charta 109
Mann, Thomas 131
Marktmechanismus 53
Marktpreis 52
Marktwirtschaft 47

Marshall-Plan 150
Maschinenbau 63
Massenproduktion 47
Mauer 165
Mauer in Berlin 153
Mauermorde 108
Medien 179
Mehrheitswahlrecht 181, 189
Meister 24
Menschenhandel 249
Menschenrechte 264, 272, 293
Menschenrechtsverletzung 297, 299
Militärausschuss der NATO 279
Mindestlohn 321
Mini-Biogasanlage 103
Ministerrat 202
Mühsam, Erich 139
Müllimport 72
Münchner Abkommen 133
Mutterschaftsgeld 311, 316

**N**
Nachfrage 47, 307
nachhaltiges Produkt 81
Nahost 289
Napoleon 115
Nationalsozialismus 129
Nationalversammlung 118
NATO-Generalsekretär 279
Naturkatastrophe 273, 275, 296
NGO (non-governmental organization) 282
Niedriglohnarbeit 290
Niemöller, Martin 141
Nixon, Richard 161
Nordatlantikpakt (NATO) 254, 277, 278, 279, 284, 296
Nordatlantikrat 279
NSDAP 118, 122
Nürnberger Gesetz 135

**O**
Oder-Neiße-Linie 149
OECD 33

öffentliches Recht 219
ökonomisches Prinzip 52
Olympische Spiele 1936 132
Opposition 198
Ostpolitik 162

**P**

Parabolrinnenkraftwerk 91
Parlament 176
parlamentarische Demokratie 117, 176
parlamentarischer Rat 152
Parteien 179
Parteien-Demokratie 181
Passierscheinabkommen 161
Paulskirchenversammlung 109
Pearl Harbour 134
Perestroika 163
Persönlichkeit 32
Pflegeversicherung 49
Pirat 254
Piraterie 283
Plenum 196
postindustrielle Gesellschaft 63
Potsdam 149
Potsdamer Abkommen 148
Präsident des Europäischen Rates 202, 205
Präsidialkabinett 121
Präventionsprojekte 231
Preisstabilität 309
Primärenergie 88
Primärenergieverbrauch 89
Privatrecht 219

**Q**

qualifizierte Mehrheit 202, 205
Quantensprung 98
Quecksilber 77

**R**

Rapallo-Vertrag 120
Rat der Volksbeauftragten 117
Räterepublik 117

Rationalisierungsinvestition 324
Rauchen 41
Rausch 36
Recht 218
rechtsfähig 226
Rechtssicherheit 265, 272
Rechtsstaat 220, 244
Rechtsstaatlichkeit 265
Regierungsform 271
Reichskristallnacht 136
Reichsprogromnacht 136
Reichsregierung 123
Reichstagsbrandverordnung 130
Religion 293
Rentenversicherung 49
Reparationen 121
Ressource 79
Ressourcenschonung 78
Revision 220
Revolution 49
Richter 219
Robespierre 114
Rohstoff 84
Rolle 23
Rollenkonflikt 26
Roosevelt, Franklin D. 148
Rosinenbomber 151
Ruhrkampf 120

**S**

Sachsen 10
Sainte-Laguë/Schepers 188
saisonale Arbeitslosigkeit 310
SALT 161
Sanktion 25
Schattenglobalisierung 252, 253, 260
Schattenkraftwerk 100
Scheel, Walter 162
Schengener Abkommen 205
Schengen-Raum 212
Schießbefehl 153
Schleswig 8, 12, 13
Schleswig-Holstein 6, 15, 104
Schlüsseltechnologie 67
Schmidt, Helmut 163

schöpferische Zerstörung 68
Schuman, Robert 200
Seegras 100
Sektor 149
sektoraler Strukturwandel 65
Selbsteinschätzungskompetenz 32
Selbstmandatierung 278
Selbstorganisation 31
Selbstständigkeit 31
Shell-Studie 34
Sicherheitsrat 285
SKE 90
Slawen 10
Solarkraftwerk 91
Solarwirtschaft 312
Söldner 250
Sonne 84
Sorgfalt 31
Sozialdemokratie 48
soziale Entschädigung 237
soziale Förderung 237
soziale Frage 47
soziale Hilfe 237
soziale Marktwirtschaft 150, 234
soziale Position 25
soziale Rolle 25
soziale Vorsorge 237
soziales Netz 238
Sozialgesetzbuch 237
Sozialhilfe 237, 241
Sozialisation 23
Sozialistengesetz 48
Sozialistische Einheitspartei Deutschlands (SED) 154
Sozialleistung 235
Sozialstaat 55, 234, 244, 292
Sozialsystem 291
Sozialunion 167
Sozialversicherung 48, 235, 238
SPD 117, 123
Spielsucht 37
Staatenbund 210
Staatenverbindung 198, 210

Staatenverbund 210
Staatssicherheitsdienst (Stasi) 155
Stabilitätsgesetz 319
Stalingrad 134
Stalin, Josef 148
Ständestaat 175
Strafe 221
Strafgerichtsbarkeit 219
strafmündig 226
Strafverfahren 223
Strom- und Wärmerzeugung 104
strukturelle Arbeitslosigkeit 310
Strukturwandel 62, 94
Subsidiarität 56, 178
Sudetenland 133

## T
Tarifautonomie 51
Tarifpartei 60
Tarifpartner 50
Tarifvertrag 50
Teamarbeit 65
Teamfähigkeit 31
Telearbeit 66
Teufelskreis 268
Theokratie 174
thermodynamischer Hauptsatz 86
Thing 175
Timokratie 109, 175
Todesstrafe 288
Toxikologe 77
Transferzahlung 235
Treibhauseffekt 82
Trinkwasser 304
Truman, Harry S. 148
Tschechoslowakei 134

## U
Überhangmandat 190
Überkapazität 77
UdSSR 148
Ulbricht, Walter 153, 155
Umgangsform 32
Umverteilung 238, 244
Umwelt 268, 294, 312
Umweltinvestition 324
Unfallversicherung 49
UN-Generalsekretär 280
UN-Sicherheitsrat 280, 289
USA 134, 148
USPD 117
USPD/KPD 123

## V
Verantwortungsbewusstsein 32
Verbrennungsmotor 101
Vereinte Nationen (UN) 254, 257, 259, 260, 271, 274, 277, 280, 283, 296
Verfassung der Europäischen Union (EU) 113
Verfassungsbeschwerde 219
Verfassung von 1849 111
Verfassung von 1850 111
Verfassung von 1919 112
Verfassung von 1949 112
Verhältniswahlrecht 181, 189
Versailler Vertrag 119
Vertrag von Lissabon 205
Vertrauensfrage 207
Vichy-Regime 134
Viermächteabkommen 162
Vierte Welt 263
Völkerbund 121
Volkseinkommen 311
Vollbeschäftigung 309

## W
Waffe 252, 258, 260, 295, 296, 301
Wahl 176, 265
Wahlen in der DDR 159
Wahlgrundsätze 176
Währungsreform 150
Währungsschwankung 324
Währungsunion 167
Wannsee-Konferenz 137
Warlord 249, 253
Wasser 102
Wasserkraft 89
Weimarer Verfassung 118
Weiterbildung 30
Welt als Dorfgemeinschaft 103
Weltbevölkerung 97
Weltwirtschaftskrise 96, 121
Wertewandel 44
Westintegration 152
Wettbewerbsrecht 307
Widerstand 130
Wiederverwertungsquote 75
Wikinger 7
Windenergie 100
Windkraft 312, 317
Wind (onshore) 89
Wirtschaftspolitik 322
Wirtschaftsunion 167
Wirtschaftswachstum 310
Wirtschaftsziel 308, 319
Wohngeld 241

## Z
Zählverfahren 188
Z/BVP 122
Zentrum 118
Zivilgerichtsbarkeit 219
Zivilprozess 223
Zufriedenheit 65
Züge der Schande 77
Zünfte 46
Zuverlässigkeit 32
zwei Lernorte 24
Zwei-plus-Vier-Vertrag 167
zweite industrielle Revolution 98

# Bildquellenverzeichnis

akg-images, Berlin, S. 6, 126 oben (Erich Lessing), 127 unten rechts, 148, 149, 153 unten, 164, 165 (Nelly Rau-Haering), 166 (Pansegrau)

Amnesty International, S. 282

Bergmoser Höller Verlag AG, Aachen, S. 45 oben, 56, 62 oben, 70 oben, 82, 83 oben, 87, 93 (2x), 119, 169, 181, 197, 200, 213, 214, 222 (2x), 223 (2x), 229 (2x), 235, 239, 240 oben, 241 (2x), 244, 279, 291 oben, 295, 308

Bildungsverlag EINS/Angelika Brauner, S. 7, 10, 11, 14, 16, 21, 24, 133, 242, 292

Bildungsverlag EINS/Christian Schlüter, Essen, S. 234

Bildungsverlag EINS/Cornelia Kurtz, S. 218

Bildungsverlag EINS/Oliver Wetterauer, S. 23 oben, 36 unten, 291 unten, 307

bpk, Berlin, S. 105 oben (Friedrich Seidenstücker), 105 unten (Klaus Lehnartz), 106, 107 oben, 109, 110, 114 (RMN/Bulloz), 116, 117, 118 (Bayerische Staatsbibliothek/Heinrich Hoffmann), 120, 122 (Bayerische Staatsbibliothek/Heinrich Hoffmann), 126 unten, 127 oben (2x), 127 unten links, 129 (3x), 131, 135, 136 unten (Liselotte Purper/Orgel-Köhne), 139 oben (Lotte Jacobi), 144 (Liselotte Purper/Orgel-Köhne), 147 links, 151 oben (Kurt Rohwedder), 151 unten, 154 (Gerhard Kiesling), 155 (Herbert Hensky), 156, 161 (Hanns Hubmann), 162 (Hanns Hubmann)

Burkhard Mohr, S. 187 unten

CIA World Factbook 2007, S. 266

Deutscher Bundestag/Lichtblick/Achim Melde, S. 195 unten

Didier Noizet, S. 327

dpa-Infografik, Hamburg, S. 18, 27, 29, 43, 49, 58, 59, 60, 70 unten, 103, 170, 187 (2x), 192, 197, 201, 207, 208, 209, 212, 227, 236 unten, 238, 240 unten, 241, 245, 256, 264, 267, 268, 269 unten, 277 unten, 278 unten, 280 unten, 281, 288, 296, 297, 303 (2x), 313 unten, 314 (2x), 315 (2x), 316, 317, 321, 329, 330, 332

fotolia.com, Umschlag (3x, von links nach rechts: Phoenix, FIUX, Lütjohann), S. 5 oben (Martina Berg), 5 unten (Volkmar Hintz), 12 oben (amphibol), 12 unten (emeraldphoto), 15 unten (Martina Berg), 20 links außen (roadrunner), 20 links Mitte (Julia Wesenberg), 20 rechts außen (roadrunner), 26 (shoot4u), 34 links (openlens), 34 rechts (Franz Pfluegl), 35 (Chiara Elandar), 37 (Steno), 42 (Klaus Rose), 45 unten (oriwo), 46 oben (Edsweb), 62 unten (Lukasz Panek), 64 Mitte (Thomas Sztanek), 71 (titimel 35), 72 (Walter Luger), 80 (beawolf), 83 oben links außen (danielschoenen), 83 oben links Mitte (Alx), 83 oben Mitte (luckylight), 83 oben rechts Mitte (Marcus Scholz), 83 oben rechts außen (ReinhardT), 83 unten links außen (Marzanna Syncerz), 83 unten links Mitte (Imagemaker), 83 unten rechts Mitte (Sergej Toporkov), 83 unten rechts außen (posterdeluxe), 84 oben (Petra Reinartz), 84 unten (Herbie), 91 oben (Toby Lord), 95 unten (Bernd_Leitner), 96 Mitte (Reiner Wellmann), 102 (plastique), 104 oben (Andi Taranczuk), 104 unten (Lianem), 171 (lichtblick), 177 oben (ChristianSchwier.de), 199 oben (ewolff), 199 zweites Bild von oben (Fraxx), 199 zweites Bild von unten (PANORAMO.de), 220 links (bilderbox), 236 oben (Helmut Brands), 277 Mitte (moonrun), 278 Mitte (tony4urban), 280 oben (mtrommer), 290 (Joachim Wendler), 306 unten (Harald Bolten), 313 Mitte (kwerensia), 322 oben (Jan Wowra, Frankfurt), 322 Mitte (Ivi), 326 (Martin), 333 links (M. W.), 333 rechts (Bobby4237)

Horst Haitzinger, S. 262

Medienpädagogischer Forschungsverbund Südwest 2009, S. 40

MEV Verlag, Augsburg, S. 22, 23 unten, 64 oben, 66, 320

Mohr/CCC,www.c5.net, Seite: 286

Mussil, Felix/CCC, www.c5.net, S. 95 Mitte

Paritätische Forschungsstelle, Berlin 2009, S. 242

Peter Kreuselberg, S. 206

picture-alliance, S. 13 (dpa), 15 Mitte (Helga Lade), 20 rechts Mitte (Helga Lade), 36 oben (CHROMO-RANGE / Raider Peter), 46 unten (akg-images), 48 (akg-images), 91 unten (dpa), 100 (ZB), 108 oben (dpa), 108 unten (dpa), 137 (dpa), 176 (dpa/dpaweb), 195 oben (dpa), 199 unten (Frank May), 220 rechts (dpa), 243 (dpa), 248 (dpa/dpaweb), 249 (dpa, 2x), 251 (dpa), 269 oben (dpa), 276 (dieKLEINERT), 293 (dpa)

Schleswig-Holsteinischer Landtag, 2003, S. 173, 177 unten

Schleswig-Holsteinisches Oberverwaltungsgericht/Verwaltungsgericht, S. 219

SZ Photo, München, S. 107 unten (AP), 136 oben (Scherl), 139 unten, 147 rechts, 150

Tourismusverband Husum, S. 306 oben

ullstein bild, Berlin, S. 8 (Schlemmer), 9 links oben (Schöning), 9 rechts oben (TopFoto)

WWF, S. 73